テーマで読む
アメリカ公立図書館事典

図書館思想の展開と実践の歴史

【編著】

相関図書館学方法論研究会
（川崎良孝・吉田右子）

【著】

北村由美

久野和子

杉山悦子

中山愛理

三浦太郎

山﨑沙織

和気尚美

A. ウェルトハイマー

川崎佳代子

松籟社

目次

コラム目次

はじめに

1　本書刊行の経過

　一般的に事典といえば、特定の人物、団体、機関、出来事、サービス、思想といった事柄や事象を客観的に説明し、そうした事柄や事象について基礎的な知識を与えることで、学習や研究の基礎を据えることを意図している。直近に出された丸善の『図書館情報学事典』は、具体的には日本図書館情報学会が編集委員会（委員長：根本彰東大名誉教授、元日本図書館情報学会会長）を構成し、3年以上の年月をかけて上梓したものである。各執筆者は担当する項目の専門家（大部分は研究者）で、その知見を凝縮して、内容としては高度だが可能な限りわかりやすい説明を行っている。同書が図書館情報学についての基礎的参考図書として活用されるのは明らかである。

　私事になるが、筆者は日本図書館協会から『図書館の歴史：アメリカ編』を1989年に刊行し、1995年には大幅に増訂して発行した。しかし1990年代からアメリカでは批判理論、プリント・カルチャー、場の理論、読書研究を土台に、図書館史研究への新たな視点、課題、方法、解釈が出されてきた。筆者はこれらを取り込み、『アメリカ大都市公立図書館と『棄てられた』空間：日刊新聞・階級・1850-1930年』（京都図書館情報学研究会, 2016）、『開かれた図書館とは：アメリカ公立図書館と開架制』（同, 2018）、『社会を映し出す『図書館の権利宣言』』（同, 2021）を図書館史研究の各論として刊行してきた。そして『図書館の歴史：アメリカ編』に代わる通史の必要性を感じていたのだが、通史の執筆となると非常に大部になると思われた。そこで主要テーマを切り出し、それをアメリカ公立図書館史の中で解釈し位置づけるという事典の作成を構想していた。ちょうどその時期に丸善の『図書館情報学事典』の枠組みを定める「『図書館情報学事典』編集

準備幹事会」のメンバーとして吉田右子、三浦太郎とともに声がかかった。この準備幹事会での議論が進むにつれて、本書『テーマで読むアメリカ公立図書館事典：図書館思想の展開と実践の歴史』の構想もいっそう明瞭になっていった。

　本書は、アメリカ公立図書館で重要な事柄や事象を取り上げ、それ自体の客観的な説明を前提に、そうした事柄や事象をアメリカ公立図書館史という大きなタイムスパンの中で、解釈し意味づけることを目指している。筆者の意図を2年ほど前に吉田に話し、編者として協力してもらうことになった。吉田はもともとアメリカ公立図書館を研究していた。そして女性と図書館さらにマイノリティに関する業績を発表し、近年は北欧に研究領域を広げ、精力的に研究を続けている。吉田の承諾を得た後、両者が関係する研究組織である相関図書館学方法論研究会の会員に執筆を依頼し、多くの会員から好意的な回答を得ることができた。アメリカを主たる研究領域としている会員は少数なので、各自の関心に照らして可能な限りアメリカ（公立）図書館との結びつきを重視するようにお願いした。

2　本事典の特徴

　重要な事柄や事象をアメリカ公立図書館史という大きなタイムスパンの中で、解釈し意味づけることを、本事典の特徴とした。戦争と図書館サービスについて具体的に説明すると以下のようになる。戦争に関わる項目として、T15「南北戦争での資料提供サービス：合衆国クリスチャン委員会の活動」、T35「第1次世界大戦と図書館界：図書館への認識を広げる機会」、T55「第2次世界大戦と図書館サービス：板挟みのアメリカ図書館協会」、T69「ベトナム戦争と図書館サービス：軍図書館システム、アメリカ図書館協会」を設けている。この各項目（例えばT35）には、従来の状況や背景を冒頭におき、続いて本体として事柄や事象の簡潔な説明を行い、末尾にその図書館史上での意義や解釈、あるいは限界を提示して、それが次の項目（T55）に続くようになっている。この戦争に関わる4項目を横断的に読み、比較することで、戦争期における公立図書館やアメリカ図書館協会の関わりの変化が理解できるようになる。すなわち南北戦争期はもっぱら合衆国クリスチャン委員会（US Christian Commission）が図書館活動や図書収集活動を担当した。第1次世界大戦期の場合、アメリカ図書館協会や公立図書館は図書館への認識を広げる機会と把握し、戦時図書館サービス（Library War Service）を強力に推し進めた。第2次世界大戦期ではアメリカ図書館協会や公立図書館は

「勝利の図書運動」（Victory Book Campaign）に乗り出し、寄贈図書の収集や軍隊への配布を実施したが、必ずしも軍からの全面的な賛同を得られた訳でもなかった。むしろ第1次世界大戦後に設けられた陸軍省の陸軍図書館サービス（Army Library Service）が中心となっていた。そしてベトナム戦争期のアメリカ図書館協会の場合、兵隊へのサービスというより、むしろ反戦活動が目立ったのである。こうした関連性を理解する一助として、各テーマには必要に応じて、関連するテーマ番号を示しておいた。

　いま1つ公立図書館史研究を例にとれば、T10「第1世代の図書館史研究：客観的事実史」、T61「第2世代の図書館史研究：民主的解釈」、T80「第3世代の図書館史研究：社会統制論、女性化理論」、T92「第4世代の図書館史研究：文化調整論、スペース研究」を設けている。第1世代は客観的事実史、第2世代は民主的解釈、第3世代は社会統制論と女性化理論、第4世代は文化調整論、スペース研究として特徴づけられる。各テーマでは主要な研究者と代表的著作を紹介しているが、それを生み出した周辺諸学の動向、さらにその背景にある社会の動向を指摘している。すなわち公立図書館史研究が、社会の変化、それを受けての歴史学や教育史学の変化を受けており、それに応じて新たな図書館史研究の世代が出現していることを明らかにしている。

　テーマとして重視したことの1つにマイノリティや女性に視座を置く動きや研究がある。女性に触れれば、子どもへのサービスに女性が大きな役割を果たしているのは、あらためて指摘するまでもない。そうした事柄とは別に、女性の参画や女性への差別については、かなり意識して取り上げた。例えば、T24「製造業の町の女性館長の実践と発言への反応：ポータケット公立図書館」では、1880年代後半にロードアイランド州ポータケット（Pawtucket）公立図書館の女性館長が開架制の導入と子どもへのサービスについて報告したものの、好意的な反応はなく、そこにはジェンダー差別や小規模図書館の実践が関係していた。T31「女性クラブと図書館：全国女性クラブ総連盟を中心に」では1890年代からの州図書館委員会の活動、特に巡回文庫に全国女性クラブ総連盟（General Federation of Women's Clubs）などが大いに参画していることを示した。中西部の図書館の発展には女性クラブが大きな役割を果たしたが、その一端として同クラブを選んでいる。T37「男性指導者に抵抗する女性図書館員：キャンプ図書館（1918年）を中心に」では、1880年代にアメリカ図書館協会の年次大会で、女性は説得力を

増すために調査を用いて客観的な数値や情報をもとに発表を行ったこと、メル
ビル・デューイ（Melvil Dewey）による女性へのハラスメントとデューイの追放、
それに最近になって明らかにされてきた第1次世界大戦期のキャンプ図書館にお
ける女性差別を取り上げた。さらにC9「重要な記憶の埋没：図書館関係雑誌や
図書館団体の態度」では、1960年代末に南部の黒人女性図書館員が明確な差別を
受けて裁判になった事件に触れている。この黒人女性はアメリカ図書館協会の評
議員でアメリカ学校図書館員協会の理事であった。それでもアメリカ図書館協会
は何らの措置もとらず、図書館関係雑誌に報じられもしなかった。これは重要な
記憶が、図書館団体や図書館雑誌によって抹殺されることを意味した。各事例は
いずれも個別的なものといえるが、公立図書館史を全体としてみると、いかにジ
ェンダー差別や黒人差別が浸透していたかが理解できる。もちろんジェンダーを
正面から取り上げたT83「男女平等をめぐる論議：図書館界における平等保護修
正案への関わり」、人種に焦点をあてたT65「『地方』の問題は人種隔離だけなの
か：エミリー・リード事件（1959年）」やT67「大都市公立図書館での人種差別：
『公立図書館へのアクセス』（1963年）」など、人種、ジェンダー、マイノリティ、
階級に関するテーマやコラム、およびそれらに関わる思想は、本事典で厚い記述
になっている。

3　本事典の構成など

　本書の各項目はテーマ（T）とコラム（C）に大別し、いずれも見開き2頁にま
とめている。本書の中心はテーマで、そこでは各事柄や事象を簡潔に説明すると
ともに、タイムスパンを大きくとって各事柄や事象の解釈や意味を記している。
コラムはテーマに比べると解釈や意味というよりも、執筆者が関心を持った事柄
についての説明や根拠にもとづく感想を綴った内容を意図している。テーマは時
系列に並べて、通し番号をつけている。コラムは年代あるいはテーマに関係した
箇所に挿入している。

　1つのテーマでいくつかの事柄や事象を取り上げ、それらが一定の時間的な広
がりを示している場合、必ずしもすべてではないが、多くは最初に取り上げた
事柄や事項の年代のところに位置している。例えばT26「図書館への大規模な慈
善：カーネギーから現代へ」は、アンドリュー・カーネギー（Andrew Carnegie）、
ローゼンウォルド基金（Rosenwald Fund, 1917）、それにゲイツ図書館財団（Gates

Library Foundation, 1996)、さらにローラ・ブッシュ財団（Laura Bush Foundation, 2002）を取り上げ、そうした慈善の実態と批判を簡略にまとめている。この項目「図書館への大規模な慈善」はT25「進化論の時代に規定された慈善思想：カーネギーの図書館思想」の後に配置されている。したがってローゼンウォルド基金、ゲイツ図書館財団、ローラ・ブッシュ財団については、巻末の索引を参照し、そこから本文に接することになる。そうした性格上、すべての人名、団体名、館名などは原綴りを添え、さらに人名の場合は生没年を可能な限り添えて索引を作成した。

　参考文献は各テーマの順番に巻末にまとめた。項目の最初に掲げてある文献が主として参考にした文献である。それが日本語文献である場合、その下に挙げられている文献は日本語文献には引用されていないものの、項目の執筆に用いた文献である。また英語の文献が多く掲げられている場合、日本語の研究論文がないことを示している。すなわち執筆者が新たに調査研究をした成果を示していることになる。なお参考文献を掲げる文献数は最低限に厳選した。

　公立図書館を中心としているので、全館種に関わる資料組織法や図書館員養成教育は取り上げていない。また当然ながら、すべての重要な事柄や事象を網羅しているわけでもなし、取り上げることができるわけでもない。例えば知的自由派と社会的責任派の思想と実践をめぐる有名な論争として、1973年1月1日号の『ライブラリー・ジャーナル』に掲載された「バーニングハウゼン論争」（The Berninghausen Debate）がある。この論争は公立図書館の存在意義や方向を考えるに際して重要な文献になるのだが、T71「体制内での批判グループの結成：社会的責任ラウンドテーブル（1969年）」、T72「社会的責任の意味：ACONDA報告（1969-70年）」などで実質的に取り上げられていると判断して省略した。

　こうした事柄や事象とは別に、今回取り上げなかった項目にも重要な研究テーマがあり、例えばヤングアダルトへのサービスを指摘できる。1926年にクリーブランド公立図書館が最初のヤングアダルトの部屋を設け、次第にこの部門は独立していく。部門の独立にはヤングアダルトの重視とともに、ヤングアダルトの隔離という意図があった。1940年代後半のことだが、アメリカ図書館協会の図書選択ツール『ブックリスト』（Booklist）の委員会には、公立図書館と学校図書館の代表者が入っていた。委員会の場で、ヤングアダルト向けの図書に、性的描写を含む図書の選択をめぐって対立が生じた。前者はそうした図書を肯定し、後

者は反対した。この種の対立は公立図書館のヤングアダルト図書館員と児童図書館員の間でも生じたと思われる。1960年代になるとヤングアダルト図書館員は児童サービスを背景に持たないようになっており、児童図書館員の保守性を批判的にみるようになった。このような確執を柱にヤングアダルト・サービスを歴史的に追うことは、公立図書館の歴史と現状を考える重要なテーマになるだろう。

4　執筆者

　本書の執筆者は以下のとおりで、川崎を除いて各テーマ、各コラムの末尾に執筆者名を掲げている。

川崎良孝（京都大学名誉教授）　　　　北村由美（京都大学）

久野和子（立命館大学）　　　　　　　杉山悦子（四国大学）

中山愛理（大妻女子大学短期大学部）　三浦太郎（明治大学）

山﨑沙織（東京大学）　　　　　　　　吉田右子（筑波大学）

和気尚美（三重大学）

A.ウェルトハイマー（ハワイ大学）

川崎佳代子（神戸山手女子短期大学名誉教授）

　相関図書館学方法論研究会は松籟社の理解を得て、2018年からシリーズ「図書館・文化・社会」を立ち上げ、年毎に研究成果を論文集として刊行してきた。本書はそうした論文集とは性格が異なるが、シリーズ8として刊行することになった。また本書『テーマで読むアメリカ公立図書館事典』は丸善の『図書館情報学事典』と同じフォーマットになっている。フォーマットの転用に同意してくださった丸善にも感謝する。

川崎良孝

2023年8月31日

テーマで読むアメリカ公立図書館事典

図書館思想の展開と実践の歴史

T1　国教会牧師の図書館構想：
トマス・ブレイの思想と実践（1695-1701 年）

　1695年、トマス・ブレイは植民地の国教会活動を統轄するロンドン主教によって、メリーランド植民地の担当を求められた。実際に植民地へ赴いたのは1700年で、数か月の滞在であった。当時のメリーランドの人口は約3万人で、国教会が一応確立されていたが牧師は3名にすぎず、元来カトリックの避難地として成立し、ペンシルベニア植民地に接していたことから、旧教徒やクウェーカーの力も強かった。ブレイは当地の状況を調べ、優秀な牧師の必要性と牧師に本を持たせる必要性を認識した。それは教区民（住民）を善導し、他宗派に打ち勝つためである。ここから図書館の構想と実践が生まれてきた。

　●教区図書館　まずブレイは1695年に教区図書館を構想し実践する。これは牧師による教区民の善導を目指すもので、牧師の日常的宗教活動に密着した図書を重視した。目録を作成し、蔵書は牧師館に置いて牧師が管理し、利用は牧師に限る。1698年にはメリーランドの16の教区に牧師が赴任し、16の図書館が設置され、1702年には全教区に図書館ができた（蔵書数は各館で異なるが数十冊程度）。教区図書館は「牧師のための永続する個人文庫」だが、下層牧師を対象に日常的宗教活動を中心にしたこと、教区民の善導に役立つ蔵書構成を意図したことに特徴がある。

　●プロビンシャル・ライブラリー、ディカーナル・ライブラリー　教区図書館は80-90％が神学書、宗教書であったが、ブレイは他分野を無視したのではない。自然科学や経験科学が興隆する時代にあって、「牧師はもはや神学や宗教の枠内だけに留まるべきではない」と述べ、教区民の善導のためにも広範な学識を重視した。そしてプロビンシャル（管区）・ライブラリーが構想される。この図書館は各植民地の中心地に置かれ、メリーランドのアナポリスでは1,000冊を越える図書館が出現した。カロライナのチャールストンには1698年に228種の本を送り、1700年に植民地議会は図書館法を採択した。全10条からなる同法は蔵書の管理と保全を中心とするが、カロライナ住民は「あらゆる本を自由に借りてよい」と定めている。同法はアメリカ最初の図書館法といえる。228種の目録をみると、神学・宗教関係書とそれ以外に分かれ、前者が159種（70％）である。後者69種（30％）の内訳は、歴史（地理・旅行）が37種（16％）、医学（農学）が14種（6％）、それに文法・辞書、数学・貿易と続き、当時の大学図書館などと比べると広範な蔵書構成であった。

　ディカーナル・ライブラリーはディーナリーを対象とするが、ディーナリーと

はいくつかの教区を合わせた教会の行政単位である。ブレイは本国の田舎牧師や田舎紳士の役割を認識し、プロビンシャル・ライブラリーと同じ考えでディカーナル・ライブラリーを構想した。モデル目録によると蔵書は54種で、非宗教書の比率は約40％であった。この図書館の特徴は、（1）寄付金（会費）を前提とした会員制図書館、（2）図書の貸出、（3）図書館の教区間の移動（巡回文庫）にあった。ブレイは「動かない図書館は地方では意味がない」と断言している。メリーランドでの実践は断念した。あまりに教区が広大なためである。

●レイマンズ・ライブラリー　ブレイは1700年に数か月メリーランドに滞在したが、そこでは「クウェーカーやカトリックの教義の浸透」を実感し、教区民に直接的に資料提供する必要性を知った。1701年に構想したレイマンズ・ライブラリーは、正しいキリスト教義の付与、教区民の善導、宗派闘争での勝利を目指した図書館で、蔵書構成は以下のようになっている。

（1）キリスト教義付与・魂の救済	22種	231冊	10.5（複本数）
（2）礼儀の改良・道徳の向上	7	256	36.5
（3）異教対策・教会の統一と発展	10	31	3.0
計	39	518	13.3

　（1）（2）（3）の内訳をみると、資料の対象者を指導者と一般教区民に分けている。前者には法律集や異教対策の本を含み複本数は少ない。後者は安息日の遵守、飲酒の罪、日常道徳、キリスト教義を簡明に説明した本で、50冊から100冊の複本からなり、これらは家庭に配布したと思われる。またすべての図書が宗教、神学書である。レイマンズ・ライブラリーはブレイの意図を明示することになった。指導層は異教対策の本や他宗派の教義を示す本も読まねばならないが、一般教区民は道徳や礼儀の遵守を説いた本、および国教会教義を簡明に伝える本に限定して読むべきであった。直接に教区民を対象とするレイマンズ・ライブラリーで、ブレイの図書館構想は終局を迎える。ブレイにおける図書館思想の発展過程とは、教区民への正しいキリスト教義の付与、道徳改善、社会の安定を目指して、より効果的な図書館を、実践との関わりで模索し構想していった過程と結論できる。

　こうしたブレイの図書館構想と実践は、中世的な図書館と近代の図書館の橋渡しをするとされてきた。また図書館システムの最初の考案者、移動図書館の発案者といった評価がブレイになされてきた。しかしこうした解釈では決して十分ではなく、ブレイの図書館史上の意味については、T3「図書館における近代の成立」を参照。

T2　会員制図書館の源：
　　フィラデルフィア図書館会社（1731年）

　ベンジャミン・フランクリンは1724年末から1年半ほど英国で過ごし、クラブが知的生活に果たす役割を知った。帰国後1727年に相互向上を目指すクラブとしてジャントーを結成した。このクラブは、各自が倫理、政治、自然科学の課題を提出し、全体で討論する場であった。その場に図書は不可欠で、会員は本を持ち寄り共同文庫を設けた。文庫は管理の不備で1年で解散したが、フランクリンは文庫の利益を知り、「初めての公共の性質」を持つ事業に着手した。これがフィラデルフィア図書館会社（LCP）である。

　●図書館の創設　1731年7月のLCP定款は、知識や学芸の促進のために力を結集して図書館を創設すると定めている。会員は図書購入資金（株）40シリングと年会費10シリングを払えばよく、付帯条件は一切ない。LCPは会員50人で発足するとされ、この条件は定款作成後4か月以上を経て達成された。利用規定は理事会と図書館員との契約書に書かれ、最初の契約書は1732年11月で、開館は水曜の2時から3時、土曜の10時から4時まで、「全市民に閲覧室での読書を許すべし」となっていた。貸出は会員に限定し、1回1冊を原則とする。1734年には開館が土曜の4時から8時と変更になり、非会員へは保証金を担保に、また1週間の貸出につき薄謝を払うという条件で貸出を認めている。

　●LCP役員　LCPの役員12名はジャントー会員が中心で、職業は代書家、ガラス職人、測量士、指物師、青年事業家、商店の番頭、医者、銀細工師、印刷職人など、グループとしての特徴があった。まず年齢が若かった。年齢不詳の役員は除いて、最年長31歳、最年少22歳、フランクリンは25歳である。第2に、オックスフォード卒の役員はともかく、大多数が正規の教育、特に大学教育を受けていなかった。第3に、知的興味、特に科学的な知識や実験に関心を持っていた。電気などの研究はフランクリン単独ではなく、グループとしての研究成果である。第4に、社会的活動や公職に積極的に参加した。フランクリンの多彩な生涯は知られているが、他の役員も後に測量監督総監、植民議会議員、フィラデルフィア収入役、ペンシルベニア最高裁判事などの公職を務めている。なお役員に牧師はいなかった。最後に役員の階層である。上流階級はジャントーを「まえかけクラブ」と呼んだ。これは身体を使って労働に励む者のクラブを意味し、LCP設立者の特徴を象徴しているが、LCPの担い手を労働者階級に位置づけるのも疑問である。彼らは自立した人びとで、独力で自分の道を切り開くことができた。これに関連して、LCPの性格決定に重要なのは株価や会費である。LCPは会

員50名を満たすのに4か月を要した。入会時に必要な50シリングは、かなり高かったと推測できる。参考までに1730年に当地の週刊新聞の年間購読料は10シリングで、5年分の新聞代に相当する。LCPの担い手は典型的な中産階級、それも進取の気性に富んだ中産階級と結論できる。

●**最初の図書注文リスト**　1732年3月末、LCPは47種の図書を発注した。この第1回注文リストは会員の興味を示すものとして興味深い。47種を10進分類法でまとめると、科学11、歴史9、文学9、社会科学5、言語4、哲学3、産業2、芸術2、総記2、宗教0になる。歴史をみると、法律家サミュエル・プッフェンドルフの著作は自然権や国際法を主張していた。ローマ、スウェーデン、スペインなどの革命史の本があった。社会科学では共和主義の主張者アルジャーノン・シドニーの『政府論』があった。文芸的な定期刊行物『スペクテイター』は、中産階級の価値や思想を機知を混ぜて描いていた。自然科学の場合、ウィリアム・グレイブサンドの『自然哲学』はニュートン哲学の案内である。ニュートン主義者ジョン・キールの『天文学入門』は最善の手引書とされていた。さらに建築、園芸、医学の本があり、自然科学を網羅する王立協会の『紀要』が選ばれた。辞典や事典で1点指摘すれば、ピエール・ベイルの『歴史批評事典』(6巻)があり、同書は寛容と合理主義を貫き、百科全書派に至る。

1732年注文リストの特徴は以下にある。まず、宗教関係書が皆無である。これは興隆する中産階級の関心を示しているが、背景としてのフィラデルフィアを無視できない。フランクリンのボストン脱出は神政治への反発であった。一方、クウェーカーの植民地ペンシルベニアは、宗教的寛容、経済の興隆、友愛精神による社会の建設を目指していた。第2に、歴史、社会科学にはホイッグに属する著作が多い。歴史の場合、当時の図書館蔵書では宗教史や教会史が目立つが、LCPのリストはすべて世俗史であった。第3に、ニュートン哲学を取り入れ、興隆する近代自然科学を積極的に受容している。第4に、自然科学書が多いものの、自然、人文、社会科学を網羅した全般的な蔵書構成といってよい。第5に、定評ある英語本に限定している。ラテン語やフランス語の本はなく、すべて英訳本である。注文リストをみる限り、職工や徒弟の関心よりも世俗的な学者や研究者の関心を示しており、程度の高い定評ある図書の選択は注目に値する。

会員制図書館についてフランクリンは自伝で「北アメリカ組合図書館の元祖である」と自負し、会員制図書館が商人や百姓の教養を外国の紳士に劣らぬものにしたと記している。こうした文言がLCP会員の社会階級を引き下げた。会員制図書館の起点であるLCPは、公立図書館の成立に向けての起源とされてきた。この解釈に間違いはないが、決して満足できるものではない。同館の図書館史上の意義については、T3「図書館における近代の成立」を参照。

T3　図書館における近代の成立：
　　フィラデルフィア図書館会社（1731年）

　1958年に文芸批評家V.W.ブルックスは、ベンジャミン・フランクリンとジョナサン・エドワーズをアメリカ人の典型とした。ピューリタンの敬虔を源とするエドワーズの哲学は、超越主義を経て主要作家の作風を導き、アメリカ文化の非現実主義にいたる。一方、ピューリタンの実生活を源とするフランクリンの哲学は、ユーモア作家を経て実業家に浸透する。フランクリンの諺「時は金なり」は、彼を機転のきく現実主義者にしている。またフランクリンは原理や過程より結果を重視するのだが、そこで鍵になる言葉は「それは役に立つのか」であり、これはアメリカの技術的経済構造を支える考えでもある。マックス・ウェーバーは、反営利性と隣人愛を伴う禁欲的プロテスタンティズムが中産的生産者層と結びつき、1つのエートスを生み出したとする。神に選ばれているか否かを知りえないとしても、選ばれていることの主要な徴候は、神の栄光を増し、隣人愛を実践することで現れるとする。中産的生産者層にとって、それは仕事に尽力し隣人が求めるものを適正利潤で供給することを意味した。「時は金なり」は聖なる意味を持ち、勤勉、節制、誠実な人間、時間を守る人間、公共心に富んだ人間を好ましいとする。これは近代の人間像でもある。

　こうした把握からは、まず自分の技能や生活を豊かにするという意味、次に隣人や社会に役立つという意味での「有用な知識」が重視される。「それは役に立つのか」は第2の意味での「有用な知識」に関わり、消防組合、夜警団、病院などに具体化している。この場合、フィラデルフィア図書館会社（LCP）は社会改良事業を企てる際の情報の蓄積と交換の場として機能した。そしてこれらの第1、第2の意味での「有用な知識」を扱ったのがLCPであると考えられてきた。

　●ブレイの図書館思想　諸学は神学の侍女と考えるのがブレイの学問観であった。またブレイは素朴な生得論を抱き、それは超越的真理を認め、既成秩序への服従を強いた。ブレイが求めたのは、各人が社会秩序をあるがままに理解し、出生時の位置で最善を尽くすことにあった。田舎紳士や田舎牧師を対象とするディカーナル・ライブラリーと一般教区民を対象とするレイマンズ・ライブラリーの比較は、ブレイの意図を明示している。前者では3分の2が、後者ではすべてが宗教書や神学書であった。前者は指導者に広範な知識を持たそうとした。後者は一般教区民を国教会の教義を簡明に示した本に閉じ込める意図を有していた。レイマンズ・ライブラリーは「すべての人に無料」で、この点を重視するならば、ブレイの4つの図書館構想の中で最も進化した図書館形態になる。

●**LCPの図書館思想**　生得論の肯定は権威への服従を導き、否定は自分自身で考えて知ること、すなわち自立と探究を前面に出す。ジョン・ロックが経験論を主張するに際して、まず生得論の否定が必要であった。ブレイの場合、歴史書は英国の現状を肯定する手段として重要になる。LCPの場合、歴史書は自国の方向や人類の方向を決定する重要な判断材料となる。ブレイは知識自体を栄光としたが、LCPでは知識は人類の進歩を支える手段として重要になる。LCPは知識を静的、受け身的に受容せず、経験は実験的になり、よりよい経験を導く手段となる。それゆえ、経験による観察や実験を組織的、体系的に記した知識は重要となる。この第3の意味での「有用な知識」を含む図書は、人類の進歩に不可欠であり、この種の知識を得ることを、LCPは重要な目的とした。

　第1回注文リスト47種のうち11種は科学書で、神学書や宗教書は皆無だった。ここで重要なのはLCPが持つ実験室や博物館としての役割である。フランクリンが現代は実験の時代と述べるように、LCP会員は近代自然科学への道を歩み、LCPは科学研究所、情報交換の場として機能した。ところで、1727年に成立したジャントーの入会規則では、入会希望者が答える4つの質問の1つとして、(4)「真理のために真理を愛し、自らそれを取り入れ、またそれを他人に伝えんがために、陰、日向なく努めるや。答え—しかり」があった。電気の研究自体は基礎的、理論的であり、避雷針すなわち社会的有用性のみで把握するのは間違いである。上述のように、経験をとおして観察し、そこでの現象を実証的に秩序立てて記した知識を「有用な知識」としたのである。この第3の意味での「有用な知識」は人類の進歩と福祉に目標が合わされていた。

●**図書館における近代の成立**　ブレイとLCPの世界観の相違が、図書館の目的、蔵書構成、各図書の意味にまで影響した。ブレイの思想と実践には公立図書館の制度的要件を充足する部分があったものの、図書館における近代の成立という観点からすれば否定されねばならなかった。従来からLCPは公立図書館の思想的起源と位置づけられてきた。下層中産階級が力を合わせたとか、非会員も利用できたとか、第1、第2の意味での「有用な知識」を重視した図書館として評価されてきた。しかし会員制図書館の考え、全住民を対象とする無料の図書館という考えは、ブレイの図書館構想と実践に現れていた。これらのことは表面的な制度的要件を重視する図書館史では両者は連続的に把握されるのだが、上述の観点によれば決定的な断絶があり、それが図書館における近代の成立である。

　中世的な図書館思想、ブレイの図書館思想と実践を乗り越えたLCPは、公立図書館成立への思想的起源と把握できる。公立図書館が制度として成立する19世紀半ばまでの期間は、公立図書館成立前史をなす。そこでの2つの重要な図書館形態は、ソーシャル・ライブラリー（会員制図書館）と学校区図書館である。

T4　豊かな人びとの図書館：
　　富裕者型ソーシャル・ライブラリー

　公立図書館の制度的成立を準備した図書館の形態として、ソーシャル・ライブラリーと学校区図書館を指摘できる。そしてソーシャル・ライブラリーは発足時のフィラデルフィア図書館会社のような会員制図書館と、富裕者層が多額の資金を拠出して設立した富裕者型の図書館に整理できる。

　●レッドウッド図書館　1730年当時、ロードアイランド植民地ニューポートの人口は4,600人、アメリカの都市としてはボストン（13,000）、フィラデルフィア（11,500）、ニューヨーク（8,600）に次いで大きく、南部のチャールストンと同規模であった。そしてラム酒や糖蜜の通商でアメリカ植民地で最も繁栄する町

レッドウッド図書館（執筆者撮影）

の1つであった。1730年に町の著名人が文芸学術協会を設立し、それを背景に1747年にレッドウッド図書館が成立する。アンティグアの広大な砂糖農園を受け継いだ農園主、商人、船主のエイブラハム・レッドウッドは、1747年に図書購入費500ポンドを寄贈するとの抱負を示した。そして同じ年に植民地政府は、同館に限定して法人設立法を付与したが、これはニューイングランドでは最初

であった。そののち土地が寄付され、有力者の寄付によって1750年には独立した建物が完成した。建物は古典的なギリシア様式で、前面はドーリア式の4本柱で支えられ、両側に小さな袖が張り出していた。500ポンドで購入された本は約1,300冊、神学が300冊を占め、残りは歴史、文学、科学であった。1764年の蔵書目録によると、700種の図書を有し、その主題別比率は文学・芸術（33％）、科学（19）、歴史（16）、神学・哲学（13）、法学（8）、伝記（4）となっている。当時の大学図書館などと比べると、広範な主題であった。文学や芸術の比率が高いのは、英国の商人などとの交流に欠かせないためである。独立革命期にニューポートは3年にわたって英国軍の占領下にあり、軍が撤退した時には蔵書は半分になっていた。19世紀に入り、図書館は再編、新会員の勧誘、蔵書目録の作成によって、図書館への関心は回復してきた。1850年当時の蔵書冊数は4,000冊、1876

年当時は20,000冊と記録されている。

●セーレム・ソーシャル・ライブラリー　1750年頃、港町として栄えるボストン近郊の町セーレムに、文学や哲学の促進を目的にクラブが成立した。1760年、会員は居酒屋に集まり、図書館設立のために資金を持ち寄ってセーレム・ソーシャル・ライブラリーを創設した。会員はハーバード卒の判事、牧師、豊かな商人、大船主などで構成され、所有者は株を購入し、年会費を払わねばならなかった。図書館の所有者一覧はセーレムの紛れもない紳士録とされた。のちには非所有者も恩恵的に図書を利用できるようになった。この図書館は館名に「ソーシャル・ライブラリー」を用いた例である。

●ボストン・アセニアム　こうした富裕者型のソーシャル・ライブラリーの典型がボストン・アセニアムである。1804年に知識人や文人が文芸クラブ「アンソロジー・クラブ」を結成した。このクラブを母体に1807年にボストン・アセニアムが成立する。アセニアムはヨーロッパの新着雑誌をそなえる閲覧室と、人文科学やアメリカ史の蔵書を備える図書館でできていた。発足当時の株価は300ドルで、150株はまたたくまに知識人、商人、牧師、法律家などが購入した。そして以後年会費を払う必要はなく、アセニアムの所有者になった。100ドルを払うと生涯会員になれるが経営に参加できない。1808年には年会費10ドルで一般の利用者に便宜を提供している。アセニアムの建物は何回か変遷を遂げ、1847年4月に新館定礎式を実施した。1850年頃の蔵書冊数は議会図書館と同じ50,000冊で、ハーバード84,200冊、フィラデルフィア図書館会社60,000冊、イエール・カレッジ50,481冊とともに、アメリカを代表する図書館に成長していた。この古代の学術機関を示すアセニアムという語が魅力的だったのか、この語はブランズウィック（1808, ME）、セーレム（1810）、フィラデルフィア（1814）、フランクフォート（1817, KY）、ポーツマス（1817, NH）、それにプロビデンス（1836, RI）などに広がっていった。しかし「アセニアム」が何を意味するかについては、一律の定義はなかった。なお上述のセーレム・ソーシャル・ライブラリーは1810年にセーレム・アセニアムに名称を変更している。

　こうした富裕者型の図書館は単に図書や定期刊行物のみならず、絵画、彫像などの美術品にも関心を示し、それらを館内の各所に置いていた。レッドウッド図書館の成立時の名称は "The Company of the Redwood Library" であったが、1833年に "The Company of the Redwood Library and Athenaeum" に改称した。絵画や彫像も収集しており、芸術的な要素もあるとの理由である。富裕者型の図書館も例外なく財政難に陥り、所有者からの寄付で苦境を乗り切ってきたが、一般向け会員制図書館よりも経済基盤が強いので寿命は長かった。上述の3館は現在でも健在で、レッドウッド図書館は設立当初の建物が現存している。

T5 「閲覧室」（reading room）：現在とは異なる意味

　閲覧室（reading room）は現在では主として図書館の閲覧室を指すが、それは歴史的な変遷を経て確定したものである。例えばマサチューセッツ州中央部の中心都市ウースターでは、1859年に図書館条例が採択され、当座は建物の3階を借りて公開し、1861年に独立の建物が完成した。しかし利用者は多くなく、1864年に対策委員会が設けられた。委員会は閲覧室を設けて、最良の定期刊行物を備えるよう提言した。1865年の状況を記した年報は、「1865年は当市にとって記念すべき年になる」と記し、閲覧室の設置を理由に挙げた。「ライブラリー」とは図書の集まりを指し、ウースターの発足時はまさに「ライブラリー」で、「リーディング・ルーム」は別途のものと考えられていた。そして閲覧室とは主に新聞や雑誌を読む空間を意味した。

　●閲覧室概観：18世紀　植民地時代の早期から閲覧室はあったものの、図書館とは結びついてはいなかった。17世紀の初頭、船長、商人、問屋、荷馬車業者などが、コーヒーハウスや居酒屋に集まって、経済情報や市場情報の交換や物品の取り引きをしていた。1690年、ボストンのロンドン・コーヒーハウスは、短命（当局の抑圧による）だったがアメリカ最初の新聞を発行した。1693年に開店したボストンのジョージ居酒屋は、図書販売や郵便業を兼務し、1704年にはアメリカ最初の成功した新聞『ボストン・ニューズレター』を1722年まで発行した。こうしたコーヒーハウスは印刷や出版と結びつきがあり、情報交換の場でもあった。独立革命期からは経済に加えて政治が加わり、最新情報を提供するために、新聞や雑誌に接する機会を提供するようになった。閲覧室を併設し、利用に年会費を徴収する店も現れてきた。

　読書とコーヒーハウスの結びつきも広くみられた。ニューヨークのマーチャンツ・コーヒーハウスは書店を併設していたが、1763年にはさらにニューヨークで最初の貸本を加えた。1773年にメリーランド植民地アナポリスの貸本屋は閲覧室を付設するだけでなく、ロンドンからの酒類も売っていた。コーヒーハウスや閲覧室の主たる機能として、さらに社交が加わってきた。この時期、コーヒーハウスと居酒屋、居酒屋とホテルなどの区別は明確ではなく、これらはいずれも閲覧室を有することが多かった。

　●閲覧室概観：19世紀前半　19世紀に入ると、居酒屋は居酒屋、ホテルはホテル、書店は書店という具合いにサービスが分化してきた。しかし閲覧室は経済的に自立できず、何らかの事業に付設されるしかなかった。1829年にボストン

のトレモント・ホテルは閲覧室を宣伝し、特に女性に売り込んだ。テネシー州ナッシュビルやルイジアナ州フランクリンでは新聞社が閲覧室を設け、後者では年会費5ドルで閲覧室を利用できた。1812年にボルティモアの書店は年会費10ドルで利用できる閲覧室を設け、新聞、雑誌に加えて、パンフレット、政府刊行物、法律集、学協会の刊行物を利用できると宣伝した。閲覧室を置く場所に何らの合意もないので、シンシナティの醸造会社は酒類の購入者に閲覧室で50の新聞を無料で利用させた。オハイオ州ワッズワースの帽子店も閲覧室を備えていた。ナッシュビルの飲料店は会費制の閲覧室を備えていた。

　1810年代になると大きな貸本屋の閲覧室が目立つようになった。貸本屋は閲覧室のニーズを認識して、貸本部門に閲覧室を加え、利潤を上げようとした。ボストンのサミュエル・パーカーの貸本屋は1814年に、ロードアイランド州プロビデンスの貸本屋は1815年に閲覧室を開いた。1818年にボルティモアのジョゼフ・ロビンソンの貸本屋は年会費6ドルで貸本を、10ドルで貸本と閲覧室の双方を利用できると定めた。当時の最良の貸本屋といわれるボストンのシェイクスピア貸本屋では、1816年に年会費5ドルで5,200冊の貸本、新聞、定期刊行物を閲覧室で利用できたが、貸本を借り出すにはさらに年7ドルが必要であった。この貸本と閲覧室は1840年まで続いた。

　●アセニアム運動　閲覧室が増大する大きな刺激になったのは、アセニアム運動である。この文化的現象は1804年にボストンの知識人や文人が文芸クラブ「アンソロジー・クラブ（ソサエティ）」を結成した時に始まった。1807年、クラブは雑誌や新聞を中心に、少しばかりの図書を備えて、年会費10ドルでアンソロジー閲覧室（Anthology Reading Room）を設けた。そののちアンソロジー閲覧室と図書館（Anthology Reading Room and Library）を立ち上げるために、州からボストン・アセニアム（Boston Athenaeum）との名称で認許状を獲得した。そして1株300ドルで150株を売り出し、ボストンの富裕者が集まる富裕者型のソーシャル・ライブラリーになっていく。ボストン・アセニアムは、閲覧室、図書室、博物館、実験室を併せ持つ機関として構想されたが、後者の2つは後に取り下げられた。文化的な意味が漂うアセニアムという語は好まれ、各地にアセニアムが設立されるようになる。

　19世紀中葉になると慈善家や社会改良団体が閲覧室を設けている。工場主、鉄道事業家、児童援助協会、伝道事業団体、YMCA、後には禁酒団体などで、労働者が飲酒や悪所に染まるのを防ぐ役割があった。閲覧室は図書館が独占するものではなかった。と同時に、19世紀後半になると、次第に「図書館」と「閲覧室」と並べる必要はなく、図書館は閲覧室を含むと認識され、さらに閲覧室といえば図書館の閲覧室を意味するようになっていく。

T6 「図書館」に入らない「ライブラリー」：
貸本屋の興隆と衰退

「ライブラリー」とは基本的に「（組織化された）図書の集まり」を示す。そうした「ライブラリー」の内、純然たる個人文庫（private library）を除いて、何らかの意味で開かれているものは「図書館」と把握され、図書館統計などにも取り上げられてきた。唯一「図書館」に入らない「ライブラリー」が貸本屋（circulating library）で、それは利潤の獲得を目的にするからであったろう。そして貸本屋は公立図書館の興隆とともに衰退していったとされる。

●**アメリカ最初の貸本屋**　貸本屋出現の背景としては、中産階級の興隆と近代小説の出現（リチャードソン『パミラ』1740）があった。メリーランドのアナポリスで印刷業や新聞発行に携わっていたウィリアム・リンドが、知識の泉を普通の資力の人に開くため、1762年にアメリカ最初の貸本屋を開いた。年会費を払えば誰もが会員になれ、1回に2冊借り出せた。貸出期間は判型に応じて1週間から1か月で、遠隔地会員には2週間を追加した。150種の蔵書は広範で定評ある本であった。文学などが約半数を占め、リチャードソン、フィールディング、デフォーの小説を含んでいた。そうした準備を経て、会員になった「紳士、淑女」に開店案内を出した。しかし利潤が上がらず、1年後に閉店した。その後の多くの貸本屋と同じようにリンドの貸本屋は短命であったが、貸本屋の基本的性格を決定した。まず貸本屋に "Circulating Library" という語を用いたが、この語は貸本屋を示す語として定着した。次に会員制図書館は男性に限定、あるいは男性を中心としていたが、女性を重視した。第3に、小説を積極的に取り込むのだが、これは住民とりわけ女性読者の関心に対応したものであった。第4に、1冊ごとに貸本料を取るのではなく年会費制にした。この形態だけをみると会員制図書館との区別は曖昧になる。

なおボストンでの最初の貸本屋はジョン・マインによる。マインは書店を開き酒類も売っていたが、1765年に貸本を追加した。開店時には1,200冊を擁し、詳細はともかくリンドの運営形態と同じである。おそらく日曜は閉店で、開店時間は午前10時から午後1時と午後3時から6時であった。

●**19世紀前半の貸本屋**　18世紀と同じように貸本屋は概して短命であったが、同時に貸本屋の黄金時代でもあった。この時期の貸本屋を概観すると次のようになる。大きな都市の貸本屋は1,500種から3,000種の貸本を備え、書店などに併設される場合も多かった。神学宗教書の比率は下降気味で、フィクションの比率が高まっていったが、フィクション、文学、歴史、神学を中心に、広範な蔵書構成

であった。また貸本屋はニューイングランドやニューヨークから西方に広まっていった。貸本屋の女性重視はいっそう顕著になった。1802-06年にメアリー・スプラーグはボストンの帽子店に貸本を追加した。そして有用な図書と楽しめる図書を強調するとともに、男性の利用も期待したのである。1804年にはキザイア・バトラーも帽子店に貸本を追加し、20年間にわたって貸本を続けた。以前からコーヒーハウスなどに新聞や雑誌の閲覧室が設けられていた。これを取り込み、閲覧室を付設する貸本屋が出現してきた。ボストンの製本業者サミュエル・パーカーが1811年に引き継いだユニオン貸本屋は、ボストン最大の貸本屋で20年以上続くことになる。1814年に閲覧室を加え、貸本部門の年会費7ドル、閲覧室3ドル、そして閲覧室の利用と貸本の閲覧室内での利用5ドルと定めた。開館は午前9時から午後9時である。

●**19世紀後半以降** 1859年にボストンではアーロン・K.ローリングが貸本屋を開いた。1860年の最初の目録では6分の5がフィクションで、15年後の蔵書は10,000冊になっていた。家庭への個別配達を実施したが、これはアメリカでも前例があった。ローリングは会費制を取らず、1日2セントで個別に図書を貸した。これは従来の慣習と異なる措置であった。大量のフィクションには理由があった。公立図書館はフィクションを蔑視し、ノンフィクションを重視した。もともと利用の少ないノンフィクションは公立図書館で無料で利用できるため、貸本屋は多分にフィクションの賄い屋になっていった。またこの時期になると印刷術の向上で、安価な本が大量に出回るようになった。図書が1冊1.5ドルや2ドルの時期と異なり、ダイム（10セント）小説が流通するようになると、1日2セントで図書を借りるのは愚かなように思えたかもしれない。こうした要素も貸本屋の衰退に拍車をかけた。

　19世紀前半のソーシャル・ライブラリーは、せいぜい週に2日ほど短時間の開館であった。もっぱら男性を対象にし、閲覧室はない場合も多く、必ずしも利用者の関心を十分に組み込んでもいなかった。貸本屋が図書館に示唆した最も重要なことは、女性とフィクションの重視で、さらに閲覧室の提供や長時間の開店時間である。ただしフィクションを中心とする貸本屋には、図書館ほどの文化的な威信はなかった。公立図書館の設置につれて貸本屋は衰退に向かうという通説に誤りはないだろう。しかしながら貸本自体がなくなったのではない。20世紀に入り、公立図書館は有料のレンタル蔵書を置いて、予約による無料本を待てない人に、人気のあるフィクションを提供した。またドラッグストアはレンタル書架を置いて、有料で本を貸した。これは資料の形態はともかく、後のビデオショップなどに、さらにネット環境下でのサブスクリプション・サービスにつながっていく。

T7　ソーシャル・ライブラリー：
　　ニューイングランドでの発展と衰退

　知識を得るために個人が金を出し合い、図書館を維持するというのが会員制図書館の基礎になる。その嚆矢がフィラデルフィア図書館会社（1731）だが、富裕者型のボストン・アセニアム（1807）などもソーシャル・ライブラリーに入る。コネティカット植民地では1733年にダラム図書館会社が成立した。同会社の定款は、有益かつ実りある知識で精神を豊かにするために、本を共同購入するとなっている。そして会費、貸出、紛失、役員、株の扱いを定めた。蔵書は神学や歴史が多かった。同館は会員が15名に減じた1856年に解散した。

　●発展と衰退　ニューイングランドでのソーシャル・ライブラリーの発展をジェシー・H.シェラを参考に、(1) 1733-90年、(2) 1790-1840年、(3) 1840-90年に分けると、(1) の時期に44館のソーシャル・ライブラリーが生まれ、この種の図書館は広く受容されていく。そこにはソーシャル・ライブラリー設置についての一般的任意法の採択も含む。(2) は黄金時代で、1802年のマサチューセッツ州には約100館が存在した。同州の1800年の人口は42万人なので、4,200人に1館に相当する。この時期の後半から特定のグループを対象とする図書館に分化が始まる。(3) は衰退期で、消滅したり、公立図書館に吸収されたりする。また大多数の会員制図書館は財政基盤が脆弱で、長続きはしなかった。なお公立図書館の設置とソーシャル・ライブラリーの衰退は関係しているので、ペンシルベニア州やニューヨーク州では19世紀後半にむしろ最盛期を迎えることになる。

　●蔵書　ソーシャル・ライブラリーの全史を通じて、対象者や主題で利用者を限定しない全般的な性格の図書館が圧倒的に多かった。蔵書では、歴史、文学、小説、神学が上位を占めていた。(2) の時期の後半から図書館の分化が生じ、職工徒弟、工場労働者、商店員や事務員などを対象とする図書館が出現する。例えば職工図書館では機械や技術、商事図書館では商務、旅行、語学に関する本などの提供を意図していた。しかし意図はともかく、現実の蔵書は歴史、文学、小説、神学が主体で、科学がその中に加わる図書館もあった。すなわち全般型か分化型かで蔵書構成に大きな相違はなかった。図書館設置者の意図はともかく、現実には利用者の要求に対応せざるをえず、会員は気晴らしになる本を求めた。時が経つにつれて、蔵書に占めるフィクションの比率が高まっていく。

　●意図　ニューハンプシャー州グレートフォールズの工場付設図書館は1830年代に設置され、女性従業員は年会費を払って利用できた。1850年当時の蔵書は2,200冊である。女性会員に発言権はなく、工場が運営を掌握していた。労働

者の環境の劣悪さを知ると、図書館は労働対策といえた。労働者には気晴らしが必要で、労働効率が上がれば好ましく、実用技術の獲得に進めば申し分なかった。それに飲酒や遊興が減少すれば喜ばしいし、工場は図書館を宣伝にも使えた。

　1820年にニューヨークやボストンなどで職工徒弟図書館が設置された。ボストンの場合、慈善家と職工慈善団体が設置し、慈善団体は経費を拠出しないとの条件で運営を承諾した。職工は雇用主の保証書の提示で無料で利用できた。寄付への依存で財政難に陥り閉館が話題になった時、徒弟が組合を形成して運営し、図書館を維持した。1850年当時、蔵書4,000冊、年間増加175冊、火曜と土曜の夕刻3時間開館、貸出10,000冊であった。この種の図書館は親団体による慈善事業である。同じ1820年設立のフィラデルフィア徒弟図書館は、図書館設立を目的に団体が形成された。1841年には女性部門を開設した。1850年当時、男性800名、女性250名で、男性部門は蔵書9,000冊、貸出24,000冊、女性部門は各々2,700冊、7,000冊である。年間増加は約900冊、開館は男性部門が月、水、金、土曜の夕刻2時間半、女性部門は木曜の3時から7時と土曜の3時から6時であった。この図書館の5名の発起人（書店主、薬学研究者、靴屋、議員、小麦商人）は、社会改良に関心を持つ人道主義者、慈善家、活動家であった。

　1820年に店員や事務員が設立したボストン商事図書館は、1850年当時、会員1,145名、蔵書7,059冊、年間増加400冊、貸出28,000冊であった。1839年に店員や事務員が設けたボルティモア商事図書館の場合、会員は店員に限り、商人になると名誉会員になり運営への発言権はなかった。1850年当時、蔵書9,000冊、年間増加700冊、開館は毎日11時から2時と3時から10時である。図書館の目的は立派な商人になることにあり、商務だけでなく幅広い知識や教養も重視していた。とはいえ実際の利用は全般的な会員制図書館と相違なかった。

　フィラデルフィア図書館会社は、設置者と利用者が同じで、自分たちに有用な図書を共同購入した。これが会員制図書館の原型である。しかし1820年代からの会員制図書館は、設置者と利用者が乖離し、設置者による利用者への期待と統制という面が出現してきた。この種の乖離型の図書館の目的は、良き習慣の形成、実用的な知識の獲得、機械の扱いや技術の向上、飲酒や遊興の抑制にあった。一方、利用者側にも期待があった。立身出世への期待で、ジャクソニアン・デモクラシーの時代の1820年代末から民衆教育熱が高まっていた。乖離型でない商事図書館は設置者と利用者が一致しており、乖離型の会員制図書館とは異なり、宗教や政治の図書も自由に備えることができた。また多くの商人が名誉会員になっていたという事実は、商人にも店員や事務員の知的な向上によって、自分たちの事業の競争力が高まるとの認識があったことを示している。こうした上からの期待と下からの期待が公教育や公立図書館の制度化につながっていく。

T8 公立学校と学校区図書館の思想：
ホーレス・マン（1837 年）

　公立図書館の制度的成立にはソーシャル・ライブラリーと学校区図書館が重要になる。特に後者は図書館に公費を投入する理論と実践を明示した。学校区図書館はニューヨーク州で先発するのだが、公教育と図書館を明確に結びつけたのはマサチューセッツ州が最初である。そして公教育成立の根拠となる理由は、同時に公立図書館の制度的成立の土台となった。

●マンの公教育思想　ホーレス・マンの教育思想の根底には教育自然権説とユニテリアンの思想があった。マンは教育を出生した人の受ける絶対的権利とみなし、ジョン・ロックからトマス・ジェファソンにいたる自然権思想に立脚する。またボストンの宗教といわれるユニテリアン主義は三位一体を否定し、キリストを神格から人格に引き下げることで、人間性の本来の善と改善可能性という把握が可能になった。マンにとって学校は、州民や国民として共通（common）の価値を形成する学校、州民の共通の費用で賄われ、貧富男女の区別のない学校、すなわちコモンスクールでなくてはならなかった。コモンスクールは経済的な利益、共通価値の育成、社会秩序の維持という側面を有していた。マンは教育の経済的価値を強調したが、それは資本家層の支持を求める現実的な意図と同時に、工業先進州の特徴をも示していた。次に共通価値観の育成である。社会での対立や分断は、ドイツやアイルランドからの移民の増加に伴って大きな問題になりつつあり、マンは政治、信仰、道徳、言語の共通性を重視した。政治的共通性とは共和主義、信仰では聖書自体、道徳ではプロテスタントの倫理、言語とは英語である。最後に社会秩序の維持である。マンは、人間の状態の平等化を教育に期待していた。そこには、教育を受ければ知的、経済的に豊かになり、秩序を守り、財産を尊重するという考えが窺われる。

●学校区図書館の必要性　上述のような公教育思想が学校区図書館の土台になった。マンが発刊した『コモン・スクール・ジャーナル』で学校区図書館の論考が掲載されたのは 1939 年 6 月号である。そこでは読みを、(1)「どのように読むか」、(2)「何を読むか」、(3)「いつ読むか」にまとめた。(1) は読む技術の習得で学校が担当する。(3) は読書習慣を意味し生涯にかかわる。最も重要なのは (2) である。このように認識した時点で、学校教育は目的から手段に移り、読む技術を適用する良書の存在が重要になる。住民が図書を入手できなければ、読む技術の習得自体が無意味であり、公立学校の有効性が疑問になる。これらを踏まえた上で問題となるのは、(a) 住民による図書の入手の具合、(b) 公的責任としての図

書の提供、(c) 図書の内容という3点であった。(a) についてマンは1939年に州内のソーシャル・ライブラリーの状況を細かく調べ、大部分の住民にとって図書入手の機会がないこと、知識を得る手段について地域格差が大きいこと、ソーシャル・ライブラリーが衰退に向かうとともに、会費が貧しい人を排除する最大の要因になっていることを見出した。こうした状況がマンの公教育論と結びついて、学校を終えた住民を対象とする公費支弁の図書館に向かうのだが、マンにとってそれは学校区を基盤とする公立の図書館であった。

●マサチューセッツの学校区図書館　1837年法は公立学校が図書や実験器具の購入のために、初年度30ドル、次年度以降10ドルを上限として課税する権限を学校区に認めていた。1841年当時、公立学校3,103校の内、2,800校には学校区図書館がなく、図書館は富裕な学区に偏在していた。状況を改善するために、州議会は1842年に学校区図書館法を新たに採択し、学校区が図書館の設置を願い15ドルを用意すれば、州は当該学校区に15ドルを拠出すると定めた。補助金を定めた1842年法は効果を発揮し、3年間に約2,000の学校区図書館が設けられた。マンは1939年調査で、ソーシャル・ライブラリーがフィクションを多く所蔵していることに驚き、それを否定的に捉えている。そして1842年法を受けて、州教育委員会が図書の推薦をすると決定した。図書選択には公教育の効果を持続、発展させるという観点が土台にあり、楽しみ自体を目的とするフィクションや安直なセット物は否定された。フィクションはまさに虚構で、フィクションへの耽溺は実生活に立ち向かう努力を減退させるということである。

●マサチューセッツの学校区図書館の帰趨　マンは、ソーシャル・ライブラリーの弱点を克服し、学校教育の効果を持続して発展させるために、学校区図書館という公立の図書館を推進した。1842年以降の3年間で約2,000の学校区図書館が設置されたのだが、1850年のマサチューセッツ州の学校区図書館の数は700、蔵書91,539冊、1館当たり131冊という状態であった。この数値は、学校区図書館の散逸、消滅を示している。そして1850年に学校区図書館法は廃棄された。1850年のマサチューセッツ州の人口は約100万人、約3,000の学校区があるので、学校区当たりの平均人口は300人強、これでは最低限の図書館を支えるにも予算、施設、職員などあらゆる面で不十分だった。そしてあたかも学校区図書館法に取って代わるかのように、1851年にマサチューセッツ州は州全域を対象とする公立図書館法を採択することになる。

　マサチューセッツも含めて、学校区図書館は当初から構造的問題を抱えていた。図書館行政の枠が小さすぎるし、冊数自体が図書館や蔵書といえるほどでもなく、管理は不十分で、図書の追加もほとんどされなかった。当初から学校区図書館は、放置、散逸、消滅する運命にあった。

T9 公立の図書館である学校区図書館の隆盛と衰退： 全般的な推移

　マサチューセッツ州は1842年の学校区図書館法で、州から補助金を出し、学校区図書館の設置が進むことになった。とはいえ学校区図書館に先鞭をつけたのはニューヨーク州で、マサチューセッツのホーレス・マンはニューヨーク州を見習ったといえる。そして学校区図書館は多くの州に波及していった。

　●先鞭をつけたニューヨーク州　1820年代にニューヨーク州知事デウィット・クリントンは、知性の向上、有用な知識の普及、生活の向上を目指して、すでに教育目的に課税権が付与されている学校区を活用することを願っていた。1835年にクリントンの願いは実現し、ニューヨーク州は学校区にたいして図書館のための課税権を認めた。しかし図書館を設置しようとする学校区はほとんどなかった。そのため1838年に州議会は、向こう3年間に年毎の見合い資金として55,000ドルを提供することにした。と同時に、校舎の中に学校区図書館を設置すること、教員が蔵書の管理運営に責任を持つことを要件とした。また図書選択の責任を学校区の教育委員会に置いた。

　他州もニューヨークの先例に見習った。ミシガン（MI）は1837年、コネティカット（CT）1838年、アイオワ（IA）とロードアイランド（RI）は1840年、インディアナ（IN）1841年、マサチューセッツ（MA）1842年、メイン（ME）1844年、ニューハンプシャー（NH）1845年、オハイオ（OH）1847年で、1850年代、1860年代も立法は続いた。

　●1850年の学校区図書館　チャールズ・C.ジューエットの包括的な図書館統計は学校区図書館（public school libraries）という1つの範疇を設け、州ごとの館数と蔵書冊数を示しており、法採択順に10州を取り出しておく。

	館数	冊数		館数	冊数
MI（1837）	374	47,220（126）	NY（1838）	8,070	1,338,848（165）
CT（1838）	1	300（300）	IA（1840）	4	160（40）
RI（1840）	35	19,637（561）	IN（1841）	1	200（200）
MA（1842）	700	91,539（131）	ME（1844）	17	452（27）
NH（1845）	25	2,500（100）	OH（1847）	3	1,595（532）

　全体では館数9,505、冊数1,552,232で、1館当たり163冊である。なお"public school libraries"の説明では、生徒を対象にするのではなく、学校区の住民を対象とすると明記され、「図書館は継続して利用され、好ましい影響を評価しすぎることはない」と説明した。とはいえ州全域の学校区を対象にするのに、1桁や2

桁の館数では実際に機能していたとはみなしがたい。また突出しているニューヨークやマサチューセッツにしても、1館当たりの冊数は200冊に満たず、これでは住民に最低限のサービスさえも不可能である。

●**メイン州教育長の発言**　1851年のメイン州教育長の説明によると、同州の学校区図書館は9つに過ぎず、蔵書冊数も500冊に満たない。図書館設立には大きな障壁がある。校舎は古くて管理が不備なため学校区図書館に適切ではない。小さくて貧しい学校区が多く、住民は負担に耐えられない。かりに州が蔵書を提供しても、管理に難点がある。以上の障壁を克服するには、町を単位に図書館を設立するしかない。教育長の発言は、ニューハンプシャー（1849）やマサチューセッツ（1851）の公立図書館法を視野に入れた発言と思われる。

●**1850年以降の学校区図書館**　上述のように学校図書館法は続々と採択されていった。中心となるニューヨーク州の状況をみると、1852年に学校区が見合い資金を拠出するという要件を廃止し、また図書館の資金を他の教育目的に用いることを許した。そのため資金は教員の俸給に回された。5年後に同州の当局者は、「住民が図書館の利用をやめたので、……担当者は世話もせず、無関心になっていった。本は屋根裏部屋の材木のようにしまい込まれ、朽ちて破損している」と報じた。州教育長は、図書館が「学校区のあちこちの家庭に散在し、……戸棚に押し込まれ、地下に放り込まれ」ていることを知った。

学校区図書館の扱いは多様で、いくつかの州は教員用の図書館と位置づけた。また用務員が「図書館員」の役割を担う場合もあった。利用者の反応もさまざまだった。作家ジェイムズ・W.ライリーは常連利用者で、インディアナ州で過ごした子ども時代に、図書館は学校から靴屋、そして食料雑貨店、さらにライリーの家を含めていくつかの家に分散されたという。ライリーは学校区図書館から『ドン・キホーテ』、『ロビンソン・クルーソー』を借りて読んでいた。好ましくない記憶もあった。1869年にミシガン州公教育長は、「一般的に図書は事務室に隠されており、社会に何の価値もなかった」と記している。図書については「図書を覆う塵にオート麦の種を播く方がましだと思われる種類の本であった」と酷評した。

学校区図書館は図書館の行政単位が小さすぎたし、図書館を構成する要素である図書、職員、施設のいずれをも欠き、すでに1850年の時点で壁にぶつかっていた。マサチューセッツ州の学校区図書館法は1850年に廃止され、あたかもそれに代わる法律として1851年に公立図書館法が採択された。しかしその後も学校区図書館の州法が次々と採択され、取り組まれていった。公立図書館が設置されてもソーシャル・ライブラリーと公立図書館が共存する場合があったが、公立図書館が設置されると、学校区図書館は完全に取って代わられることになる。

T10　第1世代の図書館史研究：客観的事実史

　過去の事実は事実として存在する。ただしそうした事実を取捨選択し、歴史を構成するのは、歴史研究者の業績である。それは単に事実の再構成だけでなく、現在と将来を考察する手立てになる。1850年から1930年まで、図書館史の研究者と呼べる人はいなかった。この時期の業績を支えたのは図書館員で、自館の歴史を客観的、網羅的に記録しようとした。またアメリカ図書館協会の幹部や大都市公立図書館長、歴史あるソーシャル・ライブラリーの館長は、自館史を綴る図書館員と比較すると、広い視野で図書館史をまとめることができた。さらに学者図書館員、歴史家、文学者も図書館史を書いた。しかしいずれの場合も図書館史に主たる関心を抱かなかった。

　●**クウィンシー『ボストン・アセニアムの歴史』**　1804年に成立した文芸クラブ「アンソロジー・クラブ」を母体に、1807年にボストン・アセニアムが成立した。1850年の蔵書冊数は5万冊に達していた。アセニアムの建物は何回か変遷を遂げ、1847年4月に新館定礎式を実施した。この時、連邦下院議員、ボストン市長、ハーバード・カレッジ学長という経歴を有するジョサイア・クウィンシーは同館の歴史の執筆を依頼され、1851年に『ボストン・アセニアムの歴史』を上梓した。同書は創立から1850年にいたる歴史を扱い、(1)起源、進展、成功、(2)設立者や貢献者、(3)現在の繁栄を導いた重要な出来事を忠実に年代を追って記している。(1)と(3)については、建物の変遷、蔵書の拡大や寄贈書、規則の移り変わり、会員数の増大や役員の変化、財産の増大、年報にみられる重要な事柄などを、時系列にしたがって客観的に記述している。『ボストン・アセニアムの歴史』は、記念・回想・賞賛型、アイデンティティの確認、客観的事実史、年代記・網羅性、発展史・成功物語といった特徴を有する。これらの要素は1930年までの図書館史記述、すなわち第1世代の図書館史記述の特徴である。

　●**クウィンシー流の図書館史記述**　合衆国教育局が編纂した『アメリカ合衆国のパブリック・ライブラリー』(1876)の目的は、図書館の歴史と現状の解明、図書館の経営管理上の諸問題の検討、完全な統計の作成にあった。その巻頭論文「100年前のパブリック・ライブラリー」の執筆者は、青少年向きの作家で編纂者のホーレス・E.スカダーであった。スカダーはソーシャル・ライブラリー、カレッジの図書館など、まず館種で分け、各館種のもとで主要な図書館の歴史を記している。例えばソーシャル・ライブラリーでは、フィラデルフィア図書館会社、チャールストン図書館協会、プロビデンス図書館などを取り上げた。同報告は独

立100年を記念して刊行されたもので、記念・回想・賞賛型、アイデンティティの確認という性格を有し、スカダー論文は単館史の寄せ集め、客観的事実史など、第1世代の歴史記述の特徴を示している。

　また、ボストン公立図書館長ジャスティン・ウィンザーは歴史家でもあり、大著『ボストンの歴史』の編者であった。第4巻（1886）後半は多様な主題を扱う個別論文で構成されている。この後半部の第2章はウィンザー自身が執筆した「ボストンの図書館」であった。ウィンザーは植民地時代初期のロバート・キーンの図書館活動、ハーバード・カレッジ図書館、いくつかのソーシャル・ライブラリーを取り上げ、単館史をまとめて図書館史としたのである。

　●タイラーの図書館史記述　文学史家として有名なモーゼズ・C.タイラーは、1884年に「アメリカのパブリック・ライブラリーの歴史的な進化過程とコミュニティにおける真の役割」を発表した。タイラーは植民地時代の図書館からボストン公立図書館にいたる過程を、（1）個人文庫、（2）大学図書館、（3）ソーシャル・ライブラリー、（4）学校区図書館、（5）エンダウド・ライブラリー、（6）公立図書館の6段階で把握している。公立図書館は第3段階を思想的な起源に、第4、第5段階を直接的な源として成立した。学校区図書館は図書館を公教育の一部分と位置づけることで、公費充当に導いた。エンダウド・ライブラリーは一般の人びとを援助する個人的な努力、すなわち慈善である。公立図書館は公私両方が結合したもので、「図書館の進化過程における最も完全で最終的な段階」である。タイラー論文はクウィンシー流の歴史記述から脱皮した初期の論稿である。タイラーは図書館の進展過程を民主化の過程と把握し、進展図式を示した。タイラーの図式には進化論の影響がみられ、漸進的移行自体が望ましく、自然に理想的な終局段階、すなわち徹底的に民衆的な図書館である公立図書館に到達すると考えている。このような手法は例えばフィラデルフィア図書館会社や学校区図書館について、何らの説明もしていない。もし歴史というものが、一定の時間と空間を取り上げ、そうした環境下での人間の思想や行動の意味を問うものであるなら、タイラーの解釈は非歴史的な歴史記述といえる。また表面的な類似性や相違を本質とはきちがえる恐れがあるし、現在と過去を早急に結びつけたり、形態面だけの相違や類似性に注目したり、ときにはきわめて啓蒙的で教訓的な結論になったりする。

　クウィンシー流の歴史記述は乗り越えられる必要があるのだが、それは1930年代を待たねばならない。ただし第1世代の業績が無意味というわけではまったくない。客観的で典拠を詳細に示している第1世代の文献群は、ジェシー・H.シェラやシドニー・ディツィオンを中心とする第2世代の図書館史研究の土台になった（T61）。

T11　図書館を結ぶ試み：
　　　図書館統計（1851年）、図書館員大会（1853年）

　図書館間のコミュニケーションが成立し、また図書館の技術や用品の標準化や規格化への道が開かれたのは1876年である。それまで図書館は存在したが各館は孤立していた。19世紀中葉は、1848年にボストン市に公立図書館設置に関する特別法が州議会で採択され、1852年に公立図書館の基本思想を設定したボストン公立図書館『理事会報告』が出され、1854年に市民の利用に向けて公立図書館の扉を開くという時期にあたっていた。そうした時に、図書館を相互に結びつける先駆的な試みがされた。

　●ジューエット　チャールズ・C.ジューエットは、ブラウン大学図書館長（1841-43）、同大学教授（1843-48）を経て、1848年から1858年まではスミソニアン・インスティチューションの図書館部長を務めた。その後、1868年までボストン公立図書館の館長を務め、執務中に倒れて他界した。ジューエットはブラウン大学の時代から総合目録の必要性を認識していた。そしてスミソニアンに赴任すると、図書館を国立図書館にすること、それに全国の図書館の総合目録を作成することに取り組んだ。結局、スミソニアンの図書館部は国立図書館にならず、1866年に議会図書館に吸収される。また総合目録という壮大な企画も実現しなかった。

　●包括的な図書館統計の作成　総合目録の作成を目指すジューエットにとって、図書館状況の把握が必要であった。そのため1848年から図書館に調査票を送り始め、1850年にスミソニアンの年報の付録として図書館統計を掲載、1851年に単独で刊行された。このアメリカ最初の包括的な図書館統計『アメリカ合衆国のパブリック・ライブラリーについての報告』は、州毎にまとめ、州内ではアルファベット順に市町を配列し、基本的に市町では館名のアルファベット順で並べるという方式であった。また「パブリック・ライブラリー」を、(1)州立図書館（州政府の管轄にある図書館で議会図書館を含む）、(2)ソーシャル・ライブラリー、(3)カレッジ・ライブラリー、(4)学生図書館、(5)専門学校（神学校など）、(6)学術団体の図書館、(7)学校区図書館の7つにまとめている。ソーシャル・ライブラリーの多くは小規模だが、州によっては各町にこの種の図書館がある。カレッジ図書館は寄贈の寄せ集めが多く、学生図書館はカレッジの学生団体が組織した図書館で、イエール・カレッジの学生図書館は規模が大きい。ジューエットは蔵書冊数の多い図書館を取り出し、ハーバード84,200冊、フィラデルフィア図書館会社60,000冊、イエール50,481冊（学生図書館27,166冊を含む）、議

会図書館とボストン・アセニアム50,000冊と報じた。なお「パブリック・ライブラリー」の総数は10,199、蔵書総数は3,753,964冊であった。この報告は単なる図書館統計ではなく、精粗の具合はともかく、各館の歴史や特徴も報告されている。

●図書館員大会の開催　ニューヨークの出版業者チャールズ・B.ノートンは、「図書館員や書誌に関心を持つ人」の会議を1852年に企て、当時のアメリカで最も著名な図書館員ジューエットの協力を得て、翌1853年にニューヨーク大学のチャペルで会議が開かれた。大会参加者約80名の内、図書館員が2分の1を占めていた。内訳は大学図書館13名、アセニアム6名、商事図書館6名が目立ち、大学図書館と歴史あるソーシャル・ライブラリーからの参加者が多かった。ジューエットは開会の辞で、大会の目的は「現実的、功利的である。良書に関する知識を普及させたり、良書に接する手段を拡大させたりするのが目的である。われわれの願いは、人びとが益することにあり、自分たちの利益のためではない」と謳いあげた。大会では情報の交換が重視され、参加者は自館の現状や特色を報告した。ジューエットはスミソニアンを国立図書館にするという展望と、全米総合目録を作成するという計画を強調し、いずれも決議として採択された。一般住民を対象とする図書館も無視されておらず、「ポピュラー・ライブラリー」、「パブリック・ライブラリー」の全国への普及を決議した。2日間の大会の末尾では、本大会は永続的な図書館員協会を形成するための予備大会であるとし、5名で構成される委員会を設置して協会の基本規約や規則を作成し、次回の大会で提示することを決議した。委員はジューエット、ボストン・アセニアム館長チャールズ・フォルサム、ニューヨーク商事図書館長S.ヘイスティングズ・グラントなど5名で、次回はワシントンでの開催を決めて散会した。

2回目の大会は開かれず、20年以上を経た1876年の図書館員大会を待たねばならない。一方、図書館統計は受け継がれていく。ジューエットに続いたのがスミソニアン・インスティチューションの書誌学者ウィリアム・リーズが1857年にまとめた統計である。リーズは「ジューエット氏が用いたのと同じ図書館の分類配列を採用した」と確認している。「配列」とは州毎にまとめ、州内ではアルファベット順に市町を配列し、その下に図書館をアルファベット順で並べるという方式を指す。「分類」とはジューエットの7つの分類を示すが、ここは少し変化した。「州立図書館」に公立図書館を含めたが、公立図書館は独自の範疇を構成せず、いわば「公立の図書館」の類型に入れられた。1876年に合衆国教育局が編纂した『特別報告』の場合、個別館の歴史や現状の説明は省き、いわゆる図書館統計になった。そして全国の主要な10都市を取り上げ、各市の主要図書館の歴史と現状を説明した。以後、教育局は断続的に図書館統計を編纂していく（T19）。

T12　公立図書館の基本思想の設定：
ボストン公立図書館理事会報告（1852 年）

　1731年のフィラデルフィア図書館会社の成立は公立図書館の思想的起源と位置づけることができる。そしてボストン公立図書館が成立するまでの期間が公立図書館成立前史である。この時期の2つの主要な図書館の形態はソーシャル・ライブラリーと学校区図書館で、それらが公立図書館に結実する。前者は慈善家、社会改良家、商人などの上からの援助と市民や労働者の参加があった。後者は公教育の延長と認識され、図書館に公費を投入する前例となった。また1820年代末からはライシアム運動や講演会活動に多くの民衆の参加があり、民衆による教育や知識への期待もあった。公立図書館の成立には公教育と同じ理由づけがされた。経済的利点や労働者の能力の向上は富裕者や資本家にとって重要だったし、価値観の共有や社会秩序の維持は、特にアイルランドからの移民の増加や、犯罪、飲酒、貧困の増大と関連して欠かせなかった。さらにボストンに固有の要因として、ニューヨーク市でのアスター図書館（1854年開館）の設立が伝わっていたし、文化面で英国への劣等感があった。

　●ボストン公立図書館理事会報告　公立図書館の設置を主導した2人の人物がいた。政治家のエドワード・エバレットと元ハーバード・カレッジの教授で文学史家のジョージ・ティクナーで、エバレットは図書館理事会の理事長（1852-64）、ティクナーは理事（1852-66, 1865年は理事長）を務めている。両者は公教育を完成させる公立図書館という考えを共有していたが、エバレットは通俗書や貸出は念頭になく、立派な参考図書館を構想した。一方、ティクナーは通俗書の貸出を重視した。両者が執筆した1852年理事会報告は、公立図書館の基本思想を設定した文書とされてきた。
　ティクナーが執筆した部分の骨子は以下のとおりである。「われわれのような政治的、社会的、宗教的制度のもとでは、……多数の人が読書に向かい、社会秩序の根底に立ち入る問題を理解することが肝要」である。ボストンの貴族的な知識階級の頂点に立つティクナーにとって、社会秩序の根底に立ち入る問題とは、アメリカの政治システム、資本主義、奴隷制などを理解して肯定するということである。引き続きティクナーは図書選択方針を示し、蔵書を4つに整理した。(1) 禁帯出の図書、(2) 少数の人しか読まない図書、(3) 頻繁に求められる図書、(4) 逐次刊行物である。(1) は参考図書などだが、禁帯出本はできるだけ少なくすべきと記した。(2) については複本を用意せずに貸出をする。(4) は貸出をせずに閲覧室に置いて利用の便宜をはかるが、新聞を備える必要はないだろう。重要

なのは（3）で、新刊通俗書を複本で用意すると記した。貸出によって読書欲を培い、そうした読書欲は自然に向上するし、有害図書の横行も阻止できる。このように公教育を完成させる公立図書館、通俗書を複本で備えて貸出を中心とし、夜間開館を重視する図書館というのが本報告書の中心で、ここに公立図書館の基本思想が形成されたのである。ただしそこには民主的な意味での「民衆のための図書館」に劣らず、社会秩序の維持という意味での「民衆のための図書館」という意味合いが強かった。要するに、酒場や街路や賭け事よりも、図書館や良質の読書へということである。実際の図書館利用については、官吏、牧師、教員、師範学校の全構成員、学校卒業時の優等生、それに上層の住民は、単に氏名と身分を示すだけで、図書を帯出でき、それ以外の住民は図書の価値相当分の保証金によって貸出を利用できるとした。

●**利用規則**　公立学校と公立図書館によって教育システムは完成し、前者は子どもを対象とする義務的な機関、後者は成人を対象とする自発的機関という位置づけ、および通俗書を複本で揃え、夜間開館も実施するという思想と実践は、その後のアメリカ公立図書館の基本的性格を定めた。それがゆえに同報告書は公立図書館の歴史で最も重要な文書の1つとされる。

　ところで1853年に定められた利用規則によると、16歳以上のすべてのボストンの住民が閲覧室で蔵書を利用できる。貸出は21歳以上のボストンの住民だが、例外的に公立学校を優等メダルを得て卒業した生徒およびそれに準じる者、各学年で優等メダルを獲得した生徒も貸出の特権を享受できる。したがって13歳や14歳であっても成績優秀者は貸出の特権を獲得できる。ボストン公立図書館には将来の指導者に世界のすぐれた図書を提供するという目的もあり、成績優秀者（多分に上の層と思われる）に手厚い利用規則であった。

　通俗書とりわけダイム小説やシリーズ物フィクションの下限をめぐっては議論があったが、通俗書、貸出、複本、夜間開館の実施は、公立図書館の基本思想としてニューイングランドから中西部に波及していった。利用年齢に関して閲覧室利用は16歳以上で、グラマースクールと形の上ではつながっていた。しかしグラマースクールの卒業者は少数派で、多くの子どもは初等学校を卒業あるいは中退して仕事についていた。そうした若い就業者に図書館で自己学習に励む機会はなかった。公立学校の延長上に公立図書館に位置づけることで、公費充当の理由づけができた。しかし一方では図書館利用に年齢制限をもたらし、ニューイングランドは19世紀末になっても年齢制限が続き、「犬と子どもは入館禁止」という図書館が多かったのである。年齢制限を打破したのは中西部で、ウィリアム・F.プールはシンシナティ公立図書館に赴任した翌1870年に制限を撤廃し、シカゴ公立図書館に1873年に移った後も、年齢制限を設けなかった（T13）。

T13 図書館利用の年齢制限：ボストン公立図書館の影響力

　ボストン公立図書館は学校を修了した人の自己教育機関として発足した。この位置づけは、利用に年齢制限を定めることになる。利用年齢の下限は時とともに下がっていくのだが、それには長い時間を必要とした。

　●ボストン公立図書館の利用規則と年齢　ボストン公立図書館の1853年利用規則によると、閲覧は16歳を越えるボストンの全住民が可能である。貸出の利用資格は9つに区分しているが要約すると以下のようになる。(1)(2)市政府の職員や議員、(3)市内の正規聖職者や宣教師、(4)(5)市内の私立学校の全教員および師範学校の全構成員、(6)市の公立学校を優等メダルで卒業した生徒、同じ年の優等メダル卒業者数を越えない優秀な卒業生、各学年の優等メダルの受賞者、(7)100ドル以上の寄付者、(8)図書の価値相当額の保証金を預けた者、(9)21歳を越えるボストンの全住民。重要なのは、(6)と(9)である。貸出は21歳からだが、グラマースクールの優等卒業者や各学年の優等生も貸出を利用できた。学校のクラスは学業習得度別なので、13歳や14歳でも貸出の特権を獲得でき、エリートに手厚い規則だった。ボストンは年齢と学業習得度という2つの基準を導入していた。後者は波及しなかったが、前者は波及した。ニューベドフォードの1862年規則は閲覧16歳以上、貸出21歳以上だったが、16歳以上の未成年者にも親の保証によって貸出を認めていた。同じ年のウースターやチャールズタウンの規則では、おのおの15歳以上、16歳以上の住民が貸出を利用できる。このようにマサチューセッツ州の図書館は貸出の年齢制限でボストンに追随した。なお1868年の時点、ボストンでは閲覧14歳以上、貸出16歳以上となっていた。そして1875年には貸出を14歳にし、閲覧と貸出の年齢制限を同じにした。

　●1876年頃の利用規則と年齢　アメリカ図書館協会の創設が刺激となり、翌1877年にはロンドンで国際図書館員大会が開かれた。この大会でシカゴ公立図書館長ウィリアム・F.プールが、利用年齢制限を取り上げた。そして「アメリカの西部諸州の図書館は閲覧および貸出について年齢制限を設けていない。東部諸州の公立図書館の大多数は16歳という年齢制限を設けている」と発言した。中西部で最初の大きな公立図書館であるシンシナティの1867年規則はボストンに追随していたが、1869年に赴任したプールは直ちに年齢制限を撤廃し、1873年にシカゴに移った時も年齢制限を設けなかった。ニューイングランドの伝統を打破したのは、中西部の公立図書館であった。

　●ポータケット公立図書館の実践　1876年にロードアイランド州ポータケッ

トは公立図書館を設置し、館長ミネルバ・サンダースは早くから子どもへのサービスと開架制を導入していた。サンダースは1887年のアメリカ図書館協会年次大会で発表し、開架制と子どもへのサービスを強調した。そして「私たちが子どもに正しい生活、精神的成長、隣人愛といった基本原則を教えるのに、どうして子どもが14歳になるまで待たなくてはならないのか」と訴えた。サンダースは自分が訪問した図書館について、「子どもと犬は入館禁止」というのが大勢であったという。ただし開架制も含めてサンダースを支持する発言はなかった。

マサチューセッツ州内の図書館利用規則をみると、ケンブリッジ（1887）では14歳以上の住民は誰もが貸出を利用できた。トーントン（1887）は15歳以上、ニューベドフォード（1891）は14歳以上、ウースター（1895）は15歳以上、フィッチバーグ（1907）は10歳以上となっている。マサチューセッツは公立図書館を先導したのだが、利用年齢制限については最も保守的であった。

●**1927年当時の年齢制限**　1890年代から子どもへのサービスが始まり、20世紀初頭には図書館サービスとして確立していた。それでも年齢制限の撤廃には時間を要した。1927年にアメリカ図書館協会は全国調査の結果を4巻本として刊行した。そこには児童部門への登録要件の報告があり、要約の骨子は次のとおりである。2万冊未満の公立図書館の約80パーセントは、登録要件として一定の年齢や学年を定めていた。このグループの他の要件で最も目立つのは、署名ができるということであった。2万冊以上の図書館では、半数以上に年齢や学年での制限はなく、署名ができるといった要件を求めていた。要件は多様で、例えばクリーブランドでは6歳以上で、学校に通い、少し読め、署名ができねばならなかった。またデイトン（OH）の場合は、下限が8歳あるいは第2学年で、一定程度に読めなければならなかった。年齢制限については、6歳（ブロックトン（MA）、クリーブランド、セントポール）、8歳（バークレー）、9歳（コンコード（MA）、ジャージーシティ（NJ））、10歳（サンフランシスコ）と幅があった。そして60パーセント以上の図書館は子どもへの貸出カード発行の要件として、親や保護者からの保証を課していた。

ボストンが設定した利用年齢制限は中西部によって打破されたが、ニューイングランドでは19世紀末まで持続した。早期から子どもが良書を読むことの重要性や、子どもの読書能力に年齢での区別が有効でないことは、1876年当時から共通理解になっていた。しかし1890年までは子どもを意識したサービスは存在しなかった。1890年代以降、児童室の設置が本格化するのだが、1890年代に図書館の訓練を受けた児童図書館員はいなかった。幼稚園の教諭や学校教員が児童図書館員の役割を果たし、多くの小規模館ではそうした職員の配置も困難だった。児童図書館員の養成が本格化するのは20世紀を待たねばならない（T28）。

T14　ホール式の図書館：
　　　ボストン公立図書館ボイルストン街図書館（1858 年）

　1854年、ボストン公立図書館は校舎の2つの部屋でささやかに出発したが、中央館の建設は既定の事実になっており、1858年にアメリカ最初の大規模公立図書館としてボイルストン街図書館が開館した。通常、大都市公立図書館の敷地や建物にはさまざまな利害が重なって長期にわたる場合が多いが、この図書館の建設は円滑に進んだ。ボストンが採用したホール形式は、ハーバード・カレッジ図書館やボストン・アセニアムで前例があった。

　●ボイルストン街図書館の建物　図書館の断面図を掲げておいた。2階は壮大な空間になった。ホールはアルコーブのギャラリーが3層に重なり、さらに採光のために越し屋根を設けている。そのため、2階への階段を上ってホール中央に立った利用者は、天井高58フィートの空間、周囲に22本のコリント風列柱、3

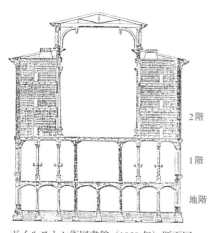

2階
1階
地階

ボイルストン街図書館（1858 年）断面図

層のアルコーブ群と蔵書を目にする。まさに壮観な景観を生み出していた。これがホール形式図書館の基本形である。アルコーブには20万冊を収容できた。中央の空間が閲覧室で、カウンターで図書を請求し、その本が最上層にあれば、職員は螺旋階段を2回上って、アルコーブから図書を取り出して、同じ動線を逆に戻って、利用者に提供する。図書の配置に触れると、片側の各層に10のアルコーブがあり、各アルコーブに10の書架、各書架に10の書棚がある。アルコーブは大きく主題で分けられ、図書は受け入れ順で判

型に応じた書棚に並べられた。例えば図書番号2264なら、22番目のアルコーブの6番目の書架、そして4番目の棚にある。図書の位置は動かず、図書の位置が即座にわかる。まさに図書館自体に10進方式を用いたといえる。

　1階に触れると、中心は貸出室で、カウンターの後方の書庫にはアルコーブのギャラリーが2層になっていた。一般閲覧室と当初は女性閲覧室が配置されたが、開館時には女性閲覧室も一般閲覧室になり、閲覧室には少しばかりの参考図書や

定期刊行物があった。1階は通俗部門で、2階と比べると椅子などすべてが貧弱で、明るさも不十分、換気も劣悪であった。ここには中産階級のための2階アッパー・ホール、労働者階級のための1階ローアー・ホールという意識があり、後に設置される分館はローアー・ホールと同じ位置づけがされた。

　ホール形式はマサチューセッツ州で最初に公立図書館を設置したニューベドフォードの図書館建築（1857年完成）、シンシナティ（1874）、ボルティモアのピーボディ図書館（1878）に連なっていったが、10進方式を真似る図書館はなかった。アッパー・ホールは10年を経ずして、(1)アルコーブ下層の採光不足、(2)書架の上段には移動式梯子が必要、(3)9万冊分のスペースがあるが、局部的に分類体系の逸脱といった欠点が露呈した。そして1869年には新館の必要性が確認されたが、土地の獲得は1880年、コプリー広場中央館の開館は1895年であった。すなわち提案から完成まで4半世紀を必要としたのである。

　●アメリカ図書館協会での論議とホール形式の拒否　1876年にアメリカ図書館協会が成立し、図書館相互のコミュニケーションが可能になった。ボストン公立図書館長で協会会長のジャスティン・ウィンザー自身がホール形式を批判したし、シカゴ公立図書館長ウィリアム・F.プールは攻撃の急先鋒だった。プールの批判は、(1)ホール中央の広大な空間の浪費、(2)温度管理の問題（冬期に利用者に快適な温度を保つには、最上層は異常な高温になる）、(3)職員の移動や昇降の負担、(5)防火面での問題、(6)ホール中央は閲覧室として不適（人の往来や訪問者の徘徊、天井が高すぎる）、(7)部屋の拡張が困難、(8)建設費が高いといった点にあった。こうした批判には合意があり、1881年のアメリカ図書館協会年次大会は、「現在主流である図書館建築の典型的な形式には徹底的な改革が必要であり、安価で実際の利用に適した形式を採用すべき時期にきている」と決議した。決議によってホール形式は図書館界で正式に否定されたことになる。

　決議は「実際の利用に適した形式」を主張していた。この点にウィンザーもプールも異存はなかったが、具体的な形式については異なる意見を持っていた。1876年にウィンザーは建築会社と協力して積層書庫を考案し、ハーバードのゴア・ホールの拡張に積層書架を用いた。すなわち貸出カウンターの後方に集密な積層書庫を配置し、最も効率的に図書の出納を行うというものであった。プールはこうした方式を批判し、図書が刑務所に収められていると非難した。そして多くの主題別の部屋を設けて、そこで職員が利用者にサービスすることを求めた。その構想は1893年に開館したニューベリー図書館で現実となった。1876年以降、当座はウィンザーの方式が受け入れられたが、20世紀に入り大都市公立図書館は主題別部門制を採用するにつれて、結局は両者の考えを受け入れることになった（T48）。

T15　南北戦争での資料提供サービス：
　　　合衆国クリスチャン委員会の活動

　第1次世界大戦時、アメリカ図書館協会の会員数は3,500名に満たなかったが、政府機関、YMCA、赤十字などと協力して、戦時図書館サービスを実施した。これは最初の大きな対外的な取り組みで、特に成人男性に図書館の有用性を示す機会と把握して尽力した。このサービスは図書館協会の歴史で最も成功した事業とされる。半世紀前の南北戦争（1861-65）ではこの種のサービスが行われたのか、行われたとすると、どのように実施されたのだろうか。

　●**読書資料の提供**　一口に南北戦争時の読書資料提供といっても多様である。一定の規模のキャンプでの兵士、疾病者、捕虜収容者などへのサービス、軍艦などの兵士や水兵へのサービスは、すぐに頭に浮かぶ。兵士が背嚢に入れる読書資料の提供もあった。ニューヨーク州では軍駐屯地の数と人数が増え、そうした地へのサービスがあったし、北軍が乗り込んだジョージア州サバンナでは、施設を接収して図書館サービスが提供された。さらにワシントン・D.C.では一時的に通過滞在する多くの兵士を対象に、サービスが提供された。

　北軍、南軍を問わず、この種のサービスに公式の方針や施策はなく、自発的で個別的な取り組みに委ねられた。例えばコネティカット州の歩兵連隊は連隊の装備に図書館を組み込み、1862年には図書1,284冊と雑誌5,450冊を備えていた。施錠できる書箱を用い、各書箱には目録を添付し、連隊のラベルが貼られた。蔵書は良書からなり、時に新刊書も加えられた。第10連隊の従軍牧師のテントには、こうした図書と手紙が書ける長テーブルが置かれ、常に10名から50名の兵士が利用していた。ペンシルベニア第2騎兵隊は、フィラデルフィアの女性グループから贈られた100冊の図書を利用していた。南軍でもバージニアのある志願歩兵連隊は宗教書を中心に145冊の蔵書を備え、目録も作成していた。

　●**合衆国クリスチャン委員会**　戦争が始まると兵士に精神の糧が必要とされ、この役割はYMCAに委ねられた。1861年11月にYMCAは合衆国クリスチャン委員会を立ち上げ、軍は正式にこの組織を認めた。翌1月に委員会は8項目の事業計画を策定した。6つの項目はキリスト教関係の事業だったが、7番目は宗教書以外の読書の提供と常設駐屯地での図書館の整備、8番目は兵士と家族との連絡手立ての構築となっていた。まず軍の病院や病院船に宗教小冊子や聖書を配布したが、すぐに非宗教書を含む小さな図書館を配置することになった。この図書館は多様な主題の125冊の蔵書からなり、家族からの図書や寄贈書で拡大できた。終戦時にはすべての病院に図書館があり、サービスは成功したという。

直接的に兵士に接したのは、ボランティアとして6週間ほどサービスにあたる牧師で、牧師（時には軍医）が図書館員になった。戦争中に約5,000名の牧師がこのサービスを担っている。クリスチャン委員会のステイション（活動拠点）が主要なキャンプに置かれ、そこでは委員会の事務所、教会、閲覧室、倉庫がセットとして建てられた（テントの場合も多かった）。閲覧室には雑誌や図書、それにテーブルに便箋、インク、封筒が置かれ、手紙が書けるので人気があった。

　委員会は貸出図書館（巡回文庫）を導入した。1864年1月には出版社から定価の半額での図書購入を取り決め、ボストン、ニューヨークなどでは主要な出版社1社を、当市で購入する図書の代理人とし、図書の受け入れ、梱包、配送を無料で行うという取り決めをした。観音扉で4段125冊を収容する書箱を作成した。図書は多様な主題の通俗書で番号が付され、扉の裏側には著者名目録が添付されていた。図書館を利用できない人のために、カード目録も用意された。図書館は委員会の統制の下、キャンプや船に「貸出される」。さらに図書記録簿も用意された。このようにして125冊所蔵の215の図書館、75冊所蔵の70の図書館が作成された。蔵書総数は32,125冊で、広く貸出されたのである。

　1864年11月の記録によると、テネシー州ナッシュビルの第14病院に送られた第1貸出図書館は237冊の貸出があり、価値あるサービスに感謝の意が表明された。1865年6月の記録によると、ルイジアナ州アレクサンドリアのウィスコンシン第2騎兵隊に送られた第70貸出図書館は111冊の貸出があり、各連隊が図書館を持つべきと記されていた。また図書館を賭け事や飲酒と対比する記入もあった。前述したペンシルベニア第2騎兵隊は寄贈書100冊を1年半活用していた。しかし騎兵隊が前線に移動する時、蔵書の処置に困り、クリスチャン委員会に蔵書の活用を申し入れた。これは委員会の存在が知られていたことを示している。なお南軍には委員会のような組織的なサービスはなかったと思われる。

　貸出図書館の蔵書は32,125冊だが、委員会の統計では「製本された図書館用図書」は296,816冊とあり、貸出図書館とは別に多くの図書が配布されたことを示している。兵士が背嚢やポケットに入れて携帯する図書は8,308,052冊で、ここには小冊子が多かった。

　1861年当時、図書館法を持つ州はマサチューセッツなど数州にすぎず、公立図書館設置はニューイングランド、それもマサチューセッツにほぼ限られていた。兵士に組織的な図書提供サービスをするには、サービスを束ねるグループが不可欠だが、それを担ったのはYMCAであった。第1次世界大戦時ではアメリカ図書館協会がこの役割を担うことになる。寄贈書の収集、配送システムの構築、キャンプ図書館で読書ができて手紙が書けることなど、戦時図書館サービス（T35）で重視されたことが、合衆国クリスチャン委員会の活動に現れている。

T16　1876年以前の公立図書館の状況：
　　　ウィンザー調査（1868年）

　1854年にボストン公立図書館の扉が開かれ、公立図書館がボストンから周辺の町、さらに州内の拠点となる町に波及していったことは確認できる。しかし図書館員の集会もコミュニケーションの媒体もなかったので、公立図書館の実態や共通する特徴などは不明である。この時期、ボストン公立図書館の年報がコミュニケーションの媒体の役割を果たした。そして1868年に館長ジャスティン・ウィンザーは図書館調査を実施し、その結果を年報に付録として掲載した。

　●ウィンザー調査　この調査はマサチューセッツ州と他州（カナダを含む）に分け、多くの項目を設けて基本情報を集めている。またカレッジの図書館、ソーシャル・ライブラリーも含めている。マサチューセッツでは88館が回答し、公立図書館と判定できるのは53館であった。53館の内、設立年を回答したのは49館、内訳は1850年代25館、1860年代24館であった。同州に関する限り、南北戦争の影響はほとんどみられない。蔵書冊数は1万冊以上が7館、ここには寄贈書や遺贈書、さらに吸収したソーシャル・ライブラリーの蔵書が含まれるので、購入冊数はかなり少なくなる。年間増加冊数が1,000冊以上は5館にすぎず、ここにも寄贈書が含まれている。職員については、回答館35の内、1人が19館、2人が11館、3人が5館で、半数以上が1人職場であった。それでも夜間開館には積極的で、8時や9時まで開いている館が多く、少なくとも週に1日は夜間開館していた。ただし週に2日や3日しか開いていない館、1日に数時間しか開いていない館も珍しくなかった。貸出実務に触れれば、ほとんどが帳簿方式を用いていた。これは各利用者の登録番号順に帳簿の1頁をあて、そこに貸出図書を記載し、返却されると横線で抹消するという方式である。目録は印刷体の冊子目録が中心であった。目録作成時点ですでに古くなっているので、その後に受け入れた図書の情報は目録に挟み込むか、手書きの簡略な目録を作成するかであった。図書館活動に触れれば、1870年当時、全国の人口上位100の町の中で、マサチューセッツ州にはボストンを除いて13の町が存在した。その内、ウィンザー調査に回答したのは10館である。これら10館は州内の拠点となる町で、貸出冊数も相対的に多いが、それでも貸出密度は1冊台、登録率は10パーセントに満たず、せいぜい2人の職員が業務を担っていた。
　●年齢制限　年齢制限を問う項目はないが、利用の多い年齢と年齢制限の下限が等しい館が多いので、両者を仮定として等置した。回答館53の内、最も頻繁な利用者の年齢幅を示したのは40館で次のようになっている。

マサチューセッツ州の公立図書館の利用年齢の下限：1868年

年齢	7	8	10	12	14	15	16	17	20	25
館数	1	1	4	8	14	6	3	1	1	1

　40館の年齢の下限は14歳に山があった。14歳というのはグラマースクールの上級生に相当する。確実にいえることは、初等学校やグラマースクールの下級生にサービスを提供していた図書館は少ないということである。これにはボストン公立図書館発足時の思想と同館の利用規則が、ニューベドフォードやウースターといった州内の拠点館を通じて波及していったと解釈できる。なお参考までに、ニューベドフォードの1891年利用規則によると14歳以上が貸出可能、ウースターの1895年利用規則によると15歳以上が貸出可能となっていた。ボストン公立図書館が設定した、学校を終えた成人への自己教育機関としての公立図書館という思想は、マサチューセッツ州では長く維持された。

　●**定期刊行物と閲覧室**　雑誌と新聞の提供をみると、両方を備えている館は6館にすぎず、両方とも欠く館が26と圧倒的に多かった。定期刊行物の提供という点で目立つのはウースターとニューベドフォードで、前者は雑誌45、新聞80、後者は雑誌31、新聞7を提供していた。なお公立図書館と異なり、ソーシャル・ライブラリーは定期刊行物の提供を重視していた。

　ウースターは1861年に図書館独立の建物が完成したが利用者は少なく、1864年に閲覧室を設けて定期刊行物を備えることになった。翌1865年の状況を示した理事会年報は、「1865年は当市にとって記念すべき年になるだろう」と記し、理由として閲覧室の設置を挙げた。また1855（54）年に設立のマサチューセッツ州ニューベリーポート公立図書館は4半世紀を振り返り、4つの重要な出来事を指摘した。まず図書館設置、次に独立の建物の完成、3番目が1870年の閲覧室の設置、そして最後が1881年の閲覧室の拡大と蔵書収容能力の倍増である。1870年の年報は、閲覧室が開かれると利用者が増大し、「商人、牧師、医者、工場労働者の男女が隣り合わせに新聞を読んでいる」と記している。

　ウースター、ニューベドフォード、ニューベリーポートでの定期刊行物の提供は、いずれも寄付によって実現した。図書館というより「図書」館という状態は1876年でもあてはまった。教員、慈善家、社会改良家のウィリアム・C.トッドは合衆国教育局の『アメリカ合衆国のパブリック・ライブラリー』で「閲覧室」を執筆し、「［定期刊行物を備える］閲覧室が公立図書館の付属として、また独立して、各地に設置できないのか」と問うた。なおトッドは1893年に新聞基金をボストン公立図書館に寄贈している。現在では閲覧室というのはもっぱら図書館の図書を読み調べる空間を示すが、この時代では雑誌や新聞を読む空間を指すのが一般的で、"library and reading room" といった使い方がされていた（T5）。

T17　会員制図書館のトップランナー：
ニューヨーク商事図書館（1870年代）

　1854年にボストン公立図書館が開館し、公立図書館はボストン周辺から、マサチューセッツ州やニューイングランド、そして1870年代からは中西部、さらに極西部に展開していく。一方、中部大西洋岸から南部への展開は19世紀末まで待たねばならない。1876年の時点でも、ニューヨークやフィラデルフィアといった大都市で住民の読書要求に応えた図書館は会員制図書館であった。

　●ニューヨーク商事図書館　ニューヨーク商事図書館の発足は、ボストン商事図書館と同じ1820年である。1850年のジューエット調査によると、図書館は建物の2階と3階を占め、図書室、講演会室、館長室などは2階に、閲覧室や談話室は3階にあった。蔵書数は31,674冊、言語別にまとめ、またフィクションも分離していた。図書は大きさで区別し、著者名順に配架していた。図書館は日曜と祝日を除いて午前10時から午後10時まで開館している。商店の事務員などは入会金1ドル、そして6か月毎に1ドルで利用できる。商人は年会費5ドルで会員になれるが、投票権はなく役員にもなれない。年間貸出冊数は75,000冊、館内閲覧者は6,000人であった。この貸出冊数は、おそらく当時のアメリカで最も高い数値であったと思われる。

　1854年には新しい土地に新しい建物を建て、その一部を図書館にした。1857年リーズ調査によると、蔵書は47,904冊、小説は書名順、他の図書は著者名順で配架されていた。日曜と祝日を除いて、図書館部分は午前8時から午後9時、閲覧室部分は午前7時から午後10時まで開いていた。1855-56年の16か月の利用は、貸出160,274冊、閲覧室利用者数147,890人であった。最も利用が多いのは小説である。雑誌143、新聞126を提供していた。会費は商店の事務員が入会金1ドル、年会費2ドルで、他の人も年会費5ドルで会員になれた。この図書館では雑誌や新聞の閲覧室に隣接して、談話室と女性閲覧室があった。とりわけ後者については「特に新奇」な試みとし、女性会員が数百名になることを期待している。この頃になると商業に携わる事務員だけでなく、会費を払うあらゆる人を対象にするようになっていた。なお1868年のウィンザー調査では、蔵書数104,513冊、年間増加冊数8,840冊、貸出230,000冊、雑誌150、新聞200、複本の最大冊数300から400と、会員制図書館の中で諸数値が飛び抜けていた。複本数、新聞、雑誌の多さは、公立図書館と対照的である。

　●ニューヨーク商事図書館（1870年頃）　1870年頃の同館は以下のような活動をしていた。建物の2階と3階を占め、2階は閲覧室で3階が図書室である。図書

室は閉架制で、閲覧室には最新の雑誌や新聞が置かれ、一部の参考図書も自由に利用できた。日曜と祝日を除いて1日に13時間、週78時間開館し、ボストン公立図書館よりも長い開館時間だった。市内や州内などに支所を設けていたし、個人への配送サービスも行っていた。活動は多様で、語学の研修クラス（1838）、コロンビア・カレッジと提携しての奨学金付与（1830）、講演会（1827）を行っている。1869年度の寄贈を含む受け入れ冊数は13,000冊、蔵書冊数は115,821冊、雑誌は174、新聞は208で、ほとんどが購入である。図書の利用は234,120冊、内訳は本館175,110冊、市内支所47,826冊、個人配送11,184冊で、1日平均760冊であった。規則によると、正会員は事務員として給料を得ている者で、入会金1ドル、半期1.5ドルである。一般会員は1年間5ドル、半期3ドルである。正会員は投票権を持ち、役員になれるが、一般会員にそうした特権はない。当時の会員数は12,867人である。同館は最大の商事図書館、活動が最も活発な商事図書館として名を馳せていた。

　1871年2月号の『スクリブナーズ・マンスリー』は利用者に触れた。朝は商人、引退したビジネスマン、専門職や文人が訪れ、常連も多く決まった席に座っている。午後には女性が多くなり、夕刻には事務員の利用が多くなる。このように同館は幅広く女性や中産階級が利用する機関になっていた。この記事には「土曜日の夜」とのキャプションで図書室のイラストが入っており、誇張があると思われるが、中産階級の男女がひしめきあっている。公立図書館では図書館の教育的目的や住民の引き上げが重視されるが、商事図書館ではそうした議論はされず、20冊から50冊の複本を備えて利用者の要求に応じたのである。

　ニューヨークで公立図書館設置が具体化したのは、1899年にアンドリュー・カーネギーから分館66館の寄付を獲得したときである。しかしそれ以前にも無料で住民にサービスをする図書館があった。例えば1899-1900年の統計によると、ニューヨークでは1880年設立のニューヨーク無料貸出図書館が蔵書16万冊、貸出160万冊、1886年設立のアグイラー無料図書館が蔵書7万7千冊、貸出65万冊となっている。一方、歴史あるニューヨーク商事図書館は蔵書20万冊と多いが、貸出は13万冊に低減している。無料で一般住民にサービスする図書館の存在が、商事図書館の利用を減退させたことがわかる。またニューヨーク市にカーネギーの分館が設置された1908年の時点をみると（この頃になると、ニューヨーク無料貸出図書館などはニューヨーク・パブリック・ライブラリーに吸収されている）、ニューヨーク・パブリック・ライブラリーは40の分館を配置し、蔵書135万冊、貸出550万冊であった。一方、商事図書館は蔵書24万冊と増えているが、貸出10万冊に低下していた。一般対象の会員制図書館は、おおむね公立図書館や無料の図書館に対抗できないことを示している。

T18　図書館システムのモデルの先導：
ボストン公立図書館（1870年代）

　ボストン公立図書館は1852年の理事会報告でアメリカ公立図書館の基本的性格を定め、1854年に開館、そして1858年にはアメリカ最初の大規模公立図書館であるボイルストン街図書館の扉を開いた。館長に就任したのはスミソニアン・インスティチューションの図書館部長から移ったチャールズ・C.ジューエットで、ジューエットは図書館の技術面を中心に内部固めを行った。ジューエットは1968年に執務中に倒れて他界した。その後任が1867-68年の図書館理事を務めたジャスティン・ウィンザーで、ウィンザーには図書館実務の経験はなかった。

　●分館の設置　ウィンザーの時代（1868-1877）は外に目を向けた時期で、イギリスのマンチェスターを参考に分館を建設し、以下の6館が設置された。

	設置年	併合年	建物
イースト・ボストン	1871	1836	元校舎の2階
サウス・ボストン	1872	1804	銀行に間借り
ロックスバリー	1873	1868	独立した新館
チャールズタウン	1874	1874	併合前に公立図書館有
ブライトン	1874	1874	併合前に公立図書館有
ドーチェスター	1875	1870	市所有新館の一部改装

「併合」とはボストン市に併合した年を示す。6館の内、ボストンが独立した図書館を新設したのはロックスバリーに限られる。最初にイースト・ボストンが選ばれたのは、登録者がボストン中心部では8人に1人、ロックスバリー14人に1人などにたいして、当地では26人に1人のためである。イースト・ボストンではサムナー図書館協会の蔵書を吸収している。サウス・ボストンも地元の文芸協会の蔵書を吸収している。このように既存の会員制図書館を吸収して公立図書館が設置されるのは一般的な現象である。ロックスバリーだけが独立した図書館建築だが、既存のフェローズ・アセニアムと合同して計画し、開設にこぎつけた。その1階平面図を示しておいた。建物は2階建てで、2階には閲覧室がある。また書庫は吹き抜けになっており、2階から書庫を見渡せる。1階は玄関を入ると待合室（貸出室）があり、その奥に長い貸出カウンター、その後方に書庫がある。書庫は両面書架と壁面書架で5万冊を収容でき、蔵書が多くなると中2階やギャラリーを設ける。この建物はウィンザーの考えを明確に示している。ウィンザーは利用者の多い図書館では、利用者と図書の接触を避けねばならず、図書の迅速な出納のために、貸出カウンターの背後に集密な書庫を設けるとの考えであっ

た。なお1873年当時の利用年齢制限は、閲覧14歳以上、貸出16歳以上であった。貸出室の左右の区分は計画では成人と若者だったが、開館時には「成人と少女」、「少年」に変化した。これは少年が騒がしいためだが、この変更が可能になったのは、何ら少年少女向けのサービスがされていなかったことを暗示している。

●**分館からの拡張** 1875年に中央館を含めて7館体制になり、当時のボストンの人口は約34万人なので、5万人に1館となる。1876年の貸出冊数は約95万冊、貸出密度は2.8冊であった。さらに1876年になると、配本所（delivery station）を設けている。ドーチェスター分館に近い地域の貸本屋が蔵書2,500冊を寄贈し、その代わりに配本所を設けるように求めた。ある店主が場所を提供し、図書館職員が夕刻3時間、図書館カードの発行、利用者からの図書の請求の受け取り、分館から到着する本の手渡しをした。本は日毎に分館から配られ、請求図書は翌日に手渡している。この配本所は分館からの枝として、図書館

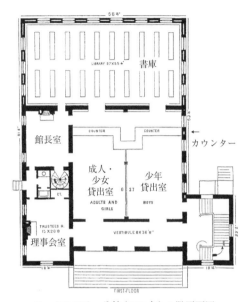

ロックスバリー分館（1873年）1階平面図

システムに組み込まれた。また1877年になると刑務所にもサービスを開始し、1か月に200冊から300冊の本を配布した。同じような取り組みを消防署13か所や消防船で実施し、警察署にも計画中と報告した。このようにウィンザーは、中央館、分館、配本所（停本所）からなる図書館システムを考案し、現実化した。

　分館設置とともに利用規則に変化が生じ、貸出冊数が1冊から2冊になった。しかし無条件ではなく、分館で2冊、中央館1階ローアー・ホール（通俗部門）で2冊、分館で1冊とローアー・ホールで1冊は借りられなかった。要するに、2冊あるいは少なくとも1冊は中央館2階アッパー・ホールの本でなくてはならない。これはフィクションの利用の抑制に他ならない。分館はローアー・ホールと同じ位置づけで、下の方の階層を意識していた。大都市公立図書館での図書館システムの整備は、19世紀末から始まる。そうした点で、ボストン公立図書館は先鞭をつけたのだが、同時に後の図書館が見習うモデルとなった。

T19　図書館界の成立：1876年

　1853年にチャールズ・C.ジューエットがニューヨーク市で図書館員大会を開催した。参加者約80名は大学図書館員や歴史あるソーシャル・ライブラリーの図書館員が中心で、公立図書館員はいなかった。この大会は後続せずに単発に終わった。図書館は植民地時代の当初から存在したが、それらは孤立していた。経験を交換するには図書館を訪問するしかなかった。1876年以前、図書館情報を交換する媒体は図書館年報、とりわけボストン公立図書館の年報で、そこでは自館の管理、運営、利用に加えて、幅広く図書館調査の結果も公表していた。しかし一方通行の限られた情報提供にすぎなかった。

　●図書館員大会　1876年は独立宣言100年を記念してフィラデルフィアで世界博が開かれ、1,000万人の訪問者があり、機械や技術の革新を目にした。図書館状況をみると、公立図書館はマサチューセッツからニューイングランド、さらにクリーブランドやシカゴといった中西部に進展していた。こうした時期、同年10月にフィラデルフィアで女性13名を含む103名が参加して、3日間の図書館員大会が開かれた。この大会はボストン公立図書館長ジャスティン・ウィンザー、シカゴ公立図書館長ウィリアム・F.プールが中心で、仕掛けたのはアマースト・カレッジ図書館のメルビル・デューイ、『パブリッシャーズ・ウィークリー』の発行者フレデリック・ライポルトであった。会場を提供したペンシルベニア歴史協会会長は、「古い羅針盤の検討は価値がなく、あなたがた自身で新たに検討や考察をしなくてはならない」と述べ、「以後も大会が続くと信じる。本大会の意義は、のちの歴史が証明するであろう」と挨拶した。この会長の期待と予測は的を射ていた。大会の最終日には、図書館への関心を高め、図書館員の相互に益する目的で、アメリカ図書館協会を創設するとの決議が採択された。初代会長はウィンザー、3人の副会長はプール、議会図書館長、ニューヨーク州立図書館長、そして事務局長はデューイという布陣となった。デューイは大学図書館員であったが、関心は公立図書館にあった。アメリカ図書館協会はしばしば公立図書館偏重を指摘されるが、それは発足時の役員構成に現れていた。

　●大会での事績　大会では後の図書館の歴史を導くいくつかの事績が生じている。大会での発表ではプールがフィクション、ウースター公立図書館長サミュエル・S.グリーンが読者への援助を取り上げ、図書選択やレファレンス・サービスの源となった。また効率への関心も高く、議会図書館による目録作成の一元化を主張する声もあった。第2に、合衆国教育局長ジョン・イートンは100年祭の企

画として図書館を考え、ウィンザーの協力を得て進めていたが、この大会に『アメリカ合衆国のパブリック・ライブラリー』(『特別報告』) が運び込まれた。報告書は図書館の歴史を示した論文を巻頭に、運営や代表的な図書館を記す専門論文集、全米図書館統計、それに別巻としてチャールズ・A.カッターの辞書体目録編成規則で構成され、図書館の歴史と現状を総括するだけでなく、今後の課題や展望を示していた。第3に、デューイの尽力で大会1週間前に創刊された『アメリカン・ライブラリー・ジャーナル』が、アメリカ図書館協会の機関誌として承認された。第4に、デューイは図書館用品や書式を図書館協会に集めて博物館を設け、それらを比較検討して効率的な図書館運営を目指そうとした。この決議は採択されたが博物館は実現しなかった。しかし図書館運営の効率化を目指すという考えから、図書館用品店ライブラリー・ビューローが生まれる。最後に、辞書体目録編成規則と10進分類法である。1876年にデューイはアマースト大学から初版10進分類法を1,000部刊行するとともに、『特別報告』に「10進分類法と主題索引」を執筆し、大会では10進分類法を簡単に説明した。

●**1876年の意義**　こうした1876年の事績は、(1) コミュニケーションの成立と (2) 標準化や規格化への動きという2点にまとめることができる。(1) には、図書館員大会、『アメリカン・ライブラリー・ジャーナル』、『特別報告』が入る。例えば雑誌の創刊号は、「本誌は図書館と書誌学の全領域を対象とする。本誌の意図はコミュニケーションの真の媒体になることにある」と抱負を示している。(2) には辞書体編成目録規則、10進分類法、図書館用品店が入る。デューイの10進分類法は主題からの検索を可能にし、それを標準化しようとする試みであった。図書館用品店は、カード目録を推奨し、カードの大きさを統一した。カードの規格化はカード・ボックスの規格化に通じ、大量生産による効率化が可能になる。また書架などの用品や書式の規格化、標準化も効率的で経済的な図書館運営に資する。こうした点で、1876年は図書館界が成立した年、公立図書館運動の起点と位置づけられる。

10進分類法 (主題での分類法) はデューイ以前にも発表されていた。1876年設立のジョンズ・ホプキンス大学は従来の講義と暗記中心の授業を改革し、演習やゼミを導入した。そこでは学生の学習と発表が重視され、図書館利用が必要となってきた。従来の固定式配架では大学教育の変容に適応できなかった。デューイの主題分類法が受容されるには、大学教育の変化や公立図書館での先駆的な開架制 (ロードアイランド州ポータケット公立図書館) が直接的な背景として必要だった。デューイ、ウィンザー、プールなどの業績は重視されてきたのだが、それを必要とし有意義とする状況が存在していた。すなわちこれらの人物は創造者であるとともに、図書館状況や社会状況によって創造された人物でもあった。

T20 1876年が課した図書館サービスの課題：
特別報告と大会での発表から

　1876年に図書館界が成立した。図書館や図書館員の間のコミュニケーションが可能になり、公立図書館運動が始まった。合衆国教育局がまとめた『アメリカ合衆国のパブリック・ライブラリー』(『特別報告』)の論考や図書館員大会での発表には、その後の図書館サービスに関わる課題や論点を提示しているものがあり、そうした文献は当該主題の研究に際して、常に言及されてきた。以下では本書の個別的なテーマで扱う事柄もあるが、それらも交えて主要業績を概観する。

　●「パブリック・ライブラリー」　『特別報告』の書名が示す「パブリック・ライブラリー」は、利用に何らかの広がりがある図書館を示している。図書館統計の部分では、「パブリック・ライブラリー」を「無料あるいはほんのわずかの利用料で、一般に開かれているすべての図書館」と定めている。各論文でのこの語の使用法は執筆者によって異なる。シカゴ公立図書館長ウィリアム・F.プールは「州法の下で設立され、税で支弁される無料の自治体立の図書館」、「すべての住民が、参考利用と貸出利用について、等しく特権を有する図書館」と定義づけた。これは公立図書館を意味する。
　●子ども　子どもに関して2つの主張があった。1つはチャールズ・F.アダムズ・ジュニアの学校と公立図書館との連携を求める主張で、マサチューセッツ州ウースター公立図書館長サミュエル・S.グリーンやプロビデンス公立図書館長ウィリアム・E.フォスターという図書館指導者に受け継がれ実践されていく。いま1つはウィリアム・I.フレッチャーの論文「パブリック・ライブラリーと若者」で、良き読書習慣の早期からの育成の重要性、読書能力を年齢で機械的に区切ることの不合理性を主張した。この2点を図書館員は共有し、その後の議論の前提となった。フレッチャーは公立図書館での年齢制限撤廃も主張したのだが、フレッチャーが手掛けた公立図書館でも実践されてはいなかった。
　●フィクション　1876年に出された論考で、最も刺激的なのはプールの「公立図書館への一般的反論」だろう。プールは公立図書館の設置に反対する主張(課税への反対、社会進化論による反対、貸出図書の種類や質への反対)を論駁していく。特に最後の反対論を強く批判する。そこでは「すべての人への読書の提供という原則だけが、一般的な課税や支弁を正当化できる」と論じ、フィクションを擁護する。また「ひとたび読書習慣が身につくと、読者の好み、したがって読書の質は次第に向上する」という認識が前提となっている。これは読書についての自然向上論である。そのためには図書を読者の関心や知性に合わせる必要があ

り、「不道徳で人を卑しくする」小説以外は提供すべきと論じた。虚構との理由でフィクションを拒否する考えが広まっていたものの、世代を越えて読み継がれているフィクションは、人間の生活や性格について「真実」を記していると述べ、文学や科学において「フィクションと純粋数学の他には真実は何もない」と主張した。これは当時にあって過激な主張であり、フィクション論争の起点をなす論考である。

●対個人サービス　図書館業務が資料の整理や管理を中心としていた時期にあって、グリーンの論文「図書館員と読者の個人的関係」は対個人サービスを論じた点で注目され、参考サービスの起点として指摘されてきた。グリーンは通俗図書館に調べものを目的に来館する人には手厚い助力が必要で、目録を指示するだけでは、利用者に沿ったサービスではないと断言する。対個人サービスの具体的事例を多く示し、そうしたサービスの結果、(1) 利用者は学習を好み、(2) 図書館は購入すべき本を把握できるとした。また (3) 図書館を人気ある場所にするし、(4) 蔵書は多様な住民の利用に沿う図書館になる。そして「図書館員たるもの、質問者に回答を与えずに退館」させてはならないと論じた。

●図書館建築　ボストン公立図書館長ジャスティン・ウィンザーは「図書館の建物」、プールは「公立図書館の設立と経営管理」を執筆した。後者は設立準備から説き起こし、図書館実務を順を追って記した文献で、当時の実務を知る貴重な業績である。ウィンザーは100万冊の大規模図書館を想定して館内配置図を示して論じた。多くの利用者に図書の出納を迅速に行うために、利用者と書架（書庫）を分離すべきという主張で、この点で両者は共通していた。両者は、利用者が貸出カウンターで図書を請求し、カウンター背後に集密な書架を配置するという方式を図示している。この時期、開架制は否定されていた。

●プロフェッション　メルビル・デューイは「プロフェッション」を執筆した。「図書館員が何の留保もなしに自分の職をプロフェッションと話す時代が、ついにやってきた」との冒頭の文言は有名である。同論文の重要な文言として、図書館員は「牧師や教員と並んで、コミュニティにおける教育者として最前線に立つ」がある。ここには、(1) 学校教育担当の教員と成人教育担当の図書館員、(2) 生徒を導く教員と成人を導く図書館員、(3) 牧師や教員と同列のプロフェッションとしての図書館員という認識がある。その上で、デューイは図書館員に使命感を強調した。その場合、牧師や教員と異なり、図書館員は全住民を対象とする点で影響力はいっそう大きい。

このように1876年以降のサービスの課題や論点が明示されている。「パブリック・ライブラリー」の語義、「子ども」の扱い、デューイが主張する「プロフェッション」については、個別テーマとして取り上げる (T21、T22、T23)。

C1 開架から閉架、そして開架に復帰：
サンフランシスコ商事図書館の場合

　T27「開架制の導入：図書配置の柔軟性が持つ意味」で取り上げたが、1876年当時、公立図書館の指導者であるジャスティン・ウィンザー（Justin Winsor, 1831-97）、ウィリアム・F. プール（William F. Poole, 1821-94）などは、いずれも多くの人が利用する公立図書館では閉架制が不可欠と考えていた。大都市公立図書館での開架制導入は1890年代以降である。ところで、1876年当時、サンフランシスコやフィラデルフィアに公立図書館はなく、一般の人が利用可能な公共の図書館として会員制図書館の商事図書館（mercantile library）があった。

　●**サンフランシスコ商事図書館と開架制**　この図書館は1853年に創設され、1876年1月に閉架制を導入した。図書館員と面識のない利用者が多くなり、「便宜と秩序の調和」を目指す必要があるとした。理事会は閉架制導入の理由として、（1）利用者が図書を所定の位置に戻さない、（2）利用者が貸出手続きをせずに持ち出す、（3）盗本や切除を挙げた。（1）は目的とする本が配架の乱れで得られない、（2）は禁帯出の貴重書が持ち出され戻らない、（3）はブリタニカ百科事典の100頁ほどが切除されたといったことであった。後の調査で具体例を示し、1874年1月にノンフィクションの特定主題の図書466冊を所蔵していたが、1876年1月には39冊に減じたと報告した。また閉架制導入後の2週間の間に、無断で持ち出されていた1,000冊の本が、館内の各所に置かれていたという。これらは開架制の欠点を示したことになる。

　「便宜と秩序の調和」を目指すのに、1874年に刊行された蔵書目録が関係する。図書館長は閉架制の現実の利点を次のように説明した。会員は他館で採用されていない開架制から便宜を得てきた。多くの利用者は気まぐれに図書を取り、気晴らしを得てきた。館長によると、一般読者にとって開架制での図書選択の利点は、「現実」よりも「想像」を土台にしている。利用者は装丁、活字、挿絵が魅力的なら、屑本でも借りる。古くて無価値な小説が立派に再製本され目につく表紙であれば、その横に簡素な表紙のすぐれた本があっても、前者を選ぶ。一方、蔵書目録を用いると、図書の性格、作者、内容で図書が選択され、いっそう好ましい図書が選ばれる。著者名で探せば、当該作者のすべての本の所蔵状況がわかるし、主題で探せば、その主題に該当する本の一覧から適切な図書を選択できる。館長は蔵書目録を前提に閉架制の利点を指摘したことになる。理事会や図書館長は図書館および利用者にとっての閉架制の利点を具体的に示した。しかし開架制を経験している会員にとって、閉架制は耐えられ

ないものであったろう。もともと閉架制には強い批判はあり、1879年には開架制に戻った。この開架→閉架→開架という経過を示すサンフランシスコは稀な事例である。

●フィラデルフィア商事図書館と開架制　この商事図書館は1821年創設で、一貫して開架制を導入し、それを特徴としてきた。1869年7月に新たな土地に建物を建設した。その外観を掲げておいた。商事図書館が独自の建物を持つ場合、多くの館は図書館を上階に配置した。理由は明快で、1階などは店舗や事務所に貸し、その賃貸料が図書館財政に重要なためであった。一方、フィラデルフィアでは1階全体が図書館になっている。さらに1階内部の図を示しておいた。図が示すように、書架の周りに柵はなく、利用者は幅24メートル、奥行き57メートルのスペースを自由に移動できる。図をみると、女性や子どもも利用し、中央に円形の貸出デスク、奥には定期刊行物の閲覧スペースがある。数年後には蔵書が増加したため、書架を2層にしてギャラリー形式にしている。

フィラデルフィア商事図書館の
外観（上）と1階内部（下）

1870年の会員数は6,557名、蔵書56,438冊、新聞226、雑誌150、貸出冊数148,961冊、訪問者は日曜を除いて326,900名であった。図書館の開館時間は午前9時から午後10時、閲覧室に加えてチェス室があった。1890年1月付の理事会報告は開架制を最大の魅力の1つと強調し、これは大きな図書館ではボストン・アセニアム（Boston Athenaeum）に限られていると自負した。

[参考文献]サンフランシスコ商事図書館は以下を参考にした。*Twenty-Third Annual Report of the President Treasurer and Librarian of the Mercantile Library Association of San Francisco, 1875.*（以下5年間の年報）。フィラデルフィア商事図書館は以下を参考にした。外観は以下の年報に掲載されている。*Forty-Eighth Annual Report of the Board of Directors of the Mercantile Library Company of Philadelphia, January, 1871*; 内部の図は51年報（1874）以降に掲載されている ; *Sixty-Seventh Annual Report, … Mercantile Library Company of Philadelphia, January, 1890*, p. 8.

T21 「パブリック・ライブラリー」が示す図書館：
厳格な解釈への変遷

　現在のアメリカの場合、「パブリック・ライブラリー」といえば、19世紀中葉に制度として成立した公立図書館を指すが、この語自体は植民地初期から使われていた。1645年、ハーバード・カレッジの初代学長ヘンリー・ダンスターは、「いまだに当カレッジのパブリック・ライブラリーは、あらゆる本が不足している」と嘆いている。これは大学図書館に「パブリック・ライブラリー」という語を用いているものの、不自然な発言ではなかった。「パブリック・ライブラリー」という語は、時代とともに限定的な方向に向かう。

　●ジューエットの図書館統計　スミソニアン・インスティチューションの図書館部長チャールズ・C.ジューエットは1851年にアメリカ最初の包括的な図書館統計『アメリカ合衆国のパブリック・ライブラリーについての報告』を発表した。そして「パブリック・ライブラリー」を、(1)州立図書館、(2)ソーシャル・ライブラリー、(3)カレッジ・ライブラリー、(4)学生図書館、(5)専門学校の図書館、(6)学術団体の図書館、(7)学校区図書館の7つにまとめた。ジューエットは利用に何らかの広がりがある「ライブラリー」を「パブリック・ライブラリー」とした。唯一「パブリック・ライブラリー」に含まれなかったのは、貸本屋（circulating library）で、これは営利事業であったためであろう。

　●『アメリカ合衆国のパブリック・ライブラリー』（特別報告）　合衆国教育局が1876年にまとめた特別報告の場合、書名が示す「パブリック・ライブラリー」は、ジューエットと同じように利用に何らかの広がりがある図書館を示している。同報告は「合衆国のすべてのパブリック・ライブラリーの統計」を設けて、300冊以上の図書館を一覧にした。学校、カレッジ、ソーシャル・ライブラリー、医学、商事、YMCA、政府などとともに、「パブリック」を1つの範疇にして、全体で17に分類した。ここでの「パブリック」とは「無料あるいはほんのわずかの利用料で、一般に開かれているすべての図書館」を指し、アスター図書館、フィラデルフィア徒弟図書館などが「パブリック」に入っている。この時期に明確な定義を示したのがシカゴ公立図書館長ウィリアム・F.プールである。プールは「パブリック・ライブラリー」について、『アメリカン・ライブラリー・ジャーナル』創刊号で、「州法の下で設立され、税で支弁される無料の自治体立の図書館」とし、特別報告ではさらに「すべての住民が、参考利用と貸出利用について、等しく特権を有する図書館」との説明を加えた。

　●「パブリック・ライブラリー」という語の限定　19世紀後半にあって、「パ

ブリック・ライブラリー」を公立図書館に限定するために、館名や論文では「フリー・パブリック・ライブラリー」が使われる場合が多かった。しかし20世紀初頭に変化が生じた。1903年、ニューヨーク・パブリック・ライブラリーの初代館長ジョン・ビリングズは、大多数の25,000人以上の市には何らかの種類の「パブリック・ライブラリー」があるとし、「現在の大多数のパブリック・ライブラリーは、市政府から充当される資金で大部分あるいはすべてを賄っている」とした。これは「パブリック・ライブラリー」を公立図書館に限定する方向を示唆している。翌1904年にメルビル・デューイは、『新国際百科事典』に次のように書き、「パブリック・ライブラリー」を公立図書館と等置させた。

　　　一般に図書館員は地方税で支弁された図書館の最善の命名は、「パブリック・ライブラリー」の前に市名や町名を置くことだと同意している。「フリー」という語を加えるのは施しを示唆するので好ましくない。

●『図書館用語集』と厳格解釈　1943年にアメリカ図書館協会は初めて図書館用語集を作成し、「パブリック・ライブラリー」に2つの定義を示した。2つ目の定義は古い時代の定義で、住民が利用できる図書館を指し、必ずしも無料である必要はない。1つ目の定義は、「無料でコミュニティ、地区（district）、またはリージョンの全住民の利用に供し、財政的に、全額または一部が公費で維持されている図書館」となっている。「パブリック・ライブラリー」（＝公立図書館）を最も厳格に定義づけると、(1)明確な法的根拠を持ち、(2)地方税でその大部分が支弁され、(3)すべての法的サービス地域の住民を対象とし、(3)利用に対価を徴収せず無料でサービスを提供する図書館とまとめることができる。概して国際図書館連盟やユネスコもこの定義を採用してきた。

　2001年に国際図書館連盟は「パブリック・ライブラリー」を、「市町村レベル、地域レベル、あるいは全国レベルの政府のいずれか、もしくは地域社会の何らかのその他の組織を通じて設置され、支援され、資金を提供される組織」と定義した。この定義は公立図書館に加えて、「全国レベルの政府」や「地域社会の何らかのその他の組織」による、全住民に無料でサービスする図書館を「パブリック・ライブラリー」に入れている。これには国際図書館連盟の性格に由来する理由、すなわち世界各地で公立図書館モデルとは異なる運営原理を持つ全住民への無料の図書館サービスが顕在化しているという背景がある。

　アメリカではネイティブ・アメリカンの居留地は連邦直轄で、「パブリック・ライブラリー」（＝公立図書館）に入らない。それがために住民へのサービスという点では同じなのだが、公立図書館ではないために、公立図書館の団体が主要テーマに取り上げることはなかった（T79）。図書館を包み込むという点で上掲2001年の定義は有効だが、一方では公の責任を曖昧にするという側面も窺える。

T22　子ども（生徒）への図書館サービス：
　　学校に向けてのサービスの先行

　ハワード・P.チュダコフによると、アメリカ人は若い時代、成人時代、高齢の時代といった人生の段階、それに各段階にふさわしい振る舞いについて一定の考えを持っていたが、各段階の区分は明確でもなく、広く認められてもいなかったという。同時に子ども（時代）という概念の確立は、近代公教育と医療健康が主たる役割を果たしたという。公教育がマサチューセッツ州で1837年に成立し、公教育の効果を持続するために、成人教育機関としてボストン公立図書館が成立した。しかし子どもへの関心は図書館員も社会と共有していた。そこから公立図書館による間接的な子どもへのサービスが出現する。

　●アダムズの主張　チャールズ・F.アダムズ・ジュニアはマサチューセッツ州クウィンジーの教育委員と図書館理事を兼ね、1876年に町の教員に講演した。講演の目的は、良き読書習慣の育成と教員の役割、公立図書館との連携にあった。生徒とはハイスクールの生徒やグラマースクールの上級生を指す。アダムズによると、公教育の目的は自己教育ができる人の育成で、自己教育は読書による。しかし教育システムと図書の提供は断絶しており、学校教育の成果は実現していない。クウィンジーの町では学校と図書館が隣接しているが結びつきはない。読める生徒を放置すれば、刺激に満ちた軽い本だけを読む。アダムズは教育システムについて、「助力の提供が非常に重要な地点、機械的な扱いから脱して各個人への扱いに及ぶ地点で、……停止してしまう」とまとめた。そして図書館の本を教室や学校に置いて教員が生徒に提供すること、教員の求める図書を図書館が用意すること、授業関連の読書リストを作成することを主張した。アダムズのこの論考は、公立図書館による学校生徒へのサービスを考える起点となった。
　●学校との連携　子どもへのサービスを開始したのは、マサチューセッツ州ウースター公立図書館長サミュエル・S.グリーンで1879年とされる。またプロビデンス公立図書館長ウィリアム・E.フォスターも積極的であった。両者は当地で政治力を持ち、アメリカ図書館協会の指導者で発表や執筆も旺盛であった。そして両者ともに、公立図書館が子どもに直接的にサービスするのではなく、学校や教員を通してのサービスを主張し実践していった。そこには成人の自己教育機関としての公立図書館という位置づけ、子どもは学校の管轄範囲という考え、それでいてサービスを拡大し、特に教育との関わりを強めたいという図書館側の意図があったと思われる。一方、学校の側にも、図書の重要性は理解しても蔵書を構築する資金がない、教員は図書の専門家ではないといった理由があった。こうし

た双方の関心によって、学校を通しての生徒へのサービスが浸透する。

　●アメリカ図書館協会を舞台に　子どもの読書と図書館について重要なのは1882年で、キャロライン・M.ヒューインズがアメリカ図書館協会年次大会で少年少女の読書に関する報告を行った。この実態調査報告は1898年まで続く。1882年調査での公立図書館の回答は16館であった。クウィンジーは生徒向けの読書リストの作成、教員を介して生徒への貸出を実施していた。ウースターは学校との協力で少年少女の読書の質が上がり、また館長室にある良書のリストを教員や生徒が使っていた。マサチューセッツ州ブルックラインは学校向けに簡略図書リストを作成し生徒や家庭が使っているが、教員は消極的であった。プロビデンスは解題付き図書リストの作成など、学校との提携は進んでいるとした。こうした先導する公立図書館に加えて、シンシナティは目録を作成して教員に渡し、シカゴは読書案内の必要性を校長と話し合っていた。コネティカット州ミドルタウンは教員への貸出冊数を多くし、バーモント州バーリントンでは教員が無償の図書館員として生徒にサービスしていた。図書館員が学校に出向いて案内したり、教員が生徒を引率して図書館を訪れたりする図書館は多かった。

　1883年のアメリカ図書館協会年次大会での実態調査報告には、「ほとんどすべての報告は多かれ少なかれ学校と図書館の連携という分野に関係しており」とまとめている。この調査報告のまとめで変化が生じるのが1889年報告で、そこでは公立図書館でのサービスについて、子どもへのサービスの開始、子どもを担当する図書館員の必要性への認識が出現してきていると要約した。1890年代というのは公立図書館での子どもへの直接サービスが開始される時期であるとともに、急速に通常のサービスとして認識される時期である。

　公立図書館が直接的に子どもへのサービスを行うようになるのだが、学校への積極的なサービスは20世紀に入っても続く。本格的にこの分野に乗り出すには個別実践だけでなく、教育界での理解や認識を高める必要があり、それは全米教育協会との連携を意味した。1896年、アメリカ図書館協会会長ジョン・C.デイナは全米教育協会に図書館部会を設けるよう申し入れ、この提言は認められて図書館部会が設置された。そして1899年には『公立図書館と公立学校の関係に関する委員会報告』がまとめられている。

　20世紀に入っても学校を通しての子どもへのサービスは健在だったが、次第にハイスクールやグラマースクールは教育委員会の下で独自に図書館を運営するようになるし、教育界では学校図書館は教育委員会の管轄下に置くべきという合意ができてきた。全米教育協会の図書館部会はマイナーな部会で、1923年に静かに消滅した。公立学校は遍在していたが、公立図書館は空白地帯が多く、図書館の力量も弱いので、図書館部会は教育協会全体の関心事にはならなかった。

T23　使命と効率：メルビル・デューイの終生の関心

1876年から20世紀初頭はデューイの時代とされる。10進分類法で世界的に知られているし、図書館教育に関心を持つ人はコロンビア・カレッジの図書館学校、全域サービスに関心を持つ人は巡回文庫、図書館用品に関心を持つ人はライブラリー・ビューロー、職員に関心を持つ人は女性図書館員の雇用を思い浮かべるだろう。最後の点について最新の研究を追っている人は、デューイが女性へのハラスメントによって、図書館界から追放されたことに思いをはせるかもしれない。デューイの多面的な活動は使命と効率という語で要約できる。

●**使命と公立図書館**　デューイは図書館業務の効率と経済性を追求した。しかし効率、経済性、技術を過度に強調することは、デューイの思想を見失うことになる。デューイの教育についての枠組みを示すと以下のようになる。

	学校教育（＝初等教育）	度量衡の改良	綴り字の改良
教育		（メートル法協会）	（綴り字改良協会）
	成人教育（＝自己教育）	図書館が中心	
		（アメリカ図書館協会など）	

デューイは1876年の『ライブラリー・ジャーナル』創刊号に「プロフェッション」を執筆した。「図書館員が何の留保もなしに自分の職をプロフェッションと話す時代が、ついにやってきた」との冒頭の文言は有名である。デューイは、図書館員は「牧師や教員と並んで、コミュニティにおける教育者として最前線に立つ」と主張した。ここには、(1)学校教育担当の教員と成人教育担当の図書館員、(2)生徒を導く教員と成人を導く図書館員、(3)牧師や教員と同列のプロフェッションとしての図書館員という認識がある。その上で、デューイは図書館員に、社会、コミュニティ、住民への使命感を強調する。その場合、牧師や教員と異なり、図書館員は全住民を対象とする点で影響力はいっそう大きい。10年後の1886年、デューイは啓蒙的な季刊誌『ライブラリー・ノーツ』を創刊し、10年前の主張をいっそう具体的に説明した。項目「教育での三位一体」では、読書が善悪両方に働くこと、読書を保障する公立図書館の必要性を確認した上で、三位一体の説明に移る。ニューイングランドの場合、教会だけでは「共通の安全」と「共通の善」に不十分と考えられ、学校を建設してきた。しかし教会と学校でも不十分と考えられるに至った。学校は教育を「開始」するが、いまや教育を「継続」せねばならない。どんな机でも三脚が必要なように、教育も教会を底辺に、学校と図書館を斜辺とする三角形を構成しなくては完全でない。三辺が結合して「共通

の安全」と「共通の善」が達成される。デューイは司書職を聖職や教職と同列におくことで、司書職に使命感を与えようとした。こうした見方は生涯にわたる。デューイの他界は1931年12月だが、同年秋には「信条」という短文をまとめ、80年間の人生を振り返った。そこでは教育が世界を向上させると確認し、教育に最も重要なのは読書であると述べる。学校で得るのはほんの初歩にすぎず、むしろ教育は学校終了時から始まる。こうした言を受けて、50年前から「生涯を通じての成人のための家庭教育」を信条にしてきたと記した。

●**教育主義者の図書選択**　デューイは図書選択論を展開していないものの、紛れもない良書主義者であった。それはデューイが1879年に作成したアメリカ図書館協会の標語「最善の読書を最低のコストで最大多数の人に」で明らかである。デューイは1888年の論文で、鋭利な刃物を使用法を教えずに与えるのは愚かであると断言した。図書館の目的は「良書を与えること」と「民衆を悪書から遠ざけること」にあった。さらに各図書館の10％から50％の蔵書は、すぐれた本と置き換えた方がよいと示唆している。

●**効率**　デューイの標語「最低のコストで最大多数の人に」は効率を意味している。デューイによれば、初等教育の効果があがらない二大障壁が度量衡と綴り字である。度量衡にメートル法を採用すれば学校は1年間分を節約でき、これがアメリカ・メートル法協会の目的である。また綴り字改良協会はデューイ自身が "Dewey" を "Dui" と綴っているように、基本的には発音にスペルを合わすということであった。綴り字改良によって学校は2年か3年分を節約できる。これら2つの協会はアメリカ図書館協会が発足した1876年には活動していた。アメリカ図書館協会、綴り字改良協会、アメリカ・メートル法協会は教育の向上という点で一体なのである。デューイは「信条」を以下の言葉で締めくくった。

> 50年にわたる不断の研究、仕事、幅広い経験によって、これらの2つの障壁の除去が、アメリカの教育者の主たる仕事であると年ごとに確信するに至った。理にかなった綴り字や度量衡は、図書館とは無縁の一時的な流行や特別な関心ではない。それらは図書館運動の成功を完成させるについて、絶対に必要な前提である。

ジャスティン・ウィンザーやウィリアム・F.プールなどの学者図書館員と新しい世代のデューイでは、図書館への基本姿勢が異なっていた。図書館プロフェッションは牧師と同じように生活を仕事に捧げ、仕事はまさに「天職」になる。評判、個人的な安心感や安定感、報酬や地位といった利己的な動機は、すべて副次的な事柄である。プロフェッションは仕事の内容よりも、仕事に向かう精神にある。こうしたデューイは、ウェイン・A.ウィーガンドによれば「手に負えない改革者」になった。

T24　製造業の町の女性館長の実践と発言への反応：
ポータケット公立図書館

　ロードアイランド州ポータケットは州都プロビデンスの近郊にある。1870年の人口は6,619人だが、その後の10年間に187.5パーセント増加し、19,030人になった。さらにその後の10年間に45.2パーセント増え27,633人を数えている。躍進する製造業の町で、繊維工業では重要な位置を占め、鉄工業も盛んであった。1880年代になっても、公立図書館は子どもへの直接的なサービスには消極的で、学校を通してのサービスが中心だった。児童室や児童コーナーはなく、せいぜい目録に子どもに適するとの印を付したり、子どもを対象とする図書リストを作成したりする程度であった。ただし子どもが手にする本への関心は高く、それは良き読書習慣の育成、無為な読書や悪行の防止と結びついていた。また図書館は閉架制を維持していた。

　●サンダースの試み　ミネルバ・サンダースは、教員、会員制図書館の図書館員を経て、1876年に新設されたポータケット公立図書館の館長になった。サンダースは街路を徘徊する子ども、工場で働く子どもに関心を抱き、1877年には子ども用の分離したスペースを配置した。また床に足がつかない子どもを見て、テーブルと椅子の足を短くしたし、絵本を購入した。開架制を導入し、多くの公立図書館に先んじて日曜開館を実施した。これは日曜だけが休日の工場労働者を意識しての措置である。1885年の説明では、本に親しみ読書習慣をつけるために5歳から14歳の子どもに4つのテーブルを用意し、絵本、雑誌、新聞を置いている。70人の子どもがテーブルを利用できるが満席の場合も多い。清潔さや秩序を維持し、成人に迷惑をかけることもないと報じている。1889年、同州で情報誌を発行しているシドニー・S.ライダーが図書館を視察し、1万冊の開架と子どもへのサービス、とりわけ少年が良書を自分で選んでいることに感銘を受けた。州内にこうした図書館は存在せず、州内の全市町が同館を視察するよう主張した。というのは公費が賢明に使われているからである。

　●子どもの読書への考え　サンダースは徹底した良書主義者であった。1885年のことだが、少年が図書館では許されていないダイム小説を大判本に挟んで隠し読み、サンダースがダイム小説の悪影響を話しても効き目がなかった。ある理事が、この種の小説を読んだ人物が犯罪に至った記事を集めてスクラップブックにした。そしてダイム小説を読んでいる少年にみせると、少年はこれらの記事を読み、良書に移ったという。サンダースによると、大望の促進、性格の純化、思慮深い男女の育成のために、読書や探求への好みを育てることが図書館の目的

で、それは子どもから開始しなくてはならない。

　●アメリカ図書館協会を舞台に　サンダースはアメリカ図書館協会の大会や『ライブラリー・ジャーナル』で発表した。例えば1887年8月末にニューヨーク州サウザンド・アイランズでアメリカ図書館協会年次大会が開催された。サンダースは自館の開架制、労働者やその子どもへのサービスに関する重厚な発表を「製造業の町における公立図書館の可能性」との題目で行った。開架制については、閉架制の図書館と図書紛失について相違がないと主張したが、これは労働者への信頼を示すものであった。子どもへのサービスについては、正しい生活、精神的成長、隣人愛といった基本原則を教えるのに、どうして14歳になるまで待たなくてはならないのかと訴えた。これは公立図書館が設けている年齢制限への非難である。そして「子どもと犬は入館禁止」という現状に納得できないと述べた。発表後の質疑応答で、イギリスのリーズ公立図書館長ジェイムズ・P.イエーツは興味深い報告としつつ、利用者に書架へのアクセスを認めること、自力での図書選択を求めることに反対した。サンダースの方式は誰もが面識ある小さな村では可能だが、大きな町では不可能と切って捨てた。また開架制は濫用につながると断言した。ボストン公立図書館長メレン・チェンバレンは、利用者に資料へのアクセスを許す度合いは、図書館管理にとって最も重要かつ困難な問題と述べ、報告を興味深く拝聴したという。しかし開架制に賛成する発言者はおらず、子どもへのサービスへの質疑は少なくとも記録の上では残されていない。

　1889年の『ライブラリー・ジャーナル』に、サンダースは「公立図書館と学校との関係」を投じ、「学校に入学する頃には、図書館は第2の家になっている」とまとめた。サンダースが下級生に的を絞ったのは、公立図書館による学校生徒へのサービスがグラマースクール上級生を中心にしていたからである。

　サンダースは開架制と子どもの重視という1890年代以降の公立図書館サービスを先取りしていた。1887年のアメリカ図書館協会年次大会では有力な図書館員の支持はなく、拒否、無視、課題として持ち越された。ほんの3年後にウィリアム・H.ブレット館長のクリーブランド公立図書館は増築した。ブレットは館長になる前は同市の最大の書店の幹部で、図書館経験はなかった。ブレットは増築に際して、大まかな主題に分けた開架制と子ども用のアルコーブを設けた（T27）。その後、アメリカ図書館協会も公立図書館も直ちに開架制と子どもへのサービスを受け入れた。ブレットがサンダースと異なる論理や主張を提示したのではない。わずか数年で図書館界の態度が変化したのだが、それにはジェンダー、発言者の図書館界での位置、小さな町と大都市といった、内容とは無縁の力が作用していたと考えざるをえない。家父長制の時代であったが、こうした状態はその後も持続する。

C2　図書館という空間：幸福感と威圧感

　公立図書館という空間は、幸福感をもたらす空間だったのだろうか、それとも威圧的な空間だったのだろうか。3つの典型的な例を取り上げてみたい。

　●アンティン：至福の空間　アメリカ大都市で最初のボストン公立図書館は1854年に住民に扉を開き、1858年には公立図書館の大規模建築としては最初のボイルストン（Boylston）街図書館、そして1895年にはコプリー（Copley）広場に壮大な新中央館を開館した。有名な建築家チャールズ・F.マッキム（Charles F. McKim, 1847-1909）が設計し、「人びとの宮殿」とされた。この建物は現在でも研究図書館として健在である。ユダヤ人のメアリー・アンティン（Mary Antin, 1881-1949）の一家はロシアのポロツク（Polotsk, 現在のベルラーシ）から移住し、1894年にボストン地域に住み、1901年には結婚してニューヨークに移っている。アンティンは熱心な同化政策主義者となり、1912年の自叙伝『約束の地』*The Promised Land*は有名である。同書でアンティンはボストン公立図書館を回想した。図書館は「お気に入りの宮殿」で、「放課後は毎日利用」し、玄関では銘刻「公立図書館－人びとが建てる－すべての人に無料」を読み返したという。続いて次のように述べる。

　　私は市民（citizen）なので、［この建物は］私の宮殿です。外国生まれでも私の宮殿です。ドーバー街［Dover, 下層地域］に住んでいても、私の宮殿……私のものです。

　さらにユダヤ人強制集住地域で生まれ、本と無縁に育った自分が、膨大な蔵書の中にいることを「奇跡」と述べ、次のように回想した。

　　浮浪人が特権を持つ市民となり、乞食が宮殿に暮らします。これは……、わくわくするロマンスです。私は心を奪わんばかりのゆりかごの中で揺られています。

　●ボールドウィン：抑圧の空間　ニューヨーク・パブリック・ライブラリーの中央館は1911年に完成し、現在も5番街と42丁目通りの交差点で威容を誇っている。玄関前には図書館のシンボルである大きなライオン像が2つある。ジェイムズ・ボールドウィン（James Baldwin, 1924-87）はマーガレット・ミード（Margaret Mead, 1901-78）との対話で、13歳の頃にはハーレム分館の本をほとんど読んでいたと述べている。一方、ボールドウィンの小説『山に登りて告げよ』（1953）の主人公（黒人青年）は、5番街に向けて鎮座するライオン像が好きだった。またこの本館を利用する権利があることを知っていたが、決して入りはしなかった。それは次の理由による。

巨大な建物なので、……迷い込み、ほしい本も探せないだろうと思う
と、ついぞ足をふみ入れたことはなかった。そんなことになろうものな
ら、中の白人たちはみな、彼が大きな建物や沢山の書物に不慣れなこと
に気付いて、憐れんで見るだろう。

　「彼」はこの図書館の壮大さと複雑さに威圧され、同時に館内の白人の反応
に恐怖を抱いている。これは十分にボールドウィンの体験でもあったろう。

　●ライトの策略　黒人作家リチャード・ライト（Richard Wright, 1908-60）は、
どうしても読みたい本があり、テネシー州メンフィスの中央館を使いたかっ
た。しかし市の他の公共施設と同様、黒人は利用できなかった。そこで白人の
使いということで、白人からの伝言を偽造して図書館員に渡した。しかし図書
館員は当の白人利用者を知っており、常に書名を示していたので、著者名だけ
で書名を示していない伝言に疑問を持った。ライトは疑われていることを知っ
た。そして「もし、そのとき、彼女がくびすを返したら、ぼくは、頭を下げて
一目散、戸口からとび出したまま、二度と戻らなかったろうと思う」と書いて
いる。そしてライトは大胆にも、疑問があれば白人利用者に電話をするように
と嘘を言った。これで図書館員は白人からの伝言だと納得したようである。そ
れでも図書館員が「おまえが、その本を使うんじゃないだろうね」と問いかけ、
ライトは「いいえ、とんでもないです。わたしは本なんか読めません」と答え
た。ライトは2冊の本を抱えて退館したが、図書館員に呼び戻されるのではな
いかと心配でたまらなかったという。これはライトが19歳になる頃の経験で、
こうした危険を冒していっそう広い世界を知るようになった。

　3人の経験は、各人にとって図書館という空間自体が多様な場であることを
示している。アンティンは市民（citizen）という語を用いたが、社会の保守化
に伴い、公的サービスから市民でない未登録移民（undocumented immigrants）
を閉め出す動きがある。この動きを意識して、アメリカ図書館協会は2007年
に『移民の権利を支持する決議』を採択した。同決議は、法的地位を問わず個
人の図書館利用の権利を保障することを求め、この権利を侵害する立法、措置
に反対している。

　［参考文献］Mary Antin, *The Promised Land*, New York, Penguin Books, p. 265-
　267 (First published in 1912); Margaret Mead and James Baldwin, *A Rap on Race*,
　Philadelphia, PA, Lippincott, 1971, p. 39; ジェイムズ・ボールドウィン『山に登り
　て告げよ』斉藤数衛訳, 早川書房, 1968, p. 39-40; リチャード・ライト『ブラック・
　ボーイ：ある幼少期の記録（下）』野崎孝訳, 岩波書店, p. 202-210; "Resolution in
　Support of Immigrant Rights," (2006-2007 ALA CD#20.2), January 24, 2007.

T25　進化論の時代に規定された慈善思想：
カーネギーの図書館思想

　公立図書館は公私の力が合わさって発展してきた。ボストン公立図書館の開館にジョシュア・ベイツの5万ドルの寄付が果たした役割は大きい。ニューヨーク・パブリック・ライブラリーはアスター図書館など私設図書館が合同して成立した。ボルティモア公立図書館は慈善家イノック・プラットの名前を館名に用いている。とりわけアンドリュー・カーネギーの寄付は時代区分に用いられたり、カーネギー図書館という総称名辞が与えられたりしている。カーネギーは1886年から1919年までに1,412の自治体に1,679の図書館の建物を寄付した。

　●アレゲニーでの図書との出会い　スコットランドのカーネギー家は産業革命の影響を受け、機織り機と家具を競売にかけ、ペンシルベニア州アレゲニーに移住した（1848）。そこではアンダーソン大佐が400冊の蔵書を土曜日に「働く少年」に貸出し、電信配達夫カーネギーはこの蔵書を利用した。カーネギーは自伝に、「私の牢獄の壁に窓が開かれ、知識の光が流れこんで来た」、「土曜日が来ると、……将来に光明を見出すのであった」と記している。この経験から、カーネギーは「たくさんの公立図書館を創設」し、「公共のものとして盛り立てる」ことを考えたという。自伝の記述を土台に、カーネギーの慈善の源はアレゲニーでの経験にあるとの解釈がなされてきた。しかし冷徹な資本家のカーネギーが、単に少年期の経験によって図書館への大規模な寄付をしたとは考えにくい。

　●慈善の分野と慈善の方法　1889年にカーネギーは「慈善のための最善の分野」を発表し、(1) 大学、(2) 公立図書館や博物館、(3) 病院や医科大学、(4) 公園や温室、(5) 演奏ホールや集会場など7分野を掲げている。カーネギーはボルティモア市に図書館設立のために100万ドルを寄付したプラットを絶賛した。というのは年間5万ドルの拠出という条件を市に課し、さらに慈善の効果を継続的に見守ったからである。上記の各分野はいずれも有効な慈善分野だが、カーネギーは (a) 条件をつけて公共の管理下に置くこと、(b) 生存中に効果を見守りながら継続的に実施することの2点を重視した。そして「何が最善の慈善かという問い」を立て、公立図書館と断言した。カーネギーは、富を求める個人の野心と、公共の善を一致させようとする「富の福音」の主唱者で、プラットは「富の福音についての理想的使徒」となる。カーネギーは「たくさんの公立図書館」の創設を願っていたが、それには「能力があり、それを伸ばそうとする野心をもった少年少女」のためにという句が置かれていた。慈善は勤勉な貧者（特に青少年や労働者）を対象に、助力の提供に限るので、公立図書館が最善の慈善分野になる。

●**慈善と社会進化論**　南北戦争後の資本主義発展期にのし上がってきた資本家は、ハーバート・スペンサーの社会進化論という最新の科学的理論で自分たちの存在を合理化できた。自然淘汰、適者生存、生存競争は社会の原理とされ、カーネギーは「個人主義、私有財産、富の蓄積の法則、競争の法則」を社会の根本原理と把握した。百万長者は生存競争に勝ち抜いた最適者、社会に最も貢献している人物である。それゆえカーネギーにとって問題は「富の集中」ではなく「富の性格」で、カーネギーは富を社会からの信託物と把握し、百万長者は富の管理人で、社会に役立つように細心の注意を払い、有効に使わねばならず、慈善は人生の最大関心事になるべきであった。7つの慈善分野は、技術革新に関わる高等教育機関や生命に関わる医療機関、労働者に憩いを提供する演奏ホール、プール、集会場、富の獲得への助力を提供し人材を救い上げる公立図書館の3つの柱で構成されていたが、それは産業化という1本の線で結ばれていた。

　19世紀後半、「酒場や街路徘徊よりも図書館へ」、「何もしないよりも図書館でダイム小説を読む方がよい」、「移民をアメリカ化しなくてはならない」といった主張は頻繁にあったし、貧しい人に手を差し伸べる多くの機関や団体があった。しかしカーネギーの図書館思想はこれらとは無縁である。南北戦争後のアメリカは、イギリス以上に生存競争と適者生存の法則を体現しているようにみえた。保守的な社会進化論者は自然淘汰によって社会は漸進的に向上すると主張し、あらゆる改革や規制に反対した。

　しかしアメリカの社会進化論者、例えばウィリアム・G.サムナーでさえ、「教育機会の増加、増大、拡張」を求めた。サムナーは「階級の相違は、人々に与えられた機会を、その人自身がどの程度の成功に結びつけるかということから生じるにすぎない」と断言した。したがって教育機会の平等は非常に重要になり、それに関わる公立図書館はいくつかの意味を持つ。まず勤勉な貧者に社会の階段を上る助力を与える。次にそれは同時に産業化に必要な人材を救い上げる。第3に公立図書館は個人の機会を平等にするもので、全体の上昇を目指すものではない。最後に、したがって、公立図書館が遍在すれば、各人の社会的、経済的な位置は、各人の責任に帰する。サムナーは、「機会が増加するほど、2種のタイプ［勤勉と怠惰］の人間が獲得する富は、いっそう不平等になる。それが正しい社会の掟である」と述べている。機会の平等は前提として重要で、機会が提供された後は社会病理、都市問題、労働問題に目を注がず、すべてを個人の問題に帰したのである。それがためにカーネギーは記念碑的な大図書館の建設には目を向けず、住民が利用する図書館の遍在を目指したが、それは図書館利用者と同じように、自治体の積極的発意によるもの、自治体が責任をもって維持管理する図書館でなくてはならなかった。

T26　図書館への大規模な慈善：カーネギーから現代へ

T25ではアンドリュー・カーネギーの図書館思想、T36ではカーネギー図書館の分析と診断、T44ではカーネギー財団によるアメリカ図書館協会への資金援助を取り上げた。こうした個人、財団、基金による大規模な助成は続いていく。

●**カーネギー**　「鉄鋼王」カーネギーは1886年から1919年までに4千万ドルを投じ、アメリカの1,412の自治体に1,679の公立図書館の建物を寄付した。寄付の主たる条件は、自治体が用地を確保すること、寄付金の10%を毎年の図書館費として自治体が拠出することであった。1923年当時、公立図書館を擁する3,877の自治体の内、1,412（36%）がカーネギーの恩恵を得ていた。労働者を搾取した「汚れた金」との批判が生じたりしたが、労働組合の運動によって寄付金の受領を最終的に拒否した自治体は皆無といえた。ただし公立図書館は基本的に中産階級の施設であり、労働者階級が税の投入に積極的でなかったことは確かである。しかしコミュニティが寄付を求め、カーネギーが寄付を決定したものの、最終的には寄付が受領されなかった自治体は225に達した。その理由を不明（56）、自治体合併（2）、第1次世界大戦と建築コストの上昇（11）を除くと次のようになる。

(1) 市議会が10%維持費に反対　26　　(2) 財政的に10%維持費が不可能　23
(3) より多額の寄付を希望　23　　　　(4) 地元の慈善家　23
(5) 有権者による投票で否決　21　　　(6) 建築上の問題　16
(7) 用地の問題と論争　15　　　　　　(8) 法的に10%維持費が不可能　9

(1) と (2) は10%維持費が足枷になっていた。基盤となる公共事業（道路、下水道、学校など）に資金が必要ということである。(8) は既定の図書館税率が低かったりする場合である。(3) は提示された寄付金よりも多額を希望し、カーネギーに拒否された場合である。(4) はカーネギーの寄付を引き金に、地元の慈善家が乗り出したという理由である。また用地や建築上の問題で折り合いがつかなかったり、住民投票に持ち込んで否決されたりしたコミュニティもあった。女性や女性クラブがカーネギーの寄付獲得に動いた例は多いのだが、動きが進むにつれて男性の管轄になり、経済的観点や政治的観点から寄付を拒否するという傾向が生じた。

●**ローゼンウォルド基金**　シアーズ・ローバック社を世界一の通信販売会社にしたジュリアス・ローゼンウォルドは、1917年にローゼンウォルド基金を設け、南部の黒人教育のために援助を行った。1917年から1938年の間に、南部15州の村落部に5,300の学校を建て、図書館プログラムでは10,000を越える学校、カレ

ッジ、公立図書館蔵書、さらに黒人図書館員養成などに資金を投入した。村落部の学校には150冊からなる蔵書を送っている。まず試験的に140セットを送付し、担当者はカウンティの教育長などを伴って蔵書の使われ方を視察した。その時、担当者は生徒グループに4つの質問をした。その結果、すべてが少なくとも1冊の本を読み、10人の内9人が5冊の本を読んでいた。そして生徒は好きな本の書名を挙げることができ、そうした本を他の生徒と共有することを望んでいた。黒人は本を読まないといった通説にたいして具体的に反論を示したことになり、これは重要なことであった。このローゼンウォルド基金の図書館プログラムは本格的な研究がされており、忘れられていたが、その全容が明らかになったのは2019年である。

●ローラ・ブッシュ　ローラ・ブッシュは1973年にテキサス大学で図書館学修士号を取得し、学校図書館で働いた経歴があった。大統領夫人として多くの学校を訪れる機会を得たが、ほとんどの学校図書館の書架は空で、蔵書や参考図書があっても時代遅れであったという。2002年にローラ・ブッシュ財団を設立して学校図書館蔵書の充実を図り、2022年現在、3,300の学校に1,950万ドルが助成されている。財団は諮問委員会が運営し、委員会は所属政党とは無関係に委員を任命し、方針と補助金交付の決定の全権をこの委員会に委ねた。リリアン・ガーハートは「若い人びとと若い人びとの読書に関わるアメリカの図書館員は、ホワイトハウスからの最初の学校図書館員の導きを直ちに助けなくてはならず、妨げてはならない」と主張した。アメリカ図書館協会は1960年代から中道左派の民主党を支持しており、アメリカ学校図書館員協会がローラ・ブッシュに感謝することはなかった。そしてローラ・ブッシュが学校図書館への補助金を発表するために学校図書館員協会の集会に出席した時、出席者が少なかったのみならず、ピケが張られていた。もちろん現場の学校図書館は財団の補助を歓迎した。

マイクロソフトの創業者ビル・ゲイツによって1997年にゲイツ図書館財団が創設された。その前年に改正電気通信法が成立し、E-rate（教育用通信料金割引）が適用されることとなったが、補助の対象にハードウェアやソフトウェアは含まれていなかった。そこで財団は全国5,800の図書館に25,000台のパソコンを寄付し、技術サポートも提供した。2000年にビル・アンド・メリンダ・ゲイツ財団へと改組され、病気や貧困の撲滅を目指す国際的な活動を手掛けている。財団の動きを正面から非難するのは難しいが問題はあった。まずマイクロソフトのソフトウェアを浸透させることで、将来の市場の独占を目指しているとの批判である。いま1つは、ゲイツが紙と図書の終焉を目標にしていることで、これはF.ウィルフリッド・ランカスターの『紙なし情報システム』(1978)を契機に議論が高まった図書館の危機や終焉の言説に結びつく（T94）。　　　　　　　（三浦太郎）

T27　開架制の導入：図書配置の柔軟性が持つ意味

　開架制は利用者に便宜を与え、図書館の住民志向を進めるものと解釈されてきた。この解釈は誤りではないが十分とはいえない。図書館は閉架制から開架制に移行したとするのは自然な捉え方だろうが、カレッジや学術機関の図書館、富裕者型のソーシャル・ライブラリーは、もともと開架であった。アメリカ図書館史という観点からすれば、開架→閉架→開架という道筋を描くことができる。

　●1890年までの認識　1876年当時、ジャスティン・ウィンザー、ウィリアム・F.プールといった指導者は、図書が増大し、多くの人が利用する公立図書館にあっては、利用者と図書を出納カウンターでのみ接触させるのがよいと考えて

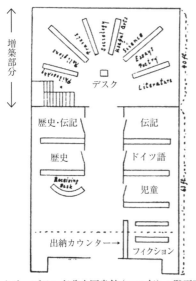

クリーブランド公立図書館（1890年）1階平面図

いた。翌1877年、ロンドンでの国際図書館員大会で、メルビル・デューイは開架制に反対するとともに、研究目的の学徒には入庫を許すべきと主張した。1887年のアメリカ図書館協会年次大会で、ポータケット公立図書館長ミネルバ・サンダースは開架制の実践を報告したが支持はなかった。翌年の大会では協会会長チャールズ・A.カッターが「利用者グループの性格」が開架の是非を決定すると主張し、公立図書館での開架を自殺行為と断言した。すなわち開架の是非は階級と結びついていた。

　●クリーブランドの開架制　1890年、クリーブランドのウィリアム・H.ブレット館長は、増築に際して開架制を導入した。図に示すように、入口からフィクション、児童、歴史と利用が多い部門をアルコーブにし、奥には主題別の書架を放射線状に配置した。ただしフィクションだけは閉架制を続けている。アルコーブには柵が、書架にはガラス扉があり、それらは施錠できるようになっていたが、早い時点で施錠はなくしている。3階は閲覧室で、2階の放射線状書架の上階は芸術や特許関係資料を2階と同じように配置した。ブレットの実

践によって、開架制が現実となった。

　●**開架制をめぐる議論**　開架制には賛否があった。支持者は、(1) 利用者の支持と利用者への信頼、(2) 貸出冊数 (特にノンフィクション) の増大、(3) 職員数 (人件費) の削減、(6) 利用者自身の選択という教育的効果を指摘した。批判者は、(1) 書架の乱れ、(2) 図書の紛失、切除、摩耗の増加、(3) 書架整理などに人手が必要で節約にならない、(4) 目録と職員によるサービスの方が効率的で教育的、(5) 広いスペースの必要性を持ち出した。こうした批判に開架支持者は次のように応答した。書架の乱れは、返却本を所定の机に置き、職員が定位置に戻すことで対処できる。紛失などは安価な本が多く、人件費の節約で十分に対応できる。切除は開架でも閉架でも変わりがない。人件費の節約については、必ずしも批判者が納得しなかった。そこで開架支持者は、人件費の削減ができなくても、出納業務が少なくなるので、利用者へのサービスを充実させることができると答えた。また批判者は目録と職員による援助を重視していた。これについて開架支持者は、開架制でも目録や職員の重要性に変化はないと応じている。さらに開架制は広いスペースを必要とするとの意見には、出納室や閲覧室に閉架制ほどのスペースは不必要とか、すべての蔵書を開架にする必要はないと反論した。

　●**バッファローの開架制**　1897年に既存の図書館を増改築して、バッファロー公立図書館が開館した。図が示すように1階に開架室と参考室が続き、出納カウンターの奥に閉架書庫を配した。そして一般閲覧室はなかった。2階には雑誌室と子ども用の開架室と閲覧室があった。1階の開架室は1万冊ほどの「精選書架」を売りにした。

　それまで開架制は、利用者自身による自己教育という観点から教育的価値が主張されていたのだが、1900年代に入って、教育的な書架の構築が前面にでてきた。図書館は積極的に資料を選別し、開架書架は利用者に「静かに推奨する図書」の集まりということである。19世紀末から20世紀初頭、公立図書館は教育機関としての役割を強めており、「精選書架」は図書館界で歓迎され、開架制は受容されていった。重要なことだが、開架制によって図書館による図書の配置に多様性が生じてきた (T33)。

バッファロー公立図書館 (1897年) 1階平面図

T28　子どもへのサービスの開始：
積極的／消極的な意味

　1876年から1890年の15年間、子どもへのサービスは学校や教員を通じてのサービスが先行し、「子どもと犬は入館禁止」の公立図書館が大半であった。児童室や児童図書館員は存在せず、依然として閉架制であった。しかし図書館員は子どもの読書に大きな関心を抱いていた。良書の奨励と不道徳なフィクションの排除という点では合意があったものの、ダイム小説などの扱いには意見の相違があった。ニューイングランドでは14歳や12歳に貸出の下限を設定していた。

　●最初の児童室　子どもへのサービスの開始を象徴するのが、1890年にブルックライン公立図書館が設けた児童室である。同市はボストン近郊の豊かな住宅地で、1890年の人口は約10,000人であった。同館では1870年代から図書の汚損や閲覧室の騒がしさに手を焼いていた。1889年に増築が完成し、1890年に児童室を設けた。児童室は地階に置かれ、建物の裏側の入口から入る。この児童閲覧室は40名収容で、新聞や雑誌を7種備え、騒音防止のために机も椅子も固定されていた。この部屋がアメリカ最初の児童室とされる。しかし年報を子細にたどると、児童室にほとんど図書は置かれていない。また若者向けのカード目録作成に触れ、この目録を待合室（出納室）に置くと記していた。図書の貸出は児童室ではなく、一般出納室で行うということである。さらに参考図書は一般閲覧室にあるので混雑をきわめ、閲覧室の扉を開いた利用者が直ちに引き返すのが常態になっていた。児童室は定期刊行物や館内読書のための部屋にすぎず、児童書を児童室に移してはいなかった。それゆえ図書館員は不要で、用務員が監督した。ブルックラインでの児童室設置は、子どもへのサービスの重視ではなく、成人との分離、秩序の維持、静寂な環境の保全という意味合いが強かった。

　●大都市公立図書館でのサービス　1890年にウィリアム・H.ブレット館長のクリーブランドは増築に際して開架制を導入すると同時に、アルコーブの1つを子どもに割り当てた。そこにはフィクションだけが置かれ、ノンフィクションは一般図書に散在していた。1896年にはノンフィクションもアルコーブに集約した。1898年に児童室を設けたが、これは最も大きなアルコーブに扉を設けて児童室に仕上げたものであった。書架、机、椅子などは成人用の備品で、子どもは脚立を用いて何とか最上段の図書が取れた。子ども向けの装飾、案内、掲示もなく、寒々した部屋であった。1901年に仮の中央館が開館し、その地階に広いスペースの児童室が設けられ、本格的なサービスが開始された。
　大都市で開架制と児童室を構想段階から実現した図書館として、1897年開館

のバッファローがある。2階には児童閲覧室と児童開架室で構成される児童部門が置かれた。1898年の統計によると、児童室の貸出は129,587冊、1日平均423冊、937冊が追加されて蔵書冊数は8,120冊であった。例えば児童室の要件として、(1) 年齢制限の撤廃、(2) 開架制の導入、(3) 児童用目録の整備、(4) 児童担当職員の配置、(5) 貸出の実施を仮定すると、バッファローは児童室発足当初からこれらの要件を満たしていた。そうした点で、バッファローは単なる児童室の設置ではなく、サービス態勢を整えた最も初期の図書館の1つであった。一般的に児童部門の蔵書目録の整備には、児童部門の図書分類表を作成し、古い固定式配架の書庫から図書を抜き出して再分類する必要があった。同館では開館時に児童書の分類表を作成し、多くの新本を購入したため、目録の作成が円滑に進んだ。開館の年に、若者向けのアメリカ史図書リスト、少女向けの解題付き読書リストを作成している。フィクションは著者名と書名から検索できた。同館は年齢制限を撤廃しており、児童部門は月曜から金曜が午後2時30分から午後8時30分、土曜は午前9時から午後8時30分、それに日曜や祝日も開いていた。

●子どもへのサービスの確立　1890年代の子どもへのサービスの展開は急速で、各館が個別に子どもへのサービスを開始していた。そうした時期を経て、アメリカ図書館協会での児童図書館員セクションの設置、児童図書館員の養成といった制度化が進んでいく。児童図書館員セクションは1900年に設置された。キャロライン・M.ヒューインズ、アン・C.ムーアといった指導者が、サービスを導いていった。初期の年次大会は児童書リストの作成や分類目録に関心が集中し、特に児童書リストの作成はセクションの最初の企画として設定された。しかしこの企画は順調に進まなかった。それが結果として、図書に加えてサービス自体に目を向けるという方向に作用した。児童図書館員の養成は、子どもへのサービスの重要性が認識されるとともに、大都市公立図書館が分館設置を加速し、成人部門と児童部門を設けたことによる。そうした状況を背景に、1900年にピッツバーグが児童図書館員養成に本格的に着手した。カリキュラムは講義、実習、図書館内外の著名人の講演、図書館見学などで構成され、特に中央館、分館、ホーム・ライブラリーなどでの実習が重視された。この学校はアンドリュー・カーネギーの支援もあり、児童図書館員養成の拠点となった。

　1890年代に子どもへのサービスは急速に発達し、1900年からはサービスの確立と展開の時代となった。この時期に登場してきたストーリーテリング、お話会、読書グループ、集会室や展示空間の活用、夏期読書プログラム、広報活動、スライドなど資料の多様化に応じるサービス、レファレンス・サービスなどは、現在でも定番になっている。また従来からの学校や教員を通しての子どもへの間接的なサービスが持続し、拡大しているのは述べるまでもない。

T29　州全域サービスを求めて：
州図書館委員会とカウンティ・ライブラリー

　19世紀中葉に成立した公立図書館は、ボストンを起点にニューイングランドから中西部、さらに太平洋岸に普及していった。そして1890年代以降、アンドリュー・カーネギーが図書館設置に果たした役割は大きかったし、大都市は分館を積極的に整備していった。公立図書館は人口が多くて経済力が強い自治体で設立され、小規模自治体での設置は遅々としていた。そうした自治体での設置、さらに自治体のない地域に住む住民に図書館サービスを提供するために、19世紀末から20世紀初頭にかけて2つの試みが発足する。

　●州（公立）図書館委員会　公立図書館の先進州マサチューセッツの場合、1890年当時、州内341の自治体のうち、30パーセントにあたる103の自治体に図書館がなかった。同年の国勢調査によると、未設置地域は州人口の6パーセントで、人口希薄な経済力の弱い自治体で図書館設置が進んでいないことを示している。しかし1890年に州は図書館委員会を設置して図書館振興に乗り出し、図書費100ドルの補助金を出すことになった。その結果、1899年になると未設置の103の自治体のうち96で図書館が活動していた。同州では、カーネギーの寄付の以前に、未設置コミュニティはほぼなくなっていた。州図書館委員会は他州でも設置された。1891年にはニューハンプシャーとニューヨーク、1893年にはコネティカット（1893）と続き、1899年にはコロラド、インディアナ、カンザス、メイン、ミネソタ、ミシガン、ペンシルベニア、ニュージャージーで設けられた。第1次世界大戦前に大部分の州が図書館委員会を設けていた。
　州図書館委員会の活動をみると、まず、コミュニティに図書館の意義を説明して設置を奨励することが大きな仕事であった。次に、図書館があっても、職員は専門的教育を受けていないので、実務講習会を開いたり、簡単な実務書を作成したりした。そこでは分類や目録の指導、図書選択のツールの紹介、基本的な業務管理が重視された。最後に巡回文庫である。このサービスに先鞭をつけたのは1892年のニューヨーク州法で、州内の公立図書館または図書館未設置の地域に、州立図書館が図書を貸出すという内容であった。それを受けて1893年にメルビル・デューイは100冊からなる10の文庫を作成した。100冊の図書は書箱2つに納められた。図書館未設置地域の場合、巡回文庫の利用には納税者25名の申請が必要である。文庫は1回につき5ドルの手数料を徴収し、6か月当地に留まり、6か月後に交換される。このサービスは好評で、1895年にはミシガン州、1896年にはアイオワ州が巡回文庫に乗りだした。20世紀に入る頃、ニューヨーク州で

は巡回文庫の数は1,000に上ったという。州図書館委員会の設置によって、州内の公立図書館の状況が把握されるようになり、他州と比較できるようになったことも重要である。

●カウンティ・ライブラリー　地方自治体とは一定の地域に一定の人口の集団があり、その集団の行政需要を満たす政府を持つ団体で、住民の要請で創設される。それゆえ地方自治体は人口集中を前提とする。一方、カウンティは州の側から州の事務を補完的に遂行する下部機構として設けられた地方団体で、その性格上、ほとんど州全域を覆っている。カリフォルニア州立図書館長ジェイムズ・ギリスは、人口希薄な地域の住民も都市部の住民と同じ読書要求を持つと考えて、州全域サービスを模索していた。1908年にカウンティ・ライブラリーに関する州法が採択されたが、既存のすべての公立図書館をカウンティ・ライブラリーに組み込もうとして失敗した。二重課税の問題、それに既存の公立図書館の自律性を損なうとの懸念がために、反発されたのである。この失敗を斟酌して採択された1911年法が発展の土台になった。同法はカウンティ理事会の裁量でカウンティ・ライブラリーを設置できるとした。そしてカウンティ・ライブラリーはカウンティ内にある既存の自治体立の図書館を自動的に排除するが、そうした自治体がカウンティ・ライブラリーに参加を申し出た場合、カウンティ・ライブラリーに参加できる。1925年頃になると、州内58のカウンティのうち42でカウンティ・ライブラリーがあり、蔵書250万冊、分館や停本所は4,000か所に上っている。また60の自治体の公立図書館がカウンティ・ライブラリーに参加し、カウンティ・ライブラリーに属した方が、すぐれたサービスを提供できることを示している。1929年になると33州でカウンティ・ライブラリーの州法が成立し、全国で265のカウンティ・ライブラリーが活動していた。さらにイギリスやオーストラリアなどにも波及し、影響を与えた。

州図書館委員会とカウンティ・ライブラリーの共通する特徴を3点にまとめておく。まず、人口希薄な地域への図書館サービスの浸透を目指しており、このことは州全域に図書館サービスを遍在させることの必要性を、州自体が認知したことを示している。次に、カーネギーの寄付が象徴するように、従来の図書館はもっぱら建物としての図書館を意味していた。それにたいして巡回文庫などはサービスを固定施設から分離させ、サービス自体を重視した。最後に、州内に自治体の公立図書館があるか否かに関わらず、図書館サービスの格差を乗り越えるには当該コミュニティの力では難しく、いっそう大きな行政の枠である州が乗り出す必要性があった。次の段階は明らかである。全国に図書館サービスを遍在させるには州間の格差の是正が必要になる。そのためにはいっそう大きな行政の枠、すなわち連邦の関与が必要で第2次世界大戦後を待たなければならない（T63）。

T30　州図書館委員会の活動：ウィスコンシン州図書館委員会

　1890年代以降、公立図書館の設置や充実に向けて、州図書館委員会は先導役となった。州図書館委員会には、マサチューセッツ州のような補助金交付政策を用いる州と、コミュニティにたいして図書館設立に向けた指導・助言活動を中心とする政策を取る州があった。後者の代表例であるウィスコンシン州図書館委員会は、巡回文庫にみられるような図書館設立に向けた素地を整備するとともに、図書館設置に向けた指導・助言といった直接的な働きかけ、図書館員に向けた夏期実務講習会や図書館学校での人材育成、州行政刊行物の目録配布のような多様な役割を担っていた。

　●ウィスコンシン州図書館委員会　1895年ウィスコンシン州法に基づき、「州内のすべての公立図書館および公立図書館設立を提案するコミュニティを対象に、図書館の設立と図書の選択、目録作成を含む図書館管理の最善方法を助言すること」を目的として、5名の委員（州教育長、州立大学長、州歴史協会事務局長、州図書館事務官、図書館員）で構成される州図書館委員会が設置され、初年度500ドルの予算が充当された。その活動は、図書館設置支援、訪問助言、図書館マニュアルや図書リストの作成と配布、夏期実務講習会（後に、常設の図書館学校）、各地での研修会を担う助言部門から始まり、巡回文庫部門、州行政刊行物の目録作成と印刷カードの配布を担う立法資料部門が加わった。なお1965年、ウィスコンシン州公教育省は委員会とその責務を編入し、図書館サービス課と改名したことで、ウィスコンシン州図書館委員会の名称は廃止された。

　●指導・助言活動　1898年ラインランダー市では、公立図書館の価値を説くためにウィスコンシン州図書館委員会のルーティ・スターンズを招いた。このような指導・助言は、新たな公立図書館設置を試みるコミュニティで広く行われた。また、図書館を定期的に訪問し、図書館業務改善、図書館サービス計画、図書選択を助言するとともに、求められれば、人材の紹介も行った。図書館業務を担う人材育成のため、1895年に開始されたウィスコンシン大学の夏期実務講習会は、1899年から州図書館委員会の主催となった。分類・目録、レファレンスワーク、図書選択、児童サービスなどを扱う8週間の初級コースと初級コース修了者向けの上級コースが設けられていた。夏期実務講習会に参加できない小規模図書館の図書館員向けに各地で研修会が実施されたり、職員の個別訪問による指導・助言が行われたりした。また、図書館に揃えておくのにふさわしい図書リストを刊行するとともに、1902年にウィスコンシン州図書館委員会は、ミネソタ

とアイオワの両州図書館委員会と共同で『図書館組織ハンドブック』を刊行し、州内の図書館員のバイブルとして活用されることになった。1906年には、夏期実務講習会が発展的にウィスコンシン図書館学校となった。1938年にウィスコンシン大学に吸収されるまで学校は存続し、人材育成の役目を担った。この図書館学校の学生は、図書館の求めに応じて、州内の図書館へ派遣され、目録作成やお話し会などを担うこともあった。これは、学生の実習と人材が不足する図書館支援を両立させる役割を果たした。

●巡回文庫　図書箱に数十冊の図書や雑誌を詰め、配送し一定期間利用させた巡回文庫は、公立図書館設立をもたらす呼び水となった。ウィスコンシン州の場合、ウィスコンシン州図書館委員会の巡回文庫に先行して、1896年にダン・カウンティで地元名士による巡回文庫が行われていた。この取り組みに州図書館委員会も注目し、その実態を『ウィスコンシン州の巡回文庫』（1897）としてまとめている。1897年度に予算は4,000ドルへと増加していたものの、助言訪問や刊行物の印刷費で使い尽くされる状況にあった。そのため州図書館委員会による巡回文庫は州民や団体からの図書・雑誌の寄贈や寄付金を募り開始された。巡回文庫は3つの方式があった。まず公立図書館が存在しない地域に健全な図書を提供するもので、次に地域の学習団体向けのアメリカ史やアメリカ文学の図書を詰め合わせた巡回文庫、さらに移民の多い既存の公立図書館で不足していたドイツ語やポーランド語、ノルウェー語のような英語以外の図書を提供する巡回文庫であった。公立図書館への巡回文庫は、外国語図書の不足を補うものとして、主に館内で提供された。州図書館委員会は、これら巡回文庫の設置先へ職員を派遣し、運営状況の確認とニーズ把握などを行っていた。

●立法資料部門　1901年州法に基づき、ウィスコンシン州図書館委員会の新たな役割として、ウィスコンシン州の行政刊行物のリストを作成すること、これらの行政刊行物の目録カードの作成と公立図書館への配布をすること、州当局、議員、市民のために州議事堂内にウィスコンシン州立法参考図書館を維持すること、州内の学生に図書館から図書を貸出すことが加わった。この部門は、チャールズ・マッカーシーが率いて、立法レファレンス・サービスに尽力した。

　ウィスコンシン州図書館委員会の取り組みの特徴は、図書館設立のための方策の指導・助言の提供や、実務講習会や図書館学校という場を通じた標準的な知識とスキルの教授により、図書館設置とその運営水準の向上に寄与した点にある。その一方で、図書館に揃えておくべき図書リストの作成と配布、巡回文庫での健全な図書提供により、良書普及という思想の伝播があったことも注目すべきである。このような取り組みはウィスコンシン州のみならず、中西部諸州、さらに西部や南部の州図書館委員会の模範となっていった。　　　　　　（中山愛理）

T31　女性クラブと図書館：
　　全国女性クラブ総連盟を中心に

　1970年代までの図書館史記述には、ニューイングランド中心、男性中心とい
う特徴があった。変化をもたらしたのが、ディー・ギャリソンが1979年に刊行
した『文化の使徒』である。その後の図書館史研究は女性という視点を欠かせな
くなった。これは図書館史の像をいっそう正確かつ豊かにする取り組みである。

　●州図書館委員会　1890年にマサチューセッツ州で州図書館委員会が発足
し、1891年にニューハンプシャー州とニューヨーク州、1894年にバーモント州、
1895年にウィスコンシン州、1896年にオハイオ州の順に設置され、1899年にな
ると15州で委員会が置かれていた。こうした図書館委員会は2つのモデルに大別
できる。1つはマサチューセッツの場合で、同州は人口稠密で公立図書館も多く
設置されていたため、財政力が弱い小さなコミュニティへの図書館設置に向けて
補助金を出した。一方、ニューヨークやウィスコンシンは、州が広大で人口はま
ばら、公立図書館数は少ないので、図書館設置以上に、州が率先して巡回文庫サ
ービスを行った。1898年のアメリカ図書館協会年次大会で、ウィスコンシン州
図書館委員会のF.A.ハッチンズは次のように総括した。

　　　近年の巡回文庫の大きな発展は、教育に関する新しい最も強力な力——女
　　性クラブ——のおかげである。大多数の州の場合、女性クラブは図書館員
　　よりも巡回文庫の設置と普及に多くの貢献をしてきた。女性が最初にこの
　　事業に着手した時、主たる目的は弱小クラブに特別な文庫を送ることにあ
　　った。しかし孤立したコミュニティの女性や子どもに手を差し伸べる手立
　　てとして、新しい計画［巡回文庫］の可能性に魅了され、彼女たちの資金と
　　共感は最も恵まれない人びとに注がれることになった。

　●全国女性クラブ総連盟を中心に　女性クラブは1860年代から1880年代に着
実に増加し、1890年代から1900年代になると全国に広まる。女性クラブは白人
女性のクラブで自己修養や文化的向上を目指していたが、クラブでは読書は欠か
せず、小さな蔵書を備えるクラブもあった。ハッチンズの言にあるように、弱小
のクラブに図書や文庫を送るクラブもあったという。

　ボストンでは1872年に女性教育協会が発足して公教育の向上に尽くしてきた
が、1890年になると協会の目標はほぼ達成され、解散の動きさえあった。1890
年には活動の幅を広げる必要があると確認し、1892年には図書館委員会を設け、
1893年にはサミュエル・S.グリーンから州図書館委員会の事業、キャロライン・
M.ヒューインズから女性による図書館への助力の提供について話を聞いた。そ

して協会は州が補助する蔵書にさらなる追加をすると決定し、収入の20％を4つの文庫を設けるために用いた。1902年になると、蔵書1,300冊で41の巡回文庫が活動していた。図書館先進州でも巡回文庫の必要性があったのである。

　女性教育協会の活動、ニューヨーク州での巡回文庫の開始（1893）は、女性クラブに影響を与えた。1890年に女性クラブの連合体である女性クラブ総連盟が生まれた。この設立者は共通の大義に向かって組織だった取り組みをすることが、必要かつ有効であると理解していた。そして州レベルの女性クラブ連盟の創設によって、地方レベルの女性クラブをまとめ、運動を促進しようとした。1892年と1894年の隔年大会は組織化に力を注いだ。1896年から活動目標が定められ、女性クラブ総連盟は自己修養や自己改善の組織から、社会改良に向かう組織的な団体になった。そこで総連盟は図書館に目を向けることになる。

　最初の州女性クラブ連盟はメインで1892年、1893年にはアイオワとユタが続いた。そして1894年にメイン州女性クラブ連盟、1895年にアイオワ州女性クラブ連盟が巡回文庫サービスを開始し、アイオワでは州議会に働きかけて巡回文庫に関する立法を現実にした。ユタ州女性クラブ連盟は、1897年に最初の事業として巡回文庫を採択した。またウィスコンシン州図書館委員会は最も活発な図書館委員会の1つだが、その巡回文庫部門長ルーティ・スターンズは、女性クラブ総連盟の図書館拡張委員会の長でもあった。各州によって女性クラブの活動はさまざまだが、全体として次のように要約できる。(1) 1890年代からの中西部や南部の図書館に女性クラブ、特に女性クラブ総連盟の果たした組織的な取り組みは大きな成果をもたらした。(2) 総連盟の巡回文庫への取り組みは、多くの州が州図書館委員会を設置する以前から行われていた。(3) 総連盟は州図書館委員会の設置、公立図書館に関する立法、公立図書館の設置に積極的に関与した。(4) 州図書館委員会が巡回文庫に乗り出すと、総連盟の巡回文庫は少なくなったが、州図書館委員会の中に入ったり、巡回文庫の運営を助けたりした。1901年にメルビル・デューイは巡回文庫に貢献した団体として、第1に総連盟を掲げている。

　巡回文庫は1700年頃の国教会牧師トマス・ブレイの図書館構想（T1）に現れていたし、南北戦争期に合衆国クリスチャン委員会はキャンプに巡回文庫を持ち込んだ（T15）。巡回文庫の思想と実践がなかったわけではないが、それを大々的に展開したのは1890年代以降の中西部や南部の州図書館委員会や州女性クラブであった。巡回文庫というとメルビル・デューイが有名だが、それ以上に女性クラブの会員の地元に密着した地に着いた活動と熱意が重要で、クラブ会員はこの運動に社会向上と社会参加という意義を見出していた。また図書館活動という点では、例えばキリスト教女性禁酒同盟も1870年代中葉から20世紀初頭にかけて、閲覧室やソーシャル・ライブラリーの設置に貢献しており、見逃せない。

T32 1890年代の子どもへの特徴あるサービス：ホーム・ライブラリー

　1890年代からはサービスの拡大の時代で、子どもに絞っても、ストーリーテリング、お話会、読書グループ、集会室や展示空間の活用、夏期読書プログラム、広報活動、資料の多様化に応じるサービス（スライドなど）、レファレンス・サービスなど、現在でも定番になっているサービスがある。それに加えて、この時期の特徴ではあるが、消え去ったサービスもある。

　●家庭訪問登録サービス　ピッツバーグ公立図書館は短期間だが家庭訪問登録サービスを実施した。ある分館の来館者数の1回当たりの貸出は、子ども1人当たり0.49冊、成人1.61冊であった。図書館員が、子どもの冊数が目立って低いのは、14歳未満の登録には親か来館して署名するという規則が関係していると考えた。親は時間も関心もなく、家を訪問して欲しいと図書館員に頼む子どももいた。そこで同館は1899年から家庭訪問登録サービスを開始した。その結果、1900年の子どもの新規登録者2,000人の内、713人はこのサービスを利用していた。その後、登録申請用紙の郵送を導入し、親が署名をして子どもに図書館に持たせるようにした。この方式で4,000人の新規登録があった。1900年に児童部門長は、家庭訪問によって「子どもと強い個人的結びつきを得ていると思う。多い月には100軒の家を訪問し、さまざまな経験をしている」と述べた。

　●図書館リーグ　ニューヨーク市の道路清掃子どもリーグを手本に、クリーブランド公立図書館は、1897年3月に図書館リーグを発足させた。これは、(1)図書の慎重な扱い、(2)新たな利用者の獲得を目指す全市的な運動であった。リーグの記章作成、リーグの標語募集、大会の開催や読書グループの形成などで、リーグへの帰属感を持たせようとした。6月には会員数3,500名、11月には12,000名を越えた。図書館リーグはアメリカ図書館協会の大会でも高い評価を得た。1898年にはクリーブランド、デイトン（OH）、ジェイムズタウン（NY）、ミネアポリスなど7館でリーグが活動し、検討中の図書館もエバンストン（IL）、セントポール、ニューヘイブン（CT）など7館に上っていた。しかし1898年が最盛期で、いずれも短期間の内に消滅した。クリーブランドやミネアポリスでは会員が1万人になり、組織の維持管理が不可能だったし、記章や会員証ではリーグへの帰属感の維持は困難であった。

　●ホーム・ライブラリー　ホーム・ライブラリーを構想し実践したのはボストン児童救済協会だが、それを公立図書館が取り込んでいく。ピッツバーグでは1898年の発足以降、ホーム・ライブラリーの数は増えていく。具体的には貧

しい地域の家にホーム・ライブラリー（20冊ほどの良書の本箱）を置き、その家の子どもが図書館長になる。10歳代前半の子ども10人ほどをグループにし、毎週、定められた日に、多くはボランティア訪問員、時には図書館員がグループを訪れ、本箱を開いて貸出を行い、次回まで本箱を施錠する。訪問時には読み聞かせやゲーム、さらには遠足やクリスマス会を行い、家庭や地域のことも話し合った。1899年には21のホーム・ライブラリーがあり、会員数は200名、各グループは10名弱、それを20名の訪問員が担当していた。訪問員は子どもと長期的な友人関係を築くことが期待され、20名という訪問員の数は、代理訪問がなかったことを示している。これは発足の意図と合致している。1900年に同館は児童図書館員養成学校を開設するが、そこでは児童室に加えて、ホーム・ライブラリーなどでの実習を含んでいた。1901年になると、ホーム・ライブラリー30、会員数489名、訪問員数50名（16名は児童図書館員や養成学校の学生）になっている。各グループの人数が増加し、代理訪問が目立って増加している。ホーム・ライブラリーを置ける家庭を確保できない場合、適当な場所を見つけてクラブとして活動した。ピッツバーグのホーム・ライブラリーは性格を変えながら（クラブの増加、プレイグラウンドでの活動など）、第1次世界大戦直前まで続いた。

　1902年のアメリカ図書館協会年次大会での報告は、95の図書館や慈善団体にホーム・ライブラリーに関する質問を送り12の回答を得ていた。報告はホーム・ライブラリーの組織形態を4つに整理した（括弧内はライブラリーの数）。(a) 慈善団体：ボストン（60）など、(b) 公立図書館：ニューヨーク（25）、シンシナティ（15）、ヘレナ（2, MT）、ピッツバーグ（31）、(c) 慈善団体と公立図書館の協力：プロビデンス（10）、(d) 図書館学校と団体：シカゴ（10）、ブルックリン（5）、バッファロー（8）。この内、専任担当者の配置はボストン児童救済協会とピッツバーグに限られていた。

　家庭訪問登録サービスやホーム・ライブラリーから以下が導かれる。(1) 図書館員が貧しい地域に入り込んだ最も初期のサービスである。(2) 親は図書館や読書に理解がない。(3) カレッジを卒業した白人中産階級の女性図書館員にとって、家庭訪問は異なる生活実態を知る契機になった。(4) 移民や貧しい子どもへのサービスには個人的接触が必要である。また上述した3つのサービスには、いずれも読書機会の提供と良き読書習慣の育成という目的を持っていたが、そこには路上、犯罪、悪書の防波堤になるという意図が明確であった。これまで図書館サービスは館内でのサービスに限定されていた。分館、配本所、停本所、さらに消防署、警察、企業などに蔵書を置くことはあった。しかしホーム・ライブラリーが置かれたような貧しい地域に入り込み、親密なサービスをすることはなかった。その思想と実践は1960年代のアウトリーチ・サービスにつながる（T78）。

T33　サービスの進展が可能にしたこと：
監視・統制・分離

　1890年代からはサービスの拡大と図書館数の増大の時代である。分館、開架制、児童サービス、移民へのサービス、レファレンス・サービス、入院患者や視覚障害者へのサービス、集会室の利用、広報活動など、現在のサービスのほとんどが、この時期に登場している。これらはサービスの進展として一括できようが、そこには図書館側のさまざまな関心や思惑があった。

　●パノプティコンとしての開架室　　図に示したのは1898年にカーネギーの寄付で開館したピッツバーグの分館の1階平面図で、玄関を入って直進すると半円

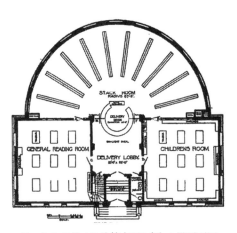

ローレンスヴィル分館（1898年）1階平面図

形のカウンターがあり、その狭い両端が開架室への入口と出口になっている。カウンターの後方に半円形の開架室を配している。なお地階には集会室と新聞閲覧室がある。開架室をみると、室内カウンターの中央、そして多くの場合はカード目録、そして書架が放射上の一直線上にある。図書館員はカウンター中央から開架室全体を一望でき、入館者の動きを完全に掌握できる監視システムになっている。また開架制によって資料の配置に柔軟性が生じた。閉架制の場合、目録を介して図書を請求するしかなかった。図書館員は利用者に不適と思われる図書を貸出中と伝えて、利用を阻止したかもしれない。そうした例外はともかく、すべての図書は同じ扱いであった。しかし開架制によって、新着書架を設けたり、貸出カウンターの傍に推奨する図書の書架を置いたりできた。それに受け入れた図書を開架に置かず、閉架書庫に入れることも可能だった。もちろん開架室の書架には精選された図書を中心に配置し、さりげなく利用者を誘導することができた。1908年にアーサー・ボストウィックはアメリカ図書館協会会長就任演説で、「検閲官としての図書館員」を主張し、良書と悪書を識別し、最後の防波堤になるのが図書館員、図書館であると声を高めた。開架室はこのボストウィックの主張の実践が可能となる空間であった。

●**利用者を分離するための新聞閲覧室**　1852年のボストン公立図書館理事会報告は、図書館に必要な第4の種類の資料を定期刊行物としたが、「新聞はおそらく除外」されようと記している。館長ジャスティン・ウィンザーは1868年の館長報告で「当館のホールは新聞室を意図していない」と記した。ごく普通に理由を考えると、日刊新聞などは安価に容易に入手できるということだろう。ウィリアム・F.プール館長のシカゴ公立図書館は閲覧室に日刊新聞を置いていた。それがために閲覧室は非常に混乱した場になった。1886年の閲覧室利用者は65万人を越えたが、何とか秩序を維持できたという。それは警官を配置し、浮浪人や不潔な人を排除したからである。

　上述のピッツバーグの分館は地下室に集会室と新聞閲覧室を配置していた。新聞閲覧室は明らかに分離されていた。集会室の利用がない場合、地下での利用者空間は新聞閲覧室だけであった。19世紀末から大都市公立図書館が中央館を建てるが、ボストン（1895開館）、デトロイト（1921）、ロサンゼルス（1926）などは正面玄関の左右いずれかに新聞閲覧室を配置した。これは日刊新聞の利用者を館内奥深くに入れないためであった。地階に新聞閲覧室を配置したのは、トロント（1894）、ニューヨーク・パブリック・ライブラリー（1911）、クリーブランド（1925）、フィラデルフィア（1927）などで、側道からの入口を設ける館もあった。ニューヨーク・パブリック・ライブラリーの分館は、最上階に新聞を置き、目立たないようにした。また新聞閲覧室を移した図書館もあった。シカゴは1876年に3階から4階に、シンシナティは1903年に2階から地下へという具合である。図書館資料は形態で図書、雑誌、新聞という序列があり、日刊新聞は最下に位置し、利用者も下層階級が多かった。新聞閲覧室の館内配置は、資料形態や利用者グループを意識したものであった。

　なお19世紀末から20世紀の初頭に急速に児童サービスが発展し、児童室が配置され、児童図書館員も養成されていく。図書館利用の年齢制限も次第に下がり、子どもへのサービスの重要性が認識されてきたことは確かである。しかし図書館の館内配置図をみていると、上記の新聞閲覧室と同じように、図書館の主たる部門、すなわち開架室、参考室、閲覧室、目録室から外れ、そうした中心となる階の上下に位置する場合が多かった。児童用図書の目録は独立していたので、児童室を中心フロアーに置く必要はなかったかもしれないし、子どもに独立した快適な環境を志向したのかもしれない。1890年にアメリカ最初の児童室を設けたマサチューセッツ州ブルックラインの場合、児童室は地階に置かれ、建物裏側に入口が設けられた。参考室や閲覧室の混雑、混乱を避けるために、地階に児童室を配置した。児童室の設置には子どもに固有な場を設けるという以上に、子どもを分離、隔離するという意図があった（T28）。

T34　子どもの読書資料の統制：児童文学知識人の君臨

　1890年まで、学校や教員を通じてのサービスはともかく、子どもを直接の対象とする公立図書館サービスはなかった。これは子どもへの無関心を意味しない。すでに1876年の図書館員大会で、良き読書習慣の早期からの育成の重要性、読書能力を年齢で区切ることの不合理性が主張され、この2点はその後の議論の土台となった。子どもへのサービスは1890年代に開始され、直ちに図書館界で確立されていった。アメリカ図書館協会児童図書館員セクションの設置、ピッツバーグでの本格的な児童図書館員養成の開始は1900年である。

　●ヒューインズの児童書選択ツール　20世紀に入るまで、児童書について発言したのは児童図書館員ではなく、子どもへのサービスに関心を持つ図書館長であった。その代表がコネティカット州ハートフォードのキャロライン・M.ヒューインズである。ヒューインズはホレイショ・アルジャー、オリバー・オプティック、ハリー・キャッスルモン、マーサ・フィンリーを「不道徳4人組」として嫌悪した。オプティックは児童文学作家ウィリアム・T.アダムズの筆名で、少年向きの道徳的で派手なシリーズ物冒険小説を執筆した。アルジャーは少年向きのダイム小説作家で、貧しい少年が努力や勇気によって、社会で成功するというアメリカの夢を描いた。ヒューインズは『若者向けの図書：親と子どもへの案内』（1882）を刊行し、『ライブラリー・ジャーナル』でコラム「若者向け文献」（1883）を開始した。そして「『抜け目のなさ』を美徳とする、子どもに粗野、不作法、年長者への不敬を奨励する、多くの悪い英語を含んでいる、悲惨で貧しい日常生活の小さな英雄を、突然に無限の富者に飛躍させる」といった図書を拒否した。図書選択ツール作成の重要性、シリーズ物フィクションの否定は継承されていく。なおハートフォードでさえ多くのシリーズ物フィクションを複本で持っていた。子どもの要求との折り合いをつけなければ、公立図書館は存在しえないからである。
　●1900年頃の状況　子どもへのサービスは家庭での母親の役割の延長に位置づけられ、女性の領域とされた。そして教職、看護職、ソーシャルワーク、司書職といった女性専門職に、多くの女性が流れ込んだ。子どもへの図書館サービスを指導したのは、白人中産階級のプロテスタントの大卒女性で、自分たちが継承してきた西洋の文学規範を土台に、子どもに適する図書について共通の価値観を持っていた。また出版される図書は支配的な文化の人種、階級、ジェンダーの偏向を反映していた。さらにこの時期、アンドリュー・カーネギーの寄付で、児童

室を持つ図書館が急増していた。こうした状況にあって、図書館界の中に児童文学知識人が形成される。成人部門の図書の評価は学協会の専門家が中心であったが、児童書の評価には児童文学知識人が力を有することになる。

●児童文学知識人とムーア　児童文学知識人の中心人物はアン・C.ムーアであった。ムーアは1896年にプラット・インスティチュートの図書館学校を卒業して児童室を担当し、1906年にはニューヨーク・パブリック・ライブラリーに移って児童サービス部長になった。1911年開館の中央館児童室は直ちに児童書の拠点となり、児童書の編集者や作家はムーアに助言と作品の承認を求めた。ムーアは、アルジャーやオプティックのシリーズ物フィクションを「屑本」として排除した。ムーアのグループは児童書出版界や児童図書館界で重要な位置を占め、児童書の質を判断する基準を発展させていく。基準は「良質の価値」を示し、自分たちが尊敬し価値を置く言論、行動、倫理、道徳を含まなくてはならなかった。

　ヒューインズは図書選択リストを作成したが、ムーアはこれを全国の図書館に向けて大規模に展開する。図書館の増大を新たな市場と認識し、H.W.ウィルソン社は『フィクション・カタログ』(1908)、『チルドレンズ・カタログ』(1909)、さらに後に児童文学知識人は『ホーンブック』(1924) などを追加した。児童書の選択ツールに収録する図書を決める委員会は、児童文学知識人や児童図書館員を中心に構成され、図書館員は安心できた。それだけでなく、例えば1922年に『パブリッシャーズ・ウィークリー』の編集長フレデリック・メルチャーがニューベリー賞を開始した際、アメリカ図書館協会児童図書館セクションの児童文学知識人が受賞作を選考した。この賞は前年に刊行された最善の児童書を確定するものだった。ニューベリー賞の最初の審査員を務めた児童図書館員メアリー・ルートは、1926年に「貸出に推薦できない」シリーズ物フィクション61点を編纂した。このリストはアルジャー、オプティックなどの本を含んでいた。1930年までに、児童文学知識人は児童文学の規範を確立し、書誌システムを完成させて、全国の公立図書館や学校図書館を牛耳ったのである。

　1930年代後半にニューヨーク・パブリック・ライブラリーの135丁目分館のオーガスタ・ベイカーやシカゴ公立図書館ジョージ・C.ホール分館のシャールメイ・H.ロリンズが、人種差別図書の除去や分析を開始した。しかし児童文学知識人の影響力と書誌システムは盤石で、児童書の全体的な検討は公民権時代以後に持ち越された。それを明示するのが、1972年に児童サービス部会理事会が採択した『児童向け資料の再評価に関する声明』で、児童書から偏見、性差別、人種差別などをなくすよう求めていた。これは社会の動きを反映した声明であったものの、知的自由委員会の非難を受け、骨抜きになった (T81)。

T35　第1次世界大戦と図書館界：
図書館への認識を広げる機会

　南北戦争時は図書館界が成立しておらず、キャンプでの図書館の運営や寄贈書の収集や分配はYMCAを中心として行われた。第1次世界大戦時になると、公立図書館は特に大都市では根づいており、アメリカ図書館協会を中心に組織的な取り組みを行える状況にあった。

　●**中立期**　1914年のライプツィッヒ図書展示会から戻ったメアリー・E.エイハーンは、展覧会の中断への失望と、各国の図書館員が戦争を憂えていることを報告した。中立期にあって、アメリカの図書館員はこのような感情を共有していた。1914年9月号の『ライブラリー・ジャーナル』の論説は、世界はフランス人や英国人とともに、「ドイツ人の徹底した科学的態度に多くを負ってきた。……平和が一刻も早く戻ることを望む」と論じた。1915年にワシントン・D.C.の図書館長ジョージ・F.バウァーマンは、個人の考えと図書館員の職務を混同しないように主張し、平和主義者の本も収集し提供するように論じた。この主張は1915年でも不評だったが、参戦後では敵対的とされる発言であった。この時期、公立図書館は中立的立場を表明していたものの、実際には反独の姿勢を強めていた。図書館は反独の情宣資料を流し、愛国団体などが施設を利用していた。

　●**参戦後**　1917年1月、ドイツは無制限潜水艦戦を開始し、2か月間に6隻のアメリカ船が沈められた。アメリカ参戦は1917年4月6日で、図書館界の態度は参戦の時点で明確になった。広く引用された1918年2月号の『ウィスコンシン・ライブラリー・ブルティン』の記事は、巻頭に「あなたの図書館は兵役拒否者なのか」を掲げ、「あなたの仕事には公費が充てられている。専門業務で……愛国的結果をはっきり示せないなら、あなたは兵役拒否者である。戦争関係の情報センター、愛国的資料の提供機関、世論の指導者、コミュニティの意見の創造者として、図書館は戦略的な位置にある」と訴えた。また「不忠誠の文献に関するウィスコンシンの方針」では、「宣戦が発せられたとき、……全議論は終結した。……図書館自体もドイツとの戦争の渦中にあり、戦わねばならず、中立は不忠誠である」と、戦争遂行に非協力的な図書館員に脅しさえかけている。

　クリーブランドのウィリアム・H.ブレット館長は、戦時中の厳格な検閲を図書館の義務と考えていた。参戦後は政府を支持する資料や積極的に戦争を遂行するための資料を備え、この方針に反する資料は退却させた。排除された図書は親独文献だけでなく、平和主義者の図書も含まれている。ブレットにすれば、戦時中に平和を求める資料は世論の分裂を意図しており、カムフラージュされた親独

の情宣資料ということになる。デトロイトは「人びとは戦う技術だけでなく、戦う目的を理解せねばならない。これは当館にとって1つの機会である」と考え、戦争への協力を図書館への認識を広める好機と把握した。赤十字のグループが分館で会合し、デトロイト周辺の軍の駐屯地や病院に図書が送られた。本館の広大な空き地は野菜畑と化した。科学技術情報の提供、軍需工場や軍関係施設へのサービスを重視した。デトロイトを問わず、公立図書館は特に食料の節約運動や保全運動に熱心に取り組んだ。これは図書館職員の90％近くが女性で、図書館サービス自体を維持できたこと、および女性の領分であったことが影響している。さらに図書館は戦時国債の購入にも積極的に協力した。

●**参戦後のアメリカ図書館協会**　1917年当時のアメリカ図書館協会は、3,346名の会員と24,000ドルの予算を持つ小さな団体にすぎなかった。こうした団体が数百万人の兵隊に図書館サービスをすることになる。アメリカ図書館協会が全力を尽くした戦時図書館サービスは、同協会と議会図書館が中心になり、キャンプや病院での資料提供サービスを支えるシステムを作り、図書館員がサービスを実施した。これには社会の支持があり、寄付や寄贈書が多く集まった。戦時図書館サービスには以下の特徴がある。第1に、戦争を公立図書館への認識を高め、図書館を発展させる好機と把握した。第2に、戦時図書館サービスは図書館協会が実践した最も大胆な事業であった。第3に、軍を中心とする政府機関、YMCA、赤十字社など、多くの機関と協力して活動した。第4に、郵送サービス、障害者サービス、成人教育サービスなどを促進した。第5に、成人男性への始めての組織的な図書館サービスであった。第6に、サービスの効率と迅速性を最大限に追求した。第7に、兵士の気晴らしのための読書を支える必要性があり、従来の図書選択の基準が下がった。第8に、軍と手を結んで検閲を実施した。アメリカ図書館協会管轄下のキャンプ図書館の場合、寄贈本や購入本を大きな公立図書館などに集めて選択したのち、各地のキャンプ図書館に送っている。選択の段階で平和主義者の本、親独の本、道徳の低下につながる本は排除していた。

　検閲についてのアメリカ図書館協会の態度を批判するのは容易である。しかし公立図書館成立時から図書館の役割の中に、戦時図書館サービスでの図書の扱いを支える思想が一貫して流れていた。その意味で、戦時図書館サービスは、過去の図書館思想を極端な形で表出したと考えてよい。なお最近の研究はキャンプ図書館での性差別を明らかにしている（T37）。キャンプ図書館に女性の職員やボランティアはいたが、図書館長は全員が男性で、これに当時の女性図書館員が抗議していた。確かに戦時図書館サービスは成人男性による図書館への認識を高める機会と把握されていた。と同時に図書館界の男性指導者にとっては、図書館員の約90％が女性という状況にあって、男性を図書館界に招く機会でもあった。

T36　カーネギー図書館の診断と新たな方向の提示：
ジョンソン報告（1916年）

　1890年代からサービスの拡大と図書館数の増大の時代に入る。図書館の増加に最も貢献したのは、アンドリュー・カーネギーおよびカーネギー財団（1911-）である。カーネギーは1886年から1919年までに1,412の市町村に1,679の建物を寄付し、ニューヨーク市では66の分館が出現した。1915年に財団理事会はカーネギー図書館の「結果を点検して当財団に報告するために、優秀な人物を雇用してよい。その報告には研究結果に基づく勧告を含めてよい」と決定した。この調査を担当したのが社会科学者アルビン・ジョンソンで、約100の図書館を視察し、翌1916年に『公立図書館にたいする寄付方針についてのニューヨーク・カーネギー財団への報告書』を提出した。

　●ジョンソン報告　カーネギーの寄付の条件は、自治体が用地を確保すること、寄付金の10パーセントを毎年の図書館費として自治体が拠出することを柱に、図書館のための建物であること、カーネギーが示すモデル建築図案を参考にすることといった条件があった。調査の中心はこれらの条件の適性を検討することにあった。報告書は1章「公立図書館の社会的意義」、2章「図書館への慈善」、3章「コミュニティへの活動」、4章「建物と設備」、5章「建物の立地」、6章「図書館職員」、7章「図書館員の養成」、8章「図書館財政」で構成され、9章と10章で勧告を行っている。
　1章と2章では、民主主義との関連で公立図書館を重要としつつ、そのことが認識されていないとまとめ、慈善の対象として図書館を適切と結論した。3章はサービスを扱い、ジョンソンの図書館観が示されている。そこでは利用者への読書指導といったサービスを重視した。そしてサービスは図書館への寄付とも結びつき、寄付の決定には「申し込んだ図書館の活動を促進するのか妨げるのかを知るために、地元の状況の精査が必要である」と記している。4章と5章では、モデル建築図案は効果を発揮し、統制を緩和するとスペースを浪費する旧来の建物に戻るとした。満足な立地は100館のうち1割程度にすぎないと述べ、その理由を、「図書館サービスが要求するものや図書館サービスの可能性を、地元が理解していないこと」に求めた。6章と7章は図書館員および図書館員養成である。小さな町では、よく読め、礼儀正しく、労を厭わない人物なら、だれもが図書館員になれると考えている。コミュニティも図書館員も図書館サービスの在り方や可能性を知らない。ジョンソンは、不活発な図書館にするのは何にもまして訓練されていない図書館員であると断じた。この考えは図書館員養成につながり、カ

レッジ卒以上を図書館学校入学のための基礎資格にするよう求めた。9章の図書館財政では、寄付10,000ドルを例に、10パーセントの図書館費では、薄給の女性図書館員、用務員、光熱費、営繕費などに使うと、図書や定期刊行物の購入は不可能とした。小さな町での図書館設置は大きな出来事だが、図書館資料が不十分なので当初の時点で沈滞してしまう。ただしジョンソンは自治体の負担比率の引き上げには賛成しなかった。機械的に比率を上げても、コミュニティが公立図書館サービスについての理解がなければ、何らの変化もないからである。

●**ジョンソン報告の勧告と提言**　ジョンソンはカーネギーやカーネギー財団の図書館慈善事業を高く評価した上で提言を行った。まず、図書館設立に関わる現行の郵送での手続きを現地調査の専門家の雇用で補う。そしてコミュニティの図書館への姿勢を調べ、寄付に値しない申し込みから財団を守る。次に、開館当初のサービスが決定的に重要なので、財団が専門的教育を受けた図書館員に図書館の発足を担当させる。これら2点を現行の寄付方針への勧告とした。勧告では具体的に数値を示し、経済的な負担にならない効果的な方策として強調した。

　さらにジョンソンは3つの提言を追加した。まず、奨学金によって図書館学校で学ぶ機会を提供する。次に、モデル図書館を設けて図書館サービスの在り方を示す。さらに、図書館に共通する事業にアメリカ図書館協会を資金面で助ける。例えば統計や一般的情報の収集、小規模図書館を助ける図書選択ツールの作成などである。要するにジョンソン報告が重視したのは建物ではなくサービスで、すぐれたサービスを実現するための手立てであった。

　ジョンソン報告が財団理事会に提出された時、カーネギーを代弁するカーネギーの私設秘書ジェイムズ・バートラムの一言で即座に却下され、公にされることはなかった。バートラム（そしてカーネギー）はコミュニティへの介入を嫌い、コミュニティの自主性を重視していたからである。そのためジョンソン報告の中央統制的な提言に反対したのである。しかし財団理事たちはジョンソン報告に理解を示していたという。第1次世界大戦で建物への寄付は終結し、1919年のカーネギー没後、財団は図書館員養成教育、アメリカ図書館協会への支援、図書館成人教育に乗り出す。そうした点でジョンソン報告はカーネギーの時代から財団の時代への橋渡しをする報告と位置づけられる。それにジョンソン報告の思想は1924年のラーネッド報告、1938年のジョンソン報告に受け継がれるとともに、アメリカ図書館協会の実践にもつながっていく。いま1つ見逃せないのは、同報告が社会科学者の視点から公立図書館を批判的に検討した最初の文献ということである。この系譜はラーネッド報告（T41）、ジョンソン報告（T49）から、さらに戦後のロバート・D.リーによる「公立図書館調査」（T60）につながっていくが、これらいずれにもカーネギー財団が関わっている。

T37　男性指導者に抵抗する女性図書館員：
キャンプ図書館（1918年）を中心に

　20世紀初頭になると図書館員の約90％が女性で、少数の男性幹部に女性図書館員が従属するという形態になっていた。これらは研究で十分に実証されている。概して女性図書館員は旧来の価値や役割を担ってきたのだが、静かに抵抗する場合があったし、少数だがグループで声高に訴える場合もあった。

　●ヒューインズ調査　1882年のアメリカ図書館協会（ALA）年次大会で、キャロライン・M.ヒューインズは少年少女の読書について発表し、報告は継続していく。報告によると、公立図書館は学校を通じて子どもにサービスし、子どもに直接的にサービスをする図書館はほとんどなかった。この報告は調査票を図書館に送り、その結果の報告だが、これまでのALAの大会ではなかったことである。そうした意味でヒューインズは先鞭をつけたといえる。男性指導者は自分の経験や見識を発表するだけで説得力があったのだが、女性が同じ発言をしても軽んじられ、看過された。それを避けるために、ヒューインズは客観的なデータを示すことで説得力を増した。発言者による説得力の相違は、開架制と子どもへのサービスに関する発表で明白になる。ポータケットのミネルバ・サンダースは1887年の年次大会でこの主題を扱ったものの、好意的なコメントはなかった。ほんの3年後にクリーブランドのウィリアム・H.ブレットがこれらのサービスを導入した時、直ちに館界で受け入れられた。属性による扱いの相違を回避するには、調査による客観的データの提示と、それに依拠する発言が必要だった。

　●デューイの失墜　メルビル・デューイは1905年にオレゴン州ポートランドで開かれたALA年次大会で、女性への不適切な振る舞いをした。表面に出なかったものの、デューイ独特の親愛の情を示す行為と認めてデューイを支える女性と、ハラスメントとして非難する女性がいた。また1905年にはデューイが経営するレイクプラシッド・クラブがユダヤ人を排斥しているとして、ニューヨーク州レベルで批判があった。デューイは1906年以降ALAの大会には出席せず、1906年には州立図書館長兼ニューヨーク州図書館学校長を辞任した。デューイは失墜したのだが、デューイの影響力は途方もなく大きかった。10進分類法は標準分類法になったし、標語「最善の読書を最低のコストで最大多数の人に」は頻繁に用いられた。門下生は図書館学校の校長として、デューイの伝統を伝えていった。ライブラリー・ビューローは図書館用品の規格化、標準化を導き、デューイが開始した巡回文庫は全国に広まったのである。

　●キャンプ図書館　第1次世界大戦期の1918年ALA年次大会で、女性の図書

館指導者7名がALAの戦時図書館サービス委員会にたいして、委員会の管轄下にある図書館での女性雇用について今後の方針を検討するように求めた。「今後の方針を検討する」という穏やかな文言であったが、俎上に上がったのはALA管轄下のキャンプ図書館の館長に女性を拒否しているということだった。戦時サービス委員会の委員長のニューヨーク州立図書館長ジェイムズ・I.ワイヤーは状況が常に変化するので今後の方針を示すのは不可能としつつ、次のような骨子の説明をした。キャンプ図書館では40名の女性がサービスしているとの事実を報じた。そして女性を館長に登用しない理由として、(1) 軍司令官の反対、(2) キャンプ本部との関係の構築の難しさ、(3) 男性のキャンプという事実、(4) キャンプ図書館への交通が不便、(5) 図書館を午後7時に離れる必要性、(6) 身体への負担を挙げている。(6) は重い荷物を持てないということである。(1) は事実ではなく、(2) は行政能力の不足を指摘している。その他の理由にしても根拠がないのは明白である。実際、キャンプ内の病院には多くの女性がいたし、図書館にも女性の図書館員やボランティアがいた。午後7時に職場を離れる必要性にも根拠はなかった。そしてワイヤーは、キャンプ図書館は女性に不適な場としつつ、望むなら副館長に採用してもよいと述べている。

　戦時図書館サービスは成人男性に図書館への認識を植えつける機会とされた。それだけでなく、男性指導者は図書館界に男性を誘う機会と把握していた。戦時サービス委員会の機関誌は個人的な見解と留保しつつ、「アメリカの**男性**（原文）に図書館職はプロフェッション」であることを証明する好機であると述べ、男性の図書館界への参入を期待している。都市の近くにキャンプがある場合、女性公立図書館長がキャンプ図書館長に名目的に就く場合はあったが、それは例外で40以上あるALA管轄下のキャンプ図書館長はすべて男性であった。指導的女性の申し入れは画期的なことといえるが、同時に穏便な内容でもあった。

　ニューヨーク図書館職員組合は1919年のALA年次大会に、「理由なしに女性を排除するシステムに反対し、議会図書館から見習いまで、男性も女性も等しく、同等な賃金で図書館業務のすべての地位が開かれていることを好む」との決議案を提出した。この決議案の裏には、ニューヨーク・パブリック・ライブラリーのただ1人の女性部長で政府刊行物の組織化の第1人者アデレード・ハッセの解雇があった。ハッセは理由も説明されず、反論の機会もなく解雇させられた。同決議案は大会末の第6全体会で議題に乗せられた。この大会への参加は男性301名、女性867名の1,168名であった。会場に残っていた会員は少なかったが、結果は121対1でこの決議は否定された。女性が多い場だったと推察できるが、男性指導者のアーサー・E.ボストウィックなどが女性の問題ではなく組合の問題に誘導したことが投票に影響を与えたと考えられる。

T38　大成功から大失敗へ：
　第1次世界大戦の終結と拡大プログラム（1918年）

　1917年当時のアメリカ図書館協会（ALA）は3,346名の会員と24,000ドルの予算を持つ小さな団体にすぎなかった。おおむね会員は静かで、伝統を重視し、図書館内部の技術的な詳細に関心を抱いていた。こうした団体が第1次世界大戦を、図書館にとっての機会、特に成人男性に図書館への認識を植えつける機会と把握し、数百万人の兵隊に図書館サービスをした。そしてALAとしてかつてない成功を収めたとされる。

　●拡大プログラムの構想　戦時図書館サービスでの経験を土台に、ALAは戦後の方針を検討する。1919年6月の年次大会で、理事会は「アメリカの図書館サービスのための拡大プログラムに関する委員会」を設置した。プログラムの中心人物は、同年11月に委員会事務長となり、1920年4月からALA事務局長になったカール・H.マイラムである。委員会は1919年秋に予備報告を作成した。同報告は戦時図書館サービスの継続の部分と新しいサービスの部分に大別され、各々について具体的な項目を示し、必要な予算を示している。新しいサービスの部分では、「図書館拡張」、「図書館員の認定」、「図書館調査」、「協同図書購入」など16項目を掲げた。項目は従来からALAが重視してきた課題が大半で、住民への直接的なサービスに関わる項目は非常に少ないし、新しいサービスといえるものは皆無だった。予備報告は1920年1月の会議で検討され、厳しい意見が出された。しかし個別内容はともかくプログラムの発足自体には合意があり、募金目標額200万ドルと定めて募金活動に乗り出すことになった。ただし戦時図書館サービスのような強力な募金活動、市やリージョンへの募金額の割り当てをしないことと釘を刺している。

　ALA会員は拡大プログラムに関心を示していたが、項目には多様な意見があったし、募金が達成できるのか否か懸念を抱いていた。1920年3月、会員に回状が出された。そこではかなりの会員が現行プログラムに反対し、いっそう多くの会員が事業の限定を求めていると主張した。そして事業の焦点を絞ること、募金の一部を基金にすることを訴えている。回状は単なる個人グループの訴えではなく、発起人13名はニューヨーク・パブリック・ライブラリーの館長エドウィン・H.アンダーソン、セントルイスの館長アーサー・E.ボストウィックなど、いずれも図書館界の指導者であった。なおアンダーソン（1913-14）、ボストウィック（1907-08）は会長経験者である。回状には返信用葉書が同封され、1,000名以上が回状の主張に賛成の葉書を戻した。1920年当時の会員は団体会員も含めて4,464

名、図書館員に限ると約3,500名なので、会員の3分の1が回状の趣旨に賛同したことになる。理事会はこの結果を見過ごせなかった。

　ところでマイラムは成人自己教育の構想を持っていた。対象者は学習意欲のある若い労働者、教育を中断して軍隊や軍需産業に入った自己教育を求める人、女性参政権（修正第19条：1919年採択、1920年発効）のために学習を望んでいる女性である。そしてマイラムは図書館を図書の供給と「読書コース」の提供のための必然的な機関と位置づけていた。

　●拡大プログラムの修正と帰趨　理事会は1920年3月の回状を無視できなかった。5月には委員会の大幅再編を行い、6月の年次大会で拡大プログラムの改正案を示した。予備報告の「新しいサービス」16項目は、「図書館サービスの拡張」（8項目）と「図書館の方法とサービス」（3項目）に整理された。この報告で目立つのは3点である。まず新たに項目「成人自己教育」を設けたが、これは読書コースを中心とするサービスで、マイラムが主張していた項目であった。ただし、予算配当は単年度15,000ドル、3年間45,000ドルで、項目の中で最も少なかった。次に新たな項目「ビジネスや産業を含む専門図書館」を立てたが、これは募金活動を意識しての措置であったろう。最後に募金目標額200万ドルは同じだが、回状の主張を取り込み、その内の100万ドルを基金にした。基金は拡大プログラムの性格になじむか疑問に思われる。

　この2年間をみると、委員の辞任や委員会自体の混乱があり、会員からの異論も多かった。結束という点では戦時図書館サービスと大きな相違があった。また企業や団体は多額の募金に応じる状況になかったと推察される。結末はみじめだった。セントルイス公立図書館のチャールズ・H.コンプトンは募金活動責任者マイラムの補佐で、1954年に当時を回想した。募金活動は積極的だったが、コンプトンは初期段階から失敗を予想していたという。そして募金活動に154,000ドルを投じ、獲得額は58,000ドルにすぎなかったと記している。ALAの機関誌に拡大プログラムの記事が現れるのは1921年1月号が最後である。そこでは1920年12月の理事会が募金活動の停止を決定したと伝えている。拡大プログラムについての理事会の総括はなく、自然消滅になった。

　戦時図書館サービスがALAの歴史にとって最大の成功を収めたとすれば、拡大プログラムは最も残念な結果になった。1920年12月の理事会はプログラムの停止を決めたのだが、同時に「将来に向けて図書館界が強い関心を示している」事柄を指摘した。それらは「人材の確保」、「図書館員の資格と認定」、「協会本部での就職案内所の設置」、「カウンティ図書館」で、マイラムが主張する成人自己教育は入っていなかった。しかし1924年のラーネッド報告とカーネギー財団の動きで、図書館での自己教育は表舞台に出ることになる（T41）。

T39　人種隔離は地方（section）の問題：アメリカ図書館協会の基本的立場

　1896年のプレッシー対ファーガソン事件で、合衆国最高裁は「分離すれども平等」の法理を確立し、人種隔離を結晶化させた。この19世紀末から南部での公立図書館設置が始まる。アトランタ公立図書館の開館は1902年で、アトランタ大学教授ウィリアム・デュボイスを中心とする黒人市民グループは、「黒人にも白人と同じ特権を公立図書館の利用に与えなければならない」と主張したが拒否された。アトランタでの黒人分館の開館は1921年で、この20年間は「分離すれども平等」の法理にさえも反していた。

　●アトランタ年次大会　アメリカ図書館協会（ALA）が黒人問題に最初に関わったのは、南部で最初に開かれた1899年アトランタ年次大会である。この大会は南部での図書館発展の道を開くことが期待されていた。このとき「黒人教育における図書館の役割」というプログラムが浮上してきた。ALA会長ウィリアム・C.レインと事務局長ヘンリー・カーは黒人の登壇に躊躇するとともに、最終的な判断をアトランタの当地実行委員会に委ねた。当地実行委員長はアトランタ公立図書館の設置が迫っており、それに悪影響になりかねないとして、黒人の登壇を拒否した。要するに、ALA最高幹部は全国団体であるALAの問題とは把握せず、南部という地方の問題であり、そこで扱われるべき問題と捉えたのである。

　●黒人サービス・ラウンドテーブル　ALAを舞台とする動きでは、1921年から1923年にかけての黒人サービス・ラウンドテーブルの成立と崩壊を無視できない。このラウンドテーブルの指導者は、ニューヨーク・パブリック・ライブラリーのハーレム分館長のアーネスティン・ローズと、ルイビル公立図書館長のジョージ・T.セトルであった。北部と南部における黒人への図書館サービスの実態調査などが報告され、黒人への図書館サービスは南部だけでなく、北部の課題でもあることが確認された。1923年のラウンドテーブルで、両指導者は、(1)南北の社会環境によって規定されている部分は取り上げない、(2)黒人を読者にし、図書館利用者にすることを課題にするとの共通認識の上で、ラウンドテーブルを恒久的組織にしようとした。しかし、1,000万人以上の黒人の内900万人が南部に集中しているという指摘があったし、テネシー州のメアリー・U.ロスロックは、「黒人の問題は『地方的』なものであり、南部は南部独自の方法で対処しなくてはならない」と発言した。ロスロックの発言に多くの図書館員が賛意を示し、ラウンドテーブルが再び開かれることはなかった。黒人問題を「地方」の問題とする姿勢は、黒人サービスを直接的に扱うラウンドテーブルの組織化に際して、

いっそう明確になったのである。

●**リッチモンド年次大会**　1936年のALA年次大会はバージニア州リッチモンドで「図書館サービスの拡張と向上」をテーマに開催された。大会の直前になって、黒人は大会の会場に正面玄関から入って会議に参加できるとしつつ、会議が飲食を含むと黒人は退場しなくてはならず、全体会で黒人は指定された一画に着席することになるといった情報が、『ニューリパブリック』や図書館関係雑誌に現れた。事務局長カール・H.マイラムは、「専門職団体としてアメリカ図書館協会は、人種や肌の色に関係なく、入会や会議への参加を認めなければならない」と原則を強調した。と同時に、「どの市で大会を開催するにしても、当然ながら当地の方や慣習にしたがわなければならない」と続けた。

ALAはリッチモンド年次大会への抗議によって、「アメリカ図書館協会の大会や協会の統制下にある会議の場合、全会員があらゆる部屋や会場の利用に関して完全に等しく扱われなくてはならない」との方針を採択した。この方針は南部での大会開催を慎むことを示している。しかし同時に、「大会での差別は図書館協会が課したものではない」、「全般的な社会的、個人的な差別という領域を扱うのは、本会の管轄範囲ではない」と述べてもいる。これは南部において、図書館での隔離や分離を認めることに他ならない。南部での年次大会開催（フロリダ州マイアミ）は、20年後の1956年を待たねばならなかった。なお1954年のミネアポリス年次大会で、各州には1つの州支部しか認めないと決め、1956年冬期大会を期限に州支部の再認定を実施した。このとき、ジョージアとアラバマは条件を満たせず、両州には州支部が存在しないことになった。1936年と1954年の措置は重要ではあるが、限定的な先例と考えてよい。

1960年のALA年次大会のテーマは「障壁をなくす」であった。1954年には人種隔離を憲法違反とするブラウン事件判決が出されていたが、1960年の年次大会で人種隔離という障壁を討議することはなかった。ALA会長ベンジャミン・パウェルは、地方の管轄範囲に介入できないし、介入するつもりもないと確認した。大会の末尾にフランシス・L.スペインが会長就任演説を行った。新会長は、「障壁をなくす、人びとの間に知識の流れを妨げる障壁をなくすことについて考え、議論してきた」と大会の総括をした。そして的確にも「障壁があることを認め、その除去の必要性が受け入れられたとき、……大いなる展望が開かれる」と指摘した。しかしニューヨーク・パブリック・ライブラリーで児童サービスを担当するスペインは、障壁の問題を自分が専門とする児童サービスに限定してしまった。この時期になるとバージニア州のダンビルやピーターズバーグで隔離撤廃を求める座り込みがなされ、全国的に報じられていた。これらに両者は触れることはなかった。これが1960年までのALAの基本的な姿勢であった。

T40　検閲官としての図書館員を乗り越える： 1920 年代の動き

　1876年図書館員大会でウィリアム・F.プールがフィクション問題を提出し、議論が沸騰した。しかし各館の対処は困難ではなかった。図書館は閉架制なので、どのような対処をしても表にでることはなかった。資料の排除、特に購入するフィクションの下限は、開架制の導入と子どもへのサービスの台頭によって、図書館や図書館員の最も重要な関心事の1つになってきた。

　●1890年代　1890年代後半の『ライブラリー・ジャーナル』を散見すると、1895年にはシンポジウム「不適切な本の発見法と排除法」、翌年にはウォルター・ラーネッドの「排除の境界線」、1897年にはA.L.ペックの「図書館員がコミュニティの読書に発揮すべき影響力」といった文献がある。ラーネッドはコミュニティへの責任という観点から、疑わしい本は購入せずと結論した。ペックはコミュニティの向上という観点から、最良のフィクションに限定することを主張した。また多くのフィクションを開架にするよりも、精選したフィクションを出納台の側において、適切な指導をしつつ提供する方がよいと論じている。一方、1899年にリンズィー・スウィフトは、排除という検閲を支持する図書館員をロシアの検閲官になぞらえて批判したが、この考えは極めて少数派に属する。
　●ボストウィックの主張と当時の考え　20世紀に入っても状況は不変であった。有名なのはアーサー・E.ボストウィックのアメリカ図書館協会の会長就任演説「検閲官としての図書館員」(1908)である。ボストウィックは有害図書の排除を検閲と呼び、図書館員に検閲官の役割を期待した。ボストウィックは図書館員だけが悪書を公正な立場で断罪できると考え、「美しくもなく、正直でもなく、真実でもない本に何の興味もない図書供給者［図書館員］が、土壇場に待ち構えている」と述べた。その考えは以下の言に集約できる。

　　　「生まれながらにして偉大な人、努力して偉大になる人、環境によって偉
　　　大さを授けられる人がいる」。図書館員が文献の検閲官になるのは、この最
　　　後の理由による。……図書館の教育的機能が拡大し、……図書館利用者が
　　　多くなるにつれて、図書館資料の選別はいっそう重要になる。

　ボストウィックの演説に刺激されて、『ライブラリー・ジャーナル』は「図書館は悪書をどうすべきか」との標題で、8館の回答を掲載した。ボストウィックは自館セントルイスについて、「一般民衆に貸出すのが不適切と思われる不道徳、下品な本を購入しないことは言うまでもない」と確認した。ニューベドフォード（MA）は道徳的に問題がある本を排除していた。ニューアークは問題ある本は閉

架に置いて成人にだけ貸出し、開架には有害な本はなかった。クリーブランド は「悪書への最大の防御は良書の促進にある」と回答した。ウィスコンシン州巡 回文庫は、田舎の住民は都市の住民が読む本の質に「がまんならない」と述べた。 ポートランド（OR）はボストウィックの考えに全面的に賛成した。この図書館で は道徳的に問題がある小説などを別置し、目録には請求記号をつけていなかっ た。グランドラピッズ（MI）は、「社会、経済、宗教的問題のあらゆる観点を示 す代表作を所蔵しなくてはならない」と回答したが、利用者によって図書の扱い を変えていた。「あらゆる観点を示す代表作」の所蔵を主張したものの、あくまで 所蔵であって、自由な利用ではなかった。

●1922年調査と変化の兆し　1922年に『ライブラリー・ジャーナル』は図 書選択方針を調査し、「公立図書館において問題となる本」との題で報告した。 1908年調査と基本的に相違はないが、2つの変化が現れている。まず、フロイト など性関係や性的記述を含む図書への言及が多くなっている。次に、成人の図書 選択について各自に責任を持たせるべきという考えが、ワシントン・D.C.パブリ ック・ライブラリーから現れてきた。ワシントンは例外で、回答館は問題のある 図書を閉架、館長室、鍵付き書架に配置し、利用者によって扱いを変えていた。 この時期になると、従来の図書館の実践を批判する図書館指導者が現れてきた。 1923年にメアリー・U.ロスロックは「成人への道徳的影響を理由に図書を排除し てはならない」と論じた。「本が道徳的か否かは読者の受け取りかたに依存し、そ れは読者だけが判断できる」からである。図書館員が検閲者であるべきという考 えは、住民に道徳を教えるという誤った考えに依拠するが、正しくは図書館は個 人が自己学習をする手段にすぎないと主張した。1924年には図書選択論で有名 なヘレン・E.ヘインズも選択の問題を取り上げ、図書館員の全精力が図書の道徳 性の判断に使われているとの理由で、「1922年調査ほど滅入るものはない」と切 って捨てた。ヘインズはフィクション自体の変容を取り上げた。1920年代はフ ラッパー、フロイトで代表される時代でもある。フロイトの考えはフィクション にも流入し、これを性的との理由で排除するのを問題とした。ロスロックと同じ ように、「成人はフィクションを自由に選択できる能力を持つと考えるべきであ る」と断言した。また両者は子どもには保護という観点が必要という点で一致し ていた。

1920年代中葉は転換期であった。ロスロックやヘインズの主張に、それまでの 図書選択の方針を根本的に見直す必要性が述べられている。成人の読書にたいす る両者の考えは、1939年の『図書館の権利宣言』の採択に結びついていく（T51）。 と同時に、子どもについては両者ともに保護が必要と述べていた。これは児童書 について児童文学知識人の考えや書誌システムの君臨が続くことを意味した。

T41　1920年代後半からの図書館の方向の設定：
ラーネッド報告（1924年）

アメリカ公立図書館の基本的サービス思想を扱い、広く受容されたのは1852年のボストン公立図書館理事会報告、それに1879年にメルビル・デューイが考案した標語「最善の読書を最低のコストで最大多数の人に」くらいしかなかった。図書館全般について批判的に観察し、短期的であれ将来の方向を示す業績として、カーネギー財団理事会に提出された1916年のジョンソン報告がある。しかしこの報告書は理事会で拒否され、内部資料に留まった。

●ラーネッド　カーネギー財団は1911年に創設されたが、事実上はカーネギーと私設秘書ジェイムズ・バートラムの代弁機関でしかなかった。1919年にカーネギーが他界し、財団は今後の在り方を設定しようとした。そこではカーネギーの慈善の柱であった公立図書館を検討せざるをえず、それを担当したのがウィリアム・S.ラーネッドである。ラーネッドはハーバードで博士号を獲得し、ドイツでギムナジウムの研究をするなど広範な学識を持ち、ラーネッド報告の作成時はカーネギー教育振興財団の研究員であった。ラーネッドの1924年までの研究をまとめると次のようになる。ラーネッドは特に初等中等教育、とりわけ効果的な教育という観点から教員の教育、養成、資格に関心を抱いていた。第1次世界大戦の影響を受けて、1920年の『アメリカ公立学校における専門職としての教員の養成』では民主主義の防衛と成長の必要性を確認し、インテリジェンス（知性）の普及を土台に、その上に学校教育を位置づけ、中心に教員を据えた。そしてインテリジェンスの普及は学校に留まらず、いっそう広範な民衆教育が必要であるとの認識に達していた。

●ラーネッド報告の内容　『アメリカ公立図書館と知識の普及』は公立図書館研究に関するラーネッドの唯一の業績で、1章「知識の普及」、2章「組織的に知識を普及するための機関としての公立図書館」、3章「図書館サービス促進機関としてのアメリカ図書館協会」、4章「アンドリュー・カーネギーとカーネギー財団の図書館活動」、5章「公立図書館と公立図書館サービスの今後の発展」で構成される。1章では学校研究からの結論を確認、拡大し、「知識の普及はコミュニティが行える最も重大な社会的職務」とした。そして知識を伝えるメディアの種類と性格を論じ、インテリジェンス・センターに専門家を配して、個人的サービスを提供することの重要性を指摘した。一言で述べれば、インテリジェンス・センターはコミュニティの大学として機能するということである。2章ではそうしたセンターとして公立図書館を指名した。クリーブランド公立図書館の実践を例示

し、個別サービスとして、成人教育、アメリカ化、病院、受刑施設を記し、いずれにしても職員が要になると強調した。3章はアメリカ図書館協会の役割を論じ、図書館資料の準備、図書館拡張、図書館職員の3点を指摘した。図書館資料の準備とは図書選択ツールなどの刊行、図書館拡張とは全国に図書館を普及するための企て、図書館職員とは図書館員養成教育や専門職の基準の設定などを示す。4章はカーネギー図書館を含む図書館の設置状況を数値や地図を用いてまとめ、公立図書館の可能性を示すとともに、自己教育機関として手直しの必要があるとした。5章「公立図書館と公立図書館サービスの今後の発展」は結論と提言の部分で、調査や研究の必要性、サービス普及のための実験、図書館員養成教育、アメリカ図書館協会への梃入れで構成されている。そして個別サービスではシカゴやデトロイトが実践している読書案内サービスを重視した。

　●**ラーネッド報告と図書館界**　ジョンソン報告が拒否され内部資料に留まったのと対照的に、ラーネッド報告は直ちに理事会に受け入れられて刊行され、図書館界に広まった。ジョンソン報告と同じように図書館員の養成を重視していた。ジョンソン報告で言及に留まっていた読書コースなどのサービスを、自己教育の観点から読書案内サービスとして重視した。ジョンソン報告はカーネギー財団による図書館への直接的な支援を中心とし、アメリカ図書館協会へはささやかな援助を提言していた。一方、ラーネッド報告は図書館への直接的な支援に触れず、アメリカ図書館協会への大規模な援助を提言している。この変化には理由があった。カーネギー財団やロックフェラー財団といった全般的な性格の財団が、報告書や刊行物などで財団の意図する方向へ誘導しているとの批判が、連邦議会など全国レベルで問題になった。それゆえこうした財団は、中立的とされる専門職団体や学術機関を介して、さまざまなプロジェクトに財政支援をする方向に向かった。ジョンソン報告とラーネッド報告でのアメリカ図書館協会への姿勢の変化は、こうした全国的傾向を反映していた。

　カーネギー財団の姿勢の変化は如実に現れた。1920年のアメリカ図書館協会の予算は、32,658ドルで、内訳は27,658ドル（84.7％）が会費など、5,000ドル（15.3）が基金からの収入となっていた。それが1925年には、各々82,155ドル（33.9）、4,769ドル（2）で、155,450ドル（64.1％）が財団や個人からの寄付になっている。要するに、この64パーセントの大部分がカーネギー財団からの資金である。一般的にカーネギーの時代とは多くの図書館の建物が寄付された1890年代から第1次世界大戦頃までをいう。そののち1920年代中葉から財団はアメリカ図書館協会を通じて活動するのだが、その影響力は図書館調査や研究、図書館員養成教育、図書館サービスに関与したがために、いっそう大きかったと結論しても的外れではない。

T42　成人教育プログラムの開始：
報告書『図書館と成人教育』（1926年）

　公立図書館は成立時から成人のための自己教育機関と位置づけられてきた。ア
メリカ図書館協会（ALA）は公立図書館の普及、サービスの拡大に尽力してきた。
各公立図書館は、参考サービス、移民へのサービス、受刑者や入院患者へのサー
ビス、集会室を使ってのプログラムを展開してきた。しかし図書館界として一般
向けの成人教育プログラムを策定し、強力に推し進めることはなかった。

●**図書館成人教育の背景**　図書館が成人教育に乗り出す背景があった。まず、
第1次世界大戦中の戦時図書館サービスの成果を維持、拡大するために、図書館
界は終戦後も成人（特に男性）へのサービスに関心を抱いていた。次に、カーネ
ギー財団は「国民の知識と理解の前進と普及を促進する」との目的で1911年に発
足したが、アンドリュー・カーネギーが他界（1919）するまでは、カーネギー個
人の私的財団でしかなかった。カーネギーの没後、財団は基本的な方向を定める
必要、図書館への寄付を総括する必要があった。1924年にウィリアム・S.ラー
ネッドが提出した『アメリカ公立図書館と知識の普及』は財団の意に沿う内容で、
ラーネッドはアメリカ図書館協会への助成と図書館員による対個人サービスを重
視していた。

　図書館も成人教育につながるサービスを実践していた。ALA事務局長カール・
H.マイラムは1920年に「成人自己教育」を局長名で発表し、成人全般への自己教
育を主張した。これには男性だけでなく、女性参政権が1920年に発効したこと
も関係していた。成人教育の手段として、マイラムは1922年に「A.L.A.読書コー
ス」を発足させた。「読書コース」は単なる解題付きの特定主題に関する図書リス
トではなく、当該主題の全体的な理解を導くために10点弱の図書を紹介し、段
階的、継続的、体系的な学習を助けるようになっていた。また1923年になると
シカゴ公立図書館が読書案内所を設けて、読書案内サービスを開始した。このサー
ビスは読書コースを手段として、真面目で持続的な自己学習を支える対個人サー
ビスであった。読書案内サービスの目的は、質的なサービスを求める人のニー
ズを満たすこと、「当館の膨大で圧倒的な資源と個人との親密な個人的関係を築
く」ことにあった。サービスを求める人は多く、当初は広報を行ったが数週間で
広報を中止したという。1923年にデトロイト公立図書館は読書アシスタントと
いう名称で同じ取り組みを開始していた。

●**成人教育委員会の成立と最終報告**　ラーネッド報告も読書コースやシカゴで
の実践を指摘しており、白紙状態から成人教育プログラムが構想されたのではな

い。こうした背景を踏まえて、1924年にALAは「図書館と成人教育に関する委員会」を設置して調査と研究に着手した。この委員会はカーネギー財団から潤沢な資金を獲得し、専任の事務担当を擁していた。1924年、委員長でALA会長のシアトル公立図書館長ジャドソン・T.ジェニングズは、図書館の本分は読書と図書に関わることにあると強力に主張した。そして図書館での成人教育サービスを直接的サービスと間接的サービスに区分し、前者には読書案内サービス、後者には成人教育の機会情報の提供や他の成人教育機関との協力が入るとした。ジェニングズは対個人サービスを重視し、グループへのサービスや人と人との討論や対話を脇に置いたことになる。このジェニングズの主張が図書館における成人教育プログラムの土台となった。

委員会の最終報告『図書館と成人教育』は1926年に出されている。「図書館と成人教育に関する委員会」は調査結果を、「図書館は現在の成人教育運動に関して、非常にはっきりとした責任と非常に明確に設定された機能を有する」とまとめた。この報告書は図書館が成人教育への責任を果たすために検討すべき、以下の9点を提言している。(1) 個々の読者や学習者への案内や助力の提供という直接的なサービス、(2) 地元での成人教育の機会情報提供サービス、(3) 他の成人教育機関にたいするサービス、(4) 十分に教育があり訓練された読書案内担当の配置、(5) 多様性に富み、段階に応じた多くの読書コース、(6) 成人教育に適した本の刊行、(7) 児童図書館員、教員、学校図書館員の密接な協力、(8) 個々の学習者が必要とする本を保障するために、州に中央蔵書を築くこと、(9) 図書館費の増大。そして委員会は、常任の図書館成人教育委員会の設置を勧告し、常任委員会はすみやかに設置された。この9点をみると、図書館における成人教育サービスの3本柱は、読書案内サービス、成人教育の機会情報提供サービス、それに他の成人教育機関への協力である。3本柱の内、図書館の直接的な成人教育サービスは読書案内サービスで、他の2つは間接的なサービスという位置づけである。とりわけ読書案内サービスは、他の成人教育機関が実施していない徹底的な対個人サービスという点を特徴としていた。

1924年にカーネギー財団は、図書館員も交えて成人教育に関する会議を開き、準備期間を経て1926年にアメリカ成人教育協会を設立した。財団理事長フレデリック・P.ケッペル、成人教育の専門家エデュワード・C.リンデマンは、成人教育における対話や討論の役割を重視し、この点で図書館の成人教育プログラムとは相違点があった。なおエドワード・L.ソーンダイクが1928年に発表した『成人の学習』は、通説を打破して成人の学習能力は低下しないと実証し、成人教育に実証的、理論的な根拠を与えた。読書案内サービスは図書館での成人教育プログラムの中心として展開していく (T43)。

T43　成人教育プログラムの実践：読書案内サービス

　第1次世界大戦後、公立図書館は成人教育への関心を高めていた。アメリカ図書館協会は、「図書館と成人教育に関する委員会」(1924)の設置、『図書館と成人教育』(1926)の刊行、常任の図書館成人教育委員会(1926)の設置という道筋で、成人教育に乗り出した。その中心は読書コースを手段とする読書案内サービスで、これは利用者の自発性にもとづく対個人サービスであった。

　●読書コース　読書コースは当該主題の全体的理解を目的に、10点弱の図書を紹介し、進展を見守りつつ、段階的、継続的、体系的な学習を助けるツールである。対個人サービスという観点からすれば、各学習者の要求、関心、能力に応じた読書コースを個々に作成するのが理想ではあるが、それは多大の時間と労力を必要とする。そのためアメリカ図書館協会は1925年から読書案内を助けるために読書コース(「目的のある読書」シリーズ)を精力的に発行する。
　アーサー・E.ボストウィックの『科学の重要人物』(1928, 31p.)を例に取ると、科学の簡単な説明と7冊の読みやすい本の案内で構成されている。その内3冊は伝記集、4冊は特定個人の伝記である。科学の説明の部分では、科学の重要性と科学的知識の価値などをまとめた。続いて重要な科学者についてアイバー・B.ハートの『科学の創作者』(1923)など3冊の伝記集を紹介する。この図書はアリストテレスからイギリスの物理学者ウィリアム・トムソン(ケルビン)に至る。また4名の伝記としてダーウィン、パスツール、キューリー、長距離電話を可能にしたマイケル・ピューピンを取り上げ、さらにアインシュタインにも触れた。「目的のある読書」シリーズは1925年の『生物学』で始まり、1933年の終了までに67点850,000冊が発行された。
　●読書案内サービスの実践　セントルイス公立図書館は2015年にサービスを開始したが、1929年の状況を垣間見る。出納室に入ると一方にカード目録、もう一方に読書案内デスクがある。ここにはキャビネット、低書架、テーブル、長椅子を置き、読書案内サービス用の区画とした。テーブルや書架には「目的のある読書」シリーズと、シリーズの推薦図書を置いている。シリーズの点数は40で、点数の増加につれ利用者が増えるとともに、個人的な読書コースへの要求は漸減した。個人的な読書コースとして求められた主題は、園芸、宣伝、メキシコ研究、セールス、投資、黒人生活の劇、マンガ描き、署名、宗教規範など多彩である。個人的な読書コースは4部作成する。1部は読者、1部は読書案内サービスのファイル、他の2つは今後の使用のためである。そしてコースの利用者名、住

所、主題、コースを送付した日付、その他の情報を記したカードを作成している。他館が作成した読書コースも非常に役立つ。この報告書は、「全国の各図書館は成人教育サービスを強調している。今日の読者に必要なのは、成人教育のプロセスを発動させるための自分自身の関心だけである」と結んだ。

　ミルウォーキー公立図書館は個人的な読書コース（1,207名）とアメリカ図書館協会の「目的のある読書」コース（516名）の利用者に大別し、1927年の実績を分析した。後者は読書案内担当との結びつきが弱く分析されていない。活用された「目的のある読書」コースの上位は『心理学』86名、『聴く耳』（音楽）45、『哲学』36、『外国生まれのアメリカ人』36であった。一方、個人的コース1,207名の内、中断は94名で、75の通信学校の修了者は6％に過ぎず、中断者の数が少ないことを自負した。参加者の平均年齢は21歳から25歳で、大学拡張プログラムや通信教育の参加者とほぼ同じである。1,207名の職業は122（職業不詳96名、無職37名）に及び、上位から速記・タイピスト122名、主婦107、学生103、事務員82、女性販売員54、男性販売員48、教員37、人事責任者33、工場労働者32といった順である。1,207名の関心主題は120に上り、文学188名、一般教養141、旅行102、英語78、心理61、以下フィクション、歴史、室内装飾と続いている。読書案内担当は各コースの作成に時間と労力を注ぎ込んでいる。インタビューや対話で読者を励ますだけでなく、読者の教育歴、精神力、関心、熱意なども把握して、読書コースを完成させる。読者には読書案内担当とのコミュニケーションを密にして、読書について話し、進み具合を報じるように奨励している。

　ウィリアム・S.ラーネッド、アルビン・ジョンソンなど社会科学者は図書館を教育機関と位置づけ、住民の指導を期待していた。それが図書館の社会的役割で、図書館員が専門職として認知されることでもあった。しかし図書館界では一直線にはつながらず、セントルイス公立図書館長ボストウィックは図書館員が教育者になってはならないと強調した。一方、シカゴ公立図書館長カール・B.ローデンは個人への読書コースを「医者の処方箋」と述べている。図書館界で論争は生じなかったものの、読書案内サービスは教育との境界に位置する微妙なサービスであった。

　読書案内担当はこのサービスの重要性を強調し、特に読書の質の向上とノンフィクションの利用の増大を指摘した。一方、大都市公立図書館長はこのサービスを支持すると同時に、人的、経済面での問題を重視した。量は住民の要求と図書館予算に関係するとされ、読書案内サービスは苦しい立場に置かれた。そこには参加者が全体として比較的高学歴ということも関係していた。このサービスは1940年代になって次第に下降していく。1980年代から再び読書案内サービスが台頭する（T90）。両時期の名称は同じでも、その内容は大きく異なる。

T44　カーネギーからカーネギー財団の時代へ：
方針の変化と図書館界への影響

　アンドリュー・カーネギーは1886年から1919年までに1,412の市町村に1,679の建物を寄付した。この時代がカーネギーの時代と呼ばれるのも不思議ではない。しかしその後もカーネギー（財団）の影響が消えるのではない。むしろカーネギー没後のカーネギー財団が図書館界、特にアメリカ図書館協会（ALA）に与えた影響は非常に大きい。

　●カーネギーとカーネギー財団　1916年のジョンソン報告は、統計や図書リストの作成などでALAを助けるといったささやかな提言をしていた。カーネギーの建物の寄付には、カーネギー（財団）が直接的に関与していた。しかし同報告が出された時期、広範な目的を持つ大きな財団が世論を誘導していると批判され、連邦の労使関係委員会（ウォルシュ委員会）でも取り上げられた。1919年のカーネギーの没後、1924年にラーネッド報告が提出された。同報告はジョンソン報告と異なり、ALAへの大規模な援助を提言した。具体的には、調査研究、成人教育、養成教育、図書館拡張、ALA自体への援助である。ALAへの大規模な援助は上述の批判への反映で、財団は学協会や専門職団体への援助によって、中立性や客観性を確保するという方向を取った。
　●ALAの財政構造の激変　財団の方向はALAを利することになるが、ALAの財政構造に甚大な影響を与えた。1925年には財団の補助金が収入全体の3分の2を占めている。表が示す期間を通じて、基金収入は元からの約5,000ドルを除いて、また財団（と個人）の補助金のほとんどすべてがカーネギー財団からの資金である。要するに、この時期の収入のほぼ2分の1がカーネギー財団に依存していた。なお1933年の会員数の減少は大恐慌の影響で、1931年の会員数を越えるには1939年（15,568名）を待たねばならない。

	会員数	収入	会費など	基金	財団	基金＋財団
1915	3,024	25,899	21,399 （82.6）	4,500 （17.4）	-	
1920	4,464	32,658	27,658 （84.7）	5,000 （15.3）	-	
1925	6,745	242,374	82,155 （33.9）	4,769 （2.0）	155,450 （64.1）	66.1
1927	10,056	298,737	142,394 （47.7）	30,077 （10.0）	126,266 （423）	52.3
1929	11,833	278,433	147,842 （53.1）	51,866 （18.6）	78,725 （28.3）	46.9
1931	14,815	333,378	199,038 （59.7）	51,219 （15.4）	63,120 （24.9）	40.3
1933	11,880	227,582	133,018 （58.4）	60,296 （26.6）	34,266 （15.0）	41.6
1934	11,731	181,415	94,496 （52.0）	48,523 （26.8）	38,394 （21.2）	48.0

●**財団の助成**　財団からの補助金の影響は多方面に及ぶが、以下では財団の援助によって進められた研究を、(1) 図書館全般、(2) 図書館成人教育にまとめる。なお図書館員養成教育については、有名なウィリアムソン報告 (1921, 1923)、シカゴ大学図書館大学院の設置があるが、これは周知のことなので割愛する。(1) では以下を指摘できる。調査によって図書館の現状を具体的に解明した『合衆国の図書館の調査報告』(1926-1927)、ALA 図書館拡張委員会による公立図書館の現状とニーズを解明した『図書館拡張』(1926)、カールトン・B. ジョッケルの『アメリカ公立図書館の行政』(1935)、全国の図書館の状況と図書の入手について分析したルイス・R. ウィルソンの『読書の地理学』(1938)、戦後公立図書館の実態の分析と進むべき方向を提示した「公立図書館調査」の一群の業績 (ロバート・D. リー『アメリカ合衆国の公立図書館』(1950) 他) など。(2) 成人教育については、ALA「図書館と成人教育に関する委員会」の最終報告書『図書館と成人教育』(1926)、ウィリアム・S. グレイとルース・マンローの『成人の読書への関心と習慣』(1930)、ニューヨーク・パブリック・ライブラリーの利用者を詳細に分析したウィリアム・C. ヘイグッド『公立図書館の利用者』(1938) がある。さらにウィルヘルム・ムンテの『ヨーロッパの視角からのアメリカの図書館』(1939) も財団理事長からの熱心な誘いによるものであった。以上の業績から以下を指摘できる。まずジョンソン報告、ラーネッド報告、再びジョンソン報告『公立図書館：民衆の大学』(1938)、さらに戦後の「公立図書館調査」はこの時期の基本文献であり、それらすべてにカーネギー財団が関与していた。次に、財団が援助に乗り出す以前の図書館関係文献は、図書館員対象の簡便なマニュアル、あるいは雑誌論文などをまとめた合集のようなものが多かった。一方、上掲の図書は広範囲の調査や研究による学術的成果であり、後の研究者が常に引用する業績になった。

　元 ALA 会長のジョン・C. デイナは、ALA の財政構造の変化を問題にした。デイナによると、従来の ALA は図書館の促進と情報センターという役割に限られ、資金もつつましいものであった。しかしカーネギー財団の補助金を獲得するにつれて、協会本部の事業が急速に拡大してきた。デイナが問題にしたのは透明性や妥当性の問題で、特に各事業 (教育委員会、成人教育委員会、拡張委員会) の資金の使用法であった。この批判を受けて活動委員会が設けられ、1930年に報告書を提出した。委員会は3つの委員会の活動を妥当としたが、図書館成人教育委員会については厳しかった。教育委員会は図書館学校の認定に関わっていたし、拡張委員会は図書館の全国展開を目指し、それを主導するのは ALA の他にはなかった。一方、成人教育について専任の事務担当を置いて活動することに反対がなかったとしても、それが ALA の事業の高位に位置するか否かには、特に指導者の中からは異論もみられた。

T45　集会室利用の歴史：
　　　アメリカ図書館協会の調査（1926年）を中心にして

　現在の図書館でも集会室は付随的な扱いを受けている。集会室でのプログラム
の報告は多いだろうが、集会室を柱にした研究業績はほとんどないし、集会室の
歴史的変遷を記した業績もない。しかし1980年版『図書館の権利宣言』は図書館
を「情報や思想のひろば」と定め、そうした情報や思想は活字資料に限られず、
口頭での思想の伝達や対話も重要である。利用者参加が重視されるネット環境を
考えるにしても、利用者主体の集会室、展示空間、掲示板の使われ方や問題点は
参考になる。

　●カーネギー図書館と集会室　ボストンは1858年にアメリカ最初の大規模公
立図書館の建物を完成させ、1873年にはアメリカ最初の独立した建物の分館を
開いた。また1888年にはコプリー広場中央館の配置図を発表した。しかしいず
れにも集会室はなかった。1895年の中央館開設時に講演会室が配置され、1899
年に開室した。とはいえ市民が気軽に集まる空間ではなかったと推察できる。
　カーネギー図書館が転機となった。カーネギーの資金を得たピッツバーグは
1890年代末から分館を開設するが、すべての館が地下に集会室を備えていた。
分館は蝶々型で、玄関を入ると左右に成人と児童の閲覧室、地下に集会室があっ
た。この配置は1911年の『図書館建築に関する覚え書き』に組み込まれ、全国に
波及した。集会室では日曜学校が開かれ、ボーイスカウトや赤十字といった団体
が居つくこともあった。さらに収入を得るために有料で貸す図書館もあった。コ
ミュニティ・センターを目指すのは、とりわけ移民や下層階級が密集している地
域の分館、それに人種隔離された南部の黒人分館で、そこでは活字資料の提供だ
けでは利用はごく限られ、集会室が大きな役割を果たした。
　●集会室に関する調査報告　アメリカ図書館協会は1926年から1927年にかけ
て大規模な図書館実態調査報告を発表し、その第3巻には項目「集会室と講演会
ホール」がある。それによると大多数の館に集会室があり、閉館後も利用できる
館も多い。利用制限については次のようにまとめている。大多数の大規模館と多
くの小規模館は、政治的、宗教的な集会を排除しているが問題は生じていない。
図書館と住民とが親密なコミュニティでは制限は不要で、利潤目的を除いて一切
の制限を設けていない図書館もある。特にセントルイスは、「リベラルな方針に
従い、政治的、宗教的、社交的な団体に集会室の利用を許し……、礼拝、有権者
登録、投票の場所にもなっている。1926年には18のクラブ室や集会室で3,808回
の集会が開かれた」と紹介した。

セントルイスの利用を垣間見ると、1911年に分館では、共産主義者や社会主義者のグループ、世界産業労働者組合、ユダヤ人移民労働者の相互扶助組合などが集会を開いている。1917年には詳しい報告書を作成した。各分館には200名収容の集会室と15名収容のクラブ室を配置している。プログラムを例示すると、社会主義者の政党による大会の開催、子どもの誕生会の開催、ダンスやパーティ（軽食を伴う）などの社交的集会、宗教グループの利用があった。利用が多い分館では、閉室後の児童室を集会室に用いていた。セントルイスは集会室利用の平均的な姿とはいえないものの、1つのモデルであったことは確かである。

　●**戦後の公立図書館基準と集会室**　1941年に図書館指導者ジョゼフ・L.ホイーラーは『アメリカ公立図書館の建物』で、時間と資金に余裕があれば集会室活動は望ましいが、そうでない限り図書館サービスに焦点を絞るべきという反対派が存在すると指摘した。そして反対派は「賛成派と同数か賛成派よりも多く、筆者たちもこのグループ」に入ると記した。1943年のアメリカ図書館協会『戦後公立図書館基準』でも「集会室は必要なら設ける」と留保をつけ、図書館員の主業務から時間や労力を削がないこと条件とした。この基準は1956年に『公立図書館サービス』に取って代わられた。「サービス」では講演会や音楽会に触れたが、グループ活動は図書館資料の利用と明確に結びつく必要があるとした。「施設」では中央館について、グループや個人が利用できる多目的室を備えるべきとしたが、小規模館や分館について集会室に関する記述はなかった。

　要するに図書館の本体である資料部門の確立さえままならない状況にあって、集会室は必ずしも必要とはされなかった。また集会室の扱いは各図書館で実に多様であったが、概して宗教および党派的政治のグループは集会室を利用できなかった。

　1939年の初版『図書館の権利宣言』は集会室条項を設け、「社会的に有用な活動や文化的な活動のために、また現今の公共の問題を討論するために、集会室の利用を特に歓迎すべき」と定め、グループや話し手の「信条や所属関係にかかわりなく」提供されなければならないとしていた。この条項が問題とされることはなかったのだが、1981年にアメリカ図書館協会は『図書館の権利宣言』解説文『展示空間と集会室』を採択した。この解説文の提案に際して、知的自由委員長は「多くの図書館からの緊急の求めに対応したもの」で、それは「『図書館の権利宣言』第6条の明確化を求め、各館の多様な状況への同条項の適用に関する案内を求めていた」と説明した。1970年代から次第に集会室は活用されるとともに、集会室利用について問題が具体化してきたことを示している。こうした問題は1989年にミシシッピー州オックスフォード公立図書館で生じた「アメリカを懸念する女性」事件でさらに顕在化することになる（T87）。

T46 大恐慌と図書館：
利用の大幅増大と図書館費の大幅削減

　図書館費が潤沢な時代はないだろう。1929年からの大恐慌期に図書館予算の削減と利用の増加が生じたことは通説になっているし、この通説は十分に裏付けがされている。この時期の図書館の対処は、後の不況期の図書館の対応の先例になるだけでなく、不況期に共通する現象を示している。

　●クリーブランドとデトロイト　1920年代は好景気であった。1918年当時のクリーブランド公立図書館は蔵書60万冊であったが、1928年には180万冊に達している。図書館費は50万ドルから200万ドル、職員数は385人から848人、利用も約2倍に増加した。1929年10月24日、ニューヨーク株式が大暴落して大恐慌が始まった。以後1930年代半ばまで公立図書館も暗黒の時代を経験する。大恐慌後、直ちに図書館費が苦境に陥ったのではなく、最悪期は1932年からの数年間である。クリーブランドの人件費をみると、1931年の1,371,788ドルが最も多く、2年後の1933年には918,450ドルと32%減少した。1936年でも、1931年の時点より10%低かった。1926年から1931年の5年間は経常費の18%が資料費だったが、その後の5年間は12%に下落している。1932年に図書館は次のような措置を取らなくてはならなかった。

　学校にあるいくつかの分館とすべての停本所や配本所の閉鎖、全分館の開館時間の短縮、職員の解雇、正職員の給料の10%削減、それに修繕費などは皆無であった。それまで中央館は364日開館していたが、日曜と祝日を閉館にした。1932年には中央館の新着書架に「今週は新着図書を展示できません」との掲示が出された。一方、利用は大幅に増加した。多くの失業者が図書館に殺到し、大恐慌直前と比べて貸出が20%増加した。将来の職にそなえての学習、趣味への没頭に加えて、多くの利用者が時間潰しのために図書館を活用した。地元新聞に投稿した作家は、「図書館の貸出証は精神の糧を獲得する無料切符」、「中央館で過ごす数時間は日々の困難を和らげてくれた」と書いた。

　大恐慌期のデトロイト公立図書館の物語は、「最悪の状態で最善を尽くそうとする果敢で喜びに満ちた物語」とされる。不況が長引くにつれて、成人の利用が増加し、男性の利用がはじめて女性を上回った。男性向けの実用書の利用、科学技術部門とビジネス部門の利用には目を見張るものがあった。1931-32年の年報は、「現在の状況下にあってデトロイト公立図書館は安全弁」になるために最善を尽くすと強調した。大恐慌以前に決められた1929-30年の図書館費は160万ドルを越えていたが、この水準に戻すには10年を要した。1931-32年は100万ドル

に減じ、最悪の1932-33年は75万ドルで、3年前の2分の1に満たなかった。非常事態として1932年6月には年間登録料25セントを徴収し、この措置は1934年3月まで続いた。1932年7月には、中央館などで水曜と日曜が休館となり、5つの分館、28の停本所や配本所も閉鎖された。1931-32年の資料費175,000ドルはすぐに72,000ドルに減じられ、1932-33年は40,000ドルにも達しなかった。資料費の減額によってフィクションが直撃を受けた。レンタル蔵書を設けたが、利用者は新刊フィクションを貸本屋に頼った。この時期、デトロイト公立図書館はカーネギー財団に「資料費の減額は当館の心臓を打ち抜いた。……必要な図書、あるいは通常なら必要と思われる図書さえ購入できない状況では、図書館員の基本思想と賢明さが試験されている」と訴えている。

　●**全体的状況**　大恐慌期の状況を表にした。これは全国の公立図書館150館を対象とし、1930年の実績を100とした場合の指数である。おおむね1930年は図書館費、貸出冊数などで最高の数値を示した年である。

	1931	1932	1933	1934	1935
図書館費	101	90	80	81	83
人件費	103	95	89	87	90
図書費	94	70	53	58	66
定期刊行物	102	89	82	80	88
製本	99	84	78	85	84
貸出	113	127	127	118	114
成人フィクション	114	135	136	123	115
成人ノンフィクション	116	141	142	132	132
子どもフィクション	110	116	107	100	96
子どもノンフィクション	108	120	113	105	99

　クリーブランドやデトロイトの数値は、この全体的な数値と符合している。図書館費の削減は1932年から始まり、1932年から1934年がピークである。図書館費の削減は図書費に最も影響し、1933年には53に低下した。定期刊行物の削減は主として通俗的な雑誌が削減されるので、利用者への影響は大きかった。製本費の削減は使い古された本が書架に並んだことを示している。一方、1932年から1934年に貸出は最も増加した。成人の利用、特にノンフィクションの利用が大きく伸びている。これは失業者が実用書や実務書を利用したことを示している。

　クリーブランドやデトロイトは個別事例ではあるが、全国的な動向を示していた。大幅な図書館費削減が広い地理的範囲で問題になるのは、案外に少ない。この問題が再浮上するのは1978年にカリフォルニア州で通過した提案13号で、カリフォルニアでは有料制の導入さえ論議されることになる（T82）。

T47 ニューディールと図書館：
都市部での雇用促進局の図書館活動

　大恐慌の真っただ中の1933年にフランクリン・D.ルーズベルトが大統領になり、ニューディール政策を打ち出した。これは国民生活に連邦政府が大幅な介入を行った最初の事業で、介入自体に賛否があった。公共事業局（PWA）、連邦緊急救済局（FERA）などが多くの事業にあたったが、最も重要なのは1935年に設置された雇用促進局（WPA）の事業である。ニューディールは失業者への手当給付などではなく、失業者の大量雇用と公共施設建設や公共事業を全国に広げ、公立図書館も事業に組み込まれた。

　●**大都市でのWPA事業**　クリーブランド公立図書館での「ホワイトカラー」向けの事業は、大きく書誌作成と芸術に大別できる。前者の典型は、1820年から1935年までのクリーブランドの主要新聞に掲載された地元ニュースや論説の索引作成であった。この事業にはクリーブランドの第1級の研究者が携わり、600名以上のWPAワーカーを雇用した。当初は200巻の予定だったが、資金の関係で141巻を完成させた。これは研究や参考サービスの重要な手立てとなった。またカイヤホガ・カウンティの歴史文書の調査、いくつかの図書館の総合目録を作成した。後者は200万枚のカードと4万枚の案内カードになり、ウェスタンリザーブ大学に置かれた。この3つが書誌事業の中心であったが、クリーブランドに関する雑誌記事索引（80,000枚のカード）も作成している。いま1つの大きな柱である芸術は音楽と美術で構成されていた。音楽は楽譜の写しから演奏まで多岐にわたる。楽譜の写しは重視され、30名の音楽家が参加して、3年間で2,700の写しを作成した。それらを図書館が保存したり、WPA楽団が使ったりした。またWPA楽団は6年間に16,000回の演奏を分館や軍需工場などで行い、聴衆は70万人を越えた。美術関係の事業は音楽関係よりも小規模で、図書館はスペースの提供や展示空間の提供に留まる場合が多かった。

　大恐慌で資料費の大幅削減と利用の増大が生じたので、図書の摩耗は激しかったが、図書館は製本や修繕を先延ばしにしていた。ミルウォーキーではWPAの事業によって、1935年から1936年で40万冊を越える図書が修繕され、その後も何万冊もの本の修繕が続いた。製本を強化して図書の耐久性を強め、すべての新本の表紙にはセラックニスを塗って強化した。この事業がなければ10万冊を廃棄しなくてはならなかったという。ボルティモアでは1936年と1937年の2年間で42万冊の修理や製本を行っている。ただし製本業者から製本の質の悪さを指摘する非難もあったが、製本業界の主張は業界の生き残りに関係していた。

書誌の作成、音楽や芸術に関する事業、それに図書の修理や製本は、どの大都市の図書館でも力点の置き方に相違はあれ、実施していた。さらにWPAワーカーが関わった事業は、分館の建設、建物の掃除や修理、中央館や分館の壁画の作成、フォーラム（討論会）やクラスの開催、外出困難な人や病院へのサービス、学校へのサービス、蔵書の再分類、点字本の作成、外国語図書の翻訳など実に多様であった。

　●戦時のWPA　1941年になると第2次世界大戦の影響を受け、クリーブランドではWPA事業の3分の1は戦時協力に注がれ、音楽といった「ホワイトカラー」事業で認められたのは軍需工場などへのサービスで、その典型は工場での昼休み時間の演奏であった。大都市公立図書館はWPAと協力して、戦時情報センターを立ち上げた。ミルウォーキーは戦時情報センターで戦争に関する質問を受けつけたが、センターは3つの役割を担っていた。まず国内外での戦況に関する情報の提供、次に戦時協力におけるミルウォーキーに関する記録の保存、アメリカ図書館協会の「勝利の図書運動」（VBC）への協力である。戦争の進行とともに、民間防衛から次第に戦争自体の状況に関する情報の提供に変化していった。センターには14名が配置されたが、図書館経験はほとんどなかった。1942年末にWPAが廃止された。図書館理事会はセンターの情報サービスを重視し、またミルウォーキーの役割を組織だって記録に留める唯一の機関であることを理解していたが、センターの存続はかなわなかった。センターの閉鎖とともに、図書館でのニューディール事業は終わった。ミネアポリスでも1941年末に公立図書館に戦時情報センターが設置され、センターはミネアポリス民間防衛委員会に正式に認められた。1942年6月になると図書館の管轄下で17のセンター（中央館と16の分館）が機能し、WPAワーカー55名が配置され、VBCの図書収集には多くのボランティアが参加した。中央館はその地域のVBCの本部で、20万冊の本を受け取り、取捨選択して8万冊を梱包したのである。ここでもWPAの終結とともに、ニューディール事業は終わった。

　大都市公立図書館でのWPA事業を取り上げたが、ケンタッキー州は連邦緊急救済局の資金で若い女性4名を雇い、コミュニティを結びつける道がほとんどない孤立した山岳地帯にサービスを行った。女性ワーカーは馬の背に乗って図書を届けたのである。WPAは全国400のカウンティにサービスを行った。自動車文庫用に150のカウンティに25万冊の図書を購入し、500名の自動車文庫担当者と200名の運転手を雇用した。WPA事業によって、ノースカロライナ州では1935年に38％の州民だけが公立図書館を利用できたが、1942年には85％が利用できるようになっていた。さらにテネシー川流域開発公社はニューディールの中心事業であったが、そこでも図書館事業が実施されている。

T48　資料増大、サービス深化、主題別部門：
　　　ボルティモア中央館（1933年）

　ボストン公立図書館のボイルストン街図書館のホール型が1881年に否定され、出納室（待合室）の奥に貸出カウンターを置き、その後方に集密な書庫を配するという方式が主流になった。もっとも、新聞や雑誌、地方資料や市政資料などで部屋を別にする場合はあったし、19世紀末から急速に増加してきた児童室は独立していた。

　●主題別部門制の開始　1911年開館のセントルイスと10年後の1921年に開館したデトロイトの公立図書館とは同じ建築思想で、玄関を直進すると広大な出納室があり、その奥に貸出カウンター、その背後に集密な書庫があった。これは図書の出納を最も効率的にするための配置である。セントルイスの場合、独立した部屋は1階に芸術室、参考室、開架室、地階に科学室が配置された。デトロイトでは、主たるフロアーの2階に社会科学室、音楽・劇室、参考室、開架室、3階に産業技術室、特許室が配置され、主題別部門制が少しばかり進んでいた。1926年にアメリカ図書館協会は『合衆国の図書館の調査報告』を刊行した。この報告は全館種を含み、図書館の全側面を個別館名を挙げて紹介している。それによると、蔵書数10万冊以上の60館の公立図書館の内、34館が部門化を行い、分野では芸術19館、科学技術19、家系8、歴史8、社会科学6となっていた。

　●本格的な主題別部門制　『合衆国の図書館の調査報告』が刊行された1926年にロサンゼルスの新中央館が開館した。主たるフロアーの2階に社会学室、科学技術室、フィクション室、文学室、音楽室、芸術室、1階に特許室や外国語室を配していた。主題別部門の数が増えただけではなかった。セントルイスやデトロイトと異なり、出納室→貸出カウンター→書庫という配置をなくしていた。

　主題別部門制を完成の域に導いたのが1933年開館のボルティモアの新中央館で、主題別部門制の他にも2つの革新があった。これまで大都市公立図書館の中央館は威厳を示すために玄関に階段があったが、ボルティモアは街路と玄関を同一平面上にした。さらに従来の図書館は正面に小さな窓が並んでいたが、ボルティモアは1階の天井を高くして開放的にした。正面の窓も大きくなったので、窓の下部に展示空間を設けた。これは初めての試みである。

　玄関を直進すると広大な中央ホールに入り、その左右に返却・登録デスクと貸出デスクがある。中央ホールの奥に目録が置かれ、その先に一般参考室がある。そして中央ホールの左側に科学・産業、ビジネス・経済、社会学・公民、教育・哲学・宗教が、右側にポピュラー、文学、伝記、歴史・旅行といった主題別部門

がある。中央ホールと各部門には扉がないので開放感があるし、部門間は壁ではなく書架（高さ7フィート）で仕切っているので、開放感と柔軟性がある。ポピュラー部門の蔵書はフィクション、若者用の楽しみのための図書、それに主題部門から選んだノンフィクションの複本で構成されている。なお開館時の蔵書冊数は40万冊、収容能力は120万冊であった。ボルティモアの部門制には特徴がある。

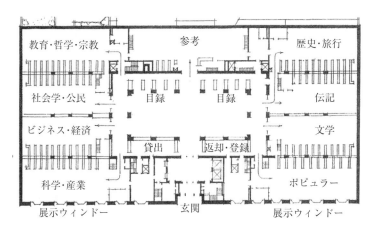

ボルティモア公立図書館の中央館

まず1階にすべての主題別部門を配した（ただし芸術と地方史は2階）。各部門の入口にカウンターと小さな作業区画があり、そこから地下への階段がある。当該部門の資料は階段下の書庫に収蔵されている。各部門は主題専門職員が担当する。各部門には部門目録があり、中央ホールに全館目録がある。換言すれば各部門が1つの図書館のようである。次に各部門は図書だけでなく形態を問わず各種の資料を備えており、その場で資料を読める。いわゆる一般閲覧室はない。貸出部門、参考部門、開架室といった区分はなくなった。さらに全館目録に隣接する一般参考室は、百科事典や全般的な参考資料で答えられる質問に対応するとともに、利用者を適切な主題部門に導く役割を果たしている。

　主題別部門制は資料の増大を背景に、利用者へのいっそう充実したサービスを意図していた。一般閲覧室や大きな出納室の廃止、資料を形態ではなく主題でまとめる、参考部門と貸出部門の区別の廃止など、旧来の方式を打ち破った。しかし完全な主題別部門制は非常に多くの職員、部門間の資料の重複、全館目録の維持など、多大な資金、時間、労力を必要とする。また部門間にまたがる図書への対処法も必要である。ボルティモアの中央館は高い評価を獲得し、主題別部門制の完成モデルを具体的に示した。しかしこの型を見習って、さらに展開していくのは困難で、より経済的で機能的な建物に向かうことになる。

T49 「民衆の大学」としての図書館：
ジョンソン報告（1938 年）

　1920 年代からはカーネギー財団の時代である。起点は建物よりもサービスを重視した 1916 年のジョンソン報告、続いて財団の図書館への姿勢を定めた 1924 年のラーネッド報告があり、そこでは成人教育機関として図書館を位置づけていた。それを受けてアメリカ図書館協会は図書と対個人サービスに焦点をすえ、読書案内サービスを主張してきた。そうした 2 つの報告と図書館現場での進展を踏まえて、1938 年ジョンソン報告がカーネギー財団の援助のもとで作成された。

●『公立図書館：民衆の大学』　ジョンソンの報告『公立図書館：民衆の大学』は、図書館における成人教育の概観（1-3 章）、成人教育サービスの分析（4-6 章）、成人教育論（7-9 章）に整理できる。まず図書館成人教育の概観について、図書館員は文化的中立性の立場から情報提供に留まっており、それでは教育機関として機能しないと主張した。と同時に貸出記録を例示しつつ、図書館での継続的で段階的な読書が個人の成長に与える影響を詳細に報告した。続いて成人教育史を概観した後、図書館員が過度な教育的な役割を担わずに、図書管理者として実践してきたことが、思想の普遍的な普及の面で意義深いとまとめた。真の成人教育にはあらゆる思想への寛容が必要で、図書館も寛容を特徴としなくてはならず、そのことが図書館の民主主義的価値につながっていると論じた。

　次に成人教育サービスの分析では、「開架書架と図書リスト」、「読書案内員」、「フォーラム、講演コース、クラブ」という 3 つの章を設けている。読書案内サービスについては、図書館での 10 年以上の実績を要約した。読書案内サービスは少数者への対個人サービスで、量との関係でサービスの効率の低さが問題にされていた。これについてジョンソンは、読書案内サービスの主たる機能を教育と考えると、利用者の数に悩むことは少なくなるとし、ハイスクールやカレッジの教員が担当する生徒数や学生数と比較した。「フォーラム、講演コース、クラブ」では、これらを教育事業として積極的に展開することを求めている。

　図書館成人教育論の最終章「民衆の大学」では、(1) 公立学校や大学での成人教育活動の拡張、(2) 既存の個別教育システムの開発、(3) 公立図書館の永続的な成人教育機関への発展を提起している。そして図書館を「民衆の大学」にして、民主的国家の健全な防波堤になるのが望ましいと結論した。

●ジョンソン報告について　ジョンソンの『公立図書館：民衆の大学』は公立図書館での成人教育サービスの問題点を多く指摘したが、公立図書館の教育的可能性を認識し、公立図書館が市民の知的向上を導く上での中心機関になることを

想定して、図書館の将来に期待を寄せていた。ただし図書館の成人教育サービスは読書案内サービスに限定されており、カーネギー財団や成人教育の専門家は討論や対話の必要性を認識し重視していた。フォーラムや講演コースの重視はそうした関心を反映するもので、図書館に視野の拡大を求めるものであった。それは単に思想上の問題ではなく、アイオワ州デモインで開始されたパブリック・フォーラム運動の影響を得ていた。フォーラムは現代的課題について講演者が話し、それについて参加者と討議や対話を行うというデモインの全市的な試みで、全国的に広まっていった。カーネギー財団は当初から、図書館での成人教育サービスに、グループでの対話や討論を欠いていることを残念に思っており、ジョンソン報告はカーネギー財団や成人教育関係者の主流となる考えを取り込んだ。ジョンソン報告に図書館界からの批判的な論評はなく、刺激的な提言として受けとられた。しかしジョンソンが打ち出した成人教育を牽引する公立図書館という考えに、図書館が積極的に対応することはなく、無視したのである。

　図書館の既存の活動から可能な成人教育サービスを考える図書館界と、自由な発想で図書館の機能を成人教育機能に結びつけようとするジョンソンの見解にはずれがあった。そうしたずれはあったものの、1916年のジョンソン報告、1924年のラーネッド報告、1938年のジョンソン報告『公立図書館：民衆の大学』は、いずれも対個人サービスとしての読書案内サービスを重視しており、その点でカーネギー財団や成人教育関係者とアメリカ図書館協会の考えや図書館の実践は軌を一にしていた。図書を中心とする対個人へのサービスと案内というのが、図書館の基本的な立場であった。それ以上に踏み込む、すなわち価値判断をともなう「教育」に踏み込むことはなかった。1938年といえば翌1939年に『図書館の権利宣言』が採択される直前である。図書館では1920年代から成人にはあらゆる見解を提供するという考えが台頭していた。『図書館の権利宣言』は、あらゆる見解を提供し、判断は各人に任すという考えを結晶化させたものであった。

　アルビン・ジョンソンやウィリアム・S.ラーネッドといった社会科学者は、公立図書館が住民を導くという意味での成人教育機関になることを期待し、主張した。社会科学者は戦後も公立図書館の実態を分析して、興味ある提言を行ってきた。戦後の「公立図書館調査」（T60）で、バーナード・ベレルソンは『図書館の利用者』（1949）を発表し、図書館利用者は一部の選ばれた中産階級で構成されており、こうした地域の指導者へのサービスに努め、間接的に地域住民全体に奉仕するのがよいとした。総合報告書を執筆したロバート・D.リーもベレルソンの主張を踏まえて、「生まれながらの利用者」の要求に合致するサービスを求めた。しかし1938年のジョンソン報告と同じように、図書館界は刺激的な提言としつつ、無視することになる。

T50　苦悩する倫理綱領：
初版『倫理綱領』（1938年）からの系譜

　『図書館の権利宣言』は頻繁に言及され、図書館の思想やサービスの拠り所とされてきた。そうした思想やサービスを形作り実践するのは図書館員なのだが、アメリカ図書館協会『倫理綱領』に触れたり、それを土台にしたりする言及は非常に少ない。それには倫理綱領の作成にまつわる根本的な難しさや、倫理綱領に盛り込む内容について、合意の形成が難しいという事実があった。

　●『倫理綱領』の採択　アメリカ図書館協会（ALA）が正式に倫理綱領を採択したのは1938年12月末で（1939年冬期大会での採択で1939年版『倫理綱領』ともいわれる）、「アメリカ図書館協会が定めた基準によって、専門的性格と認められた仕事を行うために、図書館に雇用されている人」を対象としている。前文、「図書館員と管理機関との関係」、「図書館員とサービス対象者との関係」、「図書館内での図書館員の関係」、「図書館員と司書職との関係」、「社会と図書館員の関係」を設け、全28条で構成された。「ニーズを土台に資料を収集すべき」、「多種多様な見解を提供すべき」といった図書選択に関わる規定、「偏向しないサービスを……すべての利用者に提供」すべきといった利用に関する規定、さらに「利用者との接触から得たいかなる私的情報も秘密として扱う」べきといったプライバシーに関する規定を含んでいた。とりわけ綱領は、図書館長と管理機関や図書館員（部下）など人的グループとの関係に重点を置いていた。そのため職員の雇用、在職、辞職についての関心が強く、それらを倫理的な問題と把握していた。最も重要な規定は、「図書館管理についての最終権限は正式に構成された管理機関にあるという事実を理解しなくてはならない」と明示し、図書館長は管理機関に忠実な実務執行者でなければならないと定めたことである。

　●1981年版『倫理綱領』以降　倫理綱領の修正のために何回も委員会が設置されたものの、ALAとしての採択には至らなかった。倫理綱領が扱う広さと深さに関して、(1)綱領自体を不必要とする、(2)詳細な綱領にする（執行や制裁などの規定を求める場合も多い）、(3)綱領自体は簡略で広範にする（その後に行動綱領などを作成する）、(4)広範な綱領にするといった意見があった。これらの点について綱領を作成する委員会が合意に達しても、各部会や委員会の賛同を得るのは至難であった。紆余曲折を経て、40年以上を経過した1981年に採択された『倫理綱領』の本体部分が以下である。

　1 図書館員は、適切で役立つように組織化された蔵書、フリーで公平な貸出しやサービスの方針、それに助力を求めるあらゆるリクエストへの巧みかつ

正確で偏向のない丁寧な応対を通じて、最高水準のサービスを提供する。

2 図書館員は、グループや個人による図書館資料へのあらゆる検閲に抵抗しなくてはならない。

3 図書館員は、各利用者が情報を求めたり、受け取ったり、また資料を調べたり、借り出したり、取得したりするについて、各利用者のプライバシーの権利を保護しなくてはならない。

4 図書館員は、同僚仲間との関係や人事について、法の適正手続きと等しい機会という原則を守らねばならない。

5 図書館員は、活動や声明に関して、個人的な哲学や態度と、図書館あるいは司書職としての哲学や態度を、明確に区別しなくてはならない。

6 図書館員は、図書館利用者、同僚、あるいは勤務する図書館を犠牲にして、個人的利益や経済的利益を獲得するという状況を回避しなくてはならない。

これが現行の『倫理綱領』の基礎になった。1995年版『倫理綱領』は著作権と図書館専門職の中での卓越という2つの条項を加えた。2008年には小さな文言上の修正を行い、最新の2021年版では人種的、社会的な公正を定める条項を加えて全9条になった。

1981年版と1995年版では大きな相違があった。前者は「図書館員」の倫理綱領であったが、後者は文頭に「アメリカ図書館協会の会員として」という文言を置き、6か条のすべての主語は「図書館員」ではなく「われわれ」になった。すなわちALA会員として、倫理的原則を図書館専門職や住民に知らせるという形になっている。図書館専門職の構成員を律するという側面は薄れ、啓蒙的な色彩を有している。そのため1995年版は新条項（第8条）を設け、「われわれは」司書職の中で卓越すべく努力すると書き込んだのである。

『図書館の権利宣言』は図書館と住民の両者を対象に個人にたいする図書館の義務を表明し、『読書の自由』は個人や社会への読書の本質的な価値を記し、『図書館：アメリカの価値』は住民を対象に民主主義における図書館の役割を表明している。そして『倫理綱領』は専門職にふさわしい図書館員の行動を扱っている。このようにALAの基本文書の性格をまとめることができるが、『倫理綱領』については「専門職にふさわしい図書館員」、すなわち綱領の対象自体が確定しなかった。ALAの認定校を卒業した図書館員を示す場合、一般的に広く図書館員を指す場合、そしてALAの会員の図書館員を示す場合があった。こうした事実は綱領作成の土台の部分で異なる見解があったことを示している。それに1981年までは実際に運用できる綱領ではなかった。なぜなら図書館専門職を柱にした綱領ではなかった。それは図書館長を図書館理事会の完全な下僕とみなしていたことで理解できる（T52）。

T51　図書選択の原理の設定：
初版『図書館の権利宣言』（1939 年）

　アメリカ図書館協会『図書館の権利宣言』の由来は、もともとアイオワ州のデモイン公立図書館長フォレスト・B.スポールディングが練り上げ、同館が1938年11月21日に『図書館の権利宣言』として採択した文書を土台にしている。デモイン市は、市全域に成人教育としてパブリック・フォーラムを展開したコミュニティとして有名であった。このフォーラムは講演者と参加住民が現在の諸課題について積極的に対話を行い、市民を啓発、啓蒙することを意図していた。そして多様な政治的、経済的、社会的な見解についての知的な検討を重視し、その過程で民主主義の重要性を確認するということであった。そのために社会主義、共産主義、全体主義その他の主義の資料およびそうした発言を抑圧するのではなく、それらを批判的に検討するという方向を取っていた。パブリック・フォーラムという市全域での成人教育にデモイン公立図書館も積極的に関わっており、そうした状況を受けて、図書選択の原理および集会室について定めたのが、デモイン公立図書館理事会が採択した『図書館の権利宣言』で、4条で構成されている。

　●1939年初版『図書館の権利宣言』　このデモイン宣言を受けて、また図書への抑圧が増大しているという背景を受けて、1939年のサンフランシスコ年次大会で、6月19日にアメリカ図書館協会は全3条で構成される『図書館の権利宣言』を採択した。提案者は成人教育委員会の委員長アーネスティン・ローズであったが、事前に同委員会で『図書館の権利宣言』が検討された形跡はない。この1939年版『図書館の権利宣言』は図書選択の原理と集会室を示したものである。その全文は以下のとおりである。

　　　現在の世界各地では、不寛容、言論の自由の抑圧、検閲が高まりつつあり、少数者や個人の権利に影響を与えている。この現状に留意して、アメリカ図書館協会評議会は、以下の基本方針が、公立図書館のサービスに及ぶべきであるとの信念を公に確認する。

　　　第1条：公費で購入する図書およびその他の読書資料は、コミュニティの人びとにとっての価値と関心のために選ばれるべきである。いかなる場合にも、著者の人種、国籍、あるいは政治的、宗教的な見解に影響されて、選択がなされてはならない。

　　　第2条：資料が入手できる限り、意見の相違がある問題のあらゆる側面は、住民の利用のために購入される図書およびその他の読書資料の中で、公正かつ適切に入れられるべきである。

第3条：民主的な生き方を教育する一つの機関として、図書館は、社会的に有用な活動や文化的な活動のために、また現今の公共の問題を討論するために、集会室の利用を特に歓迎すべきである。図書館の集会室は、コミュニティのすべてのグループにたいして、構成員の信条や所属関係にかかわりなく、平等に提供されなければならない。

●初版『図書館の権利宣言』の特徴とその後　デモイン宣言との大きな相違点は以下の2点である。まず第3条の文頭に「民主的な生き方を教育する一つの機関として」という文言を加えることで、図書館の存在意義、役割を明示した。次に、デモイン宣言では集会室の利用について、「公開かつ無料」と限定していたが、その限定を削除した。要するに、集会室利用についての各館の裁量の余地を重視したということである。これに関連してデモイン宣言の第3条は、政治団体や宗教団体からの寄贈を歓迎していたが、これも各館の裁量下にあると判断して条文自体が削除された。『図書館の権利宣言』採択の過程から理解できるように、図書館とはもっぱら公立図書館を措定していたし、その後も『権利宣言』は公立図書館を対象とすると考えられていた（そのため1955年には『学校図書館の権利宣言』が採択されている）。なおジョン・スタインベックの『怒りのぶどう』(1939) を『図書館の権利宣言』採択の1つの直接的誘因とする通説があるが、これは事実に反するとともに、抑圧が広まっているという状況、すなわち『図書館の権利宣言』をもたらした背景を理解するのに役立つ。

　翌1940年には「図書館利用者の探究の自由の権利を守る知的自由委員会」が成立する。スポールディングを委員長とするこの委員会は、まさに『怒りのぶどう』への抑圧を直接的な誘因として成立した。ただし委員会には事務部門がなく、『図書館の権利宣言』に関わる日常的な活動に関わることはできなかった。

　このようにしてアメリカ図書館協会は公立図書館の図書選択や集会室について基本方針を設定し、それを扱う知的自由委員会を設けた。これはアメリカ公立図書館界で画期をなすことであった。

　1944年の修正では、図書選択を定める第1条に、「事実に照らして正確と信じられる図書」を禁止、除去してはならないと定めた。これは特定の本（リリアン・スミスの『奇妙な果実』など）への対応であるが、これではフィクションなどを守れないことになる（『図書館の権利宣言』からこの文言が削除されるのは1967年である）。 1939年版『図書館の権利宣言』は、あくまで図書選択の原理と集会室について定めたものだが、その後の社会状況の変化や広範な含意を有する特定の事件を受けて、徐々に拡大、深化し、図書館サービスの土台となる文書として展開していく。次の大きな修正は1948年である（T58）。そして事務部門の設置は1960年代末を待たなければならない。

T52 『倫理綱領』と『図書館の権利宣言』：
採択への経緯の相違

　アメリカ図書館協会（ALA）の『図書館の権利宣言』は、デモイン公立図書館が1938年11月21日採択した宣言を土台にして、1939年6月19日の年次大会で採択された。採択に半年先立つ1938年12月28日（1939年冬期大会）に『倫理綱領』が採択された。しかし両文書が採択される経過は大きく異なり、それがその後の『図書館の権利宣言』と『倫理綱領』の扱いに関係することになる。

　●倫理綱領の史的経過　体系だった図書館員の倫理綱領を提示したのはボストン・アセニアム館長チャールズ・K.ボルトンで、1909年の『図書館員の倫理規範』である。同規範は全17条で構成され、図書館長と理事会との関係、図書館長と図書館職員との関係、図書館長と他の図書館員（専門職団体）との関係、図書館長と住民との関係、それに倫理で扱うべき他の多くの分野という具合に、基本的には図書館長と他の人的グループとの関係を扱っていた。1922年にアメリカ政治社会科学アカデミーの機関誌は専門職倫理の特集を組み、諸団体の倫理綱領が掲載された。ボルトンは1909年の『倫理規範』を土台に、25人以上の図書館指導者からの意見を得て『図書館業務の倫理』を作成し、機関誌に掲載された。この倫理綱領の構成は1909年の『図書館員の倫理規範』と同じで、1909年版の全条を組み込むとともに、新たな条を加えて30条になった。ボルトンの1922年綱領には多くの図書館指導者が参加したのだが、あくまで私的な試みであった。しかしALAが倫理綱領を作成する場合の土台となった。
　ALA理事会が倫理綱領委員会を設けたのは1926年だが、当初は活動的でなく、1929年になって『倫理綱領草案』を作成し、ALAは「草案」として採択した。図書館サービスを構成する人的グループを、(A)「管理機関」、(B)「図書館長」、(C)「図書館職員」、(D)「司書職」の4つにまとめ、各グループの義務を定めている。図書館のサービス対象者が項目にないが、これは(B)や(C)の中で扱われている。1922年のボルトンの綱領は基本的に図書館長と他の人的グループ、すなわち理事会、図書館職員、他の図書館員（専門職団体）、住民との関係性を扱っていた。そうした基本的な構成は1929年『倫理綱領草案』では消滅している。とはいえ関係性自体は消滅したのではない。(B)「図書館長」の3つの項目はすべてが関係性、すなわち「図書館長と理事会」、「図書館長とサービス対象者」、「図書館長と職員」という関係性で構成されている。そののち倫理綱領への関心には浮沈があったが、1938年末に『倫理綱領』が採択された。この『倫理綱領』は、「図書館員と管理機関との関係」、「図書館員とサービス対象者との関係」、「図書

館内での図書館員の関係」、「図書館員と司書職との関係」、「社会と図書館員の関係」を設け、全28条で構成された。

●『倫理綱領』と『図書館の権利宣言』　こうした初版の『倫理綱領』と『図書館の権利宣言』の採択に至る経緯は、後の両文書の進展に影響を及ぼすことになる。『図書館の権利宣言』は、1920年代から台頭してきたあらゆる見解の提供という思想を、図書選択の原理として結晶化させたもので、価値を教え込むという意味での教育主義を脱却する出発点として採択された。提案者は成人教育委員会の委員長アーネスティン・ローズであったが、事前に同委員会で『図書館の権利宣言』が検討されたという形跡はない。一方、『倫理綱領』は1909年から断続的に提示されてきた倫理綱領の終結点で、それは旧来の思想、とりわけ図書館理事会の方針を忠実に実践するという図書館長という位置づけを公式に認めるものであった。そこには専門職としての図書館長、図書館員という思想はなかった。

　ところで、エイブラハム・フレクスナーは医学教育を抜本的に改革し、専門職としての医学教育の基礎を据えた。フレクスナーは1915年に専門職を構成する6つの規準を提示している。すなわち、(1)個人が大きな責任を負う本質的に知的な活動である、(2)科学と学術を基盤とする、(3)それらを実践的にして明確な目的に用いる、(4)教育によって伝達できる技術を持つ、(5)自律的な専門職団体がある、(6)動機の点ではますます愛他的になってきている、である。こうした規準は、A.M.カーソーンダースなどが1933年に発表した専門職論、いわゆる特性理論に通じるものである。そしてフレクスナーは、「結局、専門職に不可欠な第1の規準は専門職精神を持つことである」と結んでいる。しかしALAの倫理綱領委員会が、このような専門職論をめぐる成果を積極的に取り込むことはなかった。

　『図書館の権利宣言』の成立後、翌年には「図書館利用者の探究の自由の権利を守る知的自由委員会」(いわゆる知的自由委員会)が常任委員会として設置され、『権利宣言』の修正や検閲問題に対処していく。一方、『倫理綱領』の採択後、引き続き倫理綱領委員会は「図書館員の専門的行動」の作成に着手した。しかし、その必要はないとの委員会自体の判断、および倫理綱領にまつわる問題が持ち込まれていないとの理由で、1944年に委員会は廃止された。1938年版『倫理綱領』は、「図書館管理についての最終権限は……管理機関にある」(第4条)、図書館員は「管理機関が任命した行政官の方針を、図書館への忠誠心を持って実行する責任を有する」(第5条)と定めた。ここには図書館専門職としての自律性という考えは微塵もなかった。例えば理事会による資料への検閲や制限に際して、図書館員は『倫理綱領』を土台に専門職の責務を主張することはできなかった。そうした状態が40年以上も続き、修正には1981年を待たなければならない(T50)。

T53　人種ステレオタイプへの批判と温存：『ちびくろ・さんぼ』

　1899年にイギリス、1900年にアメリカで出版されたヘレン・バナーマンの『ちびくろ・さんぼ』は、人種ステレオタイプを代表する絵本として知られる。おおむね図書館でのその種の資料への批判や対処は公民権運動と結びついており、20世紀前半には問題にならなかった。とはいえ人種ステレオタイプへの批判や、意図はともかく人種ステレオタイプを温存する動きはあった。

　●人種ステレオタイプへの批判　1939年、ニューヨーク・パブリック・ライブラリー135丁目（ハーレム）分館のオーガスタ・ベイカーは『ちびくろ・さんぼ』を含めて、黒人への人種的屈辱を描く図書を書架から撤退させ始めた。ベイカーは蔵書のうち41冊だけが受容できると判断している。シカゴ公立図書館ジョージ・C.ホール分館のシャールメイ・H.ロリンズは、黒人の子どもに推薦できる本は蔵書中に30冊しかないと判断した。このことは公立図書館や学校図書館が幾百万の子どもや生徒に提供してきた図書に、人種差別が根を張っていたことを物語っている。ロリンズは1941年の初版『一緒に築き上げる』で、人種ステレオタイプを含む図書を名指しで批判した。この書誌は初等中等学校での使用を意図し、黒人の生活と文献についての案内である。絵本、フィクション、伝記、ノンフィクション、スポーツなどを取り上げ、黒人の子どもや若者に適した図書を掲げていた。黒人を積極的に描く本、黒人による図書、黒人についての図書を紹介している。ロリンズはそれらが白人の子どもによる黒人の理解、人種ステレオタイプの打破と寛容を導くと考えていた。当時にあってロリンズへの反発は必然だった。ある児童図書館員は『トップ・オブ・ザ・ニューズ』で、『ちびくろ・さんぼ』を「見事な本」と評価した。アトランタ公立図書館の児童サービス部門長は、「マイノリティ・グループが児童書の検閲を試みている」と非難した。

　●人種ステレオタイプの温存　キャロライン・M.ヒューインズやアン・C.ムーアが形成してきた児童文学知識人の多くは、『ちびくろ・さんぼ』を承認してきた。それらは図書選択ツールで体現される。アメリカ図書館協会の『カタログ』は1912年から1936年まで『ちびくろ・さんぼ』を収録してきた。1936年はこのカタログが廃止になった年である。『チルドレンズ・カタログ』は初版（1909）から第11版（1966）までリストに掲げ、1930年から1960年までは「特に推薦」との印を付けていた。1940年に合衆国教育局が発行したノラ・ボイストの『子ども向けの500冊の本』にも同書は収録されていた。フランシス・C.セイヤーズといえばニューヨーク・パブリック・ライブラリーのムーアの後継者だが、1942年の

『ホーンブック』の記事で『ちびくろ・さんぼ』を推薦し、幼い子ども向けの最良の絵本と確認している。1948年から1953年にかけてメアリー・H.アーバスノットは『見逃せない児童書』の版を重ねたが、「児童文学の転換点」をもたらした図書として『ちびくろ・さんぼ』を掲載した。

●『ちびくろ・さんぼ』と黒人の子ども　1948年版のロリンズの書誌は、「いくつかの市の場合、……黒人の子どもがこの本を切り刻んだり壊したりして、自分たち独自の方法で拒否や不承認を示している」と報じている。小学校で唯一の黒人であった生徒が、お話の時間に『ちびくろ・さんぼ』が取り上げられ、後になって「それが読み上げられるのを聞くのが非常に苦しい経験だった」、「私は母にその本を無害と話した教員や校長を憎んでいる。……その本のただ1つの使用法は、子どもを破壊する方法の例を示すことにある」と述べた。概して児童文学知識人は黒人の声を取り上げることはなかった。『ちびくろ・さんぼ』は長年にわたって、多くの推薦図書リストに残ったのである。

●ラリックの調査　1960年代から差別やステレオタイプについて社会で論じられ、図書館界も認識を高めていくのだが、図書選択ツールの関係者の努力には限りがあった。それは図書の出版自体に関係する。1965年にナンシー・ラリックは1962年から1964年の間に63の出版社が発行した5,206冊の児童書を調査し、1965年に「児童書は白人の世界」を『サタデー・レビュー・オブ・ブックス』に発表した。調査結果によると児童書の6.7パーセントだけが1人以上の黒人を含み、ラリックは「［人種］統合は国の法律になっているのだが、子どもが目にする図書の大多数はすべて白人である」と結論した。ここでもロリンズの場合と同じように、あるアメリカ学校図書館員協会の幹部はラリックの論争的な論文を非難し、会議でのラリックの講演を取り下げるよう申し入れた。

公民権運動でミシシッピ州のフリーダムスクールの教員が、教科書での人種差別に関心を持ち、1965年に人種交流促進児童書協議会（CIBC）を立ち上げ、差別図書の排除を求める運動を開始した。この運動にたいして図書館界は一致してはいなかった。協議会の動きを取り込んだのは、児童サービス部会理事会の1972年の声明『児童向け資料の再評価に関する声明』だったが、この声明は知的自由の原則に反するとして廃棄された。1973年、アメリカ図書館協会は『図書館の権利宣言』解説文『図書館資料における性差別主義，人種差別主義，その他の主義』を採択し、次のように主張している。「……少数者の誤ったイメージを運んでいるとの申し立てがある。この苦情によって、社会意識や責任感を掻き立てられる図書館員もいる。そして、この種の資料を取り除く要求を承諾する。たしかに、不正義を正したいという行動は理解できる。それにもかかわらず資料を取り除く行為は、知的自由への侵害を守るという司書の責任と相容れない」。

T54　反体制派の組織的取り組み：
進歩的図書館員会議から進歩的図書館員同盟へ

　公立図書館ではフィクションの下限をめぐる意見の相違、図書館の建物についての論争、連邦補助を獲得する是非などについて意見の対立や論争はあった。しかしグループとして主流となる図書館団体や図書館実践に対抗するという組織はなく、そうしたグループの出現は1930年代末を待たねばならなかった。

　●進歩的図書館員会議　フィリップ・O.キーニーは1937年に5年勤めたモンタナ州立大学図書館長と図書館学教授の地位から解雇された。キーニーは終身在職権をめぐって提訴し、1938年の州地裁、1939年の州控裁ともにキーニーを支持し、復職が認められた。ただしこの事件には2つの背景があった。1つはキーニーが、大学による道徳性を理由とする図書検閲への反対運動の先頭に立ったこと、いま1つは大学にアメリカ教員連盟の組合支部を創設しようとしたことである。1939年6月のアメリカ図書館協会（ALA）サンフランシスコ年次大会で、有志がキーニーの復職を祝う昼食会を設け、そこで進歩的図書館員会議（PLC）が結成された。翌年のシンシナティ年次大会で、PLCは正式に規約を採択している。それによると、PLCの主たる目的は、「アメリカの図書館におけるあらゆる進歩的運動を推進する」ことにあった。この目的を促進するために、機関誌の発行と「直近の具体的目標」を作成するのである。規則ではALAの年次大会で公式、冬期大会で非公式の会議を開催し、また地方支部を創設すると定めた。

　機関誌『PLCブルティン』創刊号は、「直近の具体的目標」としてALAの民主的再編、連邦や州の図書館振興の促進、進歩的図書館員の声の結集を掲げた。そして1940年になると「合衆国が戦争に関与することに反対する」を加えたが、そこには「図書館が保持してきた民主主義の伝統を破壊すると信じるためである」との理由を添えていた。初期の頃のPLCは、ALAの民主的再編、第2次世界大戦期での中立性の維持、それにアーチボルド・マクリーシュの議会図書館長就任支持などを強調し、中立性の維持やマクリーシュの就任について、PLCはALAと考えが異なっていた。例えばマクリーシュに関して、ALAは図書館経験がないとの理由で就任に強く反対し、フランクリン・D.ルーズベルト大統領などに強力に働きかけていた。一方、PLCはマクリーシュが著名な文人というだけでなく、図書館を民主的制度の維持と拡大のための機関にするために、創造的な刺激をもたらすと考えていた。こうしたPLCだが、機関誌『PLCブルティン』は1944年に終結し、PLC自体も1948年に消滅した。

　●社会的責任ラウンドテーブル　ALA主流との対抗軸を考えるなら、1969年

に成立したALA内の社会的責任ラウンドテーブル（SRRT）が最も重要である。SRRTについてはT71「体制内での批判グループの結成」、T72「社会的責任の意味」で取り上げているので、そちらを参照願いたい。

●**進歩的図書館員同盟**　1990年、エレイン・ハーガーとマーク・ローゼンツバイクを中心に進歩的図書館員同盟（PLG）が創設された。同年6月、ALAシカゴ年次大会で『プログレッシブ・ライブラリアン』創刊号が配布され、図書館の中立性の「神話」に反対する立場から政治的活動を展開し、ALAの「良心」として外側から民主的変革を働きかけることになった。特に図書館の職員や蔵書での多様性の推進をはじめ、アパルトヘイトやパレスチナ問題にも積極的に態度表明すべきと主張した。PLGを担ったのはSRRTの中の左翼グループである。

PLGは、決議した内容を、SRRTを介してALA評議会の承認を経て図書館界の意見として表明することを重視した。2005年の合衆国愛国者法延長に関する反対決議の場合、PLGはALA評議会と軌を一にしていた。とはいえ両者が対立することも多かった。同年4月の図書館週間に際して、ALAは大統領夫人ローラ・ブッシュの図書館支援を肯定的に言及しようとしたものの、PLGは彼女が愛国者法支持の立場との理由で、また反戦詩人を含むがためにホワイトハウス詩フェスティバルをキャンセルしたとの理由、すなわち検閲を理由でALAに反対した。なおALA自体は1960年代から中道左派の民主党を支持しており、全体としてみるとALAは共和党に冷淡であった。

『プログレッシブ・ライブラリアン』は1990年創刊ということもあって、情報政策や情報政治学、知識の商品化、南アフリカ共和国、オルタナティブ文献、LGBTなどの論文が目立っている。執筆者としてはジョン・E.ブッシュマン、キャスリーン・デ・ラ・ペーニャ・マックック、ローゼンツバイク、アルフレッド・カガン、サンフォード・バーマンが目立っている。いずれも主流となる図書館の実践や思想を批判、相対化し、明確な持論を展開する有力な論客である。

反体制グループのALAとの関わりは3つの型に要約できる。PLCはALAの中にPLCを支援する力のあるグループがなかったことで、外野からの声に終始した。SRRTはALAのラウンドテーブルとして成立したので、ALAの主流派と折り合いをつける必要、妥協する必要があった。PLGはPLCの再現と位置づけられているが、SRRTを介してALAに具体的提言ができるとともに、独自の会議や機関誌を通じて持論を展開できた。各類型の優劣はともかく、グループの盛衰は社会状況に大きく規定されている。1970年前後のSRRTのはなばなしい活動の背景には、公民権運動やベトナム反戦運動といった社会状況があった。しかしPLGにはそうした社会状況を見出しがたい。

（三浦太郎）

T55 第2次世界大戦と図書館サービス：
板挟みのアメリカ図書館協会

　図書館界が未成立の南北戦争の時期、兵士へのサービスはYMCAが中心で図書館の関与はなかった。第1次世界大戦時はアメリカ図書館協会（ALA）が戦時図書館サービスに全力を尽くし、キャンプ図書館の運営、募金活動、寄贈書の収集運動、戦時国債の購入などに大きな貢献をした。図書館は戦時図書館サービスを特に成人男性への図書館の認識を植えつける機会と把握していた。また各館は戦時情報の提供や食料の節約保全運動に力を注いだ。参戦後は軍に協力して検閲を実施した。ALAの戦時図書館サービスは成功したとされる。

　●中立期とアメリカ図書館協会　1939年9月に第2次世界大戦が始まったが、アメリカは中立の立場を取った。この時期のALAを指導したのは事務局長カール・H.マイラムで、早くも1939年12月号の機関誌に『図書館の権利宣言』を重視しつつ、図書館は「国民の精神や感情と衝突する大きな出来事と関係がある」とし、教育機関としての有用性を示す機会と述べた。戦時を図書館にとっての機会と把握することは、第1次世界大戦時と同じである。ALA幹部は中立期にあっても戦時協力に熱心であった。進歩的図書館員会議はALAの態度に異論を唱え、アメリカの戦争介入に反対したが影響力はなかった。1941年には軍や軍需産業に関わる地域での動員が現実になり、軍関係地域への図書館サービスが課題になってきた。例えば技術書や防衛関係資料の提供、さらに職業訓練などである。ALAには2つの課題があった。まず、図書館の重要性を連邦政府に納得させて資金を引き出す必要があった。次に、現実の図書館利用はレクリエーションが圧倒的で、教育機関としての図書館や民主主義の唱道者としての図書館というALAの考えを植えつける必要があった。なお強力な科学技術部門を擁するデトロイトやシカゴなどは独自に軍や軍需産業にサービスを提供していた。

　ルーズベルト大統領は1941年6月のALA年次大会にメッセージを送り、図書館は民主的社会が機能するのに不可欠なので、戦争に組み込まれていると訴えた。中立の時期、連邦政府や連邦議会は図書館をレクリエーションの機関と把握し、ALAが主張する防衛における教育機関としての重要性に同意することはなかった。そのため連邦資金の拠出はなかった。しかしマイラムは連邦資金の獲得を諦めず、連邦の教育局や民間防衛局などへの働きかけを強めていった。

　●参戦後のアメリカ図書館協会　1941年12月7日の真珠湾攻撃によって、アメリカは参戦した。1942年6月のALA年次大会で採択された声明は、戦争に勝つための最大限の貢献の仕方を最優先課題にしていた。さらに戦後の図書館につ

いての検討も課題とされた（1943年の『戦後公立図書館基準』に結実する）。1942年、知的自由委員会のレオン・カーノフスキー（1943-45年は委員長）は『図書館の権利宣言』の遵守を重視したが、マイラムは現実的、政治的な方向に突き進み、それは連邦や軍との結びつき、連邦資金の獲得に焦点を合わせていた。例えば陸軍省長官はALAにたいして、図書館は爆発物や暗号を扱う図書を多く請求されているとし、そうした図書の貸出禁止とともに、請求者の人名を地方の連邦捜査局に伝えるように求めた。マイラムはこの要請を率先して受諾し、200ほどの公立図書館や大学図書館に指令を送付した。積極的に協力した図書館もあったが、多くの図書館は当惑したのではないかと思われる。

●「勝利の図書運動」（VBC）　ALAの取り組みでは「勝利の図書運動」が最も有名である。ALAは真珠湾攻撃の直後にVBCに乗り出し、ニューヨーク市のエンパイア・ステイトビルに本部を置いた。第1次世界大戦時と同じように、目的はレクリエーションや技術のための図書を集め、兵士や軍需工場の労働者に提供することにあった。VBCは共同事業で、ALAが図書に関わる事柄、赤十字やアメリカ慰問協会が支援、広報、資金援助を担当した。そして目標を1,000万冊に定めた。この目標は1942年6月に達成され、同月末に第1次VBCは終結した。数値だけをみると順調に進んだように思われるが、結果はかんばしくなかった。1,000万冊の内、ほぼ半数は配布に不適な図書で、特に軍関係者は低質の図書、図書の汚損、最新の技術書の欠如に不満だった。第2次のVBCの提案には全国の9つの軍管区の内、4つは熱心ではなく、5つは反対した。なお前線のキャンプ図書館では資料は好評であったという。第2次VBCは1943年1月から開始されたが、まもなく当初の熱意は低下し、配給システムも円滑ではなかった。1944年末までに700万冊を集め、半数を配給したという。

　兵士への図書の供給に第1次世界大戦時と異なる動きがあった。1942年2月に出版業者の連合体が設けられ、外国にいるアメリカ兵のために、最新のフィクションとノンフィクションを安価なペーパーバックとして生産すると公表した。軍、出版業者、印刷業者、製紙会社が協力し、1943年5月から1947年9月までに1,322タイトルの新本1億2300万冊を配布した。この事業は外国を対象にしており、VBCの代替ではなかったが、VBCにとって決して心地よいものではなかった。一方、VBCは図書館の職員、サービス、施設を枯渇させており、多くの図書館員はVBCの終結を残念には思わなかった。図書館員は幾多の図書を選別したが、軍からは評価されなかった。図書の提供という図書館員の役割は、複雑な配布システムと硬直したさまざまな指令で妨げられた。それに協力グループや軍はALAの裁量や権威を認めなかった。それでもALAや図書館員はVBCを自負していたし、多くの外部団体と結びつく機会を与えたのである。

T56　第2次世界大戦下の日系アメリカ人：
強制収容所における日系人の図書館

　第2次世界大戦の間、西海岸の諸州（カリフォルニア、オレゴン、ワシントン）およびアリゾナ州の一部に住む11万人を越える日系アメリカ人が、住み慣れた家や土地から引き離され、強制収容所に入れられた。日系人はまず15の仮収容所に送られた（仮収容所は婉曲的に「アセンブリ・センター」と呼ばれた）。軍が仮収容所を運営したのだが、それは共進会場といったコミュニティのスペースを急いで刑務所に転用したものであった。最大の仮収容所はロサンゼルスの南のサンタアニタで競馬場を転用し、最も多い時には18,719名が収容されていた。当局は厳格な条件を課し、聖書や讃美歌集を除いて日本語の本を没収した。しかし同時に、当局と収容されている日系人は一定の常態を達成しようとして協力した。そして「レクリエーション・センター」と呼ばれるバラックに学校や公共図書館を設置した。オレゴン州のポートランドといった市は、強制収容所にいる市民のために図書や教科書を提供したのである。

　●**日系人と強制収容所**　大まかに言えば、強制収容所の日系人の3分の1は1世と呼ばれる人で、1885年から1924年の間に合衆国に移住し、反アジア人差別が続く西海岸に定住した。残りの3分の2はアメリカで生まれた2世で、アメリカ市民であり、平均年齢は18歳であった。多くの2世は公立図書館の積極的な利用者で、ごく少数の公立図書館員は収容所に入った以前の利用者と連絡を続けていた。サンディエゴ公立図書館員のクララ・ブリードなどは図書を収容所に送ったし、児童図書館員やアメリカ図書館協会の職員と結びついて、本格的な強制収容所（婉曲的に「転住センター」（Relocation Center）と呼ばれた）で図書館サービスを提供しようとした。主として強制収容所は文民機関の戦時転住局が運営し、学校図書館や公共図書館で働く専門的な図書館員を雇用したのだが、図書館予算は厳しかった。しかし後になると古いベストセラーを中心に図書は豊かになった。というのは強制収容所外の友好的な図書館員が「勝利の図書運動」からの残余の図書を回したからである。すなわちアメリカ図書館協会は兵士に図書を送る「勝利の図書運動」に尽力しており、兵士に不適と思われる本の中からいくばくかを収容所に送ったのである。戦時転住局は収容所内で日系人に大きな自律性を許したものの、有刺鉄線と兵士が通行を統制しており、権力の所在は明確であった。2世は公共図書館、学校図書館、さらに多くの専門図書館といったアメリカの機関を再創設することによって、自分たちの忠誠とアメリカ人性（Americanness）を立証しようとした。

●**忠誠と強制収容所**　1944年12月に合衆国最高裁は、政府は忠誠な市民の意志に反して抑留できないと判示した。そののち、多くの2世はカレッジ、軍隊、農業に入ることが許されたので、強制収容所内での人口統計学上の特徴や文化に変化が生じた。「忠誠な市民」という問題は複雑だった。戦時転住局は不手際な調査票を作成し、それが多くのいわゆる「ノー・ノー」日系人をトゥーリー・レイク隔離収容所に送ることになった。そしてこの隔離収容所は1946年3月20日閉じられたが、それは終戦後半年を経過していた。移民帰化局が運営する敵性外国人抑留所には、アメリカの市民権を放棄した後、日本に送還される1世や2世が収容されていた。そこにはラテンアメリカから送られた多くの日系人もいた。こうした収容所や抑留所にも図書館が設けられた。こうしたキャンプで最後に閉じられたのは、テキサス州クリスタルシティで1948年2月27日であった。

　時の経過とともに、強制収容所に残っている多数派は日本語の話者、すなわち1世か日本で教育を受けた帰米2世になっていった。戦時転住局は没収した日本語の図書を検閲の後に元の所有者に戻し、いやいやながら日本語図書館を承認した。日本赤十字社をとおして「慰問品」として日本語の図書が送られた。これらの図書館の中には、文化への自負心を表明するもの、強制収容所内での諸条件への文化的な抵抗を示すものもあった。また図書館は1世の民芸品の展示場としての役割も果たした。ある1世の女性は日本の古い和歌集を読み、それを糧として自分の詩を創作した。さらにドストエフスキーの『地下室の手記』(1864)といったロシア小説の日本語訳本を読み、慰めを得る読者もいた。

　これらの図書館の生存は5年に満たず、蔵書は寄贈、売却、廃棄され、以前の図書館の場所は元の砂漠になり、何の痕跡もなくなった。アメリカ史のこの出来事は、1970・1980年代に2世や3世の活動家が、強制収容という不正義を詫びるように政府に運動しなかったならば、歴史の記憶から失われていたであろう。この運動が連邦議会でのヒアリングや裁判を導き、最終的には大統領の詫び文書が出され、教育基金が設けられた。日系国立博物館とスミソニアンはデジタル展示を企画し、クララ・ブリードと彼女の以前の図書館利用者との交換書簡を特色にした。こうした影響も受けて、2022年にマギー・トクダ−ホールは、強制収容所の図書館を担当していた祖母について絵本『図書館での愛』を刊行した。2023年にスカラスティック・ブックスは著者に連絡し、同社から出版して本をいっそう広める意図はないかと提案した。その際、図書の結論部分の一部を削除するように求めた。それは日系アメリカ人の強制収容がアメリカ史の人種差別主義と結びついていると記す部分であった。後にスカラスティックは削除を求めたことを詫びている。しかしこの出来事は、強制収容所の図書館の意味が、依然としてアメリカ史の中で争いになることを示している。　　　　　（A.ウェルトハイマー）

C3　アメリカ公立図書館の日本への影響：
図書館法と CIE 図書館・映画

　日本の図書館はアメリカの影響を受けつつ発展してきた。特に戦後占領期（1945-52年）に公立図書館が民主主義の普及と結びつけられたことで、その現代的理念が基礎づけられた。この時期、任意設置や無料原則などを定めた図書館法が制定されるとともに、図書館サービスを示すモデルとして各地にCIE図書館（情報センター）が設立され、図書館を取り上げたCIE映画も製作された。

　●**図書館法**　戦後、連合国軍総司令部（GHQ）は、日本の軍国主義思想の排除や民主主義思想の普及を進めた。民間情報教育局（CIE）は、本国から教育の専門家を招請し、1946年3月に『アメリカ教育使節団報告書』を作成した。報告書では第5章「成人教育」の中で、民主主義思想の普及を「助長」する公的機関として公立図書館が位置づけられた。誰もが無料で利用できることや、論争的な問題について多くの観点から資料が所蔵されることが記された。アメリカ図書館協会（ALA）で知的自由委員会委員長を務め、使節団に加わったレオン・カーノフスキー（Leon Carnovsky, 1903-75）の意向であった。

　CIEでは教育課に図書館担当官が置かれた。フィリップ・O.キーニー（Philip O. Keeney, 1891-1962）ら3人が着任したが、いずれも在任時期は短く、不在時には社会教育担当官ジョン・M.ネルソン（John M. Nelson）がこれを兼務した。キーニーは、戦前にモンタナ裁判を争ったことで知られるが、その後、アメリカ議会図書館（LC）などで戦時情報の分析に関わり、来日後の1946年4月には、日本の図書館サービスを再建する第一歩として、図書の有効活用を目指す「日本のための統合的図書館サービス」（キーニー・プラン）を作成した。これは、カリフォルニア州を範とし、総合目録を整備して図書館間相互貸借制度（ILL）の実現を図る構想であった。キーニーは、日本側との集まりである「金曜会」にも顔を出すなど、関係者と交流を深め、館界で機運が高まっている図書館法案上程に理解を示した。プランの構想を図書館法案にも反映させた。

　1947年春にキーニーが共産主義との関わりから帰国した後も、日本の図書館界では図書館法の制定が最優先された。数度にわたり法案が作成され、その中では戦前の中央図書館制度を踏襲して、国立の中央図書館のもとで県や市町村の図書館を指導・監督することや、図書館の義務設置や強力な国庫補助の主張なども盛り込まれていった。一方、CIEは教育の分権化を推進しており、認識の隔たりは大きかった。1948年に国立国会図書館法が制定されると、LCと同様に日本でも国立の図書館が立法府の管轄下に置かれることとなり、文部

行政の中で中央図書館制度の復活を目指す動きは衰えた。社会教育担当官ネルソンの関与により、義務設置や国庫補助に係る文言は削除されることとなり、1950年4月30日、地方自治体による任意設置や無料公開を謳った図書館法が成立した（この日は1971年の全国図書館大会で「図書館記念日」と定められた）。

●CIE図書館・映画　戦後占領期にアメリカの図書館サービスを体現するモデルとして、日本人向けに開設されたのがCIE図書館である。1945年11月、東京の旧放送会館にレファレンス・ライブラリーが設置されたことを皮切りとして、京都、名古屋、福岡、大阪など、都市部を中心に占領終結までに全国23か所に設置された。軍隊図書館で勤務経験のあるアメリカ人らが館長として運営管理に当たり、日本人職員がこれを補佐した。館長の3分の2は女性であった。東京CIE図書館は開設から3年間でのべ約64万人の利用者を迎えた。

CIEでは情報課が課長ドン・ブラウン（Donald B. Brown, 1905-80）のもと、CIE図書館を所管した。1949年9月に作成された覚書「CIE情報センターの計画」には、日本人がアメリカの文物に親しむことができるよう、図書、雑誌、新聞類を総合目録とともに提供することや、ドキュメンタリーフィルム、展示、音楽レコードの鑑賞、討論会、英会話クラスなど、多様な文化活動を展開する旨が記されている。CIE図書館では、洋書やファッション誌、学術雑誌をはじめ、戦時期に日本人が手にできなかった資料が無料で開架方式により提供された。

民主主義の周知を図る主要なメディアとして、CIE情報課では映画も重視された。1949年以降、アメリカから「ナトコ」16ミリ映写機が送られてくると、移動映写スタイルのもと、各市町村でCIE映画が上映されるようになった。製作本数は約400本に上った。アメリカの理想の姿や生活像を伝える内容が多く、冷戦深化後は反共をテーマとする作品も含まれた。日本製映画は54本であった。作品ごとに「研究と討論の栞」が添付されたが、これは製作意図が娯楽に限らず、討論会の実施や成人教育の実現にあったことを示している。

暗く閉鎖的な戦前の日本の図書館風景と開放的な戦後を対比的に描いた『格子なき図書館』は日本映画社によって製作され、図書館法制定後、1950年12月に公開された。日本人自身の手による再教育を重視するアメリカ側の姿勢を反映して、日本人の視点で描かれた。戦後の新しいサービスとして、新潟県立図書館のフィルムライブラリーや千葉県の移動図書館ひかり号などが登場している。

［参考文献］図書館法の制定過程については以下を参照。三浦太郎「戦後占領期改革」三浦太郎編著『図書・図書館史』ミネルヴァ書房, 2019, p. 241-260. CIE図書館・映画については以下を参照。三浦太郎「戦後占領期におけるアメリカ図書館像：CIE図書館のサービスを中心に」相関図書館学方法論研究会（川崎良孝・吉田右子）編『図書館と読書をめぐる理念と現実』松籟社, 2019, p. 95-137.　　　　（三浦太郎）

C4 監視と救済という二面性：琉米文化会館

●琉米文化会館の成立と活動　琉米文化会館（Ryukyuan-American Cultural Center）は敗戦後の沖縄に設置されたCIE図書館である。琉米文化会館の前身は、米占領下の沖縄に設置された情報センター（Information Center）で、1948年1月27日に連邦議会で成立した米国情報・教育交流法（United States Information and Educational Act of 1948）に設置根拠をもつ。スミス・ムント法と呼ばれる同法の第203項には、海外に学校や図書館、情報センターを管轄・運営する方針が盛り込まれ、同法の権限は国務長官に委ねられた。情報センターは、1950年6月に琉球大学の図書館棟に設置され、CIE職員によって英語の図書、雑誌、米国の映画フィルムなどが用意された。1950年12月のスキャップ指令による沖縄統治の転換は、図書館政策にも影響を与えた。沖縄民政府立図書館が、移転新築をきっかけに米民政府の情報教育部管轄となり、名称も「文化情報会館」から諜報を意味する「情報」を削除し、最終的には、琉球と米国の親善を前面に出す「琉米文化会館」へと改められる。

　琉米文化会館は、那覇、石川、名護、宮古島、石垣島、奄美に置かれ、図書館サービスのほか、ダンス、演奏会、舞踊会、講座、公開討論会、英会話レッスン、演劇、展示会、ファッションショーなどを開催した。アウトリーチ活動では自動車図書館による巡回、紙芝居の読み聞かせなどを実施している。初期の館長は米陸軍属のアメリカ人であったものの、1952年からは沖縄人の館長となり、職員も含めて地元民によって担われた。職員は沖縄の米軍施設内の軍図書館やハワイなどで研修を受け、アメリカ仕込みのサービスを学んだ。琉米文化会館職員が実際のアメリカ式図書館を見聞・経験したことは、IFEL講習が研修の中心だった日本本土との大きな違いである。しばしば琉米文化会館が「公民館のようなもの」と表現されるのは、それまでの日本における図書館の概念を覆したからである。琉米文化会館の近代的な図書館サービスは、アメリカ民主主義を映し出すショーウインドーとして内外に宣伝されていった。

　占領下にある図書館は、アメリカ政府の意図を如実に受けざるを得ない宿命にあった。蔵書の2割が洋書で、反米的図書を回避する選書の自主規制、日本復帰運動が高まる頃には日本古典文学の除架が命じられた。ただし琉球文化の保全と継承を怠らなかったことは、たとえ離日政策の一環であるとしても評価されてよい。なぜなら戦前の沖縄は、標準語教育や改良運動など、日本のなかで最も強い同化政策が施されたからである。アメリカの図書館は、現実社会の矛盾と痛覚を麻痺させるほどに魅力的な場であった。琉米文化会館では大きな窓から光が差し込み、観葉植物が置かれ、書架を機能的に配置するなど、心地

よい空間を演出した。学生たちは学校帰りに立ち寄り、高齢者は数々のイベントを楽しんだ。琉米文化会館は「ブンカン」という愛称で住民に溶け込んでいった。創作文学が反米的だとして、琉球大学を退学処分となった豊川善一を傷心から救ったのは、皮肉にもこの琉米文化会館である。追われた若者を救済した現地職員たちは、1972年の沖縄の日本返還と同時に解雇され、琉米文化会館は幕を降ろしていく。

●図書館の二面性　琉米文化会館は日本と不可分で、その名称から、日本が東アジアに設置した「日本文化会館」を想起するのは容易である。館名から削除された「情報」という言葉は、スパイ嫌疑をかけられ虐殺された沖縄住民の戦時中の悲劇を思い起こさせる。本土の捨て石となった沖縄であるものの、戦後日本の図書館界にとっての沖縄は、消費される「外国」であった。琉米文化会館との取引は日本本土の図書館用品メーカーにとって自社の宣伝効果を高めさせ、日本図書館協会は沖縄の日本復帰が決定しても沖縄からの図書館大会参加者を同胞と認めずにいた。沖縄が外地であればあるほど潤う者がいれば、アメリカからの潤沢な予算と華やかな図書館運営をゆるがせにできない者もいた。琉米文化会館は、日本の図書館界の態度を映し出す合わせ鏡だった。

図書館には二面性がある。内国に設置する場合は住民に向けた知や情報の提供に貢献し、他国に設置する場合は啓蒙・指導の面が色濃くなる。ただし内と外の区別は国以外にも適用され、内なる者あるいは他者として認識される。琉米文化会館を眼差す「私」はどちらの側なのか。図書館の光と影を否応なく提示する琉米文化会館は、図書館のあるべき姿を今もなお、私たちに問い続けている。

[参考文献] 鹿野政直『戦後沖縄の思想像』朝日新聞社, 1987, 500p; 戦後沖縄社会教育研究会『沖縄社会教育史料 第6集』戦後沖縄社会教育研究会, 1986, 143p; 吉本秀子『米国の沖縄占領と情報政策：軍事主義の矛盾とカモフラージュ』春風社, 2015, 378p; 漢那憲治『米軍占領下における沖縄の図書館事情：戦後沖縄の図書館復興を中心に』京都図書館学研究会, 2014, 230p; 『沖縄の図書館』編集委員会編『沖縄の図書館：戦後55年の軌跡』教育史料出版社, 2000, 331p; 森田真也「占領という名の異文化接合：戦後沖縄における米軍の文化政策と琉米文化会館の活動」田中雅一編『軍隊の文化人類学』風響社, 2015, p. 139-175; 和田敦彦『「大東亜」の読書編成：思想戦と日本語書物の流通』ひつじ書房, 2022, 351p; 杉山悦子「図書館空間と交流：占領下沖縄の経験と琉米文化会館」相関図書館学方法論研究会（三浦太郎・川崎良孝）編『公立図書館の思想・実践・歴史』松籟社, 2022, p. 161-194; 杉山悦子「沖縄の日本復帰と図書寄贈運動の展開」相関図書館学方法論研究会（吉田右子・川崎良孝）編『社会的媒体としての図書・図書館』松籟社, 2023, p. 109-148.　　　　　　　　　　　　　　　　　　　　　　　　　　　（杉山悦子）

T57　公立図書館の基準：
　　　個別図書館から図書館システムの基準へ

　アメリカ図書館協会（ALA）は図書館基準を1920年代から作成してきた。それは図書館全体を視野にサービスの底上げを目指すものといえる。量的基準は特に目立つために、頻繁に取り上げられることになる。現在までの公立図書館基準の系譜をみると、図書館状況を土台に基準が作成された場合と、社会状況を土台に基準が作成された場合があるが、1960年代までは前者が中心となる。

　●**前史**　ALAは1921年に、(1)人口1人当たり1ドルが良好なサービスの最低額である、(2)1ドルで登録率30％、貸出密度5冊を実現する、(3)小さな町では1ドルはそのままに、図書館行政の枠を広げることができると決議した。この基準を参考に1933年に「公立図書館基準」を採択し、民主的社会が維持する公立図書館は、すべての人に自己教育とレクリエーションの手段を与えると定めた。そして「職員」、「蔵書」、「図書館利用の測定」、「財政」という節を設けて重要事項を列挙した。量的基準の骨子は以下である（登録期間は3年）。

人口1,000,000 以上	登録率25％	貸出密度5冊	蔵書／人1.5冊
200,000 - 999,999	30	7	1.5
100,000 - 199,999	35	8	2
10,000 - 99,999	40	9	2
9,999以下	50	10	3

また適切なサービスに必要な最低額を「人口1人当たり1ドル」とし、小さな町については負担額の増大、図書館行政の枠の拡大を求めた。他の指標は図書館費に左右されるので、1ドルという数値が1人歩きするのは必然であった。

　●『**戦後公立図書館基準**』　ALAが本格的な基準の作成に乗り出したのは第2次世界大戦中で、カールトン・B.ジョッケルを委員長とする戦後計画委員会が1943年に『戦後公立図書館基準』をまとめた。まず基準の目的を「現在の図書館サービスの適切さと効率を測定する手段」、「戦後再建期の図書館発展計画を作成する案内」と要約した。基準の強調点は、国レベルでの全域サービス、適切な量と質のサービス、図書館行政の枠の拡大や協力という3点にあった。さらに公立図書館の目標を欠いては基準を作成できないので、(1)教育、(2)情報、(3)美的鑑賞、(4)研究、(5)レクリエーションという5つの目標を提示した。いくつかの量的基準を示すと次のようになる（登録は3年間）。

15歳以上	登録率20-40％	貸出密度 3-10冊	参考質問
5-14歳	35-75％	10-30冊	5歳以上　0.5-1.0件

同基準は図書館行政の枠の拡大を主張するとともに、適切なサービスの必要最低額を 25,000 ドルと設定した。1933 年「公立図書館基準」は人口 1 人当たり 1 ドルを主張し、1943 年基準も 1 ドルを最低基準として取り込んだ。しかし 1943 年基準はサービスの発展段階を考慮して、「最低のサービス」1.0 ドル、「適切なサービス」1.5 ドル、「上位のサービス」2.0 ドルと定めた。そして図書館サービスに必要な最低額は 25,000 ドルなので、1 ドルで賄おうとすると 25,000 人が必要となる。『戦後公立図書館基準』は 90％を占める 25,000 人未満の図書館にたいして、図書館の目標やプログラムの制限、図書館行政の枠の拡大、他の財源の獲得という方策があるとした。

　●『公立図書館サービス』　1950 年代中葉になるともはや「戦後」ではなかったし、採択後 10 年を経過し、量的基準は少なくとも再検討が必要だった。ローウェル・A.マーティンを委員長とする委員会は 1954 年から基準の見直しに着手し、1956 年に『公立図書館サービス』をまとめた。そこでは 1 ドルという数値だけが 1 人歩きしたと批判している。公立図書館は資料提供を基本にし、資料提供によって自己教育、正規教育、情報ニーズ、グループ活動、レクリエーションや余暇を支援すると記した。『公立図書館サービス』は最低限の基準を示しており、基準以下の場合、住民は発達の機会を奪われる。同基準で最も重要なのは、「図書館は協力してサービスと資料を共有し、そのことで図書館利用者のニーズを十分に満たすことができる。この協力というアプローチが、この文書の単一の最も重要な勧告である」(強調は原文) という文言である。

　例えば『公立図書館サービス』は、「システムの中の各館は資料貸出について統一的な方針と手続きを作成すべき」(基準番号 No. 14)、「図書館システムは新しい役立つ活字資料を少なくとも 10 万冊所蔵すべき」(No. 96) と定めた。1943 年基準とこの基準の最大の相違は、個別図書館の基準から図書館システムの基準に移行した点にある。したがって「『公立図書館サービス』が示す基準は地元の読者に提供される資源とサービスの基準で、必ずしも地元コミュニティ内で提供される資源やサービスの基準ではない」と確認しなくてはならなかった。このことは小規模公立図書館の基準がなくなったことを意味する。

　ALA は 10 年後の 1966 年に『公立図書館システムの最低基準』を採択した。基準を作成した委員会は公立図書館を取り巻く環境が急速に変化していると認識してはいたが、公立図書館にもたらす変化を予測するのは不可能と結論した。その結果、『公立図書館サービス』に少々の手直しをするという方向に収斂した。『公立図書館サービス』を作成したマーティンは「10 年前の基準のレプリカ」と断言している。と同時に「公立図書館を取り巻く環境の急速な変化」が、これまでの基準を根本的に検討する必要性を強いることになる (T84)。

T58　検閲への拒否：『図書館の権利宣言』（1948年）

　第2次世界大戦後の冷戦期からマッカーシズムの時代は、ハリー・S.トルーマン大統領の忠誠命令（1947）やジョゼフ・マッカーシーの赤狩り（最盛期は1952-54年）で象徴される。そうした動きに対処して、アメリカ図書館協会は『図書館における忠誠審査に抗議する決議』(1948, 1950年に『忠誠プログラムに関する決議』に修正)、『ラベリング声明』(1951)、アメリカ出版会議との合同声明『読書の自由』(1953)、『海外図書館に関する声明』(1953) などを採択して、協会の基本姿勢を確認した。こうした諸文書中で、最も基礎的なのは1948年に修正された『図書館の権利宣言』である。

　●**1948年版『図書館の権利宣言』**　1947年からカリフォルニア州では教科書『アメリカの形成』、ニューヨーク市では雑誌『ネイション』などへの公権力による検閲が高まり、アメリカ図書館協会は1948年6月18日に『図書館の権利宣言』を修正した。1948年版『図書館の権利宣言』は新設第3条で検閲に反対し、新設第4条では他団体と協力して検閲に対処すると定めた。1948年版『図書館の権利宣言』の意義は、1939年版が図書選択の原理を示したものであるのにたいして、1948年版は広く図書館内外の検閲への対処を定めた点にある。

　この時期の知的自由委員長はデイビッド・K.バーニングハウゼンで、バーニングハウゼンはニューヨーク市の『ネイション』への検閲に、他団体と積極的に協力して反対運動に参加した。他団体との協力に際し、図書選択の原理としての『図書館の権利宣言』では不十分であった。そこで、合衆国憲法修正第1条が定める言論の自由、表現の自由を保障する機関としての図書館という位置づけを導くことになった。これは現在につながる大きな転機となった。

　この1948年版『図書館の権利宣言』の素案を作成したのは、バーニングハウゼンのいわば顧問役であり、カリフォルニア州図書館協会知的自由委員会の創設者ヘレン・E.ヘインズであった。採択された『図書館の権利宣言』はヘインズ草案と条文の数は同じ、内容もいくつかの言い回しを除いて同一である。しかしヘインズ草案から削除された部分があった。1948年版は1939年版やヘインズ草案と比較して、前文に大きな相違がある。1939年版の冒頭には「現在の世界各地では、不寛容、言論の自由の抑圧、検閲が高まりつつあり、少数者や個人の権利に影響を与えている」という文言が示されていた。それを踏まえてヘインズ草案は文頭に、「思想の交換を制限し、言論の自由に限界を設け、検閲を奨励するといった公式非公式の取り組みが高まりつつあり、少数者や個人の権利に影響を与え

ている」という文言を用意していたが、この文言は採用されず、「アメリカ図書館協会評議会は、以下の基本方針が、すべての図書館のサービスに及ぶべきであるとの信念を再確認する」との従来からの文だけが残された。すなわち社会的差別（その中心は人種隔離問題）を示す「寛容」とか「少数者や個人の権利」という語句を含む1つの文が削除されたのである。

●**1948年版『図書館の権利宣言』の特徴とその後**　従来の一般的な1948年版『図書館の権利宣言』の解釈では、もっぱら検閲への対処という側面が重視されてきた。しかし1948年版『図書館の権利宣言』は検閲への対処という明示的な積極面を有すると同時に、社会問題とりわけ社会的差別については黙示的な消極面を示していると解釈できる。なお『図書館の権利宣言』を修正第1条と結びつけたことはその後の図書館および図書館思想にとって重要であった。

1951年にイリノイ州のピオリア公立図書館で、国連のフィルム『人類愛』、『境界線』などをめぐって検閲事件が生じた。この2つのフィルムは、1950年にアメリカ図書館協会視聴覚委員会が作成した推薦フィルム一覧に、まず最初に購入すべきフィルムとして推薦されていた。マッカーシズム下にあって、これらのフィルムは国際連合、国際協調主義などを唱道する共産主義プロパガンダと把握され、地元新聞などが激しく抗議した。その争いの過程で、『図書館の権利宣言』は「図書や活字資料」だけに適用されると主張されたのである。このピオリア事件を契機に、『図書館の権利宣言』に脚注「1951年2月3日に開かれた評議会の正式の決定により、『図書館の権利宣言』は、図書館で利用あるいは収集される、あらゆる資料やコミュニケーション・メディアに適用されると解釈すべきである」が加えられ、『図書館の権利宣言』は単に図書や活字資料だけでなく、フィルムなどあらゆる図書館資料に適用されることになった。なお、『図書館の権利宣言』の修正ではなく、脚注の追加としたのは、当時の状況下にあって、各図書館での『図書館の権利宣言』の再採択に不安があったためである。

この1948年版『図書館の権利宣言』の採択で、図書館および資料自体へのアメリカ図書館協会の基本的な立場は定まったことになる。1970年前後にバーニングハウゼンはベトナム反戦など社会的な問題への図書館や図書館団体の意見の表明に反対し、非図書館的問題に態度を示すことは図書館への信頼を失うと主張した。この立場は社会的責任派から守旧派の代表として手厳しい批判を受けるのだが、この1948年の知的自由委員長としての取り組みは、おおむね評価されてよい。ただし、社会的差別（その中心は人種隔離問題）を示す「寛容」とか「少数者や個人の権利」という1938年版やヘインズ草案に盛り込まれていた語句は削除された。それらを『図書館の権利宣言』に盛り込むには1961年を待たなければならない（T66）。

T59 戦後冷戦期からマッカーシズムの時期：
忠誠宣誓を例に（1948 年）

　ジョゼフ・マッカーシーは1950年2月にウェストバージニア州での演説で、国務省に205人の共産主義者がおり、政策を立てているとの爆弾発言を行った。これが国民の恐怖心、愛国心を掻き立て、マッカーシズムが開始される。マッカーシーの活動は上院非米活動委員会を拠点にし、1954年12月の上院でのマッカーシー非難決議まで続く。しかしマッカーシーが体現する抑圧的な状況は、戦後から始まっていた。冷戦・マッカーシズム期の背景には、共産主義国家の拡大への恐怖、合衆国内、特に政府機関にいるとされる多くの共産主義者への恐怖、さらにソビエトによる原子爆弾の実験などについて、国民自体が恐怖、不安を感じていたということがあり、国論の統一が求められる状況にあった。

　●アメリカ図書館協会が採択した文書　この時期に採択されたアメリカ図書館協会の文書としては、1948年6月には『図書館の権利宣言』と『図書館における忠誠審査に抗議する決議』、1951年2月の『図書館の権利宣言』、同年7月の『ラベリング声明』、1953年6月の『読書の自由』と『海外図書館に関する声明』がある。この中で最も基本となるのは1948年版『図書館の権利宣言』の採択で、検閲に反対し抵抗するという2つの条項を新設した。1951年の『図書館の権利宣言』の修正では、『図書館の権利宣言』は図書だけでなく、すべての図書館資料に適用されるとの説明を脚注に追加した。1953年の『読書の自由』は出版団体との合同声明で、個人や社会への読書の根元的価値を示し、多くの団体が賛同した。『海外図書館に関する声明』は、国務省による海外図書館（日本でいうアメリカン・センター）への検閲を非難した内容である。この時期の検閲は基本的に公権力およびそれに同調するグループからの圧力で、図式的には1960年代以降とは異なり、複雑な構造ではなかった。各声明文は細かい文言は別にして、ほとんど問題もなく採択された。ただし1948年の『図書館における忠誠審査に抗議する決議』はアメリカ図書館協会内で議論が生じた。
　●トルーマンの「連邦政府職員の忠誠審査に関する大統領令」　1947年3月にハリー・S.トルーマン大統領は、いわゆるトルーマン・ドクトリンを発表した。これはソビエトを封じ込める政策であったが、単にアメリカとソビエトの勢力争いではなく、民主主義と共産主義という2つのイデオロギーおよび体制間の闘争として展開されていく。トルーマンはドクトリン発表と同じ3月に、「連邦政府職員の忠誠審査に関する大統領令」を発表した。この命令は連邦職員について、「あらゆる証拠に基づき、当該人物が合衆国政府に不忠誠であると信じる合理的

理由が存在するか」否かを調査し、存在する場合には解雇や不採用にするというものであった。また、「全体主義、ファシスト、共産主義者、破壊的と司法長官がみなす組織の構成員であるか、同情者であるか」を審査するのである。当然、この動きは資料への検閲にも及ぶ。この時期の検閲で最も重要なのはカリフォルニア州とニューヨーク市で生じた事件で、いずれも教育や学校図書館が関係している。1947年にカリフォルニア州では、同州や全国で10年以上にわたって補助教材として使われてきた『アメリカの形成』をめぐって大きな検閲論争があった。ニューヨーク市では教育委員会による学校図書館からの『ネイション』の排除が大問題になった。

　忠誠宣誓は連邦職員だけでなく、例えば1948年にはロサンゼルス・カウンティでカウンティ理事会が職員に忠誠宣誓を求め、カウンティ図書館長が忠誠宣誓に期限直前まで応じなかったとか、他の職員に忠誠宣誓に応じないように示唆したとして問題になった。また1950年3月にボルティモアのイノック・プラット・フリー・ライブラリーでは、共産主義者ではない図書館員がクェーカー教徒としての自己の良心にもとづいて忠誠宣誓を拒否したがために解雇された。1948年6月にアメリカ図書館協会は『図書館における忠誠審査に抗議する決議』を採択した。その決議は「図書館での忠誠審査の使用（use）に断固たる非難をする」となっていた。ところがこの決議には議会図書館や連邦図書館員から強い非難がだされた。忠誠審査は連邦行政府の職員を対象にしており、立法府に属する議会図書館は対象ではなかった。しかし議会図書館は予算の獲得との関連で、独自に忠誠審査を導入していたのである。その結果1949年1月には、使用を濫用（abuse）に変えた決議が論争の後に採択された。さらに1950年7月には「使用」も「濫用」も用いず、「特定の個人による明確な行為が調査を正当化する場合はともかく、図書館員の思想、読書、交友関係、所属団体を問う忠誠プログラムに、断固たる抗議をする」との文言になった。そして、「われわれは、合衆国政府に忠実であることをはっきり認める」と続けたのだが、この文言は社会的な圧力が強力であったことを示している。

　1948年決議は忠誠審査自体を批判していた。一方、1949年決議は共産主義者でなければ審査に反対しないと認識し、その「濫用」を戒める内容であった。「濫用」とは法の正当な手続きを無視することをいう。知的自由委員会などは、忠誠審査と、表現、言論、集会の自由を保障する修正第1条との関係を問題にしており、したがって「使用」自体が問題になる。一方、議会図書館の幹部は雇用条件や採用条件として忠誠審査と把握し、そうしたテストの実施は雇用主としては当然で、「濫用」に問題があると考えていた。忠誠審査をめぐる対立の根底には、雇用のための条件か思想の自由への侵害かという問題があった。

C5　冷戦初期の東南アジアとアメリカの図書館戦略：タイを中心にして

　第2次世界大戦後、冷戦が深化する中、タイ以外がすべて新興独立国で、共産主義国である中華人民共和国と近接していた東南アジアは、アメリカにとって戦略的に重要な地域となった。アメリカ国内では、社会科学研究会議（SSRC）の主導のもとに、地域研究（エリア・スタディーズ）が制度化され、アメリカの主要大学図書館で東南アジア研究コレクションが急成長した。一方の東南アジア各国では、近代的な図書館の構築と図書館員の育成に、アメリカをはじめとする西側の機関やユネスコが関与していった。冷戦期は、「民主主義」を体現するアメリカの図書館界が、さまざまな形で国際展開した時代であった。

　●USIA図書館　冷戦期のアメリカによる図書館戦略の中でよく知られているのは、ドワイト・D.アイゼンハワー（Dwight D. Eisenhower, 1890-1969）政権下の1953年に設立されたアメリカ合衆国広報文化交流局（USIA）の図書館であろう。USIAは、ラジオ放送ボイス・オブ・アメリカ（VOA）、出版、図書館、人材交流、映像などを通してアメリカの価値観を宣伝するプロパガンダ機関であった。1959年の時点、USIAの予算の35％がアジアに割かれており、東南アジアでは民主化と近代化を重要なテーマとしていた。

　USIAの各国オフィスによって運営された東南アジアのUSIS図書館では、ジャーナリストが記事を書いたり、政治家がアメリカの法律や憲法史に関する図書を参照したりした。とりわけインドネシアとフィリピンでは、教員からの要請で教科書をはじめとする教材が頻繁に貸出された。とはいえ、アメリカの民主主義的価値観を伝えるためのUSIS図書館は、必ずしもアメリカ国内の図書館界の価値観を反映していなかった。1967年の『ライブラリー・ジャーナル』はサイゴンにあったUSIS図書館（エイブラハム・リンカーン・ライブラリー）が、マッカーシズムの時代の慣行を継続し、アメリカに批判的な図書を書架から除去するだけでなく、目録上も削除していたことを非難している。

　タイのUSIA図書館は公共図書館と学校図書館の図書館員の養成プログラムを提供した。なおUSIAでは、図書館とは別に1950年代の中頃から東南アジア主要都市のオフィスで、フィルム・ライブラリーを担当する職員と技師を雇用し、1950年後半には村落部への出張上映会を行っている。

　●タイにおけるアメリカの図書館戦略　USIAによる図書館の設営は、いわばアメリカ型図書館をショールームのように示す試みであったが、冷戦下では、アメリカをはじめとする西側諸国によって、東南アジアを含む新興国にお

ける近代的な図書館の構築とそれを担う図書館員の育成が行われた。タイの場合、アメリカ国際協力局（ICA）と国際開発庁（USAID）などの政府機関に加え、政府系のアジア財団とフルブライト基金、民間のロックフェラー財団などからの資金援助を受け、アメリカの直接的な影響のもとで図書館界が形成された。

●タイの高等教育での図書館員養成とタイ図書館協会の設立　1951年にフルブライトの助成を受けて、フランシス・L.スペイン（Frances L. Spain, 1903-99）を含む5人の教授がアメリカから招聘され、同国初の司書資格コースがチュラロンコン大学に設置された。1954年には、このコースの卒業生を中心にタイ図書館協会がアジア財団の助成を受けて設立された。同大学では、1955年には図書館学の学士課程とディプロマ課程が、1964年には修士課程が設置された。チュラロンコン大学の修士課程は、ユネスコから派遣されたモリス・A.ゲルファンド（Morris A. Gelfand, 1908-98）によって設計された後、初年度の1964年にはスペインが再度タイに渡り、調整が行われた。これらのチュラロンコン大学における図書館学の制度化には、アジア財団とロックフェラー財団の資金が注入された。その後、1957年にはプラサンミトラ教育大学（現シーナカリンウィロート大学）、1964年にはタマサート大学に図書館情報学部が開かれた。

●アメリカによるタイの大学図書館建設　図書館学の制度化によって、ソフト面でのアメリカ化が進められた一方で、大学図書館の建設というハード面での援助も行われた。特徴のある事例として、インディアナ大学の図書館情報学大学院とプラサンミトラ教育大学の協働プロジェクトがある。1954年、インディアナ大学の教育学部はタイの教育省と3年間の協定を結び、（1）インディアナ大学におけるタイの教育界のリーダー養成、（2）各分野におけるインディアナ大学の教員の派遣、（3）図書館情報学大学院によるプラサンミトラ教育大学の図書館員養成と図書館建設を行った。図書館情報学大学院の教員は総動員で、選書、図書館建設、資料整理やサービス計画の構築などを、タイ人スタッフと協働で行った。協定は1961年まで延長され、インディアナ大学の教員はタマサート大学やチュラロンコン大学内の図書館建設にも関わった。インディアナ大学図書館情報学大学院はその後、同じようなプロジェクトをパキスタンで展開した。

［参考文献］Marc Frey, "Tools of Empire: Persuasion and the United State's Modernization Mission in Southeast Asia," *Diplomatic History*, vol. 27, no. 4, September 2003, p. 543-568; Tony Gorton, "The Development of Academic Libraries and Librarianship I Thailand, 1950-1976," *Journal of Librarianship*, vol. 11, no. 1, January 1979, p. 50-66; Margaret I. Rufsvold and Mildred Hawksworth Lowell, "Developing Libraries for Higher Education in Thailand: A Cooperative Project," *ALA Bulletin*, vol. 54, no. 10, November 1960, p 833-843.　　　　　　　　　（北村由美）

T60 社会科学者による「公立図書館調査」：
ベレルソンの提言（1949 年）

　アメリカ図書館協会が本格的な基準を作成したのは1943年の『戦後公立図書館基準』が最初である。そこでは基準の作成は目標の設定が前提になるという観点から、(1) 教育、(2) 情報、(3) 美的鑑賞、(4) 研究、(5) レクリエーションという5つの目標を設定し、特に成人教育を重視していた。1947年にアメリカ図書館協会は現状の分析と今後の公立図書館の在り方について、外部機関に包括的な研究を委託した。

　●「公立図書館調査」　社会科学者が主体となり、カーネギー財団から20万ドルの資金を獲得して、ロバート・D.リーを代表とする研究グループが研究を行った。この「公立図書館調査」から、リーの総合報告書『アメリカ合衆国の公立図書館』(1950)、アリス・I.ブライアン『公立図書館員』(1952)、オリバー・ガーソー『公立図書館と政治過程』(1949)、バーナード・ベレルソン『図書館の利用者』(1949) など、その後も頻繁に言及される業績が輩出した。以下では戦後の図書館の方向を提示した業績として、リーの総合報告書とベレルソンの『図書館の利用者』を取り上げる。リーの報告書は図書館が歴史的に培ってきた目標を、信頼できる情報の全般的なセンターとしてコミュニティに奉仕し、あらゆる年齢の人に継続して自己教育する機会を提供し、奨励することにあるとまとめた。そのために、文化、教育、情報面で価値ある蔵書の収集、保存、組織化、管理と、図書館資料の利用の促進に向けて、積極的な刺激と巧みな案内を行うのである。リーはこうした伝統的な目標を非難せず、公立図書館の方向性について、資料の人気よりも質や信頼性の強調、小さなグループであっても真面目なグループへの入手しにくい資料の提供を主張した。リーの全体報告は図書館の伝統的な目標を重視し、それを達成する方法（図書館行政の枠、図書館運営、職員、図書館学校など）について、具体的な提案をしている。しかし信頼できる価値ある資料や情報を重視し、フィクションやレクリエーションへの評価はほとんどされていない。また子どもへのサービスは多分に無視されている。

　●『図書館の利用者』　公立図書館調査で最も注目され、頻繁に言及されるのがベレルソンの『図書館の利用者』である。同書はこれまでの利用者調査を総括し、公立図書館調査における新たな調査を加え、そうした調査結果から公立図書館の方向を明示した。同書は、メディア全体における図書や公立図書館の位置、図書館利用者の属性、図書館利用の理由、図書館利用の量を調べ、最後に図書館の方針への提案を行っている。

ベレルソンは次のような調査結果を重視した。(1)図書館利用者は少数で、1か月に1回以上利用する常連は成人の10分の1にすぎない。(2)この10％の常連がサービスの大部分を享受し、低質なフィクションの利用が多い。図書館は古典や学術的なノンフィクションも提供しており、そうした図書について図書館は重要な情報源になっている。(3)利用者と非利用者を分ける最大の指標は教育歴で、富者も貧者も利用しない傾向にあり、図書館は中産階級の機関になっている。(4)新聞やラジオなどのメディアと比較した場合、「すべての主要なメディアの中で、本は最も専門的で、最も学識があり、最も洗練されている。そして最も利用が少ない」。ベレルソンは参考サービスの利用を取り上げ、それは図書館利用者の中でもさらに限定されているとした。主婦はこのサービスを利用せず、利用は学生、専門職、ホワイトカラーに限定される。そしてこのサービスの利用者は図書館利用者の中でもさらに教育が高い。

　こうした調査結果をもとに、ベレルソンはサービスの在り方に言及する。議論の前提にするのは、利用者が社会的、経済的に偏在しているという事実である。諸調査の結果は、すべての人びとへのサービスが実質的に不可能であり、実現される見込みがないことを示している。この事実を認識し、図書館員は図書館の目的を再検討すべきである。その場合、真面目な人や文化に鋭敏な人へのサービスに重点を置く方が賢明である。ベレルソンは次のように断言した。

　　　公立図書館は、現在、少数の人びとにサービスをしている。より少ない人
　　びとに、いっそう良質のサービスを提供するとしよう。それでも、図書館
　　は威信を失わないだろう。結局、この方向を目指した方が、図書館にたい
　　する地域の関心を喚起する方法という観点からも、最善なのである。

　ベレルソンは、直接的にはコミュニティの指導者やオピニオン・リーダーを対象とし、間接的にコミュニティ全体に奉仕する図書館という考えを主張した。この主張は、軽い本と真面目な本の扱い方にも論が及ぶ。軽い本や娯楽的な本は至る所で安価に入手できる。公立図書館はそうした営利機関と競争する必要はないし、競争すべきでもない。一方、真面目な読書を保障し、だれもが利用できる機関は公立図書館しか存在しない。ベレルソンはこの点にも公立図書館の存在意義と将来の方向を見出したのである。

　ベレルソンの主張が図書館界で顧みられることはなかった。エリートによる指導やエリートを通しての世論の形成を否定するために、すなわち住民が直接に知識や情報にアクセスし、自力で判断するという思想（あるいは願い）を土台に、公立図書館は制度として成立した。そうした歴史をみても、ベレルソンの主張に同調することはできないし、同調しなかった。ただし利用者数というよりも、利用者層の枠を広げる努力は必要で、それには1960年代を待たねばならない。

T61 第2世代の図書館史研究：民主的解釈

第1世代は素朴に過去の再現を目指したが、歴史学の変化や1890年代からの急激な産業化や都市問題の噴出を背景に、アメリカ史で革新主義史学と呼ばれる一群の研究業績が生まれてきた。その代表者はフロンティア理論のフレデリック・J.ターナー、歴史研究者のチャールズ・A.ビアードで、いずれも価値、地域、グループなどの対立を重視し、そこからアメリカの民主的な価値を取り出して社会の向上に結びつけようとした。この史学は教育史研究に影響し、エルウッド・P.カバリーやポール・モンローなどの革新主義教育史学が形成された。この学派は公立学校を重視し、その民主的側面を前面に出すことで、学校の向上を意図していた。そうした影響を受けて、図書館史研究の第2世代が形成される。

●**新しい図書館史の提言**　シカゴ大学図書館大学院の『ライブラリー・クウォータリー』の第1巻（1931）に、アーノルド・ボーデンが「図書館運動の社会学的起源」を発表した。ボーデンによれば、公立図書館の発展の説明には「従来のような表面的な研究ではなく、いっそう深い考察」が必要である。要するに従来の図書館史記述は図書館の発展を示してはいても、決して説明にならないと把握している。そして説明には社会学や経済学的な視点と方法が必要と主張し、19世紀後半の図書館発展の要因として「連邦政府機関の貢献」、「個人の指導力」、「民主主義の拡大を求める諸力」を指摘した。これは図書館は社会によって規定されるとの認識である。ボーデン論文は提言の域をでていないが、図書館史記述における1930年代以降の転換を予見するものであった。

こうした視点や認識を土台に、ピアス・バトラーは図書館学の中に図書館史研究を位置づけ、ジェイムズ・H.ウェラードは図書選択論、カールトン・B.ジョッケルは公立図書館の行政機構論で部分的に展開し、ガウレディズ・スペンサーのシカゴ公立図書館成立史、ジェシー・H.シェラの包括的な図書館史解釈によって完成の域に達する。これらの研究者の業績がシカゴ学派図書館史学を構成する。

●**シェラ『パブリック・ライブラリーの成立』**　第2世代の図書館史記述はシェラの『パブリック・ライブラリーの成立』（1949）に結実する。同書はニューイングランドを対象に、19世紀中葉の公立図書館の成立までを扱っている。シェラは冒頭で、「パブリック・ライブラリーを社会機関（social *agency*）と把握しており、……社会制度（social *institution*）とは考えていない」と断言し、この区別が図書館と社会環境との関係を理解する基礎になると強調した。社会機関は社会制度の手段であり、社会制度は社会機関を用いて社会統制を行う。したがってシェ

ラの研究は、公立図書館という社会機関をもたらした社会的要因（公立図書館を規定している要因）の解明に向かうことになる。続いてシェラは、「パブリック・ライブラリーの歴史は、偏狭な保存機能から民衆教育の推進を目指す広範なプログラムへの移行の記録である」と記した。この言及はソーシャル・ライブラリーからの展開として成立した公立図書館、およびそのようにして成立した公立図書館の民主的側面を重視するものである。

　7章「パブリック・ライブラリーの発展の要因」は同書の結論部分で、公立図書館の出現に貢献した社会的要因を、(1)経済力、(2)学術、歴史研究、資料保存への要求、(3)地元の誇り、(4)普通公教育の社会的重要性、(5)自己教育とライシアム運動、(6)職業的影響、(7)他の要因（宗教、道徳など）にまとめている。経済力は公立図書館を設置できる前提と把握でき、そうした意味では最も基本になるが、これらの要因の中で重視されるべきは(4)公教育の社会的重要性である。公教育の一環に組み込むことで、公費充当が可能になり、また公立学校と公立図書館によって、教育制度は完成するとされた。そして公立学校は子どもを対象とする義務的機関、公立図書館は公立学校を卒業した意味での成人を対象とする自発的機関、自己教育機関と位置づけられたのである。

　●ディツィオン『民主主義と図書館』　いま1つの第2世代の代表的業績がシドニー・ディツィオンの『民主主義と図書館』(1947)である。ディツィオンは公立図書館が成立し発展する19世紀後半を取り上げている。ディツィオンはインテレクチュアル・ヒストリーで有名なマール・カーチの弟子で、環境と思想の両方を重視し、それらの相互関係に重点を置いた。その点で社会要因理論というべき、シカゴ学派図書館史学とは異なる。『民主主義と図書館』の中心は公立図書館の成立と発展をもたらした思想や要因を巨視的に解釈した第4章「民主的な努力」にある。そこでは「公費支弁の公立図書館は、民主主義という前提に内在する規準にかなうだけでなく、民主主義自体と同じように、多くの社会的な要求に応じる方便を与えた」とまとめている。同書には社会統制的な関心や保守的防衛の記述がかなり多い。それでも公立図書館の成立と発展についての「民主主義的伝統理論」とされるのは、上述のような記述が基調になっているからである。

　シェラとディツィオンの業績は公立図書館史の唯一の包括的解釈として君臨した。後続する業績は各論を深めたり、解釈に厚みを加えたりした。例えばロバート・E.リーの『アメリカ公立図書館と成人継続教育：1833-1964年』は、成人教育に絞って公立図書館の歴史を綴ったものである。なおシェラは『パブリック・ライブラリーの成立』以後、図書館史を追究してはいない。ディツィオンは図書館史研究から離れ、社会学の研究者になった。こうした第2世代の図書館史記述が批判的に検討されるには、1970年代を待たなければならない (T80)。

T62　成人への大規模で組織的な読書運動：アメリカ遺産プロジェクトとOBOC運動

　T43「成人教育プログラムの実践：読書案内サービス」で示したように、1920年代からアメリカ公立図書館はカーネギー財団の補助を得て成人教育サービスに乗り出した。サービスの中心は読書案内サービスで、これは徹底的な対個人サービスであった。一方、財団や成人教育の専門家や指導者は、グループでの対話や討議を重視していた。また1930年代後半から、アイオワ州デモインでは市全域を対象にパブリック・フォーラムを実施し、全国で注目され広がっていった。これは今日的課題について専門家が課題を提供し、グループ全体で討議するというものであった。こうしたグループを対象とする成人教育運動を、第2次世界大戦後に公立図書館界は取り込んでいくことになる。

　●アメリカ遺産プロジェクト（1951-1955）　アメリカ遺産プロジェクトは、アメリカ図書館協会（ALA）がフォード財団の成人教育基金の助成を受けて1951年から1955年にかけて実施したプロジェクトである。このプロジェクトでは国内各地の公立図書館が民主主義をはじめとする「アメリカの遺産」についての図書と映画を題材とする討論グループを組織し、人びとに「遺産」の今日的課題への適用方法を批判的（critical）に検討する機会を提供した。プロジェクトには最終的に31州の公立図書館が参加し、参加人数の上限を25人とする討論グループが1,067結成された。多くのグループが取り上げた本はジェラルド・W.ジョンソンの『アメリカ国民』（1951）、ヘンリー・S.コマジャーの『現代のアメリカ思想』（1951）であった。

　プロジェクト参加館の図書館員は討論グループのリーダー養成を担い、リーダー志望者に民主主義と相容れない意見が出された場合でも頭ごなしに抑圧するのでなく、意見を出した人が他の人の意見も聞こうと思えるような働きかけをするよう促した。当時のアメリカは東西冷戦のただ中にあり、政治情勢に沿わない資料の収集や提供を試みた図書館員が、職を追われる事態も生じていた。アメリカの民主主義の成り立ちを学習テーマに据えつつも、人びとに話し合いを通して今日的課題を批判的に検討する機会を提供するというプロジェクトの趣向からは、政治情勢と折り合いながらも知的自由の擁護者として腐心する図書館員の姿勢がうかがえる。批判的思考（critical thinking）、リテラシー、言論の醸成によって民主主義と知的自由の推進を試みるという姿勢は、今日でも引き継がれている。例えば2016年の大統領選挙の後には、全国から選ばれた5つの公立図書館で、ニュースやソーシャルメディアに接する際のリテラシーを訓練するALAのプログラ

ム "Media Literacy @ Your Library" が試行された。

●ワン・ブック・ワン・シティ／コミュニティ（OBOC）運動（1998〜）　公立図書館が地域コミュニティ全体に働きかける読書運動は、2000年代を迎える頃から、目的やプログラムの内容、連携するメディアや機関といった点で多様性を増していった。この時代の代表的な運動がOBOCである。OBOCはその名の通り、地域をあげて数か月にわたって1冊の本を読み、その本にまつわるイベントを楽しむものである。イベントの代表例は読書会、著者の講演会、関連する映画の上映会だが、音楽会、演劇鑑賞会、縁のある場所へのバスツアー、地元レストランでの特別メニューの提供などもあった。

OBOCの先駆はシアトル公立図書館の「シアトルに暮らすすべての人が同じ本を読めば」（1998）である。この試みは急速に広がり、ALAは2003年に図書館向けのガイドブック『ワン・ブック・ワン・コミュニティ：あなたのコミュニティの読書計画立案』を作成した。大規模読書プログラムを主導する団体の1つ全米芸術基金によれば、2006年以降の15年間で同基金が援助したプログラムに参加した人の数は、全国で590万人に達するという。

OBOCの急速な拡大には、図書館外の事象も影響していた。とりわけシアトルのOBOCの数年前（1996）に開始された民間放送局のテレビ読書会「オプラ・ブッククラブ」の人気がある。OBOCはアナログ版の大規模読書会として支持されたともいえる。また、2000年代を迎えて新しい時代のまちづくりを模索し始めた行政関係者の間で、クリエイティブ・シティの構築や地域内のクリエイティブ・クラスの拡大が意識されるようになり、行政が読書による地域振興策への予算配分に積極的になったことも見逃せない。

アメリカ遺産プロジェクトでは、ALAが資金の獲得からブックリストの作成、さらにプログラムの概略までを規定していた。OBOCはアメリカ遺産プロジェクトと異なり、各コミュニティの公立図書館が目標の設定、スポンサーの獲得、イベントの企画を担っている。ALAによる前述のガイドブック『ワン・ブック・ワン・コミュニティ』は、OBOCの実施にあたり検討すべき項目や実施例をまとめたものにすぎない。それゆえ、1つ1つのOBOCが何に重点を置くか——例えば、リテラシーの向上、郷土史の振り返り、多人種／多文化間の相互理解の促進、読書を含めた芸術に触れる機会の提供——は、多種多様である。そして目標の設定は当該コミュニティの特色や出資者の意向によっても左右される。OBOCを企画する図書館員には、知的自由の擁護に加えて、読書推進活動に関わる行政、ボランティア、企業、メディア、芸術団体など、多様な立場の人びととの意見を調整していく役割、そして、その中で図書館の存在意義を示し続ける役割が求められるようになっている。

(山﨑沙織)

T63 図書館の遍在を求めて：
図書館サービス法の成立（1956 年）

　公立図書館の設置には人口集中と経済力が必要で1890年までは自治体が設立していたし、アンドリュー・カーネギーの寄付も自治体を対象としていた。1890年にマサチューセッツ州は州図書館委員会の設置によって、20世紀初頭にカリフォルニア州はカウンティ・ライブラリーの発足によって、州全域サービスに向かった。図書館空白地域の解消には、自治体よりも大きな行政の枠の介入が必要だった。そののち全国に図書館を遍在させるために、より大きな行政の枠である連邦の介入が期待されることになる。

　●**連邦図書館法採択への過程**　早くも1921年にアメリカ図書館協会は、「大統領および連邦議会議員にたいして、合衆国での図書館活動の振興事業に専心する部局の設置を主張する」との決議を採択した。この動きは1930年代に活発になり、1934年にアメリカ図書館協会は「全国計画」を採択した。そこでは項目「連邦の責任」を設け、連邦政府は図書館の全国展開に指導力を発揮すべき、図書館サービスの州間格差の是正に援助すべきとした。これを受けて、同協会は以下を骨子とする決議を採択した。(1) 連邦の図書館部局が連邦援助を管理する、(2) 資金は州図書館振興機関に割り当てる、(3) 州は州の図書館計画を作成する。当時の図書館状況に触れると、全国3,000のカウンティのうち、カウンティ全域にサービスを展開しているのは300以下にすぎなかった。多くのカウンティは住民が散在し、図書館を支えられない。10年間に図書館空白地域の人口比率は43パーセントから37パーセントに低下したが、サービスを享受できない人の実数は増大していた。ただし1935年のアメリカ図書館協会年次大会では連邦の介入について、政治に巻き込まれる、サービスは自発的なボトムアップがよい、図書館のあり方を根本的に変化させるといった反対意見があった。一方、賛成派の中心は、全国計画作成の中心人物でシカゴ大学のカールトン・B.ジョッケル、アメリカ図書館協会事務局長カール・H.マイラムである。

　●**図書館サービス法**　事務局長マイラムなどの取り組みによって、1938年には合衆国教育局に図書館課が設置され、1945年にアメリカ図書館協会はワシントン事務所を設けた。ワシントン事務所はただちに図書館振興法の草案を作成した。図書館振興法案は、1946年に連邦議会に提出されたが委員会での審議に留まった。1948年には上院が満場一致で通過させたが、成立には至らなかった。1950年は、下院で161対164という僅差で採択されなかった。同法案の目的は「現に公立図書館がないか、あってもそのサービスが不十分な農村地域にたいし

て、州が公立図書館サービスを試験的に実施する場合に、連邦が州に助成することによって、国民の教育水準を促進することにある」とされた。この法案をめぐっては、以下のような反対意見が出された。連邦の財政赤字のため支出を絞る必要がある、公立図書館の振興は連邦の責任ではない、連邦政府の統制の強化につながる、社会主義的な立法である、時限立法を意図しているが恒久化されかねない。なお支持派の主張は教育機会の均等に置かれていた。

1956年に図書館サービス法が成立したが、これは公立図書館を振興する最初の連邦法であった。同法の目的は「いまだに公立図書館が存在しないか、あってもそのサービスが不十分な農村地域にたいして州による公立図書館サービスの拡張を促進することにある」。図書館サービス法の骨子は以下のとおりである。

(1) 公立図書館が存在しないか、あってもサービスが不十分な人口1万人未満の地域を対象とする。(2) 連邦は1956-57年度から5年間、毎年750万ドルを上限として補助金を支出する。(3) 5年間の時限立法である。(4) 事業実施の責任は州および地方にある。(5) 各州の図書館振興機関が、補助金を用いて実施する事業の計画を決定する。連邦は各計画が法の規定に合致していれば当該計画を承認する。(6) 補助金を土地や建物には使えない。(7) 法律に基づく事業の中で補助金が占める比率は平均すれば50％だが、州の財政状況によって補助率は33％から66％になる。ここでも公立図書館は連邦が関与する事柄ではないという意見はあったし、豊かな州から貧しい州に税金を回すことに反対する議員もいた。図書館サービス法は5年間の時限立法であったが、1960年の連邦議会は1966年まで期限を延長している。

●図書館サービス法の効果　連邦補助金の3分の1が250台を越える自動車文庫に使われた。3,600万人が初めて図書館サービスに接したり、向上したサービスを享受したりした。約1,500のカウンティが恩恵を得た。また同法の結果、図書館への理解が深まった。一方、同法の効果を疑問視する人も多かった。自動車文庫といった手軽なサービスを手放しに喜べない。補助金が打ち切られた時点で消滅、縮小、形骸化したサービスも多かった。実践結果からみて最も重要なことは、補助金獲得の前提として州図書館振興機関の設置を義務づけたことである。そのため州レベルでの図書館計画の作成、州全域での図書館状況の把握、州間でのサービス格差などに関心が高まることになった。

全国での図書館の遍在という観点からみると、自治体、そして州の取り組みを経て、連邦の図書館サービス法が切り札として成立したと把握できる。図書館サービス法は1回の延長の後、1964年に図書館サービス建設法に取って代わられる。そして図書館サービス法から図書館サービス建設法への移行には、社会の変化と図書館界での図書館サービスについての認識の変化があった (T68)。

T64　新たな検閲源の表面化：フィスク調査（1959年）

　1879年にメルビル・デューイが作成したアメリカ図書館協会の標語「最善の読書を最低のコストで最大多数の人に」は20世紀に入っても健在であった。1908年にアーサー・E.ボストウィックはアメリカ図書館協会の会長就任演説で「検閲官としての図書館」を論じ、図書館は良書を選別する最後の防波堤になるべきと訴えた。1920年代になると成人の読書は成人に任すべしという主張が高まってきた。1939年にアメリカ図書館協会は『図書館の権利宣言』を採択し、図書選択の原理としてあらゆる見解の選択を定めた。さらに1948年の修正では検閲に反対する2つの条項を加えた。戦後の冷戦期から1950年代にかけて、公権力や組織グループなどからの検閲の圧力が続いていた。

　●フィスク調査　公権力や組織グループからの検閲の実態を把握する目的で、調査が企画された。この企画は難航するのだが、カリフォルニア州図書館協会、カリフォルニア大学の協力の下、共和国基金の助成金を得て、マージョリー・フィスクが調査を担当し、1959年に『図書の選択と検閲』として刊行された。対象は学校システム29（46館）、カウンティ・ライブラリー・システム11（17館）、市町村立図書館24（31館）であった。調査対象の選択にはコミュニティの人口、人口のエスニック構成、人口増加率、地理的位置、図書館サービスの種類などが勘案された。また対象となった図書館員は、学校図書館員51名、カウンティ図書館員40名、市町村立図書館員65名の計156名となっている。この調査はアンケート調査ではなく、準備された項目についてのインテンシブなインタビュー調査で、そこから質的分析を行ったものである。調査は公立図書館と学校図書館、それに双方の管理者にも及び、内容も多岐にわたっている。例えば、図書選択についての価値論と要求論について、インタビューの結果をまとめ、興味ある分析をしているが、以下では検閲に関わる部分を取り出す。

　●論争的資料への図書館員の態度と実践　同書は表12「論争的資料について図書館員が表明した態度」で、次のように結果をまとめている。

態度	学校	カウンティ	市町村立	全体
読書の自由	35(%)	72	41	47
迷いや矛盾など	35	23	39	33
制限	30	5	20	20
回答数	51	40	65	156

表12は各人へのインタビュー全体から分析者が判断したもので、「読書の自由」

と「制限」の間で迷いや揺れがあったり、インタビュー過程で矛盾があったりする回答者がいたことを示している。「読書の自由」を重視するのは、学校図書館員では35%、カウンティ図書館員72%、市町村立図書館員41%である。この数値をみると、学校図書館員と市町村立図書館員の比率が似ており、同じ公立図書館であっても、市町村立とカウンティの図書館員で大きな差がある。これは不自然に思われようが、カウンティ・ライブラリーは本部やシステム全体で資料を融通できるということで説明できると思われる。一方、表14「論争的資料についての図書館員の実際の行い」は次のようである。

実際	学校	カウンティ	市町村立	全体
回避が常態	29(%)	5	17	18
時どき回避	29	45	49	41
回避を考慮せず	38	37	29	34
機会がない	4	13	5	7
回答数	51	40	65	156

　例えば市町村立図書館員の場合、41％が「読書の自由」という態度を示していたが、実際の図書選択になると「回避が常態」、「時どき回避」が66％となっている。カウンティ図書館員は「読書の自由」という態度を72％が示していたが、実際の選択となると50％が論争的資料を回避していた。既述のように公立図書館として取り上げられたのは48館であったが、その内の3館は貸出をしない本部図書館であり、45館について貸出制限などの実際を調べている。それによると、蔵書から除去、貸出デスクの下や背後に配置、リザーブの扱いが各々38％、複本の購入制限29％、館長室に配置27％、鍵付き書架に配置11％となっていた。リザーブの扱いとは貸出カウンターで図書を請求しなくては利用できないということで、貸出デスクの下に配置する場合と同じ扱いになる。

　図書館員はこの調査結果を日常的に感じていたかもしれないが、図書館員の自己検閲を立証したのは重要であった。もともとこの調査は、公的機関やアメリカ在郷軍人会といった保守的団体からの検閲の実態を探るために企画された。しかし調査の過程で、そうした機関や団体からの検閲よりも、図書館自体の自己規制、自己検閲が目立つことに気づき、調査の重点を移動させたのである。フィスク調査を契機に、検閲の考察に図書館の自己規制、自己検閲が欠かせないことが認識され、検閲の源に大きな領域が加わった。その後に触れれば、上からの検閲、下からの検閲（保守的団体）、自己検閲に加えて、歴史的には表現の自由を主張してきた左翼リベラルからの表現の規制（形の上では検閲と異ならない）が、1960年代末から差別の解消という運動の中から出現する。これは権利と権利との確執で、アメリカ図書館協会は難しい対応を迫られることになる。

T65 「地方」の問題は人種隔離だけなのか： エミリー・リード事件（1959年）

　ライス・エステスは1960年の論文で、アメリカ図書館協会（ALA）が図書館利用における人種統合に積極的に取り組むよう主張した。一方、図書への検閲については、「寒村で本が禁止されると、『図書館の権利宣言』を傷つけた、読者の権利を否定したとし［ALAは］猛烈な抗議をする」と記していた。しかしこれは事実ではなかった。

　●絵本『しろいうさぎとくろいうさぎ』　1959年3月、アラバマ州公立図書館サービス部長エミリー・リードは、予算について話すために州上院の委員会に出席した。その場でE.O.エディンズ議員がガース・ウィリアムズの『しろいうさぎとくろいうさぎ』を貸出しているのかと問うた。白と黒のウサギの結婚が人種統合を企てているという理由で、問題にしたのである。この出来事は『ニューヨーク・タイムズ』も取り上げ注目を浴びた。そして全国的に嘲笑され、人種隔離を支持する地元新聞の支持も得られず、エディンズは絵本への攻撃を断念した。しかし絵本事件は序幕にすぎなかった。

　●ALA「精選図書一覧」とリードの辞職　ALA成人サービス部会は、年毎に「精選図書一覧」を作成していた。「1958年」版は47点を選び、この一覧は図書選択ツールでもあった。1959年8月、エディンズは上院で以下の2点をリードに指摘した。(1)公立図書館サービス部はマーティン・ルーサー・キング・ジュニアの『自由への大いなる歩み』を所蔵している。(2)同部の情報誌『ライブラリー・ノート』に「精選図書一覧：1958年」を転載し、『自由への大いなる歩み』を推薦している。そして同書には「統合問題解決への思いやりのある方法」との説明が添えられている。その上で、リードに人種隔離への立場を問うたが、リードは公立図書館サービス部長の職とは無関係と突っぱねた。リードによると、私見が図書選択に影響することはなく、私的な立場をエディンズに答える必要はないということであった。

　エディンズの発言を受けて、8月に両院隔離審査委員会はリードの解雇を視野に入れて、サービス部長職を検討した。当時の法は、図書館サービス部長にはALAの認定校を卒業し、かつ図書館管理職として3年以上の経験者をあてるとなっていた。アラバマ州にはALA認定校はなかった。しかし新法を採択しても、リードに適用できないことが明らかになってきた。そのため審査委員会は、(1)ALA認定校を定めた条文はそのままに、教育学を専攻し、図書館学も学んだ大学卒も条件に加え、図書館理事会はいずれの条項を適用してもよい、(2)図書館

理事は5年間のアラバマ居住を資格とすると決定した。審査委員会は部長の資格としてアラバマ出身者を盛り込もうとしたが、この点は消滅した。一方、ALA認定校の扱いは条文としては残ったものの、実質的には形骸化したのである。1960年4月、リードは辞職し、ワシントン・D.C.パブリック・ライブラリーに移った。リード自身は辞職について、昨年の事件と直接的な結びつきはないと述べている。絵本から始まった一連の事件は、リードの辞職という形で、ほぼ1年間を経過して収まった。

●**リード事件と図書館界の対応**　アラバマ州図書館協会の対応に関して、1960年4月のアラバマ州図書館協会の大会で、会長エドナ・E.ブラウンは公立図書館サービス部長職の法改正を最も重要な動きと報じ、「満足のいく妥協」に達したと結論した。改正によってアラバマ大学などの出身者に部長職の資格ができたので、改正はむしろエディンズにとって満足できるものであったろう。ブラウンがいう「満足のいく妥協」が何を意味するのか理解しがたい。興味あることに、アラバマ州図書館協会は部長職の資格については発言したものの、ウィリアムズの絵本とキングの著作への検閲には何の動きも取らなかった。

　図書館界の主要雑誌をみると、この事件へのまとまった記事は皆無である。ALA知的自由委員会の機関誌『ニューズレター・オン・インテレクチュアル・フリーダム』は1959年6月号で10行ほどの簡単な記事を掲載し、「関係者にとって不運なこと」と述べている。これはウィリアムズの絵本に関する記事だが、『ニューヨーク・タイムズ』などの記事を要約して掲載したにすぎない。続く9月号は1ページの記事を掲載した。そこではリードはウィリアムズの絵本のときよりも「はるかに厳しい状況にある」と述べ、『自由への大いなる歩み』、ALAの「精選図書一覧：1958年」が問題になっていると指摘するとともに、州公立図書館サービス部長職の資格変更の動きを報じた。そしてALAは、この事件に具体的に関わることも、積極的に情報を収集することもなかった。

　1948年版『図書館の権利宣言』は検閲に反対する2つの条文を定めていたし、絵本の事件が生じる直前の1959年1月には「活動ゴール」を採択していた。この文書は8項目の重点目標を掲げ、読書の自由を扱う第7項で「読書の自由を擁護したがために身分や生活が危機に瀕している図書館員に、即刻の支援を与える」と定めていた。これらはリード事件に適用できるし、適用すべきであったと思われる。冒頭で示したエステスの言は事実ではなかった、ALAにとって図書館利用での人種隔離と同じように、人種隔離にまつわる図書選択も「地方」の問題であった。端的に言えば、『図書館の権利宣言』や「活動ゴール」第7項は、結果的には南部を適用範囲外に置いていた。これが1954年のブラウン事件判決から5年を経過した時点でのALAの姿であった。

T66　利用での人種統合の定め：
『図書館の権利宣言』（1961年）

　19世紀末から1950年代を通して、アメリカ図書館協会（ALA）の人種隔離への基本的姿勢は、全国団体であるALAは地方の問題に介入しないという立場であった。たしかに大会開催地についての条件や州支部の資格などについて、人種差別を意識した措置を講じたものの、それらは非常に限定されたものにすぎない。人種隔離を違憲としたブラウン事件判決（1954）後の主要図書館関係雑誌をみても、人種隔離の問題は存在しないかのようであった。それだけではなかった。1959年にアラバマ州でALA成人サービス部会の「精選図書一覧：1858年」に掲載されたマーティン・L.キング・ジュニアの『自由への大いなる歩み』が検閲を受け、アラバマ州公立図書館サービス部長が辞職に追い込まれた。しかしALAは何の対応もしなかった。人種隔離だけでなく、南部での検閲問題も地方の問題であるかのようであった。1960年に入るとバージニア州のピーターズバーグ、ダンビルなどで隔離撤廃を求める運動が続いていた。

　この状態に変化をもたらしたのは、1つ1つの隔離撤廃闘争や少数のALA会員であったが、重要なのは『ウィルソン・ライブラリー・ブルティン』の編集長ジョン・ウェイクマンと『ライブラリー・ジャーナル』の編集長エリック・ムーンであった。両編集長は人種隔離の問題を最優先事項と考え、雑誌を最大限に活用して仕掛けを行い、図書館界の取るべき道を具体的に提示した。これまで、ALAの機関誌はもちろん、図書館関係雑誌は図書館内部の情報の伝達に終始していたが、両者はいっそう広い社会的問題を取り上げ、いわば唱道ジャーナリズムを開始した。参考までに、このスタンスはベトナム戦争の扱いについていっそう目立つものになる。

　●1961年版『図書館の権利宣言』　ALA会員からの突き上げもあって、1960年5月にALAは市民的自由特別委員会を発足させた。1960年6月の年次大会のテーマは「障壁をなくす」であったが、会長ベンジャミン・パウェルは市民的自由特別委員会に触れるとともに、「地方の管轄範囲に侵入できないし、侵入するつもりもない」と復唱した。しかし一方では「図書館へのアクセスの自由についてALAの態度は明確でなければならない」と述べた。まことに歯切れの悪い説明であった。大会末尾に新会長フランシス・L.スペインが会長就任演説を行った。新会長は「この1週間、障壁をなくす、人びとの間に知識の流れを妨げる障壁をなくすことについて考え、議論してきた」と大会の総括をした。そして的確にも「障壁があることを認め、その除去の必要性が受入れられたとき、文化と思想の

交換において、大いなる展望が開かれる」と指摘した。しかしニューヨーク・パブリック・ライブラリーで児童サービスを担当するスペインは、障壁の問題を自分が専門とする児童サービスに限定してしまった。6月24日にスペインは就任演説をしたのだが、この時期になるとバージニア州ダンビルやピーターズバーグで、図書館での隔離撤廃を求める運動が展開されていた。しかし施設自体が利用できないという人種隔離の問題に、新会長スペインが触れることはなかった。

　1961年2月2日、ALAは市民的自由特別委委員会の勧告を認め、『図書館の権利宣言』に第5条「図書館の利用に関する個人の権利は、その人の人種、宗教、出生国、あるいは政治的な見解のゆえに、拒否されたり制限されることがあってはならない」を新設し、利用者による図書館へのアクセスを保障するという条文を加えた。この第5条によって、ALAは60年間にわたる「地方の管轄範囲に侵入しない」という基本方針を、文言の上では捨てたことになる。この条項は「人種、宗教、出生国、あるいは政治的な見解」と広範な内容になっているが、当時は人種統合条項と呼ばれており、採択の契機が人種隔離への対応にあったことは明白である。

　これまでの『図書館の権利宣言』をみると、1939年版は図書選択の原理として採択され、1948年版は検閲への対抗を盛り込んでいた。この1961年版によって、利用者の（権利としての）図書館利用という広大な領域が加わった。そして今後の展開は、資料とともに図書館へのアクセスにも重点が置かれることになる。なお、市民的自由委員会は第5条の提案について非常に慎重で、採択を危惧していた。しかし投票結果は201対1で、この唯一の反対者も内容ではなく文言を問題にしていた。

　●1967年版『図書館の権利宣言』と年齢の追加　続く1967年版『図書館の権利宣言』修正の当初の意図は、1944年版に組み込まれた「しっかりした事実にもとづく典拠」を持つという語を削除し、とりわけ想像的な作品を守ることを中心としていた。しかし1967年年次大会の事前会議「知的自由とティーンエイジャー」の勧告を受けて、『図書館の権利宣言』第5条に「年齢」と「社会的」を追加することになった。

　これまで『図書館の権利宣言』は資料を取り上げてきたが、1961年と1967年の修正で図書館および図書館資料へのアクセスという大きな領域を包み込むようになった。未成年者の知的自由の重視という原則に異論はなかったものの、年齢の追加には思想的にも実践的にも子どもへのサービスに関わる公立図書館員や学校図書館員が納得した訳ではなかった。ALAの児童サービス部会やアメリカ学校図書館員協会が直ちに1967年版『図書館の権利宣言』を認めた訳ではなく、承認には1976年を待たなくてはならない（T81）。

T67　大都市公立図書館での人種差別：
『公立図書館へのアクセス』（1963年）

　1899年のアメリカ図書館協会（ALA）年次大会はアトランタで開催されたが、ALAは黒人の登壇を拒否した。その後、一貫して人種隔離は地方の問題と捉え、全国団体としてのALAは人種隔離を回避してきた。1954年に合衆国最高裁がブラウン事件判決で人種隔離を違憲とした後も、ALAは沈黙していた。南部公立図書館での隔離撤廃闘争、『ライブラリー・ジャーナル』編集長エリック・ムーン、それに一部の図書館員の主張を背景に、1961年になって『図書館の権利宣言』を修正し、新たに第5条を設け「人種、宗教、出生国、あるいは政治的な見解」のゆえに、図書館利用が制限されてはならないと定めた。この条項は人種統合条項と呼ばれていた。

　●『公立図書館へのアクセス』　1961年版『図書館の権利宣言』を踏まえて、1962年にALAは利用上の差別に関する研究を進めると決定し、国際研究所に研究を委託した。翌1963年に報告書『公立図書館へのアクセス』が提出された。報告書の目的は、（1）人種隔離の範囲と型の解明、（2）統合へ向けての変化の解明、（3）統合を阻害や促進している要因の抽出、（4）人種隔離と法律の役割の考察、（5）人種隔離への図書館員の態度の解明にあった。調査にいたる経緯からして、多くの図書館員は南部公立図書館の実態調査と考えていた。

　●直接的差別と間接的差別　報告書は差別を「直接的差別」と「間接的差別」に大別した。「直接的差別」とは、中央館の利用を白人に限定するといった制度的な差別をいう。一方、「間接的差別」とは制度的ではないものの、例えば黒人地域と白人地域で施設や資料に顕著な差が生じている場合を指す。例として、白人地域と非白人（黒人）地域での分館設置とそうした分館での蔵書冊数について、一部を示すと以下のようになる。

	分館設置			平均蔵書数		
	白人	黒人	倍率	白人	黒人	倍率
バーミンガム	26	7	3.7	22,152	10,234	2.2
ワシントン・D.C.	21	7	3.0	35,382	19,593	1.8
アトランタ	17	11	1.6	16,943	10,924	1.6
ニューオーリンズ	6	8	0.8	21,316	16,099	1.3
フィラデルフィア	12	2	6.0	31,507	36,270	0.9
デトロイト	8	3	2.7	26,311	16,811	1.6
ニューヨーク	8	9	0.9	31,608	20,646	1.5

白人地域とは住民に占める白人の比率が80パーセント以上の地域を指す。ア
トランタを例にとると、白人地域は66あり、それらの地域に11の分館があった。
したがって白人地域の分館設置率は17パーセントとなる。一方、非白人地域は
27あり分館は3つなので、設置率は11パーセントになる。それゆえ、白人地域
の方が1.6倍多く分館が設置されているということである。南部の4つの市では、
ニューオーリンズの分館設置を除いて、分館設置率、分館の平均蔵書冊数は白人
地域の方が高かった。バーミンガムでは分館設置率に3.7倍、各分館の蔵書数に
2.2倍の開きがあった。

　注目されたのは南部以外での「間接的差別」で、フィラデルフィアでは分館設
置率に6倍、デトロイトでは設置率に2.7倍、平均蔵書冊数に1.6倍の開きがあっ
た。同調査はさらに学歴、所得などによる白人地域と黒人地域での差も探ってい
る。例えば白人地域の低学歴や低所得の分館の平均蔵書冊数は、非白人地域の高
学歴や高所得の分館よりもはるかに多いといったことである。

　●調査結果　同報告が導いた結論には以下がある。(1)「直接的差別」は南部16
州に限られ、これは憲法違反である。(2) 南部での差別は大都市よりも小さな町
や農村部で強い。(3)「間接的差別」は全国でみられ、特にバーミンガム、ワシン
トン・D.C.、デトロイトで目立つ。そして、「間接的差別」も明白な差別と把握
し、この形態の差別は全国に及んでいるとして次のように結論した。

　　　非白人地域と比べて、白人地域は図書館を設置している可能性がはるかに
　　　高い。非白人地域に図書館があるとしても、それは市の図書館システムの
　　　なかで、最も劣悪な図書館群となっている。少ない図書館数と貧弱な資料
　　　が重なりあってもたらす影響、これが非白人地域への差別の典型である。

　調査結果が出された時、北部大都市での「間接的差別」が問題になった。名指
しされた図書館の館長はいずれも図書館界の指導者で、事実や調査方法について
反論した。実力者の反論を受けて、ALAは8頁の文書を報告書に添付するように
指示した。そこでは、(1) 調査結果を過度に一般化している、(2) 南部に関する
分析は妥当である、(3) 北部に関する分析は不十分で信頼できない、(4) 精緻な
研究が必要であるとなっていた。この文書の貼付にはラベリングとの非難が出さ
れたものの、知的自由委員長アーキ・マクニールがラベリングではなく「正誤表」
と主張して突っぱねた。1963年の年次大会で北部の図書館幹部が厳しく調査を
批判した時、アトランタ大学図書館学校長の黒人バージニア・L.ジョーンズは、
意図的か否かは別に多くの施設に差別が入っていることは事実と主張するととも
に、図書館界の自己点検を評価し、調査結果の受容とサービスの改善を求めた。
実態としての差別を浮き彫りにした『公立図書館へのアクセス』は、1960年代後
半からのアウトリーチ・サービスの思想と実践に続いていく（T78）。

T68 「すべての人」に向けての認識の変化：
図書館サービス建設法（1964年）

公立図書館はボストンからマサチューセッツ、そして中西部から太平洋岸に設置され、1890年代からは中部大西洋岸や南部に波及した。また1890年代から州やカウンティが乗り出し、州全域サービスを目指した。1954年には図書館サービス法が成立し、国全域での図書館空白地域の解消を課題とした。

●**図書館サービス建設法**　1963年1月、ケネディ大統領は公立図書館を継続教育のための重要な機関とした上で、現状を次のように指摘した。1,800万人がサービスを受けておらず、1億1千万人以上が不十分なサービスしか受けていない。古い建物が多く、10年間に2%しか改築されていない。中西部の豊かな州でも、85%は1920年以前の建物である。ケネディは、農村だけでなく都市部にも法を適用すること、建物にも補助金を出すことを主張した。これを受けて、1964年には図書館サービス法にかわって図書館サービス建設法が成立した。

1966年には入所者や身体障害者へのサービス、1970年には不利益をこうむっている人へのサービスを加え、恵まれない人へのサービスを強めていく。1977年には高齢者へのサービスの他にも以下のようなサービスを重視した。(1) 不利益をこうむっている人へのサービス：識字学級、成人教育学級、遠隔の地や外出困難な人へのサービスなどが含まれる。(2) 施設収容者へのサービス：受刑施設、療養所、高齢者施設などへのサービスを指す。(3) 身体障害者へのサービス：視覚障害者向けに図書館が制作した番組をラジオ放送で流したり、聴覚障害者のためにテレタイプを設置した図書館もある。(4) 英語をよく使えない人へのサービス：スペイン語を使用する住民が多い地域で、スペイン語の本を多くそろえた館は多い。また、少数民族の出身で図書館学を専攻する学生に奨学金を設けたりした。(5) 州の図書館振興機関の強化。(6) 大都市公立図書館の充実：州が資料センターとして指定した大都市の図書館の整備充実にも補助金が使用できる。このように図書館サービス建設法は、図書館サービス法が定めた人口1万人未満という制限を外すとともに、むしろ大都市に注目したのである。

●**図書館界の認識 (1)**　ボストン公立図書館が成立したのち1890年までは、各自治体が公立図書館を設立してきた。またアンドリュー・カーネギーは小さな自治体での図書館建設に大きな貢献をした。次に図書館サービスを広めるために、より大きな行政の枠である州が乗り出してきた。州図書館委員会が設置され、小さな町での図書館設立に刺激を与え、巡回文庫サービスも行った。さらにカウンティ・ライブラリーが出現し、人口がまばらな地域へのサービスを行うと

ともに、既存の小さな公立図書館にサービスを深める手立ても提供した。このように考えると、人口1万未満の人口希薄な地域を対象とした図書館サービス法は、公立図書館が成立したのち一貫して続いてきた空白地帯の解消を目指す、最大の切り札として構想され実践されたと考えてよい。と同時に、州間でのサービスの偏在や格差をなくすために、連邦という最大の行政の区域の介入を試みたともいえる。

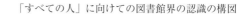

「すべての人」に向けての図書館界の認識の構図

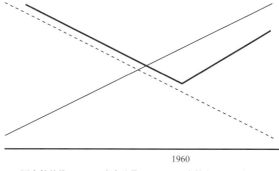

1960
―― 図書館整備　　‐‐‐空白地帯　　―― 図書館を利用できない人

　図書館界は1920年代から一貫して全国への図書館サービスの展開を主要課題として掲げてきた。1956年の図書館サービス法の採択はその終結点といえるが、そこには図に示すような認識があった。すなわち、「図書館整備」が右肩上がりに進むと、「図書館空白地帯」は反比例して右肩下がりになり、それに比例して「図書館を利用できない人」も右肩下がりになるという認識である。これはきわめて自然な認識だろう。

●図書館界の認識(2)　　公立図書館の設置が人口集密な地域で先行するというのは、おおむね事実とみなしてよいだろう。図書館サービス建設法が農村部という枠を外すとともに、むしろ歴史的に最も図書館整備が進んでいる大都市に重点を移したのは奇異な感じさえする。この転換は上述の図式（「図書館界の認識(1)」）が崩れていることを示している。図に示すように、「図書館整備」と「図書館空白地帯」を示すグラフに変化はない。変化は「図書館を利用できない人」のグラフに現れ、太線は「図書館を利用できない人」の増加という認識を象徴的に表している。すなわち図書館のサービス圏域内にあっても、実質的に図書館を利用できない人を認識したということであり、その具体的グループが図書館サービス建設法で示された恵まれない人びとである。

　この認識の転換は図書館にとって非常に重要であった。それは1960年代後半から1970年代前半のキーワードである社会的責任という思想、およびアウトリーチ・サービスという語で総称されるサービスに具体化される。そして、この認識は現在の公立図書館サービスの基本的認識として持続している。

T69　ベトナム戦争と図書館サービス：
軍図書館システム、アメリカ図書館協会

　アメリカが第2次世界大戦後の冷戦期に関与した主な戦争である朝鮮戦争とベトナム戦争の戦地でのサービスは、陸・海・空軍の図書館が主導して行われた。

　●ラパポートと米軍図書館　1963年、那覇のアメリカ空軍基地図書館に勤務していたルース・ラパポートがサイゴンに着任し、陸・海軍双方のための米軍図書館の準備を始めた。当初は7,000冊のペーパーバックのみの図書室を毎日午前9時から午後10時まで開館していた。英語に不慣れな現地スタッフの力を借りて、1964年には10,000冊の蔵書と250種の逐次刊行物を備えた館として正式に開館した。開館の翌週にはベトコンの爆撃の被害を受けたが、再開館後は基地内で唯一冷房が完備された建物内にあったこともあり、人気の居場所となった。その後、他の図書館員が着任し、南部ではビエンホアとソクチャン、中部ではプレイクとダナンに米軍図書館が設立された。各地に散在する部隊に、雑誌とペーパーバック各々8種を入れた「フィールド・デリバリーキット」の配布、希望された資料の貸出、詩・演劇の読み聞かせ、音楽を録音したテープの送付などを行った。さらに、アメリカ太平洋軍内の図書館との相互貸借を活用して資料を提供し、サイゴン図書館は兵士に利用者教育も行った。一方、物理的な図書館不足を解消するために、1968年には本国から冷房付きのトレーラーが輸送され、10台のトレーラー図書館が発足した。翌1969年にはミニバンを使った自動車文庫も導入されている。各地の兵士に図書館サービスを届けるための努力はさまざまな形で行われ、ルース・タウンゼントのように、クイニョンから中部各地の都市にヘリコプターや戦闘機で通って図書館サービスを提供する任務にあたる図書館員もいた。なお、ラパポートは1970年にベトナムを去るまでに、39の図書館と117のフィールド・コレクションを創設した。

　●軍図書館システム　1965年、海軍が担当していた陸・海軍双方の図書館サービスが、各々の管轄に分けられた。陸軍は図書館サービスの拡充のために人員増をはかり、1966年から1967年にかけて韓国よりエレノア・ドリスコルが図書館サービスセンター長として、バージニア・ホロウェルが初代エリア・ディレクターして、他の図書館員もヨーロッパとアメリカから相次いで着任した。陸軍は海軍の図書館システムを継承したが、空軍はもともとベトナムに基地がなく、何もないところから図書館システムを構築する必要があった。1961年10月、サイゴン近郊のタンソンニャット空軍基地にフィリピンの第13部隊よりチームが派遣され、空軍兵へ図書館サービスが開始された。図書館の開館に際して、アメリ

カ国外で最大の空軍基地であったフィリピンのクラーク基地より、蔵書1,000冊がクイニョンに、6,000冊がタンソンニャットに運ばれた。空軍図書館はその後、中部のダナン、プレイク、中南部のカムラン湾とファンラン、南部のビエンホアなどの空軍基地に設置された。そのうちタンソンニャットが蔵書数23,500（1972年時点）で最大で、蔵書数13,435のダナンが続いたもの、1972年から1973年にかけてダナンを除く各地の図書館は閉鎖された。1970年5月号の『ライブラリー・ジャーナル』によると、タンソンニャット空軍基地図書館は1970年に改築され、図書に加えて、雑誌150種、新聞35種、参考資料、8言語によるカセットテープ資料を備え、空調のある読書室を持つ優れた基地図書館ということであった。

●**アメリカ図書館協会**　アメリカ図書館協会では若い活動的な図書館員を中心に1969年冬期大会で社会的責任ラウンドテーブル（SRRT）が設置され、このグループの1つの目的として、ベトナム反戦決議の採択があった。1969年の年次大会では、たしかに「会員総会の参加者はベトナム戦争に反対することを記録に留める」との決議を採択した。しかし主語を「アメリカ図書館協会」ではなく、「会員総会の参加者」とすることで、最高議決機関である評議会での議題にする道を閉ざしてしまった。これには、政治的に特定の立場を取ることは国民による図書館への信頼を低下させるとの主張、要するに決議採択に反対する主張が力を持っていたことを示している。続く1970年の冬期大会とデトロイト年次大会ではベトナム反戦決議は議題に上ることもなかった。ただし年次大会で、アメリカ図書館協会は「立場声明で明確に定められた図書館サービスや図書館との関連で」、現代の重要問題について立場を明らかにする用意があると決定している。1971年夏のダラス年次大会でコロンビア大学の図書館学校生が、以下の決議案を会員総会で提示した。この決議にSRRTは関係していなかったと思われる。

　　決議　アメリカ図書館協会は、合衆国大統領にたいして、次の措置をすみ
　　やかに講じることを要請する。1971年12月31日を期限に、東南アジアでの
　　現在の対立に関して、合衆国のあらゆる軍事的な関わりを終結するために、
　　必要な措置をとること。合衆国の財源を、早急に求められている国内のニー
　　ズに合致するように再配分するために、必要な措置を講じること。

なお末尾の一文が「図書館との関連」を示していることになる。この決議案を会員総会は採択し、評議会は「1971年12月31日を期限に」を削除して採択した。この決議は同種の決議を連邦上院が通した2日後に採択されている。

「立場声明で明確に定められた図書館サービスや図書館との関連で、現代の重要問題について立場を明らかにする」というのは1つの原則になった。そして1991年の湾岸戦争について決議が採択されたときも、この原則が用いられることになる。
　　　　　　　　　　　　　　　　　　　　　　　　　　　　　（北村由美）

T70　抵抗のための図書館：
フリーダム図書館（1964年）、人民図書館（2011年）

　1964年に公民権法が成立するのだが、その年の6月から10月にかけて北部の白人学生を中心に約700人のボランティアがミシシッピ州に入り込み、有権者登録運動や教育活動に従事した。学生非暴力調整委員会（SNCC）などが指導し、フリーダム・サマーと呼ばれる。そこでは少なくとも3人の殺害、35件の発砲、35件の教会焼き討ち、30件の爆破、1,000人以上の逮捕があった。同州はアラバマとともに最も圧制が強く、黒人の有権者登録が非常に低かった。

　●メリディアン　1960年のミシシッピ州メリディアンの人口は約5万人で、ソーシャルワーカーのマイケル・H.シュワナーと教員のリタ・シュワナーが、フリーダム・サマー以前から図書館活動に入っていた。両者は1964年1月に当地に到着し、薬剤師が所有する建物の2階にある広い空部屋に図書館があてがわれた。寄贈書が続々と到着し、寄付金もあった。余った部屋は青少年の卓球室にした。チラシを作成し、休館日なしで誰もが1万冊の本を無料で借り出せることを強調した。蔵書は主題（フィクション、青少年、人種関係など）で大まかに分類し、貸出に延滞料は取らない。また宿題援助、お話会、裁縫クラスなども宣伝した。宿題援助ではフラッシュカードやワードゲームを活用し、お話会では子どものために交通手段、スナックや飲み物を用意し、歌や図書館探索を実施した。女性が新しい服を持っていないのに気づき、ミシンと布地を寄付で調達して裁縫クラスを始めた。後には125名が家で裁縫を、25名がクラスを受講していた。

　夫のマイケルは、まずハイスクールを中退した子どものクラスと接触し、ティーンズは図書館の常連になった。次第にコミュニティに入り込んで有権者登録を助け、履歴書の書き方なども教えた。マイケルは「図書館は貸出も多く順調である。コミュニティ・センターの最も重要な機能の1つは、目的はともかく、人びとが集まる場として機能することにある」と記している。夫妻はたいしてハラスメントを受けていなかったが、フリーダム・サマーの開始につれて白人の巻き返しが激化した。マイケルが百貨店でティーンズが求めた本を買おうとすると、警察署に連行された後に解放された。この種のハラスメントは以後も続いた。40マイル離れた教会の指導者と夏期にフリーダム・スクールを開くとの合意に達していたが、これらの指導者はひどく殴打され、教会は破壊された。6月21日、マイケルなど3名（内、黒人1人）が当地の状況を調べるために訪れ、メリディアンに戻る途中、KKKと同行する警察官によって、3名は射殺された。

　●マイルストン　ミシシッピ州ホームズ・カウンティの1960年の人口は約

23,000人で、マイルストンの町ではカリフォルニアの建設業者が2万ドルを調達して、ホームズ・カウンティ・コミュニティ・センター（HCCC）を建設した。建設の段階から車に火炎瓶が投げられたり、用地の至近でダイナマイトが爆発したりした。HCCCの図書館を担当したのがヘンリー・ローレンツィとスー・ローレンツィ夫妻で、スーはスタンフォード大学の学生であった。両者は1964年9月末に当地に到着し、10月にHCCCが開館した。開館日には400名が訪れたが、そこには州の警官がいて、公民権運動関係者にあらゆるハラスメントを行い、警官の写真を撮ろうとしたボランティアは逮捕された。図書館の蔵書は北部から贈られた7,000冊で、スーは教員と図書館員の役割を果たした。幼稚園では毎日、図書館では毎週あるいは隔週にお話会をした。直ちに図書館は「人びとが訪れる場になり、肌の色で拒否されない」ということが知れわたった。図書館は誕生会などにも用いられ、まさに人びとが集まる場になった。建設時からHCCCは白人の標的になっていたのだが、センターが活動後はますます発砲の標的になった。スーは、「毎夜、武装警備員が不寝でHCCCを見張っていた」と回想している。ヘンリーは11月に武器隠匿を理由で逮捕されたが、その武器というのはピクニックバッグに入れていたパン切ナイフであった。逮捕の翌日に解放されたものの、カウンティに長く滞在しないと確約した後であった。

●フリーダム図書館　上述の2つの事例は特別な例ではない。いずれの図書館や図書館員も白人や警官からの執拗なハラスメントや脅迫を経験していた。親と喧嘩をしてミシシッピに乗り込んだ白人学生もいた。現地につくと、寄贈書は多く、図書館員は直ちに図書を利用できる状態にした。図書館は資料提供、お話会、裁縫や識字のクラスを設けた。いずれの図書館も子どもを重視していた。そして人びとが行き交う場として機能した。学生は学期の開始とともに北部に戻り、フリーダム・サマーは終った。ただしセンター自体は廃棄されず、メリディアンでは教会、プール、集会場を含む施設に、マイルストンでは連邦のヘッドスタート（貧困家庭の未就学児への早期教育事業）のセンターになった。

　2011年9月、ニューヨーク市のズコッティ公園（旧名はリバティパーク）は抗議運動「ウォール街を占拠せよ」の拠点になった。この運動は、上位1％を占める富者が国民の全収入の20％近くを占めている事実を踏まえて、資産や収入の不平等に抗議する運動であった。公園には寄贈による12,000冊の「人民図書館」があり、寄贈書の整理を担当しただれもが自分が最適と思う所に配架するという権限を持っていた。また自由なブラウジング、貸出期限なし、延滞料なし、他者や他機関への又貸しも可能であった。図書館の存在と運営法自体が「民主的」、「革命的」といえた。11月15日の午前1時、ニューヨーク市警は公園の環境保全を理由に公園の「清掃」に乗り出し、人民図書館は完全に破壊された。

T71　体制内での批判グループの結成：
社会的責任ラウンドテーブル（1969年）

　図書館界を代弁するアメリカ図書館協会（ALA）を批判する最初のグループとして、1939年結成の進歩的図書館員会議を指摘できる。同会議はアーチボルド・マクリーシュの議会図書館長任命の支持、第2次世界大戦での図書館界の中立の主張、検閲への組織的対処の必要性を主張したが、いずれの主張も無視された。それにはALAの外に批判グループが形成されたという事実も関係しているだろう。1960年代末になって、同じような批判グループがALA内に結成されることになる。

　●1968年と社会的責任ラウンドテーブル　1968年は動乱の年であった。ベトナム戦争でのアメリカ軍の死傷者数は朝鮮戦争を上回り、南ベトナムには最多数の54万人が派遣されていた。マーティン・ルーサー・キング・ジュニア、ロバート・ケネディが暗殺され、コロンビア大学では大規模な学生闘争が生じ、大都市での暴動が激化していた。こうした年に開かれたALAのカンザスシティ年次大会は、「通常ではない大会」、「拡大する痛みと世代間ギャップ」で特徴づけられる。メリーランド都市部図書館プロジェクトのケネス・F.デュチャックとドレクセル大学図書館学校のドローシー・ベンディックスは、社会的責任ラウンドテーブル（SRRT）の設置をALAに願い出た。SRRTの目的は、社会的問題を「議論できるフォーラムの提供」と「図書館の取り組みの検討」にあった。1969年1月に評議会はSRRTを正式に認めている。
　●SRRTの最初の声明　1969年3月にSRRTは「最初の声明」を発表した。冒頭に「いますぐ活動を」を掲げ、SRRTの意図が活動にあることを強調した。さらに「SRRTが効果的に役割を果たすには、『ALAの良心』として、またALA内の圧力グループとして機能しなくてはならない。このことは特定の『問題』だけの支援を意味しない。より重要なことは、社会における図書館の役割を設定するために、ALA内に知的対立を起こすことである」と続いている。そして、「図書館や図書館員が直面する重要な社会変化の問題に関して、図書館の責任を討論する場を提供する」、「現今の社会問題をいっそう理解する目的で、図書館活動についてALAのすべてのユニットと情報を交換する」、「ALAおよびさまざまなユニットに刺激を与え、図書館が現在の社会的ニーズに対応できるようにする」という3つの目標を掲げた。これは既述のデュチャックの説明、すなわち社会的問題を(1)「議論できるフォーラムの提供」と、社会的問題を視野に入れた(2)「図書館の取り組みの検討」に整理できる。

● (1) 社会的問題を「議論できるフォーラムの提供」　SRRT設置の是非を検討したALA組織委員会は、「社会的責任とは、社会の社会的福祉に関する非図書館的問題と、図書館や図書館員との関係」と定義づけた。領域 (1) は1969年アトランティックシティ年次大会の会員総会で取り上げられた。総会に提出された決議の1つはABM（弾道弾迎撃ミサイル）に反対する決議で、図書館専門職の問題に限定すべきという主張がなされ採択されなかった。最も注目されたのはベトナム反戦決議で、SRRTは採択に最も力を注いだし、総会では最も紛糾した。SRRTの原決議は「ALAは合衆国がベトナムで宣戦なき戦争に参加していることを非難する」となっていたのだが、採択された決議の主語は「会員総会の出席者」で「ALA」ではなかった。「会員総会の出席者」とすることで、決議を評議会に上げる根拠になりえないことになった。なお1971年ダラス年次大会ではベトナムへの軍事費が図書館予算に悪影響を与えていると図書館との結びつきを強調しつつ、反戦決議が評議会で採択された。しかしこの決議にSRRTが関与した形跡はない。

● (2) 社会的問題を視野に入れた「図書館の取り組みの検討」　(1) は目立つのだが、むしろ重要なのは (2)「図書館の取り組みの検討」である。SRRTは1971年にこれまでの活動実績をALAに報告し、SRRTに設けられた専門委員会の一覧を示している。それによると1969年の発足当初から続いているのは知的自由専門委員会だけであった。一方、1971年8月の時点では、「オルタナティブズ・イン・プリント」、「アメリカン・インディアン」、「ゲイ解放」、「移住労働者」、「マイノリティの図書館へのリクルート」、「貧しい人びとへのサービス」、「女性の地位と女性解放」などの委員会が活動していた。SRRTは (1) にもまして、現実の図書館サービスに力を注いだ。それは2つの方向を取った。1つはマイノリティへのサービスの重視、いま1つはマイノリティの見解を表明する雑誌や図書の重視で、そうしたオルタナティブな刊行物の索引の作成といったことである。

　確実に言えることは、『図書館の権利宣言』が示すあらゆる見解の提供という思想を現実に深めたのは、知的自由と『図書館の権利宣言』を主張した知的自由派（知的自由委員会）の図書館員ではなく、社会的責任を主張したSRRTの系統の図書館員であったということである。こうしたSRRTの主張するサービスはアウトリーチ・サービスと総称される。それを担ったのは、例えばブルックリン公立図書館の場合、コミュニティ・コーディネイターの黒人ハーディ・フランクリン（後のワシントン・D.C.パブリック・ライブラリー館長）、連邦職員で図書館サービス建設法に直接関わっていたジョン・C.フランツ館長、社会的責任派の代表であるデュチャック館長であった。ここにいわゆる知的自由派の出る幕はなかった (T78)。

T72　社会的責任の意味：ACONDA 報告（1969-70 年）

　T78「大都市の人口構成の変化と図書館」で次のように説明した。アウトリーチとは、公立図書館のサービス・エリアの中に存在しながら、サービスを享受していない、あるいはサービスを享受できない「特定の人びとの集団」へのサービスをいう。すなわち館外で行うサービス、図書館空白地帯への図書館設置、単なる移動図書館サービスなどは、アウトリーチに入らない。普通名詞としてアウトリーチという語が使われる傾向にあるが、元々の意味は時代に規定されており、そこでの意味を押さえることは、この語の中心概念を把握する上で重要である。同じことが社会的責任についてもあてはまる。

　●「ALAの新しい方向に関する活動委員会」（ACONDA）　1969年に社会的責任ラウンドテーブル（SRRT）が設置されたが、そうした組織の設置の是非を検討するのがアメリカ図書館協会（ALA）組織委員会である。この委員会は、「社会的責任とは、社会の社会的福祉（social welfare of the society）に関する非図書館的問題と、図書館や図書館員との関係」と定義づけていた。1969年のアトランティックシティ年次大会に際して、ALA執行部はニューレフト、若者、過激派による大会の混乱を憂慮していた。その対策の1つとして、会長ウィリアム・S.ディックスは「ALAの目標、そうした目標の実行に適した組織やプログラムの再検討を行う」ために、ACONDAを立ち上げた。この委員会は12名で構成され、その半数はSRRTとジュニアメンバー・ラウンドテーブルからの委員であった。

　ACONDAは1970年1月の冬期大会で中間報告を、1970年デトロイト年次大会で最終報告を提出した。中間報告は最終報告に組み込まれた。委員会は現在のALAが優先すべき領域を「社会的責任」、「マンパワー」、「知的自由」、「立法」、「計画・研究・開発」、「ALAの民主化と再編」とした。そして優先順位の最上位に「社会的責任」を掲げた。そこでは社会的責任を幅広く、（1）図書館専門職は社会の重要問題について改善、解決のために貢献できる、（2）国民がこれらの問題を知り、学ぶのを助ける取り組み、各問題について多くの考えや事実を読むように奨励する取り組みを支援する、（3）ALAは現代の重要問題について、会員を導き支援するために立場を明らかにする用意があると定義づけた。

　●社会的責任小委員会の説明　報告は上記のように社会的責任を首位に置いて説明したのだが、社会的責任を検討する小委員会はいっそう具体的に検討していた。小委員会は社会的責任には2つの対立する定義があるとした。第1に、図書館員の仕事は思想や情報の収集、提供、保存にあり、決して思想の促進にはない

とする伝統的で保守的な定義である。これは図書館の社会的責任を中立性に置く定義で、館界の主流の考えであるとした。さらに活動の必要性を強調し、第1の定義はもはや社会で通じないと断定している。続いて小委員会は革新的で活動主義的な第2の定義を示す。そしてSRRTの設置に際してALA組織委員会が用いた「社会的責任とは、社会の社会的福祉に関する非図書館的問題と、図書館や図書館員の関係として定義できる」を最善の定義とし、この定義に論議は不要と決めつけた。

　小委員会は第2の定義に限定したのち、社会的責任に関する文献では不利益をこうむっている人へのサービスが圧倒的に多いとした。小委員会が重視したのは、この種のサービスが連邦補助金で賄われ、補助金がなくなるとサービス自体が消滅するということである。委員会は、この種のサービスの優先順位を上げて、図書館サービスに根付かせる必要があると主張した。しかし小委員会の最大の関心は第2の定義のいま1つの側面にあり、それは非図書館的とされる重要な社会問題への立場の表明である。小委員会によれば、こうした立場の表明は2つの理由から問題視されている。1つは中立性である。小委員会はこの理由を曖昧と主張した。図書館界は民主的な立場、リベラルな立場をとってきた。人種隔離に明確な立場を表明したが、それは図書館サービスに大きな影響を与えるからである。そして図書館は環境問題や戦争に囲まれ、図書館サービスに大きな影響があるのに、中立性を持ち出していると批判した。いま1つの理由は、立場の表明が社会的、経済的、法的な報復を受けるとの理由である。例えば免税地位の喪失や会員数の減少を招くとの主張である。小委員会にすれば、前者には調査、後者には実証が必要である。小委員会は以下のように結論づけた。

　　　ALAの問題は非図書館的な事柄に関与すべきか否かではない。……私たちはすべてのレベルで深く巻き込まれている。……この領域に踏み込まねば、私たちが奉仕を意図する社会から疎外される危険、ALAの方向に関わらず非図書館的な事柄に関与しようとする図書館員（老若、新参古参を問わず）からも疎外される危険がある。

　小委員会の考えは明確で、図書館での社会的責任は2つの部分で構成される。1つは不利益をこうむっている人へのサービス、いま1つは非図書館的とされる重要な社会問題についての立場表明である。この立場を社会的責任小委員会は積極的に取り込んだ。しかしそれは同時に妥協と調整の始まりでもあり、小委員会の解釈は報告の本体では薄められたのである。重要な社会問題をめぐる論争は、ベトナム戦争（1971）、南アフリカ共和国のアパルトヘイト（1987）、湾岸戦争（1991）、キューバ（2004）に関する決議を採択する時にも生じた。そこでは図書館に引きつけて決議を採択するという方向での妥協が成立している。

T73　苦境に陥った図書館員への援助：
　　救済プログラムの作成（1971年）と消滅

　図書館長の任免権を持つのは図書館理事会で、図書館の基本的役割について理事会を教育するのが館長の大きな仕事の1つとなる。図書館理事会と館長が一体だと、ほとんどの苦情や検閲に対処できる。しかし理事会と館長が対立した場合、さらに理事会が苦情提供者や検閲グループの側についた場合、館長は苦境に陥り、解雇されかねない。

●**図書館員を救済する仕組みの主張**　1937年、モンタナ州立大学の図書館長兼図書館学教授フィリップ・O.キーニーが解雇された。この事件は専門職としての役割を果たしたために解雇されたという側面を有する。しかしアメリカ図書館協会（ALA）自体は何の支援もしなかった。一方、アメリカ大学教授協会、アメリカ自由人権協会はキーニーを支援した。1939年、キーニーは図書館員を支援する仕組み、知的自由違反の図書館に制裁を加えるという仕組みの構築を訴えている。すなわち、図書館員の申し立てにたいして調査チームを設けて事実究明を行い、事実究明の報告を公開する、ALAによる非難決議を採択する、解雇された図書館員の後継者についてALAが推薦を拒否する、解雇された図書館員の再就職にALAは尽力するといったことである。1948年の年次大会で、「公立図書館調査」で有名なロバート・D.リーは、検閲にたいして専門職集団として対抗する必要があるとし、検閲の究明調査、報告書の作成、犠牲となった図書館員への支援を主張した。しかしALAがキーニーやリーの提言に応じることはなかった。
●**1960年代後半の状況とALAの対応**　1960年代後半はベトナム反戦運動が激化し、社会の対立が目立ち、激しい応酬がされた時期である。この時期にオルタナティブ・プレスが盛んになり、マイノリティの見解の表明が多くなったが、そうした資料をめぐって図書館で争いが生じた。例えば1968年、カリフォルニア州リッチモンドでは、オルタナティブな雑誌『バークレー・バーブ』を保守グループが攻撃し、館長は辞任に追いやられた。1969年、バージニア州マーティンズビルでは、図書館の外で言論の自由を擁護した館長が解雇された。またミズーリ州立図書館の児童図書館員ジョーン・ボジャーは、ニューレフトの学生新聞『フリープレス・アンダーグラウンド』への大学の検閲と警察による学生の逮捕を問題として新聞に投稿し、解雇される結果になった。このように『図書館の権利宣言』に忠実な図書館員が、苦境に陥り、解職される事例が目立った。
　1963年のALA年次大会で、フレデリック・H.ワグマンは会長就任演説を行い、『図書館の権利宣言』の擁護によって苦境に陥った図書館員に、「道徳的な支援以

上」の助けを提供する必要があると訴えた。続いてALAは法的財政的支援の検討に着手したと公表した。これを受けて知的自由委員会は常勤職員の配置と防衛基金の設置を具体的に提案した。『図書館の権利宣言』を擁護するための仕組みが具体的に動き出すのは、1967年12月にジュディス・F.クラグが赴任した時からである。そして「『図書館の権利宣言』を支援する活動プログラム」の採択（1969）といっそう広範な「調停、仲裁、査問に関する活動プログラム」への移行（1971）、「読書の自由財団」の成立（1969）と続いて行く。

　●支援プログラムの作成とその後　「『図書館の権利宣言』を支援する活動プログラム」の骨子は以下である。知的自由委員会は申し立ての内容が『図書館の権利宣言』の枠内か否かを決定し、適当と判断すれば事実究明委員会を立ち上げる。知的自由委員会は究明委員会の調査報告に依拠して、ALA理事会に適切な措置を勧告する。例えば、（1）機関誌に報告の全体あるいは一部を掲載する、（2）報告の概要を関係各所に配る、（3）会員権の停止や除名を行う、（4）申し立て人に職を斡旋する、（5）機関誌に『図書館の権利宣言』に違反した図書館を記載する、である。このプログラムによってジョーン・ボジャー事件など3つの事実究明が行われた。そして事実究明の報告がALAの機関誌に掲載され、関係各所に配布された。なおボジャー事件以外の2つの事件は、いずれも申し立て人の主張を支持できないとし、事実究明報告の概要を機関誌に掲載した。

　その後のプログラムの変化を示すと、1971年1月の修正の後、同年6月には単に『図書館の権利宣言』違反だけでなく、より広範な問題を扱う「調停、仲裁、査問に関する活動プログラム」に変化し、1992年にこのプログラムは廃止となった。その理由は、需要にたいして人員や財源が不足している、事件に決断を下す基準が欠落している、会員の期待を充足できないなどにあった。なお1969年の時期に設けられた救援組織として、1969年設置の「読書の自由財団」と1970年設置のメリット人道主義基金がある。前者は裁判支援を目的にALAの外に設けられた。後者は苦境に陥った図書館員に即刻の支援金を与える基金である。この両者は現在も活動している。

　ALAが知的自由違反を理由に図書館員や図書館を非難したり除名したりしても、当人や当該機関に決定的な痛手となりえない。ALAによる制裁は道徳的な制裁に近いが、決して無意味ではなかった。しかしそれ以上の問題があった。この種の問題で『倫理綱領』に言及するのは妥当だと思われるものの、1969年当時の一連の事件やALAの取り組みで『倫理綱領』に言及されることはなかったし、言及できなかった。『倫理綱領』は1981年に修正されるまで専門職としての図書館員という認識が希薄で、図書館理事会の忠実な下僕として図書館長を位置づけていたからである（T50）。

T74　知的自由の歴史的構図：
　　　教育主義、知的自由、社会的責任の関係

　図書館が資料の収集と提供の土台に据える価値を歴史的に俯瞰すると、図のようになる。この図式は図書館が定めたものだが、それ以上に社会の動きが関係している。同時にこの図式は、例えば図書選択の背景をも示していよう。

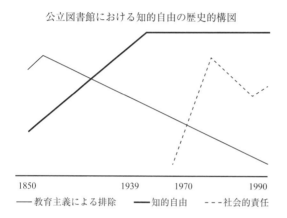

公立図書館における知的自由の歴史的構図

1850　　　　　1939　　　1970　　　　1990
—— 教育主義による排除　—— 知的自由　--- 社会的責任

●**教育主義**　右肩下がりの実線は、公立図書館が教育主義で出発し、それが全体的にみると一貫して下降してきたことを示している。ボストン公立図書館は公教育の延長上に位置づけられ、そこでは教育的役割が強調された。それを図書館員の使命にまで上昇させたのは、メルビル・デューイで、1879年には標語「最善の読書を最低のコストで最大多数の人に」を作成した。またコミュニティを支える三脚として、学校、教会、図書館を指摘して、それがコミュニティを維持するとした。ここで言う「教育」とは「価値を教え込む」ということで、そうした価値は白人中産階級の価値であった。最善の図書の基準は、例えば文学的な質や斬新さではなく、旧来の道徳的価値によって判断された。概してフィクションは現実生活を逸らす虚構とされ、図書選択論は提供すべきフィクションの下限をめぐって行われた。1920年代になると成人の読書については、成人に委ねるべきという主張が高まり、それが結晶化するのが1939年の『図書館の権利宣言』である。

　●**知的自由**　太線は知的自由を示し、1939年の『図書館の権利宣言』採択は、あらゆる見解の提供を重視し、教育主義から知的自由への転換点となった。その後、『図書館の権利宣言』は検閲への条項（1948）、利用者への条項（1961、1967）を加え、展望を拡大していった。ここでの基本的な考えは、図書館はあらゆる見解を提供し、その判断は利用者個人の主体的判断および思想の市場に委ねるということである。また知識や情報を受け取ることを住民の権利と把握し、それは合衆国憲法修正第1条が定める言論や表現の自由と表裏一体をなす。それに関連して、図書館や図書館資料へのアクセスの保障、図書館記録の秘密性や利用者のプ

ライバシー保護が重視されてきた。

●**社会的責任**　点線は社会的責任を示し、公民権運動、ベトナム反戦運動、女性運動、環境運動、消費者運動など、1960年代後半から1970年代前半の社会状況を直接的な背景として生まれてきた。この動きをアメリカ図書館協会で体現するのが1969年に設置された社会的責任ラウンドテーブルである。同ラウンドテーブルは、ベトナム反戦決議やABM（弾道弾迎撃ミサイル）反対決議を提示したし、図書館における人種差別、性差別、マイノリティ差別を問題にした。またオルタナティブ資料の積極的収集、さらに人種差別、性差別、ステレオタイプの資料については、除去ではなく慎重な扱い（例えば、展示、広報、プログラムで使用しない）を求めた。

　社会的責任派は、アメリカ図書館協会が現代の重大な諸問題について立場を表明し、図書館が社会変化のための機関になるべきと主張する。知的自由派は、戦争や環境問題は人類にとって重大な問題ではあるが、アメリカ図書館協会や図書館は、政治的行動を取るべきではなく、図書館業務の向上を図ることにあるとする。政治的立場を取ることは、国民の図書館にたいする信頼を失うとも主張する。社会的責任派は1960年代後半から1970年代前半に力を発揮したが、社会全体の保守化とともに従来の活力は低下したといえるだろうが、アメリカ図書館協会内の積極的な批判勢力として存在している。そして社会的責任派が主張し実践した恵まれない人へのサービスは、ますます重要になってきている。

　図書館実務に近い事柄に触れれば、この図式は図書選択論と無縁ではない。図書選択論としては大きく価値論と要求論が指摘される。そして現実の図書館は両理論を折衷したいずこかの位置で図書を選択している。教育主義は価値論と親和性がある。価値論に個々の利用者というベクトルを入れた適書論は、1910年代から、特に児童サービスで用いられた。現実の図書館利用者の資料要求を満たすものを要求論と把握すると、戦後は一貫して要求論の時代である。しかし社会的責任派の図書選択論は要求論にはならずニーズ論になる。ニーズとは顕在化していない要求を意味する。すなわち現実の図書館利用者の諸属性（職、収入、教育歴など）がコミュニティ全体の住民の諸属性とほぼ等しい場合、要求論はニーズ論と重なる。しかし両者が乖離している場合（これが現実で、実際の図書館利用者は高学歴、ホワイトカラーや専門職、高収入に偏在している）、要求論に沿えば沿うほど、コミュニティ全体のニーズと乖離し、コミュニティの一部の人の機関となる。1960年代後半から1970年代前半は社会的責任という語、図書館サービスではアウトリーチ・サービスという語で象徴されるのだが、アウトリーチ・サービスの土台となるのは、不利益をこうむっているグループへのサービスであり、それを支える図書選択論は要求論ではなくニーズ論ということになる。

T75　体系としての『図書館の権利宣言』：解説文の採択（1971年）

　図書選択の原理と集会室の利用を定めた全3条からなる『図書館の権利宣言』は、1939年に採択された。そののち検閲に関する2つの条文（1948）、利用者の利用に関する条文（1961, 1967）、そしてプライバシーに関する条文（2019）を加えて全7条になった。宣言という性格上、各条はいずれも包括的な内容になっており、具体性に欠けるのはいかんともしがたい。そして現場が求めるのは、いっそう具体的な『図書館の権利宣言』の解釈である。

　●**4つの基本文書**　アメリカ図書館協会（ALA）は図書館サービスの基礎となる4つの文書を採択している。図書館サービスを包括する基本概念を示した『図書館の権利宣言』は、図書館と住民の両者を対象に、個人にたいする図書館の義務を表明している。ALA『倫理綱領』（1938-）は専門職にふさわしい図書館員の行動を扱っている。『読書の自由』（1953-）は個人や社会への読書の本質的な価値を記している。『図書館：アメリカの価値』（1999-）は住民を対象に民主主義における図書館の役割を表明している。これらはいずれも、ALAの最高議決機関である評議会で採択された文書である。ただしこれら4つの文書の実際の扱いには濃淡があり、歴史的にみると『図書館の権利宣言』が重視され、『倫理綱領』は軽視されてきた。ALA知的自由部編纂の『知的自由マニュアル』が『倫理綱領』を本体に組み込んだのは第7版（2006）で、第6版（2002）は付録に掲げ、それ以前の版では取り上げられていなかった。

　●**『図書館の権利宣言』解説文**　『図書館の権利宣言』は包括的な記述のため、実際の図書館業務への適用となると具体性に欠ける。図書館現場はいっそう具体的な案内を求めていたし、知的自由委員会は『図書館の権利宣言』の度重なる修正は宣言の効力を削ぐと考えていた。それらを勘案して、1971年に『図書館の権利宣言』解説文として『ラベリング声明』と『挑戦された資料』、1972年に『図書館への未成年者のフリー・アクセス』を採択した。これらの解説文は名称を変えながら現在も存在している。各解説文は、具体的な事件や社会的な動向を踏まえて作成されたもので、採択時や修正時の図書館が置かれた状況を理解する助けになる。なお2014年には『倫理綱領』の最初の解説文として『著作権』が採択された。現在の解説文の数は約30に達している。これらの解説文は、ALAの最高議決機関である評議会で採択された文書である。『図書館の権利宣言』の修正や『図書館の権利宣言』解説文の採択や修正は、知的自由委員会が原案を作成し、関係する部会や委員会に検討を求め、さらには一般会員に広く意見を求める場合もある。

決して短期間で作成し、採択されるのではない。

●**問答集、指針**　『図書館の権利宣言』と解説文以外にも、知的自由委員会や専門職倫理委員会が正式に採択した問答集、指針、決議、方針などが多くある。例えば問答集には、知的自由委員会が採択した『アメリカの図書館における宗教に関する問答集』(2010)、『集会室に関する問答集』(2019) がある。こうした文書は、あくまでも知的自由委員会が採択したもので、ALAが正式に採択したものではない。

●**宗教グループの集会室利用を例に**　『図書館の権利宣言』は第6条で、集会室の利用を求める「個人やグループの信条や所属関係にかかわりなく、公平な基準で提供すべきである」と定めている。この条文の「公平」という語の解釈を中心とするのが解説文『集会室』(2019) で、そこでは宗教グループに集会室の利用を許しても合衆国憲法「修正第1条の国教禁止条項の侵害にはならない」、図書館が多種多様な市民団体に集会室を開放しているなら「宗教団体のアクセスを拒否できないであろう」と定めている。また解説文『アメリカの図書館における宗教』(2016) では、「裁判所はこれまで、図書館は宗教グループを排除しなければならないと判示したことはない」と確認し、「最も安全な活動方針は……内容中立で行動の制限（時間、場所、態様）に限るべきである」と述べている。すなわち両文書は、国教禁止条項を理由に宗教グループを拒否できないと主張し、市民グループと宗教グループを同じ扱いにするように求めている。

　市民グループが取り上げる題目を、宗教グループが宗教的観点から扱う場合、宗教グループの集会室利用を拒否できないということは明らかである。しかし礼拝はどうなのかという問題は残る。集会室を教会として使ってよいのかという問題になる。礼拝を言論と把握するのか、集会室利用のカテゴリー設定の問題と把握するのかということでもある。ここで『アメリカの図書館における宗教に関する問答集』(2010) を参照すると、質問「聖餐を含めて、食料や飲料を許すべきなのか」を設け、すべてのグループに同じ方針を用いるべしとしている。すなわち集会室でのアルコールを禁じているなら、聖餐にワインは許されない。また礼拝の禁止について最も安全な方式は、すべてのグループに同じ時間、場所、態様での制限を適用することであるとした。さらに賛美歌には騒音に関する方針に服すると明示し、特別な扱いを拒否している。

　解説文は礼拝に言及していない。礼拝への態度を知るには、問答集を探ることで知的自由委員会の立場がわかる。ただし知的自由委員会は決して礼拝を積極的に認めている訳ではないと思われる。むしろ内容中立の時間、場所、態様の制限によって、実質的に礼拝での利用を拒否できると考えているのだろう。これは図書館は教会ではないという説明では裁判に勝てないことを示してもいる。

T76　図書館における知的自由とは：
知的自由の管轄領域

　「図書館における知的自由」という時、資料にたいする検閲への対処を思い浮かべる人が多いかもしれない。「知的自由」という語は、1939年に『図書館の権利宣言』が採択され、いわゆる知的自由委員会が設置されるとともに、図書館界で共有される用語になってきた。たしかに教育界などでも部分的にこの語が使われてきたが、「言論の自由」、「表現の自由」、「良心の自由」などのように、社会で一般に使われているとはみなしがたい。

　●図書館における知的自由　　知的自由は図書館のキー概念である。2019年にアメリカ図書館協会はコアバリューとして12の語を選んだが、「アクセス」、「秘密性／プライバシー」、「民主主義」、「多様性」といった語とともに「知的自由」が入っている。そこでは「知的自由の原則を支持し、図書館資源へのあらゆる検閲の試みに抵抗する」との短い1つの文だけで説明しているが、この語自体を説明しているのではない。検閲への対応が知的自由の中心になるのは理解できるが、検閲への対応だけに留まらない。一方、『知的自由マニュアル』の第7版と第8版の企画責任者キャンディス・D.モーガンは、「図書館における知的自由」を「持続する包括的概念」とし、館種を横断して図書館業務の土台となる概念であると記している。このモーガンの説明が妥当だと思われる。私見によれば、「図書館における知的自由」とは、漠然としているが合衆国憲法「修正第1条が定める表現や言論の自由を、図書館において現実化するためのあらゆる取り組み」と定めてよいと思われる。これに関連してアメリカ図書館協会知的自由部長ジュディス・F.クラグは、図書館協会は「知的自由［という語］に統一した定義を承認したことはなかった」と述べ、「厳格な定義から生じる限界」を回避していると記している。クラグは語の定義を回避しているが、具体的な事例との関係で「図書館における知的自由」の領域を設定しており、そうした4つの領域が「図書館における知的自由」の管轄領域を具体的に示すことになっている。

　●図書館における知的自由の4領域　　クラグの4つの領域の内容を変えず、領域の標題を、(1)「図書館資料と知的自由」、(2)「図書館利用者と知的自由」、(3)「図書館員と知的自由」、(4)「図書館と知的自由」として説明する。(1)は最も古典的な領域で、出版された資料の選択に関わる領域であり、国内外の思想への抑圧状況を受けて、初版『図書館の権利宣言』が1939年に採択された理由でもあった。そののち『図書館の権利宣言』は検閲に直接言及する条項を加え、また活字

資料だけでなく、すべての図書館資料に『図書館の権利宣言』を適用できるようにした。この領域について、クラグは、図書館界は一致して検閲に反対しているとまとめている。

　(2)「図書館利用者と知的自由」は1961年に『図書館の権利宣言』に追加された「人種、宗教、出生国……」を理由に図書館利用を制限してはならないとの条文を起点に、1967年に「年齢」などを加えた条項に関係する事柄である。また利用の前提として図書館記録の秘密性が重要となるが、秘密性やプライバシーへの関心は1970年代初頭から生まれてきた。(2)の領域について、クラグはある程度の合意があるとしつつ、子どものアクセスには多くの反対者が存在すると認めた。

　(3)「図書館員と知的自由」は1970年前後から出現してきた領域で、その中心は専門職としての知的自由を実践（例えばオルタナティブ資料の提供）したがために不利益を被った図書館員にある。また個人的な知的自由を実践（例えば南部での公民権運動参加）したがために苦境に陥った図書館員もいる。クラグは前者について、図書館界は全力を尽くして促進、保護するとほぼ合意していると判断している。後者については、重要な分野で反対者が存在するとまとめた。

　最後の(4)「図書館と知的自由」は、ベトナム反戦決議をめぐるアメリカ図書館協会での対立に由来する。1970年前後から明確になってきた領域で、あらゆる見解の提供に尽力する図書館や図書館関係団体が、1つの政治的立場や社会的立場を取ることの是非をめぐる問題として提出されることが多い。この問題は、アパルトヘイト（1987）、湾岸戦争（1991）、同性愛条例をめぐる大会開催地の是非（1995）、キューバ（2004）などで激論が闘わされた。そこでは知的自由（派）、社会的責任（派）がキーワードになり、それらが交差する領域である。また人種、階級、ジェンダー、同性愛、マイノリティなどが関係する。この領域についてクラグは「最低限の合意事項はあるが、意見は一致していない」とまとめている。「最低限の合意事項」とは、例えば政治的、社会的な決議を採択する場合、教育や図書館に引きつける決議にするといったことと思われる。

　これらは大枠で、例えば「図書館員の知的自由」には職場での図書館員の言論の自由という問題もあるし、上述の4つの領域への問題に対処するための組織（裁判への対応を含む）、研修、刊行物といった課題もある。そして各領域は『図書館の権利宣言』の拡大と深化とともに、成長してきた。歴史的に『図書館の権利宣言』は「等しく」とか「平等」を柱にしてきたが、1990年代からは「公平」が並行して重視されるようになり、2010年代末からはさらに「包摂」が注目されるようになった。これらはいずれも、マイノリティへの注目の結果であり、人数の多寡ではなく、政治的、社会的、経済的マイノリティへのサービスの徹底を求めるものである。

T77　図書館記録の秘密性を守る：
公権力からの貸出記録要請への対処

　1838年に採択されたアメリカ図書館協会（ALA）『倫理綱領』は、「図書館利用者との接触から得たいかなる私的情報も秘密として扱うことが、図書館員の義務である」と定めていたが、この文言が実際に現場で発動されることはなかった。図書館記録の秘密性や利用者のプライバシーへの関心は、利用者の読む自由や知識や情報を獲得する権利が主張される時代になるまで、そして特定の事件が生じるまで、図書館界の大きな課題にはならなかった。

　●国税庁による貸出記録の調査　1970年春、国税庁の調査員がミルウォーキー公立図書館を訪問し、爆発物関係の図書の貸出記録調査を申し出た。当初、副館長が要求をはねつけた。調査員は市検察局に出向き、貸出記録は公的記録であり、調査員に記録の閲覧を許すべきとの意見を得た。その後、同館は調査員の要求に従った。こうした動きは他の図書館でもみられた。ベトナム反戦運動に関わり、爆発物やゲリラ戦の資料を読んだ人物名を特定するためである。これは図書館界にとって大問題であった。貸出記録を提供すれば図書館への信頼が揺らぐし、利用者は論争的資料の利用を自己規制するからである。
　1970年7月にALA理事会は緊急勧告声明を発表し、翌年1月にALAは『図書館記録の秘密性に関する方針』を採択した。その骨子は、(1) 各館は貸出記録を秘密とする方針を採択する、(2) 貸出記録を提供してはならない、(3) 例外は裁判所の命令や召喚状による場合に限るという内容であった。そして1975年には1970年版を修正し、「特定の資料を使った図書館利用者の名前を識別する」という文言を、「貸出記録や図書館利用者の名前を識別する」諸記録（個人識別情報）と変更した。
　1970年代は連邦捜査局などの法執行機関による貸出記録や図書館記録の探索が続き、ALAは具体的に対抗する必要があった。1970年代末から1980年代にかけて、図書館界は図書館記録の秘密性を守る州法の制定に努力し、2000年になるとほとんどの州がこの種の法律を持つことになった。州法の採択によって、図書館員の倫理基準が法として制度に組み込まれたのである。なお法への盛り込み方については、州の情報自由法の中に図書館記録を適用除外事項として設ける方式と、図書館法の中に単独で位置づける方式とがある。また扱う図書館の種類や保護する図書館記録の範囲も州法によって相違がある。個人識別情報を欲するのは法執行機関だけではなく、ジャーナリスト、基金収集運動家、マーケティング担当者、政治家に加え、さらに親も個人識別情報を求める場合がある。

●連邦捜査局「図書館監視プログラム」 第2の重要な出来事は1987年6月に発覚した。連邦捜査局の捜査員がコロンビア大学図書館を訪問し、アメリカと敵対している国の利用者に関する情報を求め、「図書館監視プログラム」の存在が明らかになった。この「プログラム」は、あやしげな外国人が利用した相互貸借、データベース検索、貸出などの記録の閲覧を大学図書館などに求めるというものであった。「図書館監視プログラム」にたいしては連邦議会が公聴会を開いたし、新聞も大きく取り上げた。連邦捜査局は、(1)図書館が外国の調査員によって諜報部員の勧誘場所として利用されている可能性があること、(2)図書館員自身が外国の調査員の標的になっていること、(3)調査員や諜報部員が大切な資料を盗んでいる可能性があることを指摘した。そしてALAの請求によって公開された資料では、「図書館監視プログラム」に批判的な図書館員266名の数値だけをあげて「要監察者」としていた。

　ALAはこの問題を非常に重視し、1988年年次大会では「プログラム」を非難する決議『連邦捜査局の図書館監視プログラムに反対する決議』を採択した。その骨子は、(1)「プログラム」を非難して記録にとどめる、(2)「プログラム」および捜査員による図書館訪問の即時停止を要求する、(3)ALAは、図書館界を威嚇し、利用者のプライバシーを侵す「プログラム」に全力で立ち向かう、となっている。1990年冬期大会でも1988年と同名の決議を採択しているが、それは「プログラム」を非難するとともに、266名の図書館員の名前と個人記録を明かすように求める内容であった。 この問題は曖昧なままに立ち消えになった。

　連邦捜査局の「図書館監視プログラム」への対抗として、ALAは1991年に『図書館利用者の個人識別情報の秘密性に関する方針』(2004年修正)を採択した。この方針文書は、合衆国憲法修正第1条を具体的に体現している機関という図書館の基本的役割を示すとともに、図書館記録の秘密性に関する州法、さらには図書館員の倫理に言及した。そして刑事事件捜査についての「証拠漁り」的な行為は許されず、秘密な記録を明かすのは、「具体的な事実」に依拠する「十分」な根拠にもとづいて、当該管轄区の裁判所が出す命令がある時に限ると指示した。

　もちろん地方レベルで公権力が貸出記録を求め、記録を提出した図書館も多かっただろう。裁判事件としては、アイオワ州で生じた牛の虐殺事件に関して、オカルトや魔法に関する資料の貸出利用者をデモイン公立図書館に求めた事件がある。この裁判は州の刑事捜査権限を認めている。一方、テキサス州ディケーターでは幼児遺棄事件があり、警察は出産に関する本の貸出利用者の記録を求めた。判決はそうした「証拠漁り」を認めなかった。このように20世紀の図書館記録の秘密性と利用者のプライバシーの問題は、もっぱら公権力への対処を柱としていた。しかし21世紀に入り、この領域は広がりをみせることになる(T99)。

C6　参考サービスの倫理：
爆発装置や火炎瓶の作成方法をめぐって

　ネット環境が整い、公立図書館での参考質問は漸減している。また図書館利用者は中産階級が多かったが、その中でも参考サービスは特に少数の高学歴者や学生が中心であった。要するに楽しみのためにフィクションを利用する分厚い層は、概して参考サービスを活用していない。そうした参考サービスだが、おおむね個別具体的な法律や医療に関する相談には応じないという合意があった。この合意は専門職としての図書館員の倫理に依拠している。

　●爆発物の作成に関する参考質問　連邦捜査局によると1975年の1月から9月までに、アメリカでは1,574件の爆破事件があり、負傷者は242名、死者は42名であった。ロバート・ハウプトマン（Robert Hauptman）は文学の博士号を持ち、当時は図書館大学院に在籍していた。ハウプトマンは若者で、髭を生やし、疑わしげな過激派の身なりで、6つの公立図書館と7つの大学図書館を訪問し、敬意を表して3つの質問をした。すなわち、(1) あなたは参考図書館員ですか、(2) 私は小規模な爆発装置を作成する情報を必要としていますが、コルダイト爆薬の化学成分に関心を持っており、手引書に興味があります、(3) 私が知りたいのはこの化学成分の性能、要するに少量で郊外の普通の家屋を爆発できるかということですとの問いである。この3番目は図書館員が本を示した時の問いである。こうした問いにたいして1人の図書館員は質問に応じなかったが、その理由はハウプトマンが当該カレッジの学生ではないためであった。図書館員の接遇には差があったものの、年齢や性別を問わず、だれ1人として情報や資料の提供を拒否しなかった。この結果にハウプトマンは驚いた。要するに社会に甚大な害を与えうる情報なのに、図書館員は何の問いかけもせずに爆発装置の作成法を示した情報を提供したからである。それは専門職として、いっそう高位の社会的な責任、専門職としての倫理に反することにならないかと問題を提示した。ハウプトマンの結論は、「検閲と倫理的な責任を混同する危険性は明白なので、さらなる説明を必要とする。何らかのもの (anything) を好んで倫理への責任感を捨てることは、各人の個人的な責任を放棄することになる」となっている。「何らかのもの」というのは、情報提供を唯一至高のものとする認識と考えてよい。
　●火炎瓶の作成法を問う少年　メリッサ・ワトソン（Melissa Watson）が勤務する公立図書館に2人の少年が訪れ、市のゴミ捨て場で火炎瓶を爆発させると面白いと話し、火炎瓶作成の本を求めた。図書館員は同僚と顔を見合わせ、火炎瓶に関する本が1冊だけあるが、貸出中と答えた。実際は貸出中ではなかっ

たのだが、少年はこの言を真に受けて退館した。資料を提供しなかった理由は、これらの少年がトラブルメーカー（後に少年感化院に入った）で、ゴミ捨て場からすぐに市庁舎や図書返却箱の爆発にいたると考えたからである。ワトソンは、専門職の倫理綱領に沿わないとしても、利用者を判断してサービスしており、この件については専門職倫理よりもコミュニティの安全にたいする責任を強く感じたからであると述べた。この出来事は小さなコミュニティの図書館で生じ、利用者を知っていることが判断に影響した。ワトソンは、大都市のコミュニティなら、異なった扱いをしただろうと述べた。そしてワトソンは、利用者の権利と心ない破壊から社会を守る権利とでは、どちらが重要だろうかと問題提起した。

　参考サービスでの倫理を扱う場合、ハウプトマンの事例は頻繁に言及されてきた。たしかにその主張は市民感情に訴えるかもしれないが、専門職としての図書館員の倫理とは相容れない。ハウプトマンは社会全体への図書館員の責任や倫理を強調するのだが、それを実践に移すとどのようになるのだろうか。ハウプトマンの主張するような対応を参考図書館員が行うなら、社会への害の可能性に照らして各参考質問を判断しなくてはならない。これは図書館における知的自由や図書館員の倫理を、図書館専門職のいっそう高位の倫理とされるものとの関連で、図書館員の恣意的な判断に委ねることになる。そして爆発物だけに留まらず、薬物の作成法や銃の組み立て方などにも適用されるだろうし、そうした適用が常に拡大することは歴史的事実である。ハウプトマンの資料要求に応じた図書館員は、倫理観がないのではなく、逆に専門職としての倫理に忠実であったといえる。例えば、1981年のアメリカ図書館協会『倫理綱領』は、第5条で「図書館員は、活動や声明に関して、個人的な哲学や態度と、図書館あるいは司書職としての哲学や態度を、明確に区別しなくてはならない」と定めている。また1972年版『読書の自由』は末尾で、人びとの読書内容は重要であるとともに、危険になりうることを認めた後、「しかしながら、思想の抑圧は、民主的社会にとって致命的であると信じる」と述べ、「自由自体は、危険な生活方式である。しかし、それはわれわれのものである」と結んでいる。さらにハウプトマンやワトソンは思想や知識と行動を結びつけているが、これにも異論が出されるだろう。

［参考文献］Robert Hauptman, "Overdue: Professionalism or Culpability: An Experiment in Ethics," *Wilson Library Bulletin*, vol. 50, no. 8, April 1976, p 626-627; Melissa Watson, "The Unresolved Conflict," *The Reference Librarian*, no. 4, 1982, p. 117-121. 1981年版『倫理綱領』、1972年版『読書の自由』の全訳は以下を参照。アメリカ図書館協会知的自由部編纂『アメリカ図書館協会の知的自由に関する方針の歴史：『図書館における知的自由マニュアル』第10版への補遺』川崎良孝訳, 京都図書館情報学研究会, 2022, p. 52-54, 68-73.

T78　大都市の人口構成の変化と図書館：
アウトリーチ・サービス

　1950年代から、白人中産階級の郊外への脱出と貧しい人や不利益をこうむっている人の大都市中心部への流入が進んだ。人口構成が変化した大都市は財力が低下し、教育、衛生、福祉、警察、消防などを十分に賄うだけの財力がない。郊外の都市は財政力も強力になり、以前は中心都市が提供した良質のサービスを独自に提供できるようになった。こうした状況が図書館に影響する。

　●クリーブランド　人口構成の変化は大都市公立図書館のサービス全般に甚大な影響を与えた。例えばクリーブランド公立図書館の貸出冊数の変化は以下のようである。

	1935（88万）	1955（89万）	1970（75万）
中央館	1,566,104	692,756	734,904
病院や施設	440,080	324,263	270,459
視覚障害者部門	21,915	71,981	242,728
分館	5,794,952	3,215,814	1,971,925
計	7,623,051 (8.8)	4,304,814 (4.8)	3,220,016 (4.3)

　1935年を例にとると、人口は88万人、貸出が760万冊なので貸出密度は8.8になる。重要なのは第一線に位置する36の分館で、1935-70年までに貸出は3分の1に減じた。これはクリーブランド特有の状況ではない。全国的にみると、1961-70年の間に貸出冊数は18%増加したが、人口100万以上の都市では12%減じている。1970-79年も同様で、全国的には9%増加したものの、43の大都市では10%減であった。試みに、いくつかの大都市とその周辺のカウンティを較べておく。クリーブランドでは1970-77年の間に人口は19%、貸出冊数は37%減少した。一方、周辺のカイヤホガ・カウンティでの人口は2%減じたが、貸出は21%の増加であった。ボルティモアの人口は11%減、貸出は40%減であったが、周辺のボルティモア・カウンティでは人口が3%増加し、貸出は71%と大きく伸ばした。ワシントン・D.C.ではそれぞれ10%、42%の減少であったが、周辺のフェアファックス・カウンティではおのおの8%、34%の増加である。要するに、貸出冊数は全国的に上昇したものの、大都市周辺のカウンティで顕著であった。こうしたカウンティは大都市を脱出した豊かな白人中産階級の住宅地である。一方、大都市での貸出冊数の激減は、人口構成の変化に加えて、住民を利用者に転化できなかったことを示している。

　●クリーブランドの新しいサービス　クリーブランドはこうした社会状況や図

書館状況を受けて、図書館サービス建設法からの資金で地域サービス部門を新設した。この部門は、不利益をこうむっている人へのサービス、諸団体と協力してのサービスの浸透、分館での新しいプログラムの実験を活動目標にした。スペイン系住民が密集するカーネギー・ウェスト分館にスパニッシュ・ライブラリーを設置して、スペイン系の文化会や学習会を開催し、若者を対象に矯正施設でも文化会を組織した。集会室はスペイン系住民のグループを歓迎した。さらに翻訳サービス、福祉機関や就職斡旋機関と接触する窓口にもなった。学校中退者が通う学校、矯正施設、文化施設にも小さな蔵書を配置した。図書館カードなしでの貸出、視聴覚資料を使っての活動、文章作成や劇のグループの組織化を行った。夏期には映画会を試み、多くの背景を持つ子ども600名以上が参加した。ウェスト分館に加えて、2つの分館も実験に参加した。これら3つの館は5年間に平均57％の貸出減に悩んでいた。2つの分館は実験に積極的ではなかったものの、地域サービス部門が主導して従来のサービスの点検と新しいサービスの導入を実施した。その結果、住民の利用が大幅に伸び、図書館員の意識も変化したという。地域サービス部門の報告書は次のようにまとめている。

　　　まさに未利用者に到達した。未利用者と一対一でまみえ、一対一で話し、
　　要求を引き出し、それらを全力を尽くして提供しようとした。……地域サー
　　ビス部門の職員は最下層地域を恐れずに歩き、図書館の新しいサービス
　　を説いてまわった。……利用者は、図書館が自分たちのものであって、図
　　書館員のものでないことをはじめて知った。……分館の正職員の態度は地
　　域住民の態度と同じくらい変革を遂げた。こうした結果、図書館職員と地
　　域住民とは図書館史上はじめて有意義な関係となった。

　クリーブランドが実施したサービスは、総称的にアウトリーチ・サービスと呼ばれる。1983年刊行のアメリカ図書館協会『ALA図書館情報学辞典』ではじめて、「図書館サービスが全くおよんでいない特定の集団の情報ニーズを満たす目的で、開発され企画されたサービス」と定義づけられた。この場合、「特定の集団」というのが重要で、図書館空白地帯への図書館設置、単なる移動図書館などは、アウトリーチに入らない。アウトリーチとは、サービス・エリアの中に存在しながら、サービスを享受していない、あるいはサービスを享受できない「特定の人びとの集団」へのサービスをいう。具体的には、障害者、施設収容者、非識字者、少数民族、スラム地域の住民、高齢者、家から出られない人びとである。そしてアウトリーチには先例があった。それは1900年頃に試みられた大都市の貧しい地域の子どもを対象とするホーム・ライブラリーである（T32）。そこでも初めて図書館員は地域の状況を理解したと報告されていた。アウトリーチは、地域に出向いて、地域を知ることが前提となる。

C7　公立図書館の提供するもの：
モノや機会の提供とその意味

　一般に図書館と言えば、館内で図書や雑誌、新聞などの資料を閲覧したり、借りたりするイメージが共有されている。だが、図書館の活動を見ると、イメージとは異なるモノの提供やさまざまな活動の機会を提供する事例が散見される。そこには図書館の目指そうとする方向性が示されている。

　●図書館利用の呼び水としてのモノや機会の提供　図書館によるモノの提供や活動の機会の提供は、それ自体を目的とするよりも、本来の図書館サービスへ導くものとして始まった。1960年代以降、公民権運動がマイノリティ運動へと拡大し、図書館にたいするアクセス権の実質化が意識されるようになった。大都市の公立図書館を中心に施設、サービス、資料へのアクセスを保障するため、伝統的にイメージされる館内サービスとは異なる、新たな方法でマイノリティへの多様な活動が開始された。

　代表的な事例は1961年にブルックリン公立図書館が開始した3Bサービスで、貧困などの課題を抱えるマイノリティの人びとの居住する地区へ移動図書館車で出向き、街中の歩道に図書を並べて提供する歩道サービスや、理容室、美容室、居酒屋に図書を置くサービスであった。1965年にはボルティモア市のイノック・プラット・フリー・ライブラリー（Enoch Pratt Free Library）でも、地域社会活動局と連携し、それまで図書館がうまくサービスを届けられなかったあらゆる年代の人びとに、図書、映像フィルム、音楽テープ、ゲームなどのメディアを用いて柔軟な資料提供を実施していた。それに加えて、モノや活動の機会を提供する取り組みも行われた。

　そうした取り組みの代表的事例として1968年にオクラホマ州タルサ・カウンティ図書館が実施した「モード・モビル・プログラム」があった。同館は、3,000冊程のペーパーバック、雑誌、参考図書、レコード、ステレオサウンドシステム、映画スクリーン、プロジェクターを装備した移動図書館車を配備した。図書の貸出とともに、晴れた日はフットボール、キャッチボール、バスケットボールといったスポーツを実施し、活動の機会を提供した。雨の日には「モード・モビル」の中でチェッカーゲームのようなボードゲームを提供した。この他にも、慈善団体や教会と連携し集めた玩具、クッキー、アイスクリーム、地域新聞などのモノの提供を行っていた。こうした図書館によるモノの提供は、課題を抱える人びとの生活向上やレクリエーションと結びつけることで、人びとの意識の中に図書館の存在を植えつけようという試みであった。

●拡張するモノ提供や機会の提供　1979年にカリフォルニア州バークレー公立図書館は、貧困地区の住宅環境改善や貧困者の社会参加促進を意図する連邦コミュニティ開発包括補助金を活用して、「モノの図書館」を開設した。大工でもある図書館員アダム・ブローナー（Adam Broner, 1953-」は、「トイレが詰まると、人びとはここに来る」と述べる。この言が示すトイレの修理道具のように、同館で提供されるモノは人びとの身近な生活に密着しているという特徴があった。当初は、貧困地区の住民向けに開始されたモノの提供は、のちに全住民を念頭におく取り組みへと拡張されていった。そして図書館の潜在的な利用者への呼び水としてのモノの提供に変化を与えることになった。モノの提供は、カリフォルニア州リッチモンド公立図書館の安全な食材を育て手にすることを意図した種子の貸出、ニューヨーク州クィーンズ公立図書館やペンシルベニア州フィラデルフィア公立図書館の就職支援としてのネクタイの貸出、ウィスコンシン州オレゴン公立図書館の家庭でのお菓子作りを支援するケーキ型の貸出など、地域の状況に合わせて取り組まれている。2015年からサクラメント公立図書館は、楽器、ボードゲーム、情報機器を貸出すとともに、3Dプリンターやミシンなどを館内利用で提供している。後者は館内のメーカー・スペースに設置され、人びとにモノを活用した活動の機会を提供している。

　メーカー・スペースについて、2014年に当時のアメリカ図書館協会会長バーバラ・K. ストリプリング（Barbara K. Stripling, 1946-)は、「メーカー・スペースは図書館が地域社会との関係を変化させ、人びとが情報の消費者から情報生産者としての能力を身につけることを支援する」と指摘している。この指摘は情報提供機関としての公立図書館という存在を拡張し、情報と関わり、表現するすべての人びとを図書館利用者として強く意識していることを示している。図書館を知らないもしくは、図書などは読まないため、図書館の必要性を感じないという人たちも少なくない。近年で言えば、インターネットですべての情報が入手できると感じる人たちも一定数いる。こうした人たちに向けて、図書館情報資源の概念を拡張し、図書館という存在を人びとの意識の中へ届けようとしているのである。それが、アメリカの公立図書館で取り組まれてきたモノの提供や機会の提供の根底にある基本的な方向性である。

［参考文献］図書館への呼び水としてのモノの提供は以下を参考にした。Eleanor F. Brown, *Library Service to the Disadvantaged*, Metuchen, NJ, Scarecrow Press, 1971, 560p. バークレーやサクラメントの公立図書館の事例、メーカー・スペースは以下を参照。中山愛理「アメリカ公立図書館が提供するサービスのモノ・コト（経験）への拡大」川崎良孝・吉田右子編著『現代の図書館・図書館思想の形成と展開』京都図書館情報学研究会, 2017, p. 93-125.
（中山愛理）

T79　公立図書館の枠外にいる属性グループ：ネイティブ・アメリカン

　アメリカ図書館界は1970年代以降、ネイティブ・アメリカンへの図書館サービスに着手し、1984年に図書館サービス建設法の中にもそのサービスが明記された。以降、博物館・図書館サービス機構は継続的に居留地内の図書館運営を支援してきたが、これらの図書館はネイティブ・アメリカン居留地外の公立図書館に比較して著しく低い水準に留まっている。

　●ネイティブ・アメリカン居留地の公共図書館　アメリカでは20世紀半ばまでに公立図書館ネットワークの基本的な形ができあがったが、こうしたネットワークから抜け落ちている地域がある。それは国内に約300か所あるネイティブ・アメリカンの居留地である。居留地は連邦政府の直轄地域であり、居留地内では原則として自治権が認められ、連邦内務省インディアン局の管轄下で部族政府が行政、立法、司法を統括する。各部族の居留地に設置された図書館は部族図書館（tribal library）と呼ばれ、そのほとんどは地理的にも図書館ネットワークの面からもアメリカの公立図書館とは切り離された状態で運営されている。

　●ネイティブ・アメリカンへの図書館サービスの展開　1970年にアメリカ図書館協会は「社会的弱者にたいする図書館サービス部に関する諮問委員会」の下部組織として「アメリカ・インディアン図書館サービス小委員会」を設置した。1974年には全国インディアン教育協会とアメリカ図書館協会が共同声明「インディアン図書館情報サービスの目標」を発表し、ネイティブ・アメリカンへの図書館情報サービスの推進を宣言した。1975年に成立した「インディアン自決・教育援助法」は、ネイティブ・アメリカンが自らに関わりのある教育問題を自分たちで決定する権利を定めた法律である。すでに部分的に認められていた居留地の政治問題への自決権を教育領域に拡大した同法により、図書館は連邦政府のインディアン局との直接交渉が可能になった。1978年にはアメリカ・インディアン図書館協会が設置され、翌年に開催された「図書館と情報サービスに関するホワイトハウス会議」では20名以上のネイティブ・アメリカンが会議に参加して先住民図書館サービスの振興を訴えた。1984年には連邦図書館立法である図書館サービス建設法に、ネイティブ・アメリカンへの図書館サービスが明記された。

　●先住民の連帯と文化財返還運動　2000年代に入ると、世界各地域に居住する先住民当事者による先住民文化のデモンストレーションが顕在化し、2007年には「国連先住民族の権利に関する国際連合宣言」が採択された。世界各地に居住する先住民は、固有の言語や文化を侵略によって奪われた負の遺産を共有する

ことで連帯を強めるとともに、失われた文化の奪還活動を展開するようになった。アメリカでは1990年に先住民の文化的遺物返還を法的に定めた「アメリカ先住民墓地保護・返還法」が制定されている。

●部族図書館の運営実態　ネイティブ・アメリカンを対象とする図書館サービスの水準が、居留地外の公立図書館に比較して著しく低い水準に留まっている理由は、図書館界の問題というよりも、ネイティブ・アメリカンが対峙してきた社会的問題として捉えるのが適切である。21世紀に入ってもネイティブ・アメリカンは非ネイティブ・アメリカンに比べて、あらゆる面で不利な立場に置かれている。そしてネイティブ・アメリカンが社会の最底辺にとどまらざるを得ない社会構造が改善されないまま現在でも続いている。

　居留地内の貧弱な文化予算を補填するため、多くの部族図書館は博物館・図書館サービス機構から助成を受けて図書館を運営している。助成金には非競争的資金である「基礎補助金プログラム」とサービス拡大のための競争的資金「拡張補助金プログラム」がある。前者は部族図書館のための基本的な施設や資料を整備するための補助金であり、図書館資料、電子機器やソフトウェア、家具や図書館用品、図書館職員の給与などに使われる。後者は生涯学習、職業訓練、デジタル・リテラシーの向上等の中長期的な目的を実現するためのプログラムを対象とした補助金である。また人種的および民族的に多様な図書館員の養成を目標にアメリカ図書館協会が設立した「スペクトラム・スカラーシップ・プログラム」では、部族図書館で働くネイティブ・アメリカン当事者の司書を養成するための試みも継続的に行われてきた。

　アメリカ図書館界は多様な背景を持つ住民を図書館サービスに包み込むことに注力してきたが、他のマイノリティ・グループに比べネイティブ・アメリカンはサービス対象グループとしての存在感が相対的に薄く、地理的な断絶も相俟ってアメリカの公立図書館制度から切り離され不可視化された状態に置かれている。一方、部族図書館が所有する先住民文化財の多くは消滅や消失の危機にさらされ、それらの保存は差し迫った課題となっている。部族図書館は、図書館資料や文化プログラムを通した文化伝達とそれらのデジタル化による文化保護を通して、共同体文化を継承していくことが求められている。そうした有形・無形文化財の中には、秘匿すべき資料として共同体の特定の構成員を除き公開できない「情報取り扱いに注意を要する文化財」（Culturally Sensitive Materials）が含まれる場合があり、情報へのアクセスを最優先事項とするアメリカの図書館の理念と拮抗している。部族図書館は居留地構成員にたいする情報アクセスの保障と部族のアイデンティティ保持のための情報の秘匿という二重拘束を内包した機関なのである。

（吉田右子）

T80　第3世代の図書館史研究：
社会統制論、女性化理論

　1960年代は1950年代と一変し、ベトナム戦争と公民権運動の時代である。こうした背景を受けて、歴史学ではニューレフト史学（ウィスコンシン学派）が台頭し、革新主義史学の解釈が事実と一致しないことを強調した。そして価値の対立を重視しつつ、諸制度の抑圧的側面を前面に打ち出した。そのことによって、民主的側面（建国時の理想）の実現を訴えた。この学派は教育史学における修正解釈派を導いた。代表的な研究者はマイケル・B.カッツである。また公民権運動はマイノリティへの関心を高め、1960年代から黒人研究や女性研究が大学に組み込まれた。教育史学の修正解釈やマイノリティ研究は、図書館史研究にも直接的な影響を与え、図書館史研究の第2世代を批判する第3世代が登場する。

　●ハリスの社会統制論　図書館史研究の第3世代の代表的な研究者マイケル・H.ハリスは、1973年に「アメリカ公立図書館の目的：修正解釈者の歴史解釈」を提出し、大きな反響を得た。同論文は公立図書館の成立期を中心に戦後までを素描している。ハリスの解釈は公立図書館の成立に関する解釈、特にボストン公立図書館設立者の解釈に凝縮されている。移民の急激な増大、居酒屋の急増、犯罪の増加、治安の悪化に直面して、ボストンの指導者は社会秩序を維持する手立て（教育と矯正のためのシステム）を求め、その一環として公立図書館があった。ボストン公立図書館理事ジョージ・ティクナーは、民衆のための図書館を志向し、通俗書、複本、夜間開館を重視した。これを従来の解釈は公立図書館の民主的性格の具体化と把握していた。しかしティクナーは強固な権威的、エリート的人物で、社会秩序の維持、既成社会への組み込みのために、民衆に目を向けたのである。ティクナーが公立図書館に期待したのは、まず民衆の「知的」向上と「道徳的」向上で、それは混乱している社会に秩序と安定を求めてのことである。次に将来のアメリカを指導する少数のエリートに、世界中の最良の図書を提供することである。
　ハリスによると19世紀後半を通じて通俗書から良書へという「引き上げ理論」が主張される。それに無害な通俗書の読書自体が、社会秩序の維持に役立つつし、人間の低い衝動を抑制するだろう。1876年から1900年までの図書館関係文献は主に詳細な技術面を扱い、特にメルビル・デューイの時代は技術と実務に埋没した。1900年以後の経済不況と新移民の流入は初期の目的と役割を浮上させた。失業者への図書の提供は社会秩序の維持に有効だし、図書館は移民の同化に貢献できるだろう。アンドリュー・カーネギーは公立図書館を「社会の秩序維持に役

立つ賢明な投資」と考えた。「投資」なら成果が問題になるが、利用者数は伸びず、「引き上げ理論」は破綻していた。そのため「意気消沈と挫折感」、「娯楽的読書や情報提供といった手段と目的との同一視」、「権威主義、官僚主義への埋没」が生じた。1930年代に新しい哲学「住民の知る自由を守る」が形成されたが、この哲学は消極的にしか機能していない。図書館員は情報を集め、利用できる状態にすればよい。情報の利用と利用の仕方は利用者自身の問題である。この哲学は図書館員の受身的性格に合致するし、それを正当化する。この哲学は図書館員のエリート主義を打ち砕きはしない。なぜなら利用者は主として白人中産階級で、図書館員にとって無条件に肌に合うからである。今後の図書館を探るためにも、理想化された図書館史を批判する必要がある。

●**ギャリソンの女性化理論**　1960年代から女性学が台頭し、歴史的に女性の多い専門職として教職、看護職、ソーシャルワーク、司書職が指摘されてきたが、図書館と女性についての歴史的研究はほとんどなかった。ラトガース大学の女性史研究者ディー・ギャリソンが1979年に刊行した『文化の使徒』は、1876年から1920年までを扱っている。この時期に女性図書館員が急増するとともに、司書職の基本的性格が決定されたからである。同書は4部構成で、「宣教師の時代」、「道徳論争の推移」、「メルビル・デューイ」、「優しい技能要員」からなる。この第4部「優しい技能要員」が図書館の女性化を正面から扱っている。図書館は高学歴女性が働く数少ない専門職で、1920年には約90パーセントが女性を占めた。ギャリソンは女性図書館員を高学歴にも関わらず、薄給に甘んじたグループと規定した。そして女性図書館員の存在と特徴を解明しただけでなく、そのことが司書職の地位を低く抑えていると結論づけた。また司書職が、仕事への専門職としての専心、奉仕より指導するという意欲、専門職の権利と責任の明確化を欠いているのは、司書職の女性化によると結論づけた。

第2世代の民主的解釈に加えて、1970年代になってハリスの社会統制論、ギャリソンの女性化理論が提出され、それ以後の図書館史研究は、これら3つを視野に入れることになる。そして第3世代の各論としては、イーヴリン・ゲラーの『アメリカ公立図書館で禁じられた図書』、ローズマリー・R.ドゥモント『改革と反応』などがある。ただしギャリソンの女性化理論は、スザンヌ・ヒルデンブランドといったフェミニストの図書館史研究者から手厳しい批判を受けることになる。要するに犠牲者である女性を犠牲にしているということである。なおギャリソンは『文化の使徒』以降、図書館史を記述することはなく、ハリスは図書館史研究の成果を単行書として世に問うことなく、図書館界から離れていった。第3世代は第2世代にたいする対抗軸となったのだが、これらを視野に入れてのさらなる展開は1990年代を待たなければならない（T92, T93）。

T81　児童書の再評価と知的自由：
『図書館の権利宣言』への収束（1976年）

　　1920年代から成人の読書については当人や思想の市場にまかせ、図書館はあらゆる見解を提供すべきとの考えが台頭してきた。それは1939年の『図書館の権利宣言』に収束した。とはいえ子どもの読書については、はたして『図書館の権利宣言』の適用範囲に入るのかという議論はなかったし、多くの児童図書館員は親代わりとはいわないまでも、子どもの成長に関心を持ち、良書を読ませたいと考えて職を選んだと思われる。また親やコミュニティも図書館員のそうした関わりを期待していただろう。

　　●『図書館の権利宣言』と子ども　1967年6月のアメリカ図書館協会年次大会の会議「知的自由とティーンエイジャー」は、図書館および図書館資料へのアクセスを年齢で区別してはならないと結論した。これを受けて同年の『図書館の権利宣言』の修正では第5条に「年齢」と「社会的な見解」を加え、「図書館の利用に関する個人の権利は、その人の年齢、人種、宗教、出生国、あるいは社会的、政治的な見解のゆえに、拒否されたり制限されることがあってはならない」となった。さらに1972年6月の年次大会で、図書館協会は『図書館の権利宣言』解説文『図書館への未成年者のフリー・アクセス』を採択し、「図書館資料やサービスへのアクセスを児童に制限できるのは親——親だけ——であり、それも自分の子ども——自分の子どもだけ——にたいしてである」と定めた。
　　●児童サービス部会の動き　同じ1972年の大会で、アメリカ図書館協会・児童図書会議合同委員会は「変化する世界での児童書」を開催した。各論者は児童書から誤情報、偏見、性差別、人種差別などをなくすべきであり、子どもに理想ではなく現実を伝えるべきという主張で一貫していた。この主張は差別解消との関連で児童書の検討を主張する人種交流促進児童書協議会（1966年創設）の動きと軌を一にしていた。こうした動きを受けて児童サービス部会理事会は、同じ大会で『児童向け資料の再評価に関する声明』を採択した。そこでは「図書館員は現在の進展に照らして、古い『基準の』資料を継続的に再評価しなくてならない」と確認した。そして現在の観点から不正確で差別的な表現がある図書について、過去の時代を明確に反映している場合、蔵書として有用と主張した。一方、過去の時代に属することが不明確で、現在では偽りとか差別を助長する資料の場合、定評ある資料でも蔵書としての妥当性を問題にすべきである。声明の末尾は、「現在の考えや社会的風潮に照らした場合、あまりに誤解を招く資料であったり、扱う範囲や質の点ですぐれた代替資料がある場合、もはや図書館資料として有効

でないので、廃棄すべきである」となっていた。

●**知的自由委員会の申し入れと修正版の作成**　この声明にたいして知的自由委員会は、アメリカ図書館協会の知的自由に関する方針と対立すると申し入れた。要するに、あらゆる見解を提供するという『図書館の権利宣言』の定め、再検討を資料除去の手段にしてはならないという『図書館蔵書の再評価』（当時は知的自由委員会の助言声明。1973年に解説文）、前もって読者に偏見をもたらすことを禁じる解説文『ラベリング声明』に違反すると主張したのである。そののち児童サービス部会理事会と知的自由委員会は、1973年に『児童蔵書向け図書館資料の再評価に関する声明』を作成した。旧版では「ステレオタイプ」、「差別」、「偏見」という語が目立ったが、新版ではすべて消滅した。旧版の末尾では、従来どおりの扱い、請求に応えるために保持、差別を助長するために廃棄という3つの具体的措置を示していた。新版は3つの措置を削除した。さらに新版は最終段落で、『図書館の権利宣言』と『図書館への未成年者のフリー・アクセス』への支持を明記した。しかし児童サービス部会理事会はこの2つの文書の確認で閉じることはできなかった。そのため末尾で「再評価はしっかりした蔵書構成への積極的な取り組み」と確認し、「検閲と同等に扱ってはならない」と釘を刺した。

●**『図書館の権利宣言』への収束**　児童サービス部会は1974年に常任の知的自由委員会を設置した。1975年1月に同委員会は声明『児童蔵書向け図書館資料の再評価に関する声明』の廃棄を提案したが、部会理事会は棚上げにし、委員会に報告書の作成を命じた。委員会は以下のように考えている。たしかに児童向けの蔵書には、差別やピューリタン的な態度を反映する図書がある。しかしながら、この種の図書を除去しても、それらをなくすことにはならない。努力すべき方向は、蔵書の幅を拡げて頑迷な偏見や偏向に対抗する資料を含めることである。同委員会は資料には資料で対抗するという立場である。そして1972年以来の論争については、「論理からして、……『図書館の権利宣言』と声明『図書館への未成年者のフリー・アクセス』を承認しつつ、成人として子どもに『適切な』資料について価値判断する責任と権利を有すると主張」できないと結んだ。1976年1月21日、理事会は勧告を受け入れ、1973年版を無効にした。

　児童サービス部会は1976年に『図書館の権利宣言』を確認し、子どもも『権利宣言』の枠内に入った。子どもといえば、アメリカ学校図書館員協会は1955年に『学校図書館の権利宣言』を採択（1969年修正）していた。類似の標題を持つ2つの文書の存在は混乱を生じさせるし、1967年の『図書館の権利宣言』の修正で年齢が組み込まれ、文言は『図書館の権利宣言』の方が強力であった。『学校図書館の権利宣言』は余分な文書とされ、1976年に廃止となった。すなわち1976年になって『図書館の権利宣言』に収斂したのである。

T82　有料制の主張とその論拠：1970 年代後半

　公立図書館の無料原則は確立されているが、図書館が提供するサービスすべてが無料というわけではない。延滞料の徴収は罰則と把握されてきた。20世紀初頭から出現するレンタル蔵書は無料で利用できる図書の存在が前提で、追加のサービスとして有料にしている。コピー機の使用も同じで、筆写の手間を省くための追加のサービスといえるし、さらにコピーしたものが利用者の財産になること、濫用や浪費を防ぐための料金徴収ともいえる。冊子体の蔵書目録や図書目録の販売も、レンタル蔵書と同じ性格を有する。また図書館の行政区域以外の人の利用については、料金を徴収しても恩恵として無料で利用させても問題はない。

　●有料制論議台頭の背景　1963年に社会科学者と図書館関係者を含めたシンポジウム「変貌する都市圏における公立図書館の機能」が開かれた。経済学者のチャールズ・M.ティーボートは、図書館は社会的な効用や利点を住民に理解させるよりも、私的利益があることを認めて、その利益の対価を徴収する方がよいと主張した。都市行政学者エドワード・C.バンフィールドも、図書館は下層階級が利用せず、かなりの利用者は経済力があるので、公費を補助する必要はないと論じている。こうした主張を図書館は無視することができた。

　しかし1970年代後半に生じた有料制論議は現場の問題と直結していた。これにはいくつかの背景がある。まず、1978年にカリフォルニア州で通過した提案13号である。提案13号は州民の請願をもとに州憲法の修正に至り、図書館の最大かつ恒久的な財源である固定資産税を大幅に削減する結果になった。予算が削減され、同時にインフレが進行するという状況のもとで、図書館は苦境に置かれた。1977年度と比較して、州全体の公立図書館の図書館費は1978年度に15％、開館時間は23％、資料費20％、職員20％、相互貸借50％の削減であった。提案13号の影響で、公的サービスに有料制が主張され導入されたが、図書館にたいしても代替財源を探す中で、有料制が主張されるようになった。次に、オンライン文献情報サービスで、このサービスは政府機関、大学図書館という順序で広まっていったが、1970年代後半になって、大都市などの公立図書館が着手し始めた。この時、現場の問題として有料制の問題が出現してきた。最後に、情報提供業者の台頭である。情報提供業者は営利を目的に顧客に情報を提供するのだが、情報自体を経済的な製品と考えたり、情報は社会の共有物としても、情報へのアクセスに料金を徴すると主張したりした。この考えに、公立図書館が鋭敏に反応したのもうなずける。また情報提供業者はそうした情報を図書館から無料で入手

している場合もあった。付言すると、特に大学図書館にあてはまるのだが、この時期の大学図書館の資料費は消費者物価にほぼ比例して上昇していた。しかし学術雑誌の価格は異常な値上がりを示しており、資料費の実質的な購買力は大きく低下していた。

　●**有料制の主張**　以下に有料制の主張を列挙する。(1) サービスへの対価徴収はアメリカの伝統で、公的サービスは全般的に有料制に移行している。(2) 有料制はサービスの価値と重要性を高める。(3) 無料原則の厳格な適用は革新に遅れを取る。(4) 無料原則の厳格な適用は貧者から富者への税の流れを助長する。(5) 有料制の導入かサービスの断念かという状況では、有料制を回避できない。(6) 有料を理由にサービスを提供しないのは、支払い能力がある人へのサービス「差別」であり、貧者には無料利用券の提供といった方途がある。(7) 私的利益に属するサービスは有料にすべきである。例えば、子どもや恵まれない人へのサービスは公的利益だが、中産階級のフィクション利用や企業へのサービスなどは私的利益である。(8) 有料制はサービスを拡大し深める。公費負担を減じずに、中産階級のフィクション利用や企業へのサービスに料金を課せば、アウトリーチなどもいっそう展開できる。有料制にすることで、図書館は需要と供給の関係に鋭敏になり、サービスの質と効率が高まる。(9) 有料制はサービスの乱用をなくす。乱用を防ぎ、同時に利用者の利用を奨励する範囲に料金を定めるのがよい。(10) オンラインサービスは、対個人サービス、明確な料金設定、それに高価である。図書は何回も利用でき、2回目以降の利用にはほとんど経費がかからないが、オンラインサービスは1回ごとにサービスを使いつくすので有料にすべきである。(11) オンラインサービスの無料提供は既存のサービスの削減につながる。(12) オンラインサービスには利用者に料金を払う準備がある。有料にして利用が減じても、減じた部分はもともと必要なかった部分である。(13) 料金徴収が事務的負担になることはない。(14) 図書館サービスを「基本的」サービスと「特別な（追加の）」サービスに整理し、後者は有料にすべきである。

　有料制論者は決して一律の有料制導入を訴えてはいない。子どもや弱者へのサービスには無料原則を主張し、有料制による資金の増大によってアウトリーチなどのサービスを強めることができると述べる。オンラインサービスについては現在では状況が変わっているが、その他の主張の土台にあるのは誰が何のために図書館を利用しているのかという問いであり、実態である。利用実態に依拠して、公立図書館は国立公園や公営ヨットハーバーと同じように、豊かな人がその果実を吸い取り、税の再配分機能が貧者から富者に逆進しているといった論にいたる。換言すれば、公立図書館が利用者数の増大とともに、利用者層の拡大を実現できれば、無料原則を大いに強化することになる。

T83　男女平等をめぐる論議：
図書館界における平等保護修正案への関わり

　女性専門職を中心とした専門職団体である図書館界において、女性問題は中心的課題となってきた。その中でもアメリカ図書館協会（ALA）による平等保護修正案支援活動は、図書館専門職団体としての男女平等をめぐる社会問題への向き合い方が浮き彫りになった最初の事例であった。ALAは一貫して平等保護修正案を支持し、人的資源と財源を修正案通過のための支援運動に投入した。

●**図書館専門職と女性問題**　女性専門職が大多数を占める図書館界において女性問題は中心的課題として取り組むべき社会的問題であった。ALAの社会的責任ラウンドテーブル（SRRT）には1970年に「女性図書館職員の地位に関する専門委員会」と「女性に関する専門委員会」が結成され、1976年には評議会の委員会として「女性の地位委員会」（COSWL）が発足した。

●**平等保護修正案をめぐるアメリカの動向とアメリカ図書館協会**　アメリカでは1920年に憲法修正第19条により女性参政権が認められ、その後、合衆国憲法に男女平等の条項を盛り込むことを求める平等保護修正案（ERA）の成立を求める運動が展開された。平等保護修正案は1972年に連邦議会を通過した。それが修正第27条として成立するには50州の内38州の批准が必要で、1972年には22州が批准した。しかし1974年から批准の歩みは遅くなり、全米女性機構（NOW）などの女性団体の注力にも関わらず、1979年3月の批准期限までに38州に達しなかった。批准推進派は批准期限を1982年6月30日まで延長することに成功したが、結局、38州の批准を獲得できず、不成立が確定した。ALAはこの間一貫して平等保護修正案への支援活動を継続した。

●**1978年シカゴ年次大会での平等保護修正案をめぐる動向**　平等保護修正案未批准州のイリノイ州シカゴで開催された1978年年次大会では、修正案支援活動を担当する専門組織「平等保護修正案専門委員会」が設置された。またALA本部をシカゴから移転する決議が出され賛否両論の意見が交わされた末、理事会は移転先の探索と移転経費の見積りに着手することになった。1979年冬期大会はシカゴからワシントン・D.C.に変更されたが、この変更により協会の受けた被害総額は60万ドル以上に上った。1980年冬期大会をシカゴから変更する案件については会員の郵送投票に委ねることとなったが、経済的判断から変更案を支持しなかった会員が多数を占め、開催地変更案は却下された。

●**1979年ダラス年次大会での平等保護修正案をめぐる動向**　1979年ダラス年次大会では、平等保護修正案に関する具体的な支援活動が展開された。理事会は

平等保護修正案専門委員会の予算確保を承認し、同委員会の実質的な支援活動を認める一方で、修正案批准活動団体であるERAmericaへの寄付については会員の自発的意思に任せることとした。会員総会では修正案支持者が白い衣装をまとって参加し修正案への強い支持を表明した。

●**1980年シカゴ冬期大会とその後の動向** 平等保護修正案未批准州のイリノイ州シカゴで開催されたシカゴ冬期大会では参加ボイコットが懸念されたが、参加人数の減少はわずかにとどまり、大会に参加した修正案支持者は抗議のバッジを身につけて修正案未批准州における大会実施への批判を誇示した。

1980年冬期大会がシカゴで開催されたことにより、平等保護修正案未批准州へのボイコット運動は失敗に終わったものの、ALAにおける修正案支持活動は続いた。1980年のニューヨーク年次大会で、評議会は平等保護修正案専門委員会を1982年まで継続させることを承認し、同委員会は未批准州への支援金の寄付を続けた。批准延長の期限が迫り平等保護修正案批准運動が全国的に盛り上がる中で、ALAは1981年6月までに総額31,000ドルを修正案批准の支援のために拠出したが、最終的に1982年6月30日カーター大統領が署名して修正案は廃案となった。平等保護修正案廃案後に開催されたフィラデルフィア年次大会で修正案支援は大会の優先事項から外され、平等保護修正案専門委員会は評議会の「女性の地位委員会」に統合され、支援活動は終焉を迎えた。

平等保護修正案という男女平等に関わる社会的問題にたいして、これを支持するALAの姿勢は明確であり、相当量の経済資源と人的資源を平等保護修正案の支援活動に投入した。平等保護修正案をめぐる一連の動きで最も議論が高まったのは、未批准州のシカゴでの大会開催についてであった。この問題をめぐり年次大会や機関誌『アメリカン・ライブラリーズ』では、社会的問題にたいするALAの運営方針が問われた。また支援活動のプロセスでは、ALA本部の移転やボイコットによる経済的損失など運営に関わる深刻な経済的、政治的な問題が発生した。高次の理念のために組織運営にとっての物理的な損害を引き受けるのか、あるいは団体運営の維持という実質的な目的の達成を選ぶのかが争点となったとき、未経験の課題に直面し解決法を探る中で、ALA内部での政治的問題への意識は高まり専門職団体としての結束力は強化された。

ALAの平等保護修正案にたいする活動は、公益法人としての理念と社会的問題への行動主義に支えられていた。そして実質的な支援活動は協会内に設置された平等保護修正案専門委員会や修正案を強く支持する積極的行動主義者（アクティビスト）が中心となって展開されたのであった。つまり平等保護修正法案支援運動ではALAという大組織と組織内に存在する下部組織との政治的連携が、巧みに機能していたことがわかる。 （吉田右子）

T84　社会の変化と図書館基準：
全国基準からコミュニティの基準へ

　1956年の基準『公立図書館サービス』は個別図書館の基準を放棄し、図書館システムの基準として採択された。圧倒的多数を占める小規模図書館の基準はなくなったので、1962年に『小規模公立図書館の中間基準』が作成された。「中間」とは適切なサービスが可能な図書館システムを構成するまでの過渡的基準という意味である。この基準は1975年の増刷に際して次のように追記された。

　　　この基準が作成されて以降、図書館界には多くの変化が生じた。……伝統
　　　的な公立図書館基準の再考が、……影響を与えるだろう。図書館の大きな
　　　多様性がために、……また地元のニーズの研究、地元のゴールの設定、地
　　　元のプログラムの作成にも、この指針を慎重に用いなくてはならない。

●**社会の変化と図書館**　上述の追記で「伝統的」な「基準」とは『公立図書館システムの最低基準』(1966)に至る基準を指す。また「地元」の「ニーズ、ゴール」の設定に、既存の基準の適用を戒めている。この追記は1960年代後半以降の状況を示したもので、公民権運動や大都市での人口構成の変化が背景にあった。1968年に公立図書館協会は公立図書館の方向を示す研究を必要とし、アリー・B.マーティンが調査研究を担当した。マーティンは1972年に『公立図書館の変化のための方策』を完成させた。同書は幅広い問題提起をしているが、図書館基準への言及もある。まずコミュニティの情報ニーズを把握してゴールを設定すること、およびその方法の開発である。次に、ゴールを目指す活動計画の作成と実施、およびそのパフォーマンスを測定する方法の開発である。アーネスト・デプロスポが『公立図書館のパフォーマンス尺度』(1973)を発表し、公立図書館基準委員会は『変化のための方策』と『パフォーマンス尺度』を土台にすると決定した。さらに基準委員会の成人サービス専門委員会は「コミュニティ図書館サービス」(1973)を報告した。

●**『公立図書館の使命宣言』**　上述のような予備的考察を踏まえて、公立図書館協会は1979年に『公立図書館の使命宣言』を採択した。そこでは従来の基準の延長として基準を作成するのは不可能と断じ、伝統的な基準には計画策定過程、個々のコミュニティのニーズ、社会変化から生まれたニーズへの注目を欠いているとした。『使命宣言』は「使命宣言」と「サービスにたいする課題」で構成されている。前者に触れれば公立図書館に必要な対応策として10点を掲げたが、その骨子は以下である。(1)(2)(3)(4) 形態を問わず人類の記録を収集、組織化し、アクセスを可能にするとともに、積極的利用を促進する。(5)(7)(8) 協力によって

人類の記録の保存と廃棄の方針を作成し、収集方針の作成や分担収集に指導力を発揮する。(6) 専門職倫理の作成、知的自由保護の機構構築に指導力を発揮する。(9) 人類の記録を各市民が活用する専門家になる。(10) 図書館利用に不利益をこうむっている人が、容易に人類の記録を利用できるようにする。そして「使命宣言」は、公立図書館は知識の全範囲、コミュニティの全住民を対象とすると述べ、「コミュニティ全体の優先事項と密接に結びついていることが、公立図書館の強みである。いま1つの強みは個人へのサービスにある」と要約している。コミュニティという語が頻出するが、それは各館が各コミュニティの特徴にあわせて、使命や目標の設定をすべきということに他ならない。

●『公立図書館のサービス計画』　バーノン・E.パーマーが1980年に刊行した『公立図書館のサービス計画』は、コミュニティ図書館サービスの計画策定手順を解説するマニュアルである。同書は従来の基準について、「こうした基準は、投入された資源が、推奨された最低基準に達しない図書館にたいしてのみ有効であった。……サービスよりも資源を重視し」と総括して拒否した。

　続いて計画策定過程の全体像を示したが、それは図書館固有のものではなく、最初のサイクルは、(1) コミュニティおよび図書館の環境調査、(2) 現行の図書館サービスおよび資源の評価、(3) コミュニティにおける図書館の役割の明確化、(4) 目標、到達指標、優先順位の設定、(5) 戦略の策定と評価、(6) 戦略の適用、(7) 目標にたいする進展状況の追跡と評価で構成される。そして毎年、(7) を踏まえて (4) を見直し、5年が経過すると全体のサイクルを見直す。『公立図書館のサービス計画』の特徴を指摘すれば次のようになる。各コミュニティを土台とする図書館計画策定の手順を詳細に示した。計画の作成、実施、評価のサイクルとともにパフォーマンスを重視し、それらを具体的に説明した。しかしこの計画策定過程やパフォーマンスの測定には多大な労力と時間を要するし、公立図書館の役割についての考察や提言が弱い。

　『公立図書館の使命宣言』と『公立図書館のサービス計画』を土台に、いっそう現場で活用しやすいマニュアルが引き続き発表されていく。例えば、『公立図書館のアウトプット尺度』(1982, 1987)、『公立図書館のサービス計画と役割設定』(1987)、『公立図書館児童サービスのアウトプット尺度』(1992)、『公立図書館ヤングアダルト・サービスのアウトプット尺度』(1995) などである。なお個別図書館がサービスを評価する手立てがなくなったのではない。1988年から公立図書館協会は毎年『統計報告』を刊行するようになり、そこでは各館のサービス状況が同じようなサービス人口を有する図書館群の中で、どのような位置にあるか大雑把ではあるが評価できるようになっている。こうした調査統計は、博物館・図書館サービス機構の年次調査報告『合衆国の公立図書館調査』に引き継がれていく。

T85 「情報や思想のひろば」としての図書館：
『図書館の権利宣言』（1980 年）

1970年代の後半になって『図書館の権利宣言』の欠点が目につくようになった。例えば性差別の問題、大学図書館での検閲などに、『図書館の権利宣言』は沈黙していた。また『図書館の権利宣言』の歴史から理解できるように、公立図書館を対象にしていると考える人もいた。こうした意見を踏まえて、3年間の検討を経て、1980年1月のシカゴ冬期大会で、3回目の大きな修正を行った。この1980年版は現行の『図書館の権利宣言』の土台である。

● 1980 年版『図書館の権利宣言』全文は以下のようである

アメリカ図書館協会は、すべての図書館が情報や思想のひろばであり、以下の基本方針が、すべての図書館のサービスの指針となるべきであるということを確認する。

第1条：図書およびその他の図書館資源は、図書館が奉仕するコミュニティのすべての人びとの関心、情報、啓蒙に役立つように提供されるべきである。資料の創作に寄与した人たちの生まれ、経歴、見解を理由として、資料が排除されてはならない。

第2条：図書館は、今日および歴史上の問題に関して、どのような観点に立つ資料あるいは情報であっても、それらを提供すべきである。党派あるいは主義の上から賛成できないという理由で、資料が締め出されたり取り除かれることがあってはならない。

第3条：図書館は、情報を提供し、啓蒙を行うという図書館の責任を達成するために、検閲を拒否すべきである。

第4条：図書館は、表現の自由や思想へのフリー・アクセスの制限に抵抗することにかかわる、すべての人およびグループと協力すべきである。

第5条：図書館の利用に関する個人の権利は、その人の生まれ、年齢、経歴、見解のゆえに、拒否されたり制限されることがあってはならない。

第6条：展示空間や集会室を、その図書館が奉仕する［コミュニティの］構成員（public）の利用に供している図書館は、それらの施設の利用を求める個人やグループの信条や所属関係にかかわりなく、公平な基準で提供すべきである。

● 1980 年版『図書館の権利宣言』の特徴

1939年版から一貫して置かれていた「民主的な生き方を教育する一つの機関として」を削除した。これは「民主的」とか「教育」といった価値がまとわりつく語を削除することで、包括性を高めるためである。そしてこの文言に変えて、「す

べての図書館」を「情報や思想のひろば (forums)」と定義づけた。「ひろば」という無色の語を用い、情報や思想が自由に行き交う場として図書館を設定した。次に、「コミュニティ」という語を「図書館が奉仕するコミュニティ」と手直しした。これは多くの図書館が大学や学校のコミュニティといった、特定の構成員（public）に奉仕しているためである。これも包括性を求めての措置である。性差別的な語の削除に加えて、いま１つ重要なのは、「平等」（第６条）を「公平」に変えたことである。集会室や展示空間の利用についての平等な規則が、必ずしも公平とは限らないという認識で、これはマイノリティの権利保護を意識している。その後の『図書館の権利宣言』解説文の動きをみると、平等と公平を可能な限り並置するという方針が取られている。

『図書館の権利宣言』は、「図書およびその他の読書資料」(1939)、「あらゆる資料やコミュニケーション・メディア」(1951)、「図書およびその他の図書館資料」(1967)、1980年以降は「図書およびその他の図書館資源」と、図書館が扱う資源を拡大してきた。そして1980年版では図書館自体を「情報や思想のひろば」と再設定した。思想的にみるとこれは大きな進展である。要するに、これまでは図書館の資料部門にたいして付随的な部分として集会室や展示空間が位置づけられてきたが、1980年版では資料部門と並列するものとして集会室などを位置づけることが可能となった。確かに口頭による情報や意見の発表や交換は、資料や活字での知識や情報の獲得に劣らず重要である。

●1980年版『図書館の権利宣言』のその後　『図書館の権利宣言』に、言語、経済力、ジェンダー、同性愛などの語句の追加が提起されてきたが、知的自由委員会は一覧方式を頑なに拒否してきた。一覧方式は見逃されている事柄を『権利宣言』の枠外に置くことになるし、頻繁な修正は宣言の効力を減じるためである。その代わりに知的自由委員会は次のように説明している。

　　『図書館の権利宣言』および全解説文において、「生まれ」は個人の出自にまつわる全特徴を包み込んでいる。「年齢」は、個人の成長と成熟の水準にまつわる全特徴を包み込んでいる。「経歴」は、個人の人生経験にまつわる全特徴を包み込んでいる。「見解」は、個人が抱き表明するあらゆる意見や信念を包み込んでいる。

この文言は1993年６月採択の解説文『図書館の資源やサービスへのアクセスは性や性的指向で左右されない』で初めて用いられた。

1980年版は約40年にわたって修正されなかった。ネット環境にまつわる『図書館の権利宣言』の課題として、フィルターソフト、利用者生成の情報などが生じてきた。図書館サービスの根幹に関わるものとして図書館記録の秘密性と利用者のプライバシー保護があり、2019年に『図書館の権利宣言』は修正される。

T86 図書館蔵書の均衡と多様性：
トマス『禁書』の主張（1983 年）

　1948 年にアメリカ図書館協会は『図書館の権利宣言』に 2 つの条項を加え、検閲に反対する、他団体と協力して検閲に抵抗すると定めた。1958 年のフィスク報告は、図書館員の自己検閲を解明した。検閲の源としては、上からの検閲（公権力）、下からの検閲（市民グループ）、それに図書館員自体の自己抑制があった。それに図書館理事会による検閲を加えると、図書館での検閲の出所は網羅できる。そうした従来からの一般的な検閲（資料の排除を求める行動）と異なる「検閲」が 1980 年代から生じている。

　●**宗教右翼の台頭**　1950 年代のアメリカを宗教復興の時代とすれば、1960 年代は教会の変動の時代で、1960 年代後半以降はメソディスト、長老派、バプテストなどプロテスタント主流教派の相対的な衰退と、エバンジェリカル（福音派）の台頭で特徴づけられる。エバンジェリカルとは、「プロテスタント諸教派の教会に属しながら、自ら福音派キリスト教徒を名乗る人びと、もしくは福音派諸教会、諸教派に属するキリスト教徒の総称」をいう。エバンジェリカルは教派横断的で、人数は確定できないものの、1970 年の 6,472 万人から 1975 年には 6,939 万人に増加したという。それぞれ当時の全人口の 30 ％を超えている。以後、宗教的に保守的なこの勢力は，妊娠中絶、学校での祈り、同性愛、強制バス通学、平等保護修正案（ERA）など、アメリカの大きな社会問題に発言を強めるとともに、政治家もこのグループを意識しなくてはならなくなった。
　このようなエバンジェリカルの中核を占めるのがファンダメンタリスト（根本主義者）で、ファンダメンタリストは聖書の無謬性と逐語霊感説を信じる。逐語霊感説とは、聖書の一字一句がすべて神の霊感によって書かれたとする説である。こうしたファンダメンタリストは中庸派や極右を含めて、1980 年には約 2,000 万人とされた。ファンダメンタリストの右派はテキサスの石油王などからの豊富な資金、政界右派との結びつきなどで積極的な行動を取り、声高な発言と運動を続けていた。その指導者は、バージニア州リンチバーグの牧師で、テレビ伝道師として有名なジェリー・L. フォールウェルで、1979 年にはモラル・マジョリティを設立し、1980 年の選挙ではロナルド・レーガンを含めて多数の保守派政治家を選出するのに重要な役割を果たした。フォールウェルやモラル・マジョリティは政治的には超保守的な立場を取り、家庭、道徳、祖国への愛と忠誠を説いた。
　●**トマス『禁書』**（*Book Burning*）　カル・トマスはモラル・マジョリティの副

理事長で政治的には保守派である。そうしたトマスは1983年に*Book Burning*を出版した。この本はモラル・マジョリティの公式の考えの表明ではないとしているが、モラル・マジョリティや宗教右翼の関心を表明したものである。トマスは"Book Burning"を"Censorship"と同義に把握しており、この本は検閲に関する図書としてまちがいはない。この158頁の本には、アメリカ図書館協会、アメリカ自由人権協会、「アメリカの人びと」といった団体名が多く出現し、そうした団体の動きを厳しく批判している。さらに世俗主義およびそれを支える政治、メディア、出版界、諸団体の動きを批判し、その動きを「検閲」と把握している。すなわち、こうした世俗勢力が意図的にキリスト教の伝統的な価値観を扱わず、それは意図的な検閲ということになる。公立図書館に触れれば、創造論、妊娠中絶反対（プロライフ）、同性愛反対、伝統的な家庭の価値の遵守、薬物批判、宗教右翼の著作などを十分に取り込まないことで、実質的には「検閲」を行っているということである。

　トマスは巻末に活動計画を掲げ、冒頭では「全国的な運動に乗り出す時がやってきた。新聞では決して報じられない種類の検閲と闘わなければならず、広く受け入れられているキリスト教の価値を学校や図書館に呼び戻さなくてはならない」となっている。そして7点の活動計画を示したが、最も重視したのは教育委員会の委員になることによって学校運営に直接的に関わること、および公立図書館や学校図書館での「検閲」への対処であった。トマスは具体的に、「女性運動」（4点）、「プロライフ運動」（9）、「保守的政治／経済」（6）、「薬物」（4）、「創造論」（4）、同性愛（3）、国家防衛（5）、哲学／法律（5）、定期刊行物（5）、映画（4）を掲げた。このリストを公立図書館の蔵書目録と突き合わせる。リストの本が蔵書に相応に入っていないなら、資料としての購入を求める。図書館が購入を拒否すると、グループで押し掛けたり、メディアに訴えたりする。それでも図書館が拒否すると、法廷に持ち込む。それは図書館蔵書に「均衡（balance）を求め、真の多元主義（pluralism）」をもたらすためである。

　1973年にアメリカ図書館協会は『図書館の権利宣言』解説文『図書館資料における性差別主義、人種差別主義、その他の主義』を採択した。この解説文は非常に長い解説文で、1982年に『蔵書構成の多様性』と名称変更し、簡明な文書になった。この解説文の標題は「蔵書構成の多様性」（Diversity in Collection Development）だが、もともと知的自由委員会が考えていたのは「均衡のとれた蔵書」（Balanced Collection）であった。しかし「均衡」という語がトマスの主張のように使われることを恐れて、「多様性」という語にした。そして「多様性」という語は、その後の『図書館の権利宣言』および解説文を検討する場合のキーワードになっていく。

（川崎佳代子）

T87　宗教グループの集会室利用：裁判の系譜

　1980年にアメリカ図書館協会は『図書館の権利宣言』を修正し、図書館を「情報や思想のひろば」と設定した。図書館は活字資料を中心としてきたが、「情報や思想のひろば」には口頭での情報や思想の交換も含まれ、集会室（展示空間、掲示板）での利用者グループによる議論や対話は奨励される。それは利用者参加を歓迎することでもあるが、一方では利用をめぐっての問題も生じる。

　●オックスフォード公立図書館事件　「アメリカを懸念する女性」は保守的女性宗教グループで、伝統的なアメリカの価値を重視している。ミシシッピー州オックスフォードの同支部は、一般に向けて自分たちの考えを表明しようとして、公立図書館に集会室の利用を申し込んだ。同館の規則は、市民的、文化的、教育的な性格のグループに集会室を提供すると定め、政治的、党派的、宗教的な目的には提供しないとなっていた。この規則によって、宗教グループとの理由で集会室の利用を拒否され、グループは合衆国憲法修正第1条違反として連邦地裁に提訴した。連邦地裁は「アメリカを懸念する女性」を支持する判決（1988）を下した。この判決を不服として図書館は連邦控裁に上訴したが、控裁は地裁の判決を確認（1989）した。その要点は以下の2点である。まず図書館集会室はパブリック・フォーラムになっている。集会室利用規則を超えて海軍徴兵隊やアメリカ在郷軍人会といったグループに提供しているという実態からして、図書館は集会室をパブリック・フォーラムとして創出したので、言論の内容を理由に制限できない。また図書館には利用制限するだけのやむにやまれぬ利益が存在しない。次に「アメリカを懸念する女性」による集会室の利用は、国教禁止条項に違反しない。集会室を提供する目的は世俗的で、集会室の「主たる効果」が宗教の促進になっておらず、また政府と宗教が過度に関わり合いになることもないからである。等しいアクセスの方針は国教禁止条項に抵触しない。これと同種の事件が2000年にウィスコンシン州ウェストアリス公立図書館で生じ、判決はオックスフォード公立図書館事件を踏襲した。

　●コントラコスタとアッパーアーリントンでの公立図書館事件　2000年代に入って異なる種類の事件が生じてきた。いずれも、一般向けの集会を開き、その後に礼拝を行うという集会で、カリフォルニア州コントラコスタおよびウィスコンシン州アッパーアーリントンの公立図書館で裁判になった。後者の事件の判決は以下である。プログラム「政治と教会」の賛美（singing）と祈り（prayer）という要素は、「政治と教会」の他の許される要素と切り離して、単なる礼拝（religious worship）を構成するのではなく、賛美と祈りは宗教的見解を伝える言論である。集会室から排除するのは、見解による不法な差別で修正第1条に違反する。コントラコスタの裁判はアッパーアーリントンよりも先に裁判が始まったが、最終判決は2009年に出された。そこで問題とされたのは国教禁止条項との関連にあった。判決は、集会室規則が(1)世俗的目的を有しているか、(2)主要な効果が宗教を促進していないか、(3)政府と宗教との過度の関わり合いを促進していないかというテストを用いた。このいずれかに抵触していると国教禁止条項違反になる。図書館にとって問題は(3)で、判決は「政府と宗教との過度の関わり合いを促進」すると判断し、礼拝での集会室の禁止を国教禁止条項に違反すると結論した。礼拝か否かの判断には宗教理論などの検討が必要で、その判断を図書館が行うことは「過度の関わり合い」になるし、その判断を「政府や法廷が行う能力はない」とした。この2つの裁判の論理は異なるが、礼拝を含む宗教グループの集会室利用を認めたことになる。そののちも宗教グループによる提訴は続いたが、裁判に至る前、あるいは裁判中に和解をして、図書館が集会室の利用を認めた場合が多い。多大な時間と費用を費やしても、図書館にとって勝訴の見込みが薄いということである。

●アメリカ図書館協会の対応　アメリカ図書館協会の対応は判決に沿って修正されていく。オックスフォード事件判決を受けて、1991年にはそれまでの『図書館の権利宣言』解説文『展示空間と集会室』を修正し、『展示空間と掲示板』と『集会室』に分割した。『展示空間と集会室』では宗教グループの排除を認めていたが、『集会室』では他の市民グループなどと同じ扱いを求め、宗教グループの利用にも提供すべしと修正した。2019年の修正では、さらに宗教グループの利用は国教禁止条項に違反しないと確認した。そして内容中立な時間、場所、態様での制限を強調した。例えば集会室の利用は1年に4回までとか、集会が終わって初めて次回の集会を予約できるとかといった制限である。

　ただし解説文では礼拝自体の扱いは明らかでない。参考までに知的自由委員会は『アメリカの図書館における宗教に関する問答集』(2010)で、いっそう具体的に説明している。例えば他のグループに参加費などの徴収を認めているなら、宗教グループの献金を認める。他のグループに飲料を認めているなら、聖餐での飲料を許す。賛美歌には騒音規則を適用する。こうした説明は礼拝を認めるものといえるが、むしろ内容中立の規制で礼拝を拒否するという期待の方が大きいと思われる。なおオックスフォード事件判決は、宗教グループの集会室利用以上に図書館の基本的な性格に影響を与えることになる。それは集会室をパブリック・フォーラムと法律上で解釈したことであり、この法律上での認知は後続する公立図書館の性格を問う裁判で常に取り上げられることになる(T88)。

T88 パブリック・フォーラム理論の適用：図書館裁判の系譜

　ミシシッピ州オックスフォード公立図書館を舞台とする「アメリカを懸念する女性」事件（1989）は、公立図書館の集会室が実態としてパブリック・フォーラムになっているとし、宗教グループが一般の人を対象にして社会的問題に意見を表明する機会を認めた。そののちの宗教グループによる集会室の利用をめぐる裁判事件も、すべてパブリック・フォーラム理論を土台に判断されている。そして現在では宗教グループが礼拝を目的にしていても、礼拝を理由とする制限ではなく、時間、場所、態様での制限を用いるという方向に向かっている。「アメリカを懸念する女性」事件の判決が下される以前、公立図書館の基本的性格として、例えば「静寂、知識、美に専心する場」といった説明がされてきたものの、法理論を適用したのはこの事件が最初であった。そののち公立図書館の性格をめぐる裁判では、パブリック・フォーラム理論が適用されていく。

　●パブリック・フォーラム理論　公有財産へのアクセスの権利とアクセスの権利にたいする制約が評価される基準は、問題となっている財産の性格にしたがって異なり、パブリック・フォーラムには以下の3類型がある。(1)伝統的パブリック・フォーラムは、長い伝統または政府の決定により集会と討議のための場とされてきたフォーラムで、表現活動を制限する州の権利は厳しく制限される。その典型は道路や公園で、市民間の思想の伝達や公共的な問題について議論が行われてきた。こうした伝統的パブリック・フォーラムにおいて、州が内容に基づく排除を執行するには、規制がやむにやまれぬ州の利益に仕えるものであり、かつ規制がその目的を達成するように狭く設定されたものでなければならない。さらに州は内容中立の時間、場所、態様に関する規制を行うことができるが、重要な政府利益に仕えかつ十分な代替的なコミュニケーションの経路を残したものでなくてはならない。(2)第2のカテゴリーは制限的（指定的）パブリック・フォーラムで、州が公衆の使用のために表現活動の場所として設けた公有財産である。州は施設の開放的性格を無期限に維持することが求められているわけではないが、開かれたものとして維持していく限り、伝統的パブリック・フォーラムに適用されるのと同一の基準、すなわち厳格審査によって拘束される。(3)上記の2つの類型のパブリック・フォーラムといえない公有財産は、異なる基準によって決定される。その場合には、時間、場所、態様の制限に加えて、制限が合理的なものであり、かつ公務員が話し手の見解に単に反対であるという理由で表現を抑圧するようなものでない限り、規制が認められる。

公立図書館に関係するのは第2の類型のパブリック・フォーラムである。この制限的（指定的）フォーラムは州が公衆の使用のために表現活動の場として設けた公有財産であるが、このフォーラムは「伝統的フォーラムでないフォーラムを公衆の討議のために意図的に開くこと」によってのみ創出される。したがってそうしたフォーラムであるか否かの決定は、政府の方針と利用実態、それに表現活動との親和性の検討によって判断されることになる。

　●クライマー事件　1990年にニュージャージー州モリスタウン公立図書館は利用者行動規則に依拠して、身なりや体臭、それに利用者への迷惑を理由にホームレスのリチャード・クライマーを退館させた。クライマーはホームレスがために退館させられたとして裁判に訴えた。判決は、公立図書館を州が表現活動の場として人びとのために公開した公有財産とした。この場合の表現活動とは、文字による思想を表明したり受け取ったりするという意味での合衆国憲法修正第1条上の表現活動である。連邦地裁は公立図書館を伝統的パブリック・フォーラムと判断したが、連邦控裁は制限的パブリック・フォーラムとし厳格審査を適用した。問題となった利用者行動規則について、地裁は文面上無効、控裁は文面上有効と判断した。地裁に差し戻された後、裁判は和解によって終結した。

　●ラウドン公立図書館事件　バージニア州ラウドン公立図書館は利用者用インターネット端末を配置し、すべての利用者用端末にフィルターソフトを導入した。この措置にたいして利用者グループが利用者の修正第1条上の権利を侵害するとして提訴した。1998年にバージニア州の連邦地裁は公立図書館でのフィルターソフトの扱いに関する最初の裁判事件を審理した。判決は公立図書館を制限的パブリック・フォーラムと把握して厳格審査を用い、修正第1条に関する被告図書館側の主張をすべて退けた。要するに憲法の保護下にある情報や資料を遮断するのは憲法違反であり、子どもを理由にして成人の権利を削減するのは許されないということである。同時に判決は「未成年に有害」な資料を遮断することに政府はやむにやまれない利益を持つとしたが、ラウドン公立図書館は狭く設定された最小限の制限をしていないと判断した。

　「アメリカを懸念する女性」事件の場合、公立図書館の集会室の性格の決定にパブリック・フォーラムの理論が用いられた。そののちの諸判決は、図書館の基本的性格を制限的パブリック・フォーラムと確認し、それを土台に個別事件を判断してきた。1980年に修正されたアメリカ図書館協会の『図書館の権利宣言』は前文で、図書館を「情報や思想のひろば (forum)」と定めており、こうした判決はアメリカ図書館協会の考えに沿うものであった。しかし21世紀に入って新たな情報環境との関係で図書館裁判が生じるのだが、それは決してアメリカ図書館協会の意に沿うものではなかった (T100)。

T89　読書と読者：
読書や作品の捉え方の変化と読者への注目の高まり

　20世紀半ばの文学批評におけるニュークリティシズム（新批評）の勃興とそれに続く読者論の活発化により、それまで作者や作品の陰にかくれがちであった読者や読者による作品解釈への注目が高まった。この変化は、文学の研究者や批評家、そして図書館員など、テクストの専門家と目されてきた人びとが、どのように専門職性を主張しうるかということにも影響を及ぼしている。

　●ニュークリティシズム（新批評）の勃興　ニュークリティシズム以前の文学批評では、作者の意図、さらに言えば、作者が表現を試みている物事の本質や普遍的価値を読みとることに重点が置かれていた。文学の研究者や批評家は、文学表現の中から時代や人が変わっても依然としてそこに在るものを見出す専門家としての地位を占め、専門家の解釈が「正当な」解釈として扱われていた。図書館員の専門職性は、専門家の認める「良書」やその解釈を理解、整理し、一般の人びとがそれらにアクセスできるよう橋渡しすることに置かれていた。一方、ニュークリティシズムは、物事の本質や普遍的価値の存在を否定することに立脚する。ニュークリティシズムが挑んだのは、作家が表現する（と見なされてきた）物事の本質や普遍的価値の解明に代えて、文学作品の構造を解明することだった。ただしその構造は、時代や文化の影響を受けるものの、読者からは独立に存在すると考えられた。
　●ニュークリティシズムから読者論へ　ハンス・R.ヤウスは、ニュークリティシズムにおいて作品の構造と目されたものも含め、文学がその時代にその場所に生きる読者の解釈から独立に存在することは不可能と主張した。そして、物語の解釈が読者によってどう構築されているかに焦点化した文学批評が試みられるようになった。テクストと読者の相互作用を分析したヴォルフガング・イーザーや、読者のテクスト解釈の資源としての解釈共同体というアイディアを示したスタンリー・フィッシュの研究は、この先駆といえる。またロジェ・シャルチェは図書の出版流通の状況を踏まえつつ、誰のもとに届いた本がどう読まれていたのかの解明を目指した。さらには、国境や社会的立場など、従来の区分を超えて読まれるようになった図書が、同じ図書を手に取る人の間につくり出す「想像の共同体」（ベネディクト・アンダーソン）に着目した研究もされるようになった。
　●「正当」な文学解釈への疑義　読者に着目する研究は、次第に個別の作品の解釈や、異なる立場や社会的背景を持つ読者が読む具体的場面を掘り下げるようになっていった。その中で、読者が、作者が想定しなかったであろうテクストの

一部に焦点化したりテクストの断片を結び合わせたりしながらテクストを解釈する「密猟」(ミシェル・ド・セルトー)を行い、読者自身の興味関心を満たしたり読者自身の物語を語ったりするのに役立てていることが明らかにされた。人びとがテクストの「密猟」を行ってテクストにその読者ならではの意味を与え、それについて読者仲間と語り合えることは、20世紀末に大規模な共有読書グループ(「オプラ・ブッククラブ」など)が隆盛した要因としても指摘されている。さらに、フェミニズムやポストコロニアリズムの見地に立つ研究は、女性や植民地の人びとの立場から文学作品の再解釈を試みた。そして「正当」とされてきた解釈が、白人男性の価値観を帯びた偏りのあるものであると指摘した。

　読者がテクストから得るものを完全にコントロールすることは不可能であり、また、「正当」な解釈を一律に規定することは特定の社会的立場の優位性を強化しかねない。こうした知見の普及はテクストの専門家の地位を変化させた。図書館員についていえば、キャサリン・S.ロスが指摘するように、「良書」普及よりも、図書館利用者のニーズを理解し、そのニーズに応えられるよう幅広く資料を収集し提供することが、あるべき姿とみなされるようになった。

●**新たな図書館学研究**　このような図書館員のあるべき姿の変化と呼応して、人びとの読書経験や図書館利用経験に的を絞った研究や、従来の図書館が収集の対象としてこなかった資料を含める試みに焦点化した研究がされるようになった。例えばジャニス・A.ラドウェイは、従来は図書館が収集や保存の対象としなかった1980-90年代の少女ミニコミ誌(Girl Zines)を研究対象とし、それらの出版流通に至る過程、制作者や読者としての少女の置かれていた社会の状況、少女ミニコミ誌を読んだり書いたりする経験が少女に与えた影響を解明した。それと同時に、少女ミニコミ誌を図書館の資料に加えようと奮闘したミニコミ誌図書館員の活動について分析した。また、ウェイン・A.ウィーガンドは、図書館の「創設者や経営者の言葉の分析ではなく、大部分は利用者の声を傾聴すること」によって「利用者の生活の中における図書館」のあり方を描くことを目指した。そして、1731年発足のフィラデルフィア図書館会社から2010年代の公立図書館までを対象に、それぞれの時代の公立図書館が記した利用者の動向や、利用者自身による図書館利用についての記録/記憶を分析した。

　以上のような読書と読者についての研究の変遷は、公立図書館員のあるべき姿に変化をもたらした。そうした姿の変化は、公立図書館におけるフィクション、とりわけジャンル・フィクションと呼ばれるSF作品、ホラー作品、ミステリー作品、ロマンス小説などの扱いとも結びついており、図書館サービスに直接的に跳ね返ってくる。この点については次項のT90「フィクションの捉え方の変化と図書館サービス:新たな読書案内サービス」で取り上げる。　　　　(山崎沙織)

T90 フィクションの捉え方の変化と図書館サービス：新たな読書案内サービス

　アメリカの図書館員は長い間、フィクション、とりわけジャンル・フィクションと呼ばれる「俗悪な」SF、ホラー、サスペンス、ロマンス小説などの扱いに悩んできた。しかし1980年代になると、読書や読者の捉え方の変化を受けて、図書館員は（ジャンル・）フィクションの需要に積極的に応じ始めた。

　●**専門職としての図書館員の成立とフィクション問題**　アメリカ図書館協会（ALA）は設立後まもなく標語「最善の読書を最低のコストで最大多数の人に」を掲げ、図書館員は19世紀末から専門職を自認するようになった。図書館員の専門職性は「最善の」図書と「二流の」図書を区別し、前者を提供することに置かれた。「最善の」図書はノンフィクション、歴史、哲学、純文学などで、「二流の」図書はジャンル・フィクション（のシリーズ本）で代表された。図書館員は、人びとと「最善」の図書を引き合わせ、楽しみよりも自己研鑽のために読書させようとした。1890年代には、2冊貸出方式（貸出冊数は2冊だがフィクションは1冊に限る）や、6か月ルール（フィクションの購入は刊行半年後に限る）を用いる館もあった。しかし公立図書館での貸出冊数の4分の3はフィクションであり、住民の自発的な利用に依存する公立図書館は、利用者のフィクションへの要求を取り込まざるを得なかった。

　●**第1次読書案内サービス**　第1次世界大戦後に公立図書館は初めて成人教育サービスに乗り出すが、その中心は読書案内サービスであった（T43「成人教育プログラムの実践」）。読書案内担当は各参加者に適した読書コースを作成したり、ALAの「目的のある読書」シリーズを用いたりした。このサービスは徹底的な対個人サービスで、参加者の読書履歴を参考にして、徐々に段階的に読書を向上させることを意図していた。「目的のある読書」シリーズは1925年の『生物学』で始まり、1933年の終了までに67のテーマで850,000冊が発行された。この読書案内サービスにフィクションが入り込む余地はなかった。

　●**利用者が読みたいと思う本を提供する意義の発見**　フィクションへの認識の転機は1980年代頃に生じた。その背景には文学者や図書館員が読者の能動性を認識し始めたことがある（T89「読書と読者」）。図書館員は、図書館利用者はテクストの内容をそのまま受け取る訳ではない、また、図書館員が読むべきとみなす本より利用者が読みたいと思う本を提供する方が利用者の人生への好影響が大きいと考えるようになっていた。

　1980年代以降、ジャンル・フィクションの読者を扱った研究も活発化し、図

書館でのジャンル・フィクション提供の正当性を強化した。ロマンス小説の読者に関する先駆的研究者ジャニス・A.ラドウェイは、ロマンス小説は読者に家父長制が男女のあり方を規定することへの疑義を抱かせるが、読者は疑義の言語化までには至っていないと指摘した。ラドウェイの後にロマンス小説読者の分析を行ったエリザベス・ロングは、ロマンス小説が読者をエンパワーメントすることを大いに強調した。ロングによれば、読者は本の中から自己理解やロマンス小説読書会の仲間への自己開示に役立つ部分を拾い上げるように読む。そのような読み方は女性の経験を規定する既存の制度や慣習に違和感を表明し、その違和感への仲間からの共感を得る助けとなるのである。

　教育学や言語学分野では、子どもがジャンル・フィクションや自分の好む本を読むことの効用に関する研究が進んだ。リズ・ウォーターランドは、子どものリテラシー向上には、文字と発音の関係や文法について体系立って教えるよりも、その子の読みたいものを読ませることが効果的と主張した。また、マーガレット・マッキーやキャロル・D.ウィックストロームは、ジャンル・フィクションのシリーズ本で同じキャラクターが同じようなストーリーを繰り返し、それを子どもが楽しんで読むことが、小説全般の構造の理解や言語習得に役立つと指摘した。

　●第2次読書案内サービスへ　1982年にはフィクションの分類についての図書館員向けの手引書『ジャンルフレクティング』初版が刊行され、その後、こうした案内書が継続的に刊行されている。1984年にはイリノイ州北部の図書館員を中心に、楽しみのために読書する人を支援する方法を考える全国組織「成人読書ラウンドテーブル」が設立された。この年は第2次読書案内サービスの出発点とされる。そして公立図書館員は利用者が求める本を提供する読書案内サービスに乗り出した。ジョイス・G.サリックスが1989年に発行した『公立図書館における読書案内サービス』は、この期の読書案内サービスの代表作とされる。読者が何を読みたい／読むべきか最も良く分かっているのは図書館員でなく読者自身だと強調している。

　1920年代からの第1次読書案内サービスは、エドワード・L.ソーンダイクによる成人になっても学習能力が低下しないという科学的知見に基づいていた。そして「目的のある読書」を手段に、ノンフィクションを対象に、自己向上や自己研鑽を目指していた（T43）。1980年代からの第2次読書案内サービスは、読書研究の成果を土台に、『ジャンルフレクティング』などを手段に、フィクションを対象に、楽しみのための読書の促進を意図した。2つの同名のサービスの間には、フィクション、読者、読書に関する研究の大きな進展が介在していた。また2010年代以降、公立図書館はSNSを用いた読書案内の試行を積極的に行い、読者の求める情報をいっそう迅速に届けようと努めている。　　　　　　（山﨑沙織）

T91　同性愛をめぐる論議：
　　　　アメリカ図書館協会の大会開催地を舞台に

　図書館界でセクシャル・マイノリティに関わる問題は1970年代前半から顕在化していたが、オレゴン州スプリングフィールドで採択された市憲章、コロラド州で採択されたコロラド州憲法第2修正、オハイオ州シンシナティで採択された条例の3つの同性愛差別法にたいするアメリカ図書館協会（ALA）の反対運動は、ALAがセクシャル・マイノリティの権利を承認する明確な事例となった。

●図書館専門職とセクシャル・マイノリティ　1960年代後半から1970年代にかけて反戦運動、公民権運動、マイノリティの権利を求める運動、男女平等運動などが象徴する社会運動の時代にあって、図書館界でも既存の体制への異議申し立てがさまざまな形で示された。ALAに1969年に設置された社会的責任ラウンドテーブルは、社会的争点への積極的な関与を目的とする最初の下部組織であった。社会的責任ラウンドテーブルの中にゲイ解放専門委員会が1970年に設置され、以後この組織および継続組織が、セクシャル・マイノリティ問題の最前線に立って活動を行うようになった。

　1971年6月に開催されたダラス年次大会でゲイ解放専門委員会は、講演、イベント、図書賞の選出、分類・件名目録の見直しなどを主催した。とりわけ「自由な抱擁とキス」のイベントは地元のテレビ局ダラス・テレビで中継され、『ライフ』誌にも写真が掲載された。また知的自由委員会のプログラムの進行中にゲイ解放専門委員会の活動家が同性愛差別に抗議して座り込み、プログラムを中断させるという事件も起こった。この大会で評議会は民族的・性的・宗教的マイノリティへのサービスや雇用の平等について決議を採択しているが、1977年にALAは同性愛者の雇用の平等を定めた方針を採択し、同性愛者の図書館員および図書館職員の雇用の平等を支援することを再確認した。

●オレゴン州スプリングフィールド市憲章修正案と図書館界　1992年5月19日にオレゴン州スプリングフィールドで住民投票により可決された市憲章「公共財の使用制限についての定款変更（City Charter Amendment）」は、同性愛の促進、援護、支援を目的として公共の財源や不動産を使用することを禁止するという変更を行っていた。この規定は公立図書館から同性愛に関する資料を除去するために使われる危険性があった。ALAは1992年6月のサンフランシスコ年次大会で市憲章修正条項への反対運動を実施し、評議会は同性愛差別的な市憲章修正条項にたいする反対運動を行う決議を承認した。社会的責任ラウンドテーブルのゲイ・レズビアン専門委員会のメンバーは会期中に開かれたゲイ・レズビアン・フ

リーダム・デイ・パレードに、専門委員会とALAの名前が入った横断幕を掲げて参加し、その様子は『アメリカン・ライブラリーズ』の表紙に掲載され、協会内や同雑誌では賛否を問う議論が加熱した。

●コロラド州憲法第2修正と図書館界　1992年11月には、性的指向に基づく差別から同性愛者を保護することを廃止するコロラド州憲法第2修正が、州民投票によって可決された。ALAはデンバーでの冬期大会開催のボイコットについて慎重に協議したが、この時点での大会開催地変更は不可能であると判断し、1993年1月の冬期大会は当地デンバーでの開催を余儀なくされた。会期中に開催された抗議集会では会長マリリン・L.ミラーが演説を行うとともにゲイ・レズビアン専門委員会は州議会議事堂へのデモ行進を主導して約200名の会員を動員した。すでに決定していた1998年冬期大会の開催地はデンバーからニューオーリンズに変更されることとなった。また評議会では『ゲイの権利と資料に関する決議』と『『図書館の権利宣言』がジェンダーと性的指向を含んでいることを確認する決議』が採択された。1992年と1993年の状況を受けて、ALAは1993年6月に『図書館の権利宣言』解説文『図書館の資源やサービスへのアクセスは性や性的指向で左右されない』を採択し、この領域での基本的態度を定めた。

●オハイオ州シンシナティ反同性愛保護条例と図書館界　オハイオ州シンシナティは1993年11月25日に「人種、性別、年齢、肌の色、宗教、障害、婚姻、民族、国籍、性的指向」に関わる差別を禁止する条例（Human Rights Ordinance）から「性的指向」ということばを除去した。ALAはこれを受けて、1995年の大会開催地をすでに決定していたシンシナティから別の都市に移すことを決定した。1994年に開催されたロサンゼルス冬期大会で開催地移転問題が本格的に議論され、理事会と評議会はオハイオ州での大会開催を取りやめ、開催地をフィラデルフィアに変更した。

　同性愛差別法への協会の姿勢は明確であり、一貫して同性愛差別法に対抗し積極的な反対活動を展開した。しかしながら協会の同性愛差別法への抗議運動は、専門職団体として十分な強度を持っていなかったとの指摘や、同性愛者問題の議論が組織内の特定のグループ内にとどまり、ALA上層部には同性愛者問題を強力に訴える代弁者がいなかったとの批判もあった。そしてセクシャル・マイノリティに関する会員の見解は多様であり、ALA会員全体の意見調整が行われたわけでもなかった。それでもなお、スプリングフィールドの市憲章、コロラド州憲法第2修正、シンシナティ市条例という同性愛差別法への協会の姿勢と対応は、情報にかかわる表現とアクセスの権利に関する平等が図書館専門職の理念的基盤であることを示し、専門職団体としてのALAは、同性愛者保護を専門職の価値観に内包していることを浮かび上がらせたのであった。　　　　（吉田右子）

T92 第4世代の図書館史研究：
文化調整論、スペース研究

　第3世代の図書館史研究の時代から、次第に歴史研究が多様化してきた。例えば経済史において生産や生産関係から消費へと関心が移るにつれて、文化史、社会史、広告史、メディア史など、領域が拡大した。またあらゆるものに歴史があるという認識とともに、身体、死、儀礼、怒り、イメージなど、文化相対主義をともなって歴史的研究が進められてきた。「下からの歴史」、「周縁部からみる歴史」が強調されてきたのも、この時代である。また文書資料は「上からの歴史」と親和性があるのだが、反乱者や普通の住民の考えや態度を解明するには異なる種類の資料を用いる必要がある。そこから、視覚資料、口伝や口述による資料、オーラル・ヒストリーなどが活用されるようになった。

　批判的教育研究を代表するマイケル・W.アップルやヘンリー・ジルーは、不平等と教育との関わりを関係性の分析で解明しようとした。また一定の価値の密かな教え込みを暴こうとした。いずれも階級、ジェンダー、人種を含めて社会的な不平等や支配が再生産されていく原因や要因を探っている。単に公教育や学校を民主的とか社会統制の場とか、資本主義経済の上部構造と一面的に解釈するのではなく、社会と教育とを関係性の分析で解明していく方向、教室で働いている顕在的、潜在的な複雑な作用を解明していく方向である。ここでは、民主的、社会統制といった単純な把握ではなく、関係性、折り合い、妥協などが重要になる。

　こうした背景および図書館史研究のこれまでの知見を踏まえて、第4世代の図書館史研究は社会と図書館の関係、図書館内部での諸関係、さらに図書館（図書館員）と利用者の関係について、より豊かな歴史記述に向かう。第4世代の図書館史研究が取り込んだのは、フランクフルト学派を源流とする批判理論、ユルゲン・ハーバーマスなどの公共圏や「場の理論」、ロジェ・シャルチェ、ジャニス・A.ラドウェイなどの「読書研究」、それにプリント・カルチャー史である。

●ウィーガンド『生活の中の図書館』　こうした第4世代の代表的研究者がウェイン・A.ウィーガンドで、2015年には通史『生活の中の図書館』を上梓し、第4世代図書館史研究の1つの到達点を示した。以下では具体的な図書館史解釈は割愛し、基本的な視点を確認するに留める。ウィーガンドは従来の「図書館の生活の中における利用者」という視座を拒否し、「利用者の生活の中における図書館」を主張する。そして利用者（コミュニティ）、図書館、図書館界（アメリカ図書館協会、図書館指導者、文化的指導者）の間の調整、そうした調整機関としての公立図書館の歴史的展開を浮き彫りにした。

『生活の中の図書館』は、図書館が重視する「情報」（「有用な知識」、「最善の読書」）と、利用者が求める「通俗フィクション」（ペーパーバック、コミックス）をめぐる主張を時間軸に沿って対比させている。そして自発的な利用に頼る図書館は利用者の要求を受容していくのだが、同時に「通俗フィクション」の重要性を読者の声として拾い上げる。そののち「場としての図書館」について、図書館の実際の使われ方を利用者の視点からまとめている。この場合、「情報」は従来の図書館サービスや図書館史研究が扱ってきた中心部分だが、ウィーガンドは論述の中心を「通俗フィクション」と「場としての図書館」に置く。そのため、章が進むにつれて後者の記述のスペースが大きくなる。図書館の主たる関心事である有用な図書、最善の図書の読書と、住民の主たる関心事である楽しみのための読書を対抗させ、読書研究の進展を踏まえて通俗フィクションの役割を重視し、フィクションが有する力を強調する。蔵書は調整過程の結果で、公立図書館は地元文化の中心となる定義づけや決定を助けることで、図書館自身を社会秩序の維持に不可欠な読書スペースとして構成してきたのである。ウィーガンドの公立図書館史解釈は「文化調整論」と名づけられよう。ここでの「文化」とは「地元文化」、「地域文化」を意味する。

　●ヴァンスリック『すべての人に無料の図書館』　図書館史のジェンダー研究は、女性図書館員の地位を給与などの面から探ってきた。一方、アビゲイル・ヴァンスリックが1995年に刊行した『すべての人に無料の図書館』は、19世紀末から20世紀初頭のカーネギー図書館を取り上げ、専門的技量を発揮する場所として設定されたカーネギー図書館という職場の物理的枠組みと、女性専門職の関係を解明した。またジェンダーをめぐる抗争だけでなく、図書館幹部は中産階級と労働者階級を分離していたとし、中央館と分館との「形の上での顕著な相違は」、階級的な思想の持続を実証していると分析した。さらに女性対男性という対抗軸を掘り下げ、図書館専門職の台頭で地位が低下した図書館関係者（女性クラブの会員、図書館学校を卒業していない女性図書館員）の存在も指摘した。いずれもカーネギー図書館に関係した人びとの思想、行動に関わる複数の対抗軸を重ねることで、図書館での複雑な文化政治的な要素を浮かび上がらせている。

　ヴァンスリックは建築史の研究者で『すべての人に無料の図書館』以後は継続して図書館史を研究してはいない。ウィーガンドは一貫して図書館史研究を続け、2021年には学校図書館についての最初の通史『アメリカ公立学校図書館史』を発表した。また第4世代の代表的な研究者としてクリスティン・ポーリーを欠かせない。代表作『中部辺境地域での読書』はアイオワ州オーセージでのプリント・カルチャーを解明している。さらに最近ではトッド・ホンマなどがホワイトネス研究を図書館史研究に組み込むことの必要性を主張している。

T93　女性図書館史研究：
ディー・ギャリソン『文化の使徒』以後の動向

　図書館女性史研究の記念碑的著作であるディー・ギャリソンの『文化の使徒：公共図書館・女性・アメリカ社会 1876–1920 年』は、図書館史研究に女性化という分析視点を最初に持ち込んだ女性専門職の研究書である。以降の研究は同書を批判的に受容し、図書館に関わる主流文化・周縁文化の捉え直しを進め、図書館をめぐる文化政治的構造の再考へと向かった。

　●『文化の使徒』への批判　1979 年に刊行されたギャリソンの『文化の使徒』は図書館女性史研究の代表作として位置づけられるが、専門職のレベルを低く抑えている要因を、被害者である女性に関連づけたことにより激しい批判にさらされた。1990 年代以降の図書館女性史研究を牽引したクリスティン・ポーリーは、ギャリソンの著作について女性像の一般化と浅い考察を指摘しながらも、問題点は 1970 年代の女性専門職研究に関わるデータの限界に起因すると分析した。
　●図書館女性史研究を振り返る　1980 年代になると積極的差別是正措置や賃金の平等性が研究の観点として持ち込まれると共に、統計調査などに基づく図書館女性専門職の地位に関する実証的な研究が行われた。また女性史研究の手法が女性図書館員の分析に取り入れられ、複数名を対象とした集団的伝記研究やマイノリティ女性を対象とする図書館員研究が増加した。
　1990 年代に入り図書館女性史研究が保守主義に傾くと、伝統的な女性像を強調するような研究が現れ、女性を非難する論文や女性文化を強調する論文が再出現するようになった。そのことは図書館界の積極的活動主義者（アクティビスト）と研究の乖離にもつながった。同時期にそれまで描かれてきた女性図書館員とは異なる専門職像を描き出す著作が現れた。ジョアン・E.パセットは 1994 年に『アメリカ西部の女性図書館員：文化の十字軍 1900-1917 年』を刊行し、西部で活動した女性図書館員の多面性を個人資料の精査によって浮かび上がらせた。西部の図書館員はすでに東部で確立されていた図書館の実務や思想を西部に移入するために活動を展開したのだが、西部での状況はすでに公立図書館がコミュニティに確立していた東部とは異なっていた。図書館運営の向上を実現するために、女性図書館員は行政担当の男性、非都市部や労働者階級の住民と多様な交渉を行うことで、専門職としての役割を果たしていったことがパセットの著作から明らかにされた。アビゲイル・ヴァンスリックは 1995 年に『すべての人に無料の図書館：カーネギー図書館とアメリカ文化 1890-1920 年』を刊行し、図書館建築に封じ込められていた女性図書館専門職の本質を 1 次史料を用いて浮き彫りにした。そこ

で明らかにされたのは、男性幹部職員が期待するような専門職的なふるまいを逸脱したり、物理的拘束力のある職場環境から抜け出して自立的に職務を行っていた女性図書館員の姿であった。

　これらの研究はジェンダーの視点から女性図書館員の地位や労働環境を明らかにし、サービスに現れる女性性、性別役割分業などを浮かび上がらせることで女性図書館史研究の新たな分析局面を提示していた。また有色人種の女性図書館専門職に研究テーマが及ぶようになったことで、図書館女性史研究の厚みが増した。

●プリント・カルチャー史研究への発展　2001 年に刊行されたポーリーの『中部辺境地域での読書：19 世紀末のアイオワ州オーセージにおけるプリント・カルチャー』は、中西部の小規模コミュニティを研究対象に、住民の読書行為をジェンダー、階級、教育、宗教などの要因から総合的に解明した研究であり、図書館情報学におけるプリント・カルチャー史研究の到達点を示している。ポーリーはコミュニティの読書が学校や教会および図書館などの複合的な文化的環境の中に成立していた点、なかでも公立図書館がコミュニティの住民の読書に与えた文化的影響力を浮かび上がらせた。既存の研究は高級文化と低級文化という二分法で、高学歴と低学歴の利用者による図書選択、それに階級や性差による読書を説明してきた。一方、ポーリーは利用者が高級文化と低級文化の間を自由に行き来し、性、階級、宗派にとらわれず自由に読書活動を行っていたことを貸出記録の分析から解明したのである。コミュニティの読書様態の全体像を実証的に検証するために公立図書館の貸出記録が用いられたことは、図書館史研究の方法論的な進展にも寄与することとなった。

　女性図書館史研究は1990年代に方法論的手法の洗練と批判的視座を取り込むことで、学術的な成熟期を迎えた。研究対象がプリント・カルチャー史研究や読書研究などの周辺分野にまで拡張されたことは、図書館を相対化する視座の確保にもつながった。また民族的・社会的・文化的マイノリティを対象とする研究が増加し、周縁領域からマジョリティの実践を照射することで図書館実践が批判的に再解釈されるようになった。女性図書館専門職の形成、女性図書館員のサービス実態、公立図書館運動への女性の関与、図書館利用者としての女性など、図書館女性史研究で取り上げられてきた事象は、近代女性図書館員が出現した時から存在していた。こうしたテーマに関して、女性による図書館実践の意味付与、ジェンダーをめぐる図書館の文化政治的権力構造、図書館実践における周縁文化への着眼といった立場から捉え直すことで、図書館女性史研究は図書館の制度、実務、思想の構造を再解釈してきた。その結果、男性主導の経営、図書館の管理運営の効率化の視点から図書館史の発展を見てきた図書館史研究を乗り越えて、批判的図書館史研究を牽引する役割を担ったのである（T92）。　　　　　　（吉田右子）

T94　図書館の危機の言説と住民の図書館利用：　利用実態の概観

　1960年代から将来を予測する本が多く出版され人気を得た。そこでは情報が重視された。マーシャル・マクルーハンは『グーテンベルクの銀河系』(1962) で「紙のいらない社会」を予言し、『メディア論』(1964) では本を「消滅前の恐竜のようだ」と述べた。さらにダニエル・ベルの『脱工業社会の到来』(1973)、アルビン・トフラーの『未来の衝撃』(1970) や『第三の波』(1980) が続いた。各著者の主張はコンピューターの潜在能力を土台にし、社会に大きな影響を与えた。

　●図書館の危機の言説　こうした予言を図書館に焦点をあてて取り込んだのが、頻繁に引用されるF.ウィルフリッド・ランカスターの『紙なし情報システム』(1978) である。このランカスターの業績は図書館界に大きな影響を与えた。なぜなら、多くの図書館員や図書館研究者は新しい情報技術が図書館専門職の未来への鍵を握っていると考えていたからである。それは図書館についての危機の言説を生んだ。1990年代中葉になると公立図書館で利用者用インターネット端末が配置され、2000年にはほぼすべての図書館が端末を配置するようになった。社会全体がネット環境に移行する時期に相当する。この時期のアメリカ図書館協会の機関誌『アメリカン・ライブラリーズ』をみると、図書館や図書館員の危機の言説を土台に持論を展開している記事が多い。1992年7月号の記事は、図書館員が展望を広げなければ、技術革新がプロフェッションを周縁化すると主張している。要するに司書職の消滅は直接的かつ明瞭には生じないものの、周縁化と呼ばれるプロセスを通して生じるというのである。1994年6月の論文は、「私たちは私たち自身とプロフェッションを変容できる。さもないと技術の急流の中で押し流される」と述べ、図書館員は古い情報の巨大な霊廟を扱うようになるのだろうかと記した。1998年をみても、例えばOCLCの事業展開を取り上げる中で、変化は冷酷で容赦がないと指摘し、知識の最先端にある図書館もあれば、死に瀕している図書館もあると断じている。前者の図書館が少数派ということであろう。危機の言説が多くの議論の根底に横たわっていた。
　●利用実態　電子環境が図書館に大きな影響を与えているのは疑問の余地がない。全国教育統計センターや博物館・図書館サービス機構の統計を追うと影響は明らかである。最も目立つことの1つに図書館資料費の内訳がある。

	図書	オーディオ	ビデオ	電子ブック
FY1994	2,700	96	38	
FY2014	2,498	364	218	696

FY2019　　2,200　　1,100　　　　　300　　　　　　　1,900

　FY1994年を例に取ると、1994会計年度では、人口1,000人当たり2,700冊の蔵書があり、オーディオ資料は1,000人当たり96ということである。しかしそれ以降、オーディオとビデオは着実に増加し、2010年頃からは電子ブックの伸びが著しくなる。2019年になると活字資料の蔵書が2,200にたいして、非活字資料は3,300と完全に逆転した。1994年の場合、図書（活字資料）以外の資料費の比率は取るに足らなかったが、2014年ではすでに資料費の3分の1を占めるようになっていた。
　住民の図書館利用の数値をみると以下のようになる。

	入館者	貸出	参考	ILL提供	ILL入手	子ども	YA
FY1994	4.1	6.4	1.1	32	35		
FY2014	4.6	7.5	0.9			228.8	21.8
FY2019	3.9	6.9	0.7	213	216	257.6	28.0

　入館者、貸出、参考サービスは人口1人当たりの人数、冊数、件数である。入館者は利用者用インターネット端末が導入される直前の1994年と2019年ではほとんど変わりはない。参考質問はネットで解決できることが多いので、1994年から漸減傾向にある。貸出密度は少なくとも1994年から上昇している。ただし2019年の内訳をみると、貸出密度6.9の内、ネット上での貸出（電子ブック）が1.1を占めている。これは入館者の漸減につながっているのかもしれない。ILL提供とは、他館からの要請によって図書を送った件数、ILL入手とは他館から本を借りた件数を示す。これは1,000人当たりの数値で、1994年の数値よりも、格段に大きな数値になっている。これはネット上からの対処が可能になったからであろう。顕著な伸びを示しているのは子ども図書館プログラムへの参加で、1994年は3,840万人であった（ただし人口1,000人当たりの人数は示されていない）、それが2019年調査では8,151万人と大幅に上昇している。これは人口1,000人当たり257.6人に相当する。ヤングアダルトは28.0で、参加者数は888万人であった。なお職員数や図書館費などには目立った変化はなかった。

　図書館の危機が叫ばれた後も、続々と世界各地で大規模図書館が建設されてきたし、上に示したように図書館利用が減じているのでもない。しかし利用の方式は確実に変化している。貸出密度が低下せずとも、電子ブックの貸出が大きく伸びている。従来なら図書館を訪れて予約し、ブラウジングしていた人が、ネット予約を利用して、その本だけを取りにくる場合も多い。これならドライブスルーで対処できるし、利用者はそれを望むかもしれない。さらに日本でも実例があるが、自動予約貸出機が駅などに置かれると、ネット予約本を図書館を訪れずとも借り出せる。上に示した諸数値の裏には技術の変化が大いに関係している。

T95　超ベストセラーが検閲対象になる理由：
　　　ハリー・ポッターの場合

　図書が挑戦され、それが大きな問題になるのは、人気があり広く読まれている図書である。挑戦の理由は、性的に赤裸々、不快な言葉、グループの年齢に不適、オカルト／悪魔主義／魔法、反キリスト教的、同性愛、政治的理由、宗教的理由、暴力、人種差別主義、性差別主義、麻薬、反家庭的、性教育、中絶、さらには内容が不正確など実にさまざまである。超ベストセラーのハリー・ポッターを例に、挑戦の理由を少し掘り下げておく。

　●ハリー・ポッター・シリーズ　ハリー・ポッター・シリーズは「ハリー・ポッター現象」とよばれる世界的なブームを起こしたほどの超ベストセラーである。同時にアメリカ図書館協会知的自由部によると、2000年、2001年、2002年にはいずれも最も挑戦される図書として1位を、2003年には2位を占めていた。アーカンソー州シーダービルの学校は魔法の促進との苦情を受け、教育委員会は親からの同意を条件に貸出すとした。またジョージア州ギネット・カウンティでは、ある親が魔法の促進を理由に図書館からの除去を求めた。両事件は裁判になり、前者は教育委員会の措置を合衆国憲法修正第1条違反とし、後者は親の訴えを認めなかった。いずれの挑戦も魔法を理由にしていたが、挑戦の理由は3つに整理できる。(1) 反聖書的との批判で、「魔法」をめぐる問題になる。(2) ファンタジーと現実の区別ができず、魔法を興味深いものとしてオカルトなどに走らせる。(3)「目上にたいする反抗的態度、暴力、死、殺人、反家庭的」など、子どもにふさわしくない。(3) は説明する必要はないだろう。

　●魔法、ファンタジー　(1)(2) の理由は、この物語が魔法世界を描いたファンタジーという点に収斂される。ファンタジーは魔法が実際に働く世界を背景とした想像的な物語で、キーワードは「想像力」、「起こりえないこと」、「冒険」、「願望成就」、「魔法」で、これらを包括する語が〈魔法〉である。なぜなら〈魔法〉は願望を成就する最もわかりやすい記号であるからに他ならない。

　ファンタジーに魔法はつきものである。ファンタジーの名作『ナルニア物語』、『ゲド戦記』、『指輪物語』も魔法を扱っているが、ハリー・ポッターほど挑戦を受けていない。それは、これらの作品とハリーの登場した時代の違いにもあるが、魔法世界という「別世界」の描き方に関係している。『指輪物語』や『ゲド戦記』はミドルアースやアースシーといった別世界で終始する。「ナルニア物語」は現実世界（イギリス）と別世界の往来だが、区別は明確である。メリー・ポピンズやサミアッド・シリーズのように日常世界に魔法世界が飛び込んでくるタイ

プもあるが。それは限定された主人公に留まる。一方、ハリー・ポッターの世界は、以上のいずれとも異なる。ハリー・ポッターの物語は、時間と空間を共有するイギリスそっくりな「現実世界」と魔法学校を中心とする「魔法世界」が連続し、共存することで、2つの世界の境界が曖昧になっている。魔法省大臣とイギリス首相が連絡しあい、空飛ぶ車や特別な列車で行き来できる。魔法は習得できるスキルとして、魔法学校では魔法学がカリキュラム化され、生徒は実際に訓練して習得し、試験を受けて魔法使いとして卒業する。寄宿生の実生活が描かれ、しかも魔法で着色されているので、現実の学校生活より変化に富み魅力的である。ファンタジーを好まない人も夢中になるのは、このような具体的な表現に興味を持つからだろう。

　魔法を反聖書的というのは、旧約聖書に神が魔法を忌み嫌う箇所があることによる。古来教会では魔法（魔術）＝邪悪ととらえ、魔法・魔術に極めて神経質であった。現代においても魔術を実在の邪悪なものと信じる立場は、主人公が厳密なカリキュラムを通して魔法を習得し、魔法使いになることが、オカルトや悪魔儀礼につながるとの懸念を招くことになる。こうした懸念に拍車をかけるのは、先述したハリー・ポッターのファンタジーとしての構造である。魔法を使わない世界と魔法世界の境界が曖昧なため、若い読者がフィクションと現実を混同してしまうと懸念される。一方で、ハリー・ポッターを独力で読める年齢なら架空と現実を混同する恐れはあまりないと言う人もいる。

　ハリー・ポッターが特にアメリカで挑戦される理由として、「アメリカには国の宗教がないこと、アメリカの宗教の多様性」が指摘されたりする。「反聖書的」という挑戦は一部のファンダメンタリストによるが、これらの人はファンタジーを欺瞞と同一視し、そうした物語は嘘の温床になり、欺瞞的行為に導くと考えがちである。さらにアメリカには根強いピューリタニズムを下敷きにした、面白すぎるものには後ろに「悪」があるという考えがあるからかもしれない。しかし、こうした懸念以上に、ハリー・ポッターは、厳しい現実の中で、子どもが本を通して非日常の世界に一時的な逃避を求め、元気を与えられて現実世界に戻ってくることを助けるという読者の声がある。また、宗教指導者の中にも「勇気、愛、友情、忠誠心のような価値を促し、同時に善と悪にたいする道徳的アプローチをしている」とハリー・ポッターを支持する人もいる。挑戦者は真面目だが、本の読み方に関しては公平さに欠けるきらいがある。何よりもハリー・ポッターは多くの読者に愛されてきた。魔法使いや魔女、魔術のスキルや呪文は魅力的だが、あくまで想像的な物語の部分でしかない。7作を読んだ読者はハリー・ポッターの真剣な生き方に感動する。一部の気に入らないところに気を取られて、全体を深く読まないというのは多くの挑戦に共通する。　　　　　　（川崎佳代子）

T96　図書館（史）研究の学際的な広がり：
場としての図書館の研究

　1990年代後半、インターネットの普及にともない、電子図書館構想と図書館消滅論が喧伝されたが、その対抗軸として生まれたのが、場としての図書館論である。アメリカではコミュニティの衰退、人とのつながりの希薄化、分断・格差社会、民主主義の衰退などが進んでいる。人種、民族、ジェンダー、宗教、階級、世代、貧富の差異を超えて、あらゆる人びとが集う公共の場としての図書館が注目されている。そして図書館の多様な機能と価値を理論的、実証的に明らかにする研究が進められている。

　●**図書館（史）研究における意義**　場としての図書館の研究は、以下の点から第4世代の図書館（史）研究に位置づけられる。(1) 従来の管理者側やサービス提供側、つまり「上からの視点」による啓蒙主義的な視点ではなく、利用者側という「下からの視点」を用い、住民の日常生活を中心軸に考察を行っている。それは図書館（史）研究に視座の転換を導き、批判的視座に基づく批判的解釈を生み出した。(2) 場・場所（place）、空間（space）という先進的な学術テーマを扱うことによって、従来の図書館情報学の伝統的な専門領域を超えた幅広い視野と、学際的な研究概念・方法を採用している。したがって、従来の図書館という物理的な「場所」（建築様式、内部構造、ロケーションなど）に焦点を置く研究、要するに図書館建築計画学や図書館建築意匠学などとは区別される。「場としての図書館」という語句は、1999年にウェイン・A.ウィーガンドが論文「狭い視野と盲点」において言及したことが契機となり、それ以降、図書館情報学の学術分野や図書館現場において特別の意味を持って使われるようになった。

　●**研究方法の特色**　新しい世代の研究として次の2つの研究方法の特色を有する。(1) 社会学、地理学、歴史学、建築学、文化人類学、アメリカ研究などの多様な分野の成果や方法を応用し、学際的で統合的な研究になっている。例えば、社会学や歴史学に基づき、1次史料の活用、活字文献以外の資料（図像、建物や備品、オーラルヒストリーなど）を重視している。また、文化人類学のフィールドワークやエスノグラフィーの手法、カルチュラル・スタディーズのオルタナティブな視点などが、研究に洞察と実証性をもたらしている。(2) 欧米の先進的な学術研究において主流となっている批判的視座、場所／空間論、文化政治的構造の解明といった成果を採用している。例えば、図書館への適用がしばしば検討されているものとして、政治哲学者ユルゲン・ハーバーマスの「公共圏」、社会学者レイ・オルデンバーグの「第三の場」、社会学者リン・H.ロフランドの「公的

／私的領域」、社会政治学者ロバート・D.パットナム の「社会関係資本」などを指摘できる。

●**2000年代における研究の進展**　(1)「第三の場」については、2002年グロリア・J.レッキーらの研究が大規模調査に基づいて公共図書館が「第三の場」の8つの特徴を満たしていると結論づけた。2003年パットナムも共著『一緒によりよく』の中で、地域のつながり（社会関係資本）を醸成する優れた「第三の場」の1つとしてシカゴ公立図書館の分館を取り上げている。一方で、図書館は部分的にしか「第三の場」の特徴を満たさなかったという研究もあるが、図書館の場は多層的であり、一定の空間や活動を検討すべきだったと考えられる。(2)「公共圏」については、2003年にジョン・E.ブッシュマンが『民主的な公共圏としての図書館』を刊行し、1995年のフランク・ウェブスター『『情報社会』を読む』、2006年のエド・デーンジェロ『公立図書館の玄関に怪獣がいる』、さらにポール・T.イエーガーなどの論文でも扱われている。図書館は、情報と議論による地域の課題解決や意見形成の場であり、公共圏とは高い親和性を有している。(3) 2006年にはブッシュマンとレッキーを編者に論文集『場としての図書館』が刊行され、14論文が掲載されている。そこでは人種、階級、LGBTQ、場所の感覚などを主題に、場の理論と批判的視座を適用して、図書館という場とその中の空間に隠され、看過されてきた役割、機能、限界を探っている。

●**2010年代における研究の到達点**　ウィーガンドが2015年に発表した『生活の中の図書館』は、ソーシャル・ライブラリーの時代から現在に至るまでの初のアメリカ公立図書館通史である。批判的視座とともに「公共圏」を理論的基盤として、1次史料のデータに基づいて詳細な分析と考察を加え、情報や読書と場を関連づけている。2018年、社会学者のエリック・クリネンバーグは『集まる場所が必要だ』を著し、公立図書館が地域の重要な「社会的インフラ」であると論じ、住民の社会的孤立を防ぎ、その暮らしを守る司書の関わりにも注目している。図書館研究者ではなく社会学者による研究であることは意義深い。

　場としての図書館の研究や利用者の視座からの図書館の研究は一定の到達点に達したが、図書館の場と情報資源と利用者とを創発的につなぐメディエーターとしての「司書」の力とその戦略を、どのような視点からどのように捉え理論化していくかが、これからの課題の1つとなる。リアルな場が仮想現実（バーチャルリアリティ、VR）に代替できないように、司書は決して人工知能（AI）やロボットには代替できない。安心かつ安全に多様な人びとや情報と出会えるリアルで居心地の良い社会的な場の創出と維持は、人間である司書と利用者の協働でしか成しえないのである（T97）。

（久野和子）

T97　場としての図書館：理論と図書館現場との結びつけ

　アメリカ社会は人びとの社会的孤立、貧困、差別、民主主義の衰退といった課題に直面している。その中で、地域社会や住民の暮らしを支える物理的な社会インフラである公立図書館が期待され、多くの公立図書館の新築や改修が進んでいる。公立図書館は、人種、階級、民族、ジェンダー、宗教、世代、貧富の差を超えて、あらゆる人びとが集まり、出会い、交流し、協働や共創することができる開かれた公共空間である。さらに近年においては、柔軟かつ積極的に地域社会や住民の多様なニーズに応え、もしくはニーズを喚起し、多様なスペースとサービスを包み込む場を形成している。

　●**場としての図書館の歴史**　ウェイン・A.ウィーガンドによると、公立図書館は、ソーシャル・ライブラリーの時代から現在に至るまで、利用者の生活ニーズに沿った読書、情報、場のサービスを提供してきた。そのことによって、利用者が社会的知識や倫理的行動を習得できる場、共同体への帰属感とアイデンティティを育む場、コミュニティの文化的・社会的調和と社会的包摂の場、そしてアメリカ人が「自分たちの相互依存や相互連結に気づく場」として機能し続けてきた。さらに20世紀の大恐慌期と第2次世界大戦期の公立図書館は、利用者の日常生活のニーズに応え、託児所、高齢者の居場所、失業者の避難所など、困難を抱える利用者への「もてなし」と人間的な「共感」の場、そして実質的な「コミュニティ・センター」として機能したという。

　●**「公共圏」としての図書館**　ユルゲン・ハーバーマスの提唱した「公共圏」は、市民が社会的・政治的議論を楽しむ開かれた活気ある公共空間であり、民主主義の基盤とされる。18〜19世紀のソーシャル・ライブラリーは、講演会、展示、社交などを通して、読書の社会的性格を促進するとともに、利用者の読書力と会話の技術を向上させ、多様な情報を交換し話し合う文芸的公共圏を創出した。また、19世紀半ばになると、黒人もソーシャル・ライブラリーを設立し、コミュニティの構築と共同読書や社交の機会をもたらすプログラムが組まれ、黒人図書館は「自分たちの将来に関する公開討論や、白人社会が強いる運命への抗議ができる」社会的、政治的な集まりと議論の場にもなることがあった。20世紀半ばになると公立図書館の女性や黒人などのマイノリティへの社会的包摂が進み、1952年刊行のバージニア・L.バートンの絵本では、サンフランシスコのケーブルカー廃止に反対する市民の会が地元の図書館で結成され、市内の多くの住民たちの集会の場となって、民主的対話と世論形成に寄与したことが描かれてい

る。図書館は上述のように歴史的に文芸的・政治的公共圏としての役割を果たし、現在も公的な熟議の場、地域の課題解決の場、活字と対面によるコミュニケーションの場として機能する。

●「第三の場」としての図書館　「第三の場」は社会学者レイ・オルデンバーグによって定義され、都市生活者が第一の場の家庭と第二の場の職場の他に、いつでも自由に出入りでき、中立で平等な居心地の良い空間の中で、気楽な会話を楽しめる公共の場とされる。良き「第三の場」は、精神的健康、人とのつながり、帰属意識、相互扶助といった個人的利益、草の根民主主義やコミュニティ構築、市民教育、社会関係資本の醸成など、多くの政治的・社会的効用をもたらす。ハーバーマスの説いた近代的な公共圏は衰退したが、「第三の場」はその現代的形態と捉えることもできる。近年は「第三の場」の代表的存在であるカフェや、飲食と会話ができるスペースを設置する図書館が増えている。

●「社会関係資本」の醸成の場としての図書館　ロバート・D. パットナムらは、社会関係資本の創出と育成に成功した事例の1つとして、シカゴ公立図書館ニアノース分館を取り上げた。この分館は、安心かつ安全で居心地の良い空間と宿題支援プログラムなどの多様なサービスを提供した。そして地域の「第三の場」となり、経済的に分断された2つのコミュニティの住民の出会いと交流を図ることに成功した。地域における社会関係資本を醸成し、民主的コミュニティの構築と住民の福祉を図ることがこれからの図書館の使命である。

●多機能的な場としての図書館　従来の図書館にはあまり見られなかった新たな創作・娯楽・交流スペースが他にも誕生している。(1) メーカー・スペースでは3Dプリンターなどの技術を使って創作活動ができる。ファブラボでは、プログラミング、ロボット製作、編み物・裁縫などの手仕事、工作機械を使ったものづくりなどが可能である。(2) ティーンの放課後の居場所として、本、コミックス、雑誌のほかに、友だちとテレビゲームやビデオ視聴のできる娯楽スペース、科学技術などを学べるファブラボなども設置されている。(3) 地域づくりの拠点として、図書館の集客力と知の集積を活かして地域の活性化を図る自治体も多い。(4) 大多数の図書館は地域の情報アクセスポイントとして、デジタル情報環境を整備して情報格差の是正と情報へのアクセス保障を図っている。(5) 貧困、孤独、虐待、失業などの苦難の中にいる利用者の社会的包摂の場となっている。

AI化、DX（Digital Transformation）化の中で、リアルな場としての図書館の価値と存在意義がいっそう重要になる。開かれた居心地よい社会的、文化的な場としての図書館は、人びとの生活を支え、人生を豊かにし、良質な社会関係資本を醸成し、社会的分断の修復や民主主義の回復、生活課題の協働的解決、情報リテラシーの育成、新たな知識や文化の共創に寄与しうる。　　　　　　（久野和子）

T98　図書館トリニティの揺らぎと挑戦：
　21世紀の図書館

　公立図書館はサービスの提供を目的とし、それを広め、深めてきた。それを示したのが3本の斜線の一番上の線で、すべての人へのサービスは、図書館空白地域の解消や年齢や属性での差別の撤廃として取り組まれてきた。またすべての人へのサービスには、メディアの積極的な取り込みも欠かせない。公立図書館は活字を中心にしていたが、フィルム、ラジオ、テレビ、マイクロ資料、視聴覚資料、CD/DVD、インターネットなど、新たなメディアを取り込んできた。公立図書館の成立以後、図書館界はサービスを常に拡大し深化させてきた。

　●トリニティの時代　「サービスの提供」は現在も持続しているが、1960年代から変化が生じ、それが公立図書館の基本的な価値を形成することになった。図をみると1960年代に変化がある。公民権運動はマイノリティの権利獲得の運動、女性運動、環境保護運動などに連なっていく。ここから資料や情報への住民のアクセスを保障する公立図書館という認識が、基礎的な価値として定着していく。斜線 (2) はこの考えが次第に実質化されていったことを示している。続いて斜線 (3) で、ベトナム反戦運動に関連して、法執行機関が公立図書館に資料を借りた人の情報を求める事件が生じてきた。また1980年代には連邦捜査局が図書館監視プログラムを実施した。図書館は住民の図書館利用の前提として、図書館記録の秘密性と利用者のプライバシーの保護が欠かせないと認識し、方針の作成や運動を高めていった。現在ではほぼすべての州に図書館記録の秘密性を保護する州法がある。このように1960年代から21世紀に入るまで、サービスの提供、アクセスの保障、秘密性やプライバシーの保護は、図書館を支える基本的な価値として三位一体として把握でき、いずれも右肩上がりに進んでいった。

　●トリニティの揺らぎ　21世紀に入って斜線が入り組んでいる。これは三位一体の原則が揺らいでいることを示している。(3)「プライバシー」では、曲線 (iii) と (iv) がある。(iii) は2001年の世界貿易センタービルへのテロ攻撃後、アメリカ社会はセキュリティのためにプライバシーを明け渡している状況にあり、それは図書館にも影響している。(iv) はプライバシー意識の問題で、プライバシー保護の度合いは社会の期待を反映するのだが、インターネットの発展に伴うプライバシーよりも利便性を求める傾向が、特に若者に高まっている。こうした点で、プライバシーの保護は、三位一体の時代よりも低下した。(2)「アクセスの保障」では曲線 (i) がある。図書館よりも、インターネットから入手できる資料の範囲の方が多くなってきた。20世紀の場合、資料入手の最終的なよりどころは

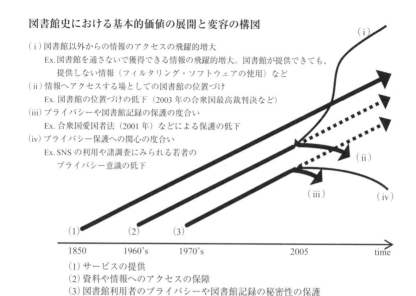

図書館史における基本的価値の展開と変容の構図

（ⅰ）図書館以外からの情報のアクセスの飛躍的増大
  Ex.図書館を通さないで獲得できる情報の飛躍的増大。図書館が提供できても、
    提供しない情報（フィルタリング・ソフトウェアの使用）など
（ⅱ）情報へアクセスする場としての図書館の位置づけ
  Ex.図書館の位置づけの低下（2003 年の合衆国最高裁判決など）
（ⅲ）プライバシーや図書館記録の保護の度合い
  Ex.合衆国愛国者法（2001 年）などによる保護の低下
（ⅳ）プライバシー保護への関心の度合い
  Ex.SNS の利用や諸調査にみられる若者の
    プライバシー意識の低下

（ⅰ）

（ⅱ）

（ⅲ）   （ⅳ）

（1）   （2）   （3）

1850   1960's   1970's   2005   time

（1）サービスの提供
（2）資料や情報へのアクセスの保障
（3）図書館利用者のプライバシーや図書館記録の秘密性の保護

図書館や文書館しかなく、この状況が大きく変わってきた。最後の (ⅱ) は「情報
へアクセスする図書館の位置づけ」の変化を示している。「子どもをインターネッ
トから保護する法律」をめぐるアメリカ図書館協会対合衆国事件で、合衆国最高
裁（2003）はフィルターソフトを解除できるのを理由に、補助金にフィルターソ
フトの装備を義務づける法律を合憲とした。この判決の是非はともかく、アメリ
カ図書館協会が考える「情報や思想のひろば」が縮減されたのは事実である。こ
のように21世紀に入って、それまで公立図書館の基本的価値とされ実践されて
きたことに揺らぎが生じてきた。

　20世紀末から図書館の終焉を予測する文献もあるが、一方では大規模図書館、
観光スポットになりそうな特色ある図書館建築が増えているのも事実である。そ
して以下のような言葉で21世紀への図書館の対応が語られる。場としての図書
館、ソーシャル・キャピタルとしての図書館、コミュニティの文化遺産やメモリ
ーを集積する図書館、ラーニング・コモンズ、24/7バーチャル・レファレンス、
MLAの提携、複合施設など、実にさまざまである。これらはいずれも「参加」と
「共有」という語で包括できる。この2つの語には概して肯定的な意味合いがある
のだが、同時にアクセスの保障、プライバシーの保護という三位一体の時代の図
書館の基本的価値と抵触する部分もみられる。揺らぎと挑戦の時代にあって、あ
らためて公立図書館の基本的価値が問われている。

T99　図書館とプライバシー：21世紀初頭からの状況

　住民が公立図書館で知識を得る権利を保障するには、図書館記録の秘密性や利用者のプライバシーの保護が前提となる。こうした認識は1960年代後半から高まってきたが、1970年代や1980年代には国税庁や連邦調査局による貸出記録の調査があったし、地方レベルで公権力が貸出記録を求める場合もあった。こうした動きにたいして、アメリカ図書館協会（ALA）は貸出記録の秘密性を主張し、さらにほとんどの州で、図書館記録の秘密性に関する州法を成立させた。そして図書館記録を明かすのは、「具体的な事実」に依拠する「十分」な根拠にもとづいて、当該管轄区の裁判所が出す命令がある時に限ると指示した。21世紀に入り、こうした状況に変化が生じてきた。

●セキュリティとプライバシー　2001年9月11日に世界貿易センタービルなどへの同時多発テロ事件が生じた。ジョージ・ブッシュ大統領は直ちにテロとの戦いを宣言し、わずか6週間後の10月26日に合衆国愛国者法が通過した。同法はテロリズムの疑いがある事件の場合、法執行機関に広範な捜査権限を付与した。図書館にとって特に重要なのは第215条で、国家安全保障書簡によってビジネス記録にアクセスできる権限を連邦捜査局に与え、そうした記録に図書館の貸出記録が含まれているということであった。裁判所が発行する捜索令状や召喚状とは異なり、国家安全保障書簡は単なる疑いというだけで発行でき、具体的な対象者や行動の識別を必要とせず、裁判所による事前の承認も必要としない。これまで図書館員が図書館記録を明かしたのは、特定の行動の疑いや嫌疑をうけた特定の利用者を名指しした召喚状や法廷命令を提示されたときであった。しかし合衆国愛国者法の下では特定の被疑者を識別することなしに、連邦捜査局の調査員は特定の日の特定の時間に全図書館利用者が借り出した図書や実施した検索について、その情報を求めることができる。したがって、調査員はあらゆる図書館利用者の記録を検査できることになる。さらに合衆国愛国者法は口外禁止令を含み、国家安全保障書簡を受け取った人は、当該団体の法律顧問を除いて、だれとも書簡の受領という情報を共有してはならない。

　公権力からの図書館記録の秘密性の保護や利用者のプライバシーへの侵害という点では20世紀の連邦捜査局の「図書館監視プログラム」などと異ならないが、合衆国愛国者法によって、法執行機関が情報を求める基準が大幅に低下した。さらに口外禁止令は図書館員による合衆国憲法修正第1条上の権利の行使を妨げることで、図書館員は状況を討議できず、また外部の助力を求めることもできなか

った。ALAは同法、特に第215条に反対する決議や運動を行ったが、結果は好ましくなかった。2001年の同時多発テロ事件は、プライバシーよりもセキュリティを重視するという社会状況を生んだことも看過すべきではない。

●**利便性とプライバシー**　図書館界は愛国者法に反対する運動を行ったが、現実の図書館活動でプライバシーが関わる実践があった。2000年代になって技術の進展、図書館運営の効率重視、さらに利用者への利便性を鑑みて、利用者によるセルフサービスへの移行が可能になり、利用者もそうしたサービスを歓迎する傾向があった。セルフサービス「取り置き」は、予約された資料が図書館に到着すれば、利用者は図書館職員を介して資料を求めるのではなく、利用者自身がだれもがブラウジングできるセルフサービス・エリアで当該資料を取り出して、貸出手続きをする。ネット予約が急激に増え、セルフサービス「取り置き」は職員の手間を省くし、利用者にとっても都合のよいサービスといえた。しかしセルフサービス・エリアの資料に利用者の名前を示したラベルがあると、だれもが「取り置き」書架をみて、だれがどのような本を読んでいるのかわかる。これは図書館記録の秘密性と利用者のプライバシーの保護を強調する図書館界の基本方針に、現場の図書館自体が抵触していることになるし、公権力が貸出記録を求めた場合にも秘密性やプライバシーを守るのが困難になる。そのためALAは2011年に『セルフサービス取り置きの実践における、図書館利用者の秘密性を保護するための決議』を採択し、このサービスを実施する図書館に向けて、利用者の個人識別情報を隠して利用者のプライバシーを保護するように主張した。

　秘密性とプライバシーを保護するために、これまで利用者の個人識別情報の収集を必要最低限にするように主張されてきた。それは資料の貸出中は仕方がないものの、返却時に速やかに記録を消滅させることを意味した。一方、情報環境の進展によって、各人の貸出履歴を蓄積することで、図書館はさまざまな対個人サービスが可能になったし、利用者にとっても履歴の閲覧が便利な場合も多い。例えば図書館は利用者が関心を持つ主題について、図書館が受け入れた図書を参考として通知できる。こうしたサービスは民間会社が積極的に各顧客に実施しているが、図書館もそうした方向に向かっている。ここではプライバシーよりも利便性を重視するという社会状況が関係している。

　プライバシー保護の程度は社会の期待による。21世紀に入ってプライバシーへの期待よりも、セキュリティや利便性への期待が相対的に大きくなっている。そうしたことを意識して、ALAは1980年の『図書館の権利宣言』から30年を経た2019年に修正を行い、プライバシーに関する第7条を新設し、個人識別情報を守る重要性を改めて確認した。

T100　公立図書館でのフィルターソフト使用：アメリカ図書館協会事件（2003年）

　公立図書館は図書、雑誌、新聞という活字資料の提供を中心に、第2次世界大戦前後からマイクロ資料、視聴覚資料を加えてきた。21世紀になるとオーディオ資料、ビデオ資料、電子ブックなどが増えてきた。オーディオ資料とは、レコード、オーディオ・ディスク、トーキング・ブックなど音だけを再生できる資料を指す。ビデオ資料とは動画を含むDVD、CD-ROMなどをいう。公立図書館は常に提供するメディアの幅を拡大し、資料を選択して提供してきた。しかしインターネットの場合、図書館員が資料選択をして提供するのは不可能である。

　●「通信の品位に関する法律」（CDA）　インターネットへのアクセスと、言論の自由を定めた合衆国憲法修正第1条との関係を考える場合、まず1996年2月に成立したCDAが重要になる。同法の要点は、インターネットなどによって「故意に猥褻または下品な内容を作成し送付した者」や、性行為などについて明らかに不快な情報を「未成年者に入手可能な方法で陳列した者」、さらには「猥褻、淫ら、好色、卑猥、または下品な資料を作成し送付した人や団体」にたいして罰を科することにある。同法についてはアメリカ自由人権協会とアメリカ図書館協会（ALA）が修正第1条違反として別途に提訴したが、後に一本化された。1997年6月に合衆国最高裁は、(1)成人の読書資料を子どもに適切な資料だけに制限することはできない、(2)子どもの保護については、親が家庭でフィルターソフトを使用するといった代替方式が存在する、(3)インターネットは放送メディアよりも活字メディアに近く、活字が享受するのと同じ水準の修正第1条の保護に値するといった理由により、全員一致でCDAを違憲とした。特にインターネット上の表現に最高度の保護を与えることで、合衆国の法体系におけるインターネット上の情報の位置づけを確定したことが重要である。

　●「子どもをインターネットから保護する法律」（CIPA）　図書館界はCDAに関する最高裁判決を歓迎したのだが、2000年末にはCIPAが成立した。CIPAは直接的に学校図書館や公立図書館に大きな影響を与える内容であった。同法はE-rate（教育用通信料金割引）獲得の条件を示しているが、問題となる中核部分は次のようである。未成年者の場合、猥褻、チャイルド・ポルノグラフィー、「未成年者に有害」(harmful to minors)な資料を遮断するために、フィルターソフトを組み込み、決して外してはならない。成人の場合、猥褻、チャイルド・ポルノグラフィーを遮断するためにフィルターソフトを用いるが、「本物」(bona fide)の研究について、図書館は利用者の求めに応じてフィルターソフト（当該サイト）

を解除できる。

　ALAは2001年3月に同法を憲法違反として提訴し、2002年5月、連邦地裁はALAの主張を認めた。重要点は次のようである。(1) 公立図書館でのインターネット・アクセスの提供を制限的パブリック・フォーラムと位置づけ、そこでの内容制限に厳格審査を用いた。(2) 私的言論を奨励するフォーラムの場合、補助金を理由とする内容制限は許されない。(3) 猥褻、チャイルド・ポルノグラフィー、「未成年者に有害」な資料の遮断に政府はやむにやまれない利益を持つものの、フィルターソフトは憲法の保護下にある大量の資料を遮断し、CIPAの立法意図に沿うように狭く設定されていない。(5) フィルターソフトの解除規定があるとしても、言論に萎縮効果を生じる。

　この地裁判決にたいして、政府は合衆国最高裁に飛躍上告を行った。2003年6月、最高裁は6対3でCIPAを合憲とした。裁判官4名からなる相対多数意見は、まず合憲の根拠として公立図書館の社会的役割を指摘した。公立図書館の役割は「学習と文化的啓蒙の促進」にあり、インターネットという新しい情報源が加わったとしても、この社会的役割に変更はない。そして図書選択では図書館員の大きな裁量権が認められており、インターネット・アクセスは「書架の技術的拡大」に過ぎないと論じた。図書館の書架にポルノグラフィーを置いていない以上、図書館でのインターネット端末から排除するのも当然のこととした。相対多数意見は、フィルターソフトには過度に遮断する傾向があるとし、憲法上の問題を認識しているが、「そのような懸念は利用者がフィルターソフトを無効にすることが十分に容易であることで解消される」と判断した。また補助金の受け取りに憲法違反の条件を設けているとの主張を次のように拒否した。補助金は図書館の伝統的な役割を支援するもので、そうした役割の実現に用いられるように、政府は制限を課することができ、補助金を得る前提としてフィルターソフトの導入を強制することは許容可能である。また補助金に申し込まないという道もある。

　ALAはCDAやCIPAへの態度が示すようにフィルターソフトに断固反対の立場を取ってきた。しかしこの態度は修正を余儀なくされる、1つは上述の司法判断、いま1つは現場での実態である。2012年のアメリカ学校図書館員協会の調査や2019年のヘレン・R.アダムズの調査は、いずれも98パーセントの学校図書館がフィルターソフトを用い、多くの教員はそれを肯定していた。こうした現実を無視して原則に固執することは、『図書館の権利宣言』(および解説文)自体を弱体化させる。そのため原則を重視しつつ、現実的方式としてフィルターの設定を最小にし、かつフィルターやサイトの解除を速やかに講じるという方向に向かう。ALAは教育的な取り組みを重視し、それが自立的、批判的な思考を持つ市民の育成に寄与すると把握してきたが、この考えに揺らぎはない (T101)。

T101　フィルターソフトをめぐる方針の変遷：
　　　　拒否から妥協へ

　公立図書館に利用者用インターネット端末の配置が始まったのは1995年頃からで、2000年にはほぼすべての公立図書館が端末を配置していた。1996年には『図書館の権利宣言』解説文『電子情報、サービス、ネットワークへのアクセス』を採択し、ネット環境にたいするアメリカ図書館協会（ALA）の基本的立場を定めた。そこでは、「電子的手段を通して検索したり利用する情報は、当該管轄区の裁判所で違憲と決定されなければ、憲法の保護下にあると考えるべきである」と定めた。これはフィルターソフトの装備を否定する内容である。

　●フィルターソフトとALA　1997年、ALAは『図書館でのフィルターソフトの使用に関する決議』を採択し、「憲法の保護下にある言論へのアクセスをブロックするために、図書館がフィルターソフトを用いること」を『図書館の権利宣言』違反とした。そして知的自由委員会は『図書館でのフィルターソフトの使用に関する声明』(1997)、解説文『電子情報、サービス、ネットワークへのアクセス』への問答集（1997）などを矢継ぎ早に作成した。そこではフィルターソフトは憲法の保護下にある言論を遮断するがゆえに認められず、子ども用端末にも同様で、端末利用の責任を親に帰した。

　2000年にミシガン州ホランドで、住民グループが請願署名を集め、公立図書館へのフィルターソフトの導入を求める住民投票に持ち込んだ。投票の結果、フィルターソルトの導入は否定された。この結果についてALAや知的自由委員会の機関誌は住民の判断を高く評価した。一方、ミネアポリス公立図書館では利用者が頻繁に通る所にインターネット端末が置かれ、ほとんどの端末でポルノが見られていた。利用者や図書館員が図書館幹部や図書館理事会に対処を求めたが、合衆国憲法の保護下にある表現は制限できず、それはALAの方針でもあると突っぱねられた。多くの図書館職員はハラスメント、性的敵対環境と訴え続けた。最終的に、図書館幹部と図書館理事会は職員の主張を認めて、詫びている。

　●「子どもをインターネットから保護する法律」　子どもをポルノグラフィー（さらに暴力、同性愛など）から保護するという社会的関心は高く、それを受けて2000年に連邦議会は「子どもをインターネットから保護する法律」を採択した。同法は図書館がインターネット接続のために連邦補助金を得る条件として、フィルターソフトの導入を義務づけていた。ALAは同法を憲法違反として提訴したが、2003年に合衆国最高裁は合憲とした。その理由は、成人は要請によってフィルターを解除できる、あくまで補助金獲得の条件であるという点にあった。な

おこの裁判に学校図書館の原告はいなかった。この判決によって、2005年に解説文『電子情報、サービス、ネットワークへのアクセス』は修正され、「フィルターソフトなどの導入は『図書館の権利宣言』と相容れない」と確認した後、フィルターソフトを用いるなら「最も制限が少ない水準に設定すべき」と主張し、成人や未成年者は憲法の保護下の情報にアクセスする権利を保持し、時宜に応じてフィルターソフトの解除を求める権利を有するとした。

　●解説文『インターネット・フィルタリング』　ALAの考えは、フィルターソフトを導入せず、利用教育を重視し、それが自立的、批判的に思考できる市民の育成に寄与するというものである。しかし大多数の学校は連邦補助金を得ていた。2012年のアメリカ学校図書館員協会の調査では98％、2019年のヘレン・R.アダムズの調査でも、やはり98％の学校図書館がフィルターソフトを用いていた。アダムズ調査では、回答者の57％が情報と学習への生徒のアクセスに悪影響を及ぼしていないと答え、8％は悪影響を及ぼす場合がある、26％が悪影響を及ぼしていると答えた。原則ではフィルターソフトに反対していても、多くの回答者は生徒と職員は教育的コンテンツにアクセスできていると報告したし、フィルターの利点を指摘する回答も多かった。

　こうした経過を経て、2015年に『図書館の権利宣言』解説文『インターネット・フィルタリング』が採択された。解説文はフィルターソフトが図書館に以下のような重要な影響を与えてきたと要約した。個人的にインターネットにアクセスできる経済力を持つ人と、公費投入（フィルター装備）のアクセスに依存する人との間で情報格差が拡大した。問題があるとされるコンテンツのカテゴリーには、しばしばマイノリティの見解や論争的なトピックが含まれ、フィルターは偏向と差別のツールになっている。同解説文の要点は次のようになる。ALAはこれまでの諸決議と同じようにフィルターソフトの使用を推薦できない。成人は修正第1条の権利、未成年者も少し程度は劣るものの修正第1条の権利を持っているので、フィルターソフトの使用を選ぶ図書館や学校は、悪影響を最大限に軽減する方針や手続きを実施すべきである。そこでは利用者による遮断されたウェブサイトやコンテンツの解除請求を許可、奨励すべきで、解除は遅滞なく、また利用者のプライバシーを十分に配慮すべきである。

　現実に多くの図書館がフィルターソフトを装備していた。こうした現実を無視して原則に固執すること、すなわち現実との乖離があまりに甚だしくなると、『図書館の権利宣言』（および解説文）自体の存在意義や実効力を弱体化させる。そのため原則を確認しつつ、現実的な方式としてフィルターソフトの設定を最小にし、かつフィルターやサイトの解除を速やかに行う手立てを講じるという方向に向かったが、守られるべき多くの情報が遮断されているのも事実である。

C8　危機と図書館：火災、暴動、天災

　火災、暴動、天災（ハリケーン、洪水、竜巻、山火事など）が生じると、図書館も痛手を受けるが、それを契機に図書館への認識が高まる場合もある。

　●火災と図書館　1982年にロサンゼルス公立図書館のハリウッド分館が放火で焼失し、1986年には歴史的建造物の中央館が放火で甚大な被害を受けた。19世紀に図書館は火災に敏感だったが、例えば一般向けの会員制図書館であるシンシナティ商事図書館（Mercantile Library）では、図書館が入る建物が1845年に焼失し、新たに建設された建物も1869年に焼けた。1871年のシカゴ大火では、市の人口30万の内、10万人以上が家を失った。シカゴ歴史協会の1868年の蔵書は15,412冊であった。同協会は1874年の火災の影響も受けて全蔵書を失い、1876年の蔵書はわずか300冊となった。YMCA図書館は1871年に18,000冊の蔵書を誇っていたものの、1876年には2,670冊となった。この大火で多くの図書館が壊滅したことを受け、英国では著者、諸団体、出版社などへ図書をシカゴに寄贈する運動が起こり、7,000冊ほどの図書が集まった。大英博物館やオックスフォード大学出版局は刊行資料を寄贈し、ビクトリア女王も寄贈した。この寄贈を契機にシカゴ市は公立図書館の設置を決定し、1874年5月に17,355冊で開館した。1876年になると蔵書は48,100冊、貸出は403,356冊になっている。精力的な館長ウィリアム・F.プール（William F. Poole, 1821-94）を迎え、同館は中西部のみならずアメリカの指導的な図書館に成長していった。

　●暴動と図書館　第2次世界大戦中の1943年6月、デトロイトでは白人が黒人女性と乳児を殺害したという噂が広まり、大規模な人種暴動が各所で生じた。公立図書館の芝生は鎮圧のための連邦軍の本部になった。館長ラルフ・A.アルヴェリング（Ralph A. Ulveling, 1902-80）は、黒人への寛容を強調する（白人の人種的優越性の否定、人種共存の仕方など）簡略な図書リストを作成して広範に配布した。こうしたリストの現実の影響力はともかく、人種融和を目指す積極的な試みとして図書館の内外から評価された。おそらくこれまでの図書館は、こうした状況に図書館として関わる試みをしてこなかったのであろう。

　セントルイス郊外の町ファーガソン（Ferguson）の1970年の人口構成では黒人は1パーセントであったが、2015年になると人口21,000人の内、黒人は約70パーセントを占めるようになっていた。この地で、2014年8月9日に丸腰の18歳の黒人マイケル・ブラウン（Michael Brown, 1996-2014）が白人警察官に射殺された。8月14日に予定されていた新学期の開始は延期された。11月にミズーリ州の大陪審が警官を不起訴処分にすると決定した後、抗議デモは激化し、

全国に拡大した。7月に着任したばかりの図書館長スコット・ボナー（Scott Bonner）に、学校の美術教員が生徒の教育のために図書館を使えないか打診した。ボナーは申し出を受け入れた。40名で発足したクラスは1週間後には200名になり、近くの教会を借りて、教員やボランティア100名以上が参加したという。ボナーは積極的に参画し、行事を組織し、寄付を募った。当時は多くの店や公的施設が閉鎖し、図書館の至近で警官隊と抗議者の混乱状態が生じた時もあるが、図書館は静かなオアシスとして開館を続けた。同館は全国メディアでも注目を得た。

●天災と図書館　2005年8月に発生したハリケーン・カトリーナ（Katrina）はメキシコ湾岸に大被害をもたらし、ニューオーリンズでは80％の地域が浸水した。この災害で約1,400人が死亡し、さらに伝染病の発生によって約350人が他界した。閉館した図書館の職員は避難所の運営、食料や水の配布、情報提供などを行い、救援隊の宿泊所になった図書館もあったし、大規模避難先のヒューストンのアストロドームでは図書館が設置された。ところで2000年になると、ほとんどの公立図書館が利用者用インターネット端末を配置していたが、そうした端末は公立図書館にしかなかった。一方、インターネットになじみのない住民（特に貧しい人）も多かったし、電話回線が不通という状況もあった。この環境下で、図書館の利用者用インターネット端末が大きな役割を果たした。例えば、図書館は行方不明の家族や友人の調査や連絡、避難先や避難元の情報の収集と提供、連邦緊急事態管理庁（Federal Emergency Management Agency）の情報の提供や書式の入手を行った。被災者が援助を請求する管理庁の書式はオンラインでしか利用できなかった。そのため、ある避難先の図書館は書式ファイルをダウンロードし、1日に868件の書式の記入を助けたという。この災害は図書館がインターネットを大いに活用した最初の事例である。メキシコ湾岸は毎年ハリケーンに襲われる。図書館は次第に対処マニュアルを洗練させている。

［参考文献］火災は以下を参照。U.S. Bureau of Education, *Public Libraries in the United States of America*, Washington, GPO, 1876, p. 893-895, 1027; Albert Pyle, "The Mercantile Library of Cincinnati," Richard Wendorf, ed., *America's Membership Libraries*, New Castle, DE, Oak Knoll Press, 2007, p. 211-227. 暴動は以下を参照。Ralph A. Ulveling, "From Rioting to Reading," *American Library Association Bulletin*, vol. 37, no. 8, September 1943, p. 255-257; John N. Berry, "Courage in Crisis," *Library Journal*, vol. 140, no. 11, January 15, 2015, p. 28-32; カトリーナは以下を参照。Paul T. Jaeger et al., "The 2004 and 2005 Gulf Coast Hurricanes," *Public Library Quarterly*, vol. 25, no. 3/4, 2006, p. 199-214.

T102　図書館の利用と利用者の属性：
　　　未登録移民と子どもへの性的犯罪者

　利用者グループの属性によって、図書館利用を拒否することは許されない。『図書館の権利宣言』は1961年の修正で、新たに第5条を設け「図書館の利用に関する個人の権利は、その人の人種、宗教、出生国、あるいは政治的な見解のゆえに、拒否されたり制限されることがあってはならない」と定め、さらに1967年には「年齢」と「社会的な見解」を付け加えた。歴史的に利用が拒否されていたグループの典型としては、子どもと黒人が思い浮かぶ。そして特定のグループを排除する試みは、21世紀でも生じている。

　●未登録移民 (undocumented immigrants)　アメリカ図書館協会の基本文書『読書の自由』は2004年の修正に際して、「市民」(citizen) という語が問題になった。この語は5か所で使われていたが1か所を除いて、「個人」、「他者」、「アメリカ人」に置き換えられた。これは「市民」と住民を区別し、後者への公的サービスを制限する動きがあったからである。

　2005年、連邦下院はセンセンブレナー法案を通過させた。この法案は連邦議会を通過しなかったが、「国境警備、反テロリズム、不法な入国管理」を統制する法で、未登録移民に焦点をあてていた。2007年、アメリカ図書館協会は『移民の権利を支持する決議』を採択し、「連邦、州、地方を問わず図書館資源、プログラム、サービスを使用するについて、市民か否かを問わず、合衆国にいるあらゆる人の権利を侵害するあらゆる立法に反対する」と決議した。

　問題は地方に移っていった。2007年、ワシントン・D.C.の近郊にあるプリンス・ウィリアム・カウンティで未登録移民の排斥運動が生じた。同カウンティの人口は2000年から2005年の間に67,000人増加して347,000人になり、スペイン系の人口は9.7％から18％に急増した。コミュニティの悪化を憂える多くの市民がおり、カウンティ理事会は未登録移民を締めつける決議を満場一致で採択した。そこでは、未登録移民が「経済的苦境と無法を持ち込んでいる」、「公的機関は公共サービス提供の条件としての移民の地位の検証を怠っており、未登録移民の流入を奨励している」と決議採択の背景を示している。そして公共サービスは3つに区分された。まず移民の地位に関わらず、連邦法や州法がサービスの提供を定めている公共サービスである（緊急の際の医療行為など）。その対極にあるのが、カウンティが裁量権を有するサービスで、ここに公立図書館が関係する。同館は複雑な問題になると曖昧に答えた。

　●子どもへの登録性犯罪者 (registered sex offenders)　ニューメキシコ州ア

ルバカーキー市の学校と学校に近い公立図書館の分館は、放課後に生徒は図書館で学習できるという取り決めを結んだ。その結果、週日の午後3時から5時にかけて、生徒の利用が大幅に増加した。と同時に、市はその時間帯に成人男性の入館も増加したことを知った。警察の調査によれば、悪名高い「子どもへの登録性犯罪者」(以下、性犯罪者)を含めて、性犯罪者の利用が格段に増加していた。2008年3月、市長は性犯罪者による公立図書館利用を全面的に禁止した。公立図書館は、市長の主導により性犯罪者の利用を禁じるとの命令を発した。性犯罪者として同市、ニューメキシコ州その他の州で登録されているアルバカーキーの住民が対象である。そうした登録者と図書館登録者とのデータベースが照合され、該当者には入館できないと通知した。アルバカーキー市警がこの命令を執行した。通知された図書館利用者が、市の措置を違憲として提訴した。原告は常連利用者で、資料を借り、参考資料を利用し、集会に参加していた。

2010年の連邦地裁判決は、公立図書館を「指定的」パブリック・フォーラムとし、合衆国憲法修正第1条上の権利の制限には、(1)政府にやむにやまれない利益があり、(2)制限が狭く設定され、(3)コミュニケーションの代替経路が広く開かれていなくてはならないと確認した。判決は(1)について、市は犯罪から子どもを保護することに重要な利益を持つこと、とりわけ性犯罪者と接触する危険性の排除に重要な利益を持つことを認めた。判決は(2)に関して、利用禁止に至った事柄として、(a)成人男性の入館の増加、(b)時間帯は3時から5時、(c)週日、(d)学校の近くの図書館を抽出し、入館の全面禁止は必要以上に広範であると判断した。最後に(3)について、図書館側は代替経路としてニューメキシコ大学などを指摘したが、判決はこの主張を適切な代替経路とは認めなかった。

要するに判決は、子どもの保護にはやむにやまれない利益があるものの、全館での全面的な入館禁止は違憲であると結論した。しかし判決は性犯罪者の図書館利用を完全に認めたわけではない。同判決の筋をたぐれば、狭く設定されたものなら憲法に違反しないと判示される可能性があった。なお2010年10月に筆者がアルバカーキー公立図書館に電話したところ、子どもへの性犯罪者には木曜日と土曜日に中央館の利用を認めているということであった。また分館にはセキュリティの問題があり、利用を許してはいないとの返答を得た。こうした扱い自体が憲法の検査に耐えうるものなのかは、また別途の問題である。

2つの事例はあらためて公立図書館が社会的存在であり、社会に規定されていることを知らせてくれる。「すべての人」にしても「無料」にしても、歴史の中で社会的に培われ、結晶化されてきた概念、制度、実践である。そうした概念、制度、実践の重みを理解するのは重要であるものの、それらを当然のもの、所与のものと受け取ってはならない。

C9　重要な記憶の埋没：
図書館関係雑誌や図書館団体の態度

　図書館雑誌や図書館団体がどのような出来事を重視して、どのように扱うかは、後の歴史研究、すなわち図書館像の再構成にも大きな影響を与える。取り上げられなければ、その事象や人物は埋もれてしまう。そこには雑誌や団体の利害が関係している。

　●子どもへの登録性犯罪者（registered sex offenders）　テーマ（T102）として取り上げたが、2008年3月にニューメキシコ州のアルバカーキー（Albuquerque）公立図書館は市長の主導により子どもへの登録性犯罪者の利用を禁じるとの命令を発した。性犯罪者として同市、ニューメキシコ州その他の州で登録されているアルバカーキーの住民が対象である。そうした登録者と図書館登録者とのデータベースが照合され、該当者には入館できないと通知した。アルバカーキー市警がこの命令を執行した。通知された図書館利用者の中に常連利用者がおり、市の措置を違憲として提訴した。2010年に連邦地裁は子どもの保護にはやむにやまれぬ利益があるものの、全館での全面的な入館禁止は違憲であると結論した。この判決の是非はともかく、アメリカ図書館協会も知的自由委員会の機関誌『ニューズレター・オン・インテレクチュアル』もこの事件をまったく取り上げなかった。これは特定個人にたいしての個別理由による措置ではなく、特定の属性を持つグループへの図書館利用の拒否である。こうした場合、『図書館の権利宣言』第5条「図書館の利用に関する個人の権利は、その人の生まれ、年齢、経歴、見解のゆえに、拒否されたり制限されることがあってはならない」が関係し、何らかの見解や措置が取られてしかるべきだが、そのようにはならなかった。おそらく知的自由委員会が沈黙したのは、性犯罪者というだけでなく、それが子どもと直接に関わっており、そうしたグループの図書館利用を支持することは社会から理解を得られないと判断したからであろう。このことは『図書館の権利宣言』の原則は妥当だとしても、その実際の適用は社会の動向に関係すること、および図書館関係雑誌が十分に取り上げないと、ある出来事が図書館の記憶から失われること、そして失われた記憶に重要な示唆が含まれている可能性があることを示している。

　●ロビンソン　キャリー・ロビンソン（Carrie Robinson, 1906-2008）は1962年から1973年までアラバマ州教育局の黒人学校図書館指導主事であった。1966年に初等中等教育法の資金が中等学校図書館の指導に使えるようになった時、州教育局は白人女性を指導主事に任命し、職位はランクⅢ（ランクはⅠ

からⅣまででⅣが最高位）であった。ロビンソンは初等学校の指導主事に任命され、ランクⅡである。職への資格という点では、ロビンソンが白人女性より勝っていた。女性は候補者リストから選ばれたのだが、教育局幹部は白人には応募についての情報を与えたのだが、黒人にはそうした誘いをしなかった。そのため、ロビンソンは1969年5月に州教育局が人種を理由に平等保護を拒否したとして連邦地裁に訴えた。その数か月後、州教育局の再編に際して、ロビンソンと部下は広い部屋から、机の置き場しかない狭い部屋に移された。ロビンソンの提訴にたいする雇用者側の態度に満足できず、12月には全米教育協会（National Education Association, NEA）などが集団訴訟を起こした。ロビンソン事件は、NEAが州教育局にたいして人種差別裁判を提訴した最初の事例になった。1970年10月、両当事者は合意に達し、州はロビンソンを教育コンサルタントⅢに昇進させ、ロビンソンの裁判費用を払った。

　図書館界では公民権運動家のE.J.ジョズィー（E.J. Josey, 1924-2009）が、ロビンソンのために法廷助言者としての準備書面を提出するようにアメリカ学校図書館員協会（American Association of School Librarians, AASL）に求めたし、アメリカ図書館協会（ALA）が関与するように主張した。ロビンソンはALAと無縁ではなく、裁判当時はAASLの理事、そして会員選出のALA評議員であった。最終的にAASLが取った措置は、「私はミセズ・キャリーのためにNEAが取った行動を賞賛する決議を支持し、このことが記録に残されるように求める」という内容であった。すなわち主語はAASLではなかった。「私」とはAASLの会長個人を指す。これがAASLの唯一の対応であり、ALA自体は何の対応もしなかった。そのために、ロビンソンは図書館の歴史で忘れ去られた人物になってしまった。

　アルバカーキーやロビンソンの例は、図書館関係雑誌やALAといった団体の取り上げ方によって、重要な事例が埋没することを示している。最近の研究はこうした埋もれた部分を暴き出し、図書館像をいっそう豊かなものにしようとしている。したがって研究は、ニューイングランドよりも中西部や南部、白人よりもマイノリティ、男性よりも女性、制度よりも実態の解明に向かっている。いわば周縁部から中心部を照射する方向である。

［参考文献］アルバカーキーについては以下を参照。川崎良孝「公立図書館の利用と利用者の属性：歴史的な展開と現状」『中部図書館情報学会誌』no. 52, 2012, p. 17-34. キャリー・ロビンソンについては以下を参考にした。Wayne A. Wiegand, "Race and School Librarianship in the Jim Crow South, 1954-1970: The Untold Story of Carrie Coleman Robinson as a Case Study," *Library Quarterly*, vol. 91, no. 3, July 2021, p. 254-268.

T103　ヘイトスピーチと図書館：3 つのアプローチ

　図書館資料の選択は図書館員の裁量下にあり、検閲問題があるものの、図書館長と図書館理事会が一致して対処すれば大きな問題にならずに解決できる。問題が生じがちなのは利用者の発意と主体によるプログラムで、その典型は集会室（展示空間、掲示板）に関わる問題である。例えばヘイトスピーチで、社会の分断が深刻化するにつれて、この種の言論が増大し、図書館にも影響する。

　●クー・クラックス・クラン（KKK）の展示事件　1979 年、ノースカロライナ州フォーサイスの公立図書館に、KKK が白人の歴史を示すために資料や記念品を集会室で展示したいと申し込み、図書館は展示を認めた。展示の当日、全国黒人向上協会などは「クランは国の恥」、KKK は「ホワイト・パワー」を叫び、アメリカ・ナチ党は鉤十字の腕章をつけ、叫びながら室内を行進した。会場は混乱に陥り閉館となった。図書館長は「他団体と同じように KKK は集会室を利用する権利を有する」と考え、副館長は KKK の承認ではなく表現の自由を支持していると述べた。アメリカ自由人権協会やいくつかの地方新聞は、この考えを支持した。一方、全国黒人向上協会は図書館の措置に抗議した。図書館は公費支弁の機関としての責任を放棄していると糾弾するグループもいた。

　●白人至上主義者の講演　2001 年、シカゴ近郊のショームバーグの住民がマイノリティの増大を不快とし、マイノリティの追放を主張する創造主世界教会の指導者マシュー・F.ヘールの講演を企画した。そして公立図書館の集会室の利用を申し込んだが、図書館は利用を拒否した。ヘールは混乱するとの予測によって話す権利が奪われたと連邦地裁に提訴した。裁判の途中で、図書館はヘールの集会室利用を認めた。図書館長はその理由について、担当する裁判官が公共の安全の問題ではなく、合衆国憲法修正第 1 条の問題と把握しているためと説明した。

　●『図書館の権利宣言』解説文『集会室』の修正　2017 年にドナルド・トランプが大統領に就任してアメリカ・ファーストを唱え、人種差別的で寛容を減じる発言があった。トランプの生み出した社会状況が、ヘイトスピーチやヘイトクライムの増大に影響を与えた。2016 年から 2018 年にかけて、公立図書館でもヘイトクライムがあった。図書館職員への脅迫や鉤十字の落書きがあったり、分館の庭の木に首つり縄が下げられていたり、ホロコースト関係図書の廃棄が必要なほどに汚損されていたりした。この当時、アメリカ図書館協会知的自由委員会は『図書館の権利宣言』の点検中で、2018 年 6 月に修正版『集会室』が採択された。そこには、話し手の見解や内容に依拠して集会室の利用を拒否できないと

し、「これには宗教的言論、政治的言論、ヘイトスピーチを含む」と定めていた。また集会室の利用に関して、「宗教的、社会的、市民的、党派的政治的なグループやヘイトグループを排除できない」という文言が入っていた。

　しかしこの文言については、黒人を主体とする「請願」グループと社会的責任ラウンドテーブルから強い批判が提出された。「請願」グループは、この解説文は図書館が抑圧システムを支持していることを認めている、ヘイトスピーチやヘイトクライムといった語の挿入は、こうしたグループの招待と受け取られかねないと述べて糾弾した。そして解説文『集会室』の撤回を求めるとともに、ヨーロッパやカナダのようにヘイトスピーチへの法規制を主張した。

　社会的責任ラウンドテーブルは、『集会室』の文言「話し手の見解や話の内容に依拠して、アクセスを差別したり拒否したりできない」は明確であり、2つの語句の挿入は「必要でもないし賢明とも思われない」と主張した。こうした含意を越えてヘイトスピーチやヘイトグループに言及することは、アメリカ図書館協会が正しくも「知的自由の中核」と記す公平、多様性、包摂の原則に強く敵対するグループを招待することになると非難した。同時に社会的責任ラウンドテーブルは、「請願」グループの主張に賛成せず、法規制は効果がなく、この種のヨーロッパやカナダの法規制は、実際には左翼による進歩的運動に対処するために用いられてきたと主張した。そして教育、啓発、大衆行動に期待し、それへの取り組みをアメリカ図書館協会と会員に求めた。

　結果として2018年版『集会室』は採択後まもなく廃棄され、2019年にはヘイトスピーチとヘイトクライムという2つの語を含まない解説文が採択された。ただし2つの語句が消滅したとはいえ、内容が変化したわけではない。

　解説文『集会室』をめぐる議論で3つのアプローチが現れた。「請願」グループはヘイトスピーチとヘイトクライムを結びつけ、法規制を求めていた。知的自由委員会は、修正第1条を厳守してヘイトスピーチが憲法の保護下にあることを確認していた。社会的責任ラウンドテーブルは、ヘイトスピーチに教育、啓発、大衆行動で対処することを主張していた。このラウンドテーブルの姿勢はアメリカ自由人権協会の思想と実践に適合している。上述のショームバーグの場合、120名が集会室に入り、館外には500名の抗議者が集まった。アメリカ自由人権協会や社会的責任ラウンドテーブルは、住民の啓発、住民の理性的な判断、それと暴力を伴わない運動への住民の積極的な参加を期待している。それは具体的にはショームバーグでの非暴力的な抗議者を意味していよう。問題はヘイトスピーチだけに留まらない。21世紀に入って図書館は参加や共有という言葉を重視し、利用者を招く諸々のプログラムをネット上で設けているが、ここでも利用者が生成した情報や意見について問題が生じる。

C10　図書館の持続可能性：グリーンライブラリー

　2015年に国連加盟国によって「持続可能な開発目標」(Sustainable Development Goals, SDGs) が採択され、世界各国の政府や自治体、非政府組織、企業、個人などの活動において、地球環境に配慮しながら持続的に暮らし続けるための対応が求められている。図書館も例外ではない。世界各地の図書館が環境に配慮した取り組みを実施しており、それらはグリーンライブラリーという概念で捉えられている。ここでは、国際図書館連盟（IFLA）を中心に環境や持続可能性に関する対応について概観する。

　●グリーンライブラリー　グリーンライブラリーの概念は1990年代初頭に登場し、次第にアメリカ全土に広まっていった。1989年から活動するアメリカ図書館協会の環境専門委員会は、1990年のイベント開催を皮切りに、その後も継続的に活動している。2003年12月、『ライブラリー・ジャーナル』に初めてグリーンライブラリーの概念が紹介された。この時期、グリーンライブラリーとは主にグリーンビルディングを意味していた。グリーンビルディングとは、環境に配慮した建築を指す。「エネルギーと環境に配慮したデザインの評価制度」(LEED) は、アメリカ・グリーンビルディング協会が開発した、グリーンビルディングを評価するための国際的な環境性能評価認証システムである。いち早く LEED 認証を受けたグリーンライブラリーとしては、ニューヨークのブロンクス (Bronx) 図書館センターや、ロサンゼルス公立図書館のレイクビューテラス (Lake View Terrace) 分館などが挙げられる。

　●環境・持続可能性と図書館に関する分科会（ENSULIB）　2000年代に入ると、グリーンライブラリーは国際的により広く知られるようになった。同時に、グリーンライブラリーは建築に限定しない、より多面的な概念へと発展した。その背景には、IFLAにおける「環境・持続可能性と図書館に関する専門部会」(ENSULIB) の設置がある。2009年、ENSULIB は IFLA の専門部会として発足し、2020年に分科会となった。ENSULIB の目的は、コミュニティにおける図書館の環境に配慮した持続可能な活動を促進することにある。ENSULIB はグリーンライブラリーに関する情報の提供、グリーンライブラリーへの助言、先進事例の提示、議論の場の提供などを行なっている。ENSULIB が示すグリーンライブラリーの定義は「環境、経済、社会の持続可能性を考慮した図書館」である。2019年に IFLA が発表した「IFLA戦略2019-2024」には、主な取り組みとして、1.1に「SDGsの達成に向けた図書館の成果を示す」が挙げられている。IFLA が SDGs を最重要課題の1つとして捉えてい

ることがわかる。

●グリーンライブラリー賞　2016年、ENSULIBは優れたグリーンライブラリーを称えるグリーンライブラリー賞を創設した。2023年の評価基準には、(1)提出物の質、(2)持続可能性の範囲、(3)環境への取り組みの意義、(4)革新性、(5)コミュニティとの関わり、(6)建築とカーボンフットプリント、(7)持続可能な業務手順、(8)消費量の削減、(9)ニューエコノミー、(10)カーボンハンドプリント、(11)グリーンライブラリーサービス、(12)社会の持続可能性、(13)環境マネジメント、(14)一般的な環境目標への取り組みの14項目が挙げられている。なお、カーボンフットプリントとは、排出される温室効果ガスをCO_2に換算し表示することを意味する。他方、カーボンハンドプリントとは、どの程度CO_2の排出を防いだかを測るものである。

●トリプルボトムライン　トリプルボトムラインとは、組織活動を、経済的側面、社会的側面、環境的側面の3つの軸で評価することを意味する。起業家で作家のジョン・エルキントン（John Elkington, 1949-）が1994年に提唱し、主に経営学分野などで論じられてきた。ゲイリー・シェイファー（Gary Shaffer, 1963-）は、著書の中でトリプルボトムラインを用いて持続可能な公立図書館について述べている。シェイファーは、いくら環境面において持続可能な図書館であっても、財政面で運営を維持できないのであれば、その組織は真の意味で持続可能ではないとしている。

改めてENSULIBのグリーンライブラリーの定義や顕彰の評価基準を見ると、循環経済やシェアリングエコノミーなどのニューエコノミーの視点で経済的側面に触れているものの、財政面で無理がないかという視点は不足している。また、どのように経済、社会、環境の均衡を取るかという議論も十分ではない。SDGsは2030年までの達成を目標とする。グリーンライブラリーを2030年までの一時的な流行語とせず、財源に余裕のある一部の図書館の取り組みの範囲に留めることなく、真に持続可能なものとするには、財政面も含めて、いっそう現実に根差した議論が求められる。

［参考文献］グリーンライブラリーについては以下を参照。Bill Brown, "The New Green Standard," *Library Journal*, vol. 128, no. 20, December 2003, p. 61-64; Petra Hauke, Karen Latimer and Klaus U. Werner, *The Green Library-Die Grüne Bibliothek: The Challenge of Environmental Sustainability- Ökologische Nachhaltigkeit in der Praxis, IFLA Publications*, vol. 161, 2013, 444p. トリプルボトムラインについては以下を参考にした。Gary L. Shaffer, *Creating the Sustainable Public Library: The Triple Bottom Line Approach*, Santa Barbara, CA, Libraries Unlimited, 2018, 198p.

（和気尚美）

C11　コロナ禍でのオンライン読みきかせ：日米の図書館の相違を中心にして

　2020年、新型コロナウィルス（COVID-19）感染拡大防止のため全世界で休校や自宅待機の要請や命令が出され、アメリカの図書館はオンライン読みきかせを実施した。実施にあたり図書館関係者は、著作権に配慮するのみならず、オンライン読みきかせが子どものリテラシーを維持、向上させる意義を強く訴えた。

　●著作権（公衆送信権）の尊重とオンライン読みきかせ　2020年3月下旬、COVID-19の感染拡大防止のためアメリカの各州では続々とロックダウンが始まった。それに伴ってオンライン読みきかせへのニーズが高まり、図書館はそれに応えようと尽力した。例えばニューヨーク・パブリック・ライブラリーは2020年4月から翌年6月のすべての平日に、20〜30分程度のオンライン読みきかせを、無料で全世界に配信した。平時においては図書館内で行われる限り著作権（特に公衆送信権）を侵害しないとされてきた読みきかせを、いかにしてオンラインで実施するかについては、さまざまな意見が出された。2020年4月9日の『スクール・ライブラリー・ジャーナル』には、COVID-19禍中のオンライン読みきかせは著作物のフェア・ユースに該当し、著作権者の許諾を得ずに行いうるというラディカルな意見が掲載された。一方、2020年5月2日にアメリカ図書館協会（ALA）は、オンライン読みきかせには著作権者の許諾を得られた資料を用いるべきとの見解を示した。

　幸いなことに、アメリカで流通する出版物の公衆送信権の大半は出版契約と同時に著者から出版者（社）に移転しており、さらにALAが見解を示す頃までに多くの出版社が、非常事態の期間限定で、学校や図書館による自社出版物の公衆送信を無償で許諾すると宣言していた。そのため、アメリカの図書館は比較的速やかに潤沢なオンライン読みきかせの資源を得られた。これは、日本の出版物の公衆送信権の多くが著者の手元に残っており、オンライン読みきかせを試みた日本の図書館が各著者から逐一許諾を得るのに苦戦したのと対照的である。

　●図書館員によるオンライン読みきかせの意義の主張　アメリカの図書館でのオンライン読みきかせは、出版社が公衆送信権を一括管理する体制と出版社の協力により実現した。とはいえ図書館員は出版社の許諾を漫然と待っていた訳ではない。既述のようにフェア・ユースに訴えてでもオンライン読みきかせを実現すべきと主張する図書館員がいた。また、オンライン読みきかせ動画の冒頭では、図書館員が、読みきかせは子どもにとって不可欠の活動と主張する

場合も多かった。興味深いのは、これらの図書館員が読みきかせが子どものリテラシーを伸長させると強調していたことである。これは、日本において、読みきかせの意義が読む人と子どもの情緒的関係に置かれ、リテラシー獲得は副産物として扱われる傾向にあるのと対照的である。読みきかせの意義として、どちらが適切かは一概に言えはしない。ただし、アメリカの図書館員はオンライン読みきかせを子どもに市民社会で生きるのに必須の能力（＝リテラシー）の獲得を促す活動と位置づけることによって、著作権保護よりもオンライン読みきかせを優先させることの正当性を主張できた。そして、こうした図書館員の姿勢が出版社からの公衆送信の許諾を引き出したことは想像に難くない。

●**今後も起こり得る非常事態に向けて**　著作権（公衆送信権）に配慮しつつオンライン読みきかせの意義を主張し、著作権者からの支援を獲得したアメリカの図書館員の姿勢は、今後の非常事態に向けてのモデルとなりうる。また、図書館が出版社に向けてオンライン読みきかせの意義を主張し無償で助力を受けるところから一歩進んだ試みが、2021年から22年にかけてオーストラリアで試行された。それは、出版社に一定の使用料を支払ってオンライン読みきかせを実現するというものである。オーストラリア図書館協会がとりまとめたこの試みでは、本がオンライン読みきかせに用いられたこととの因果は明確ではないものの、参加出版社の3分の1以上が、参加期間中に自社の予想を超える売り上げを記録した。そして、参加出版社の90％以上が試みへの継続参加を希望した。この試みは、図書館と出版社の双方が利益を得ながらオンライン読みきかせを実施しうる可能性を示唆している。

［参考文献］山﨑沙織「コロナ禍でのオンライン読みきかせをめぐる諸制度の下の実践：日米の公共図書館を中心に」『三田図書館・情報学会 2022 年度研究大会発表論文集』2022, p. 5-8; Carrie Russell, "Tackling Copyright Concerns When Taking Storytime Online," *School Library Journal*, 2020-04-09, https://www.slj.com/story/tackling-copyright-concerns-when-taking-storytime-online; ALSC Virtual Storytime Services Guide Writing Group, "Pausing to Talk About Copyright and Virtual Storytimes," ALSC Blog, 2020-05-02, https://www.alsc.ala.org/blog/2020/05/pausing-to-talk-about-copyright-and-virtual-storytimes/; 日本書籍出版協会「電子書籍の流通と利用の円滑化に関する検討会議：資料欧米における出版契約の実態について」2011-07-11, https://www.bunka.go.jp/seisaku/bunkashingikai/kondankaito/denshishoseki/10/pdf/shiryo_4_1.pdf; 夏目雅之,「オーストラリアの公共図書館におけるオンラインよみ聞かせ」『カレントアウェアネス-E』(440), 2022-08-04, https://current.ndl.go.jp/e2523; Barbara Holland, *Handbook of Research on Library Response to the COVID-19 Pandemic*, Hershey, PA, IGI Global, 2021, 537p.　　　　　　　　（山﨑沙織）

C12　図書館の原則の再吟味：
　　　公平・包摂・多様性と図書館

　新自由主義の進行により、公立図書館の柱である無料、公開、公費支弁の原則が揺らぐなかで図書館の公共的価値が後退している。教育の公共性を担保しインフォーマルな教育機会を平等化する公立図書館の価値を再評価することは緊急の課題であるが、この問題を議論する基本理念が「社会的公正」の概念である。

　●**社会的公正とは**　社会的公正は、社会における経済的、社会的、文化的権利の分配法則として捉えられる概念であり、現代社会においては、経済格差、社会・文化に関する機会の格差などの社会問題によって焦点化されるようになった。図書館界では社会的公正の問題は主として文化格差の是正の観点から議論されてきた。公立図書館は図書を中心とするメディアを介して、自発的学習のための空間を提供することにより、人びとの知る権利と知識や情報を受け取る自由を保障する文化機関であり、公正性が最優先されるためである。公立図書館の運営原則は基本的人権としての情報アクセスを担保することにあり、この原則を理念的に支えるのが「社会的公正」概念である。

　●**社会的公正と図書館**　公立図書館は成立当初から文化的格差の是正を内包した教育機関として存立していた。図書館界における社会的公正の概念は時代により含意される意味が変化したが、文化格差の是正という理念自体は一貫して保持されている。実践レベルにおける社会的公正は、法律やスローガンを通して支えられてきた。各国の図書館法には、文化格差を解消するための役割を果たす機関として公立図書館が規定され、図書館サービスの平等・公平な提供に関わる条項が組み込まれている。アメリカでは蔵書の多様性とあらゆる見解を持つ資料を蔵書に組み込むことを明記する『図書館の権利宣言』が、社会的公正に関わる包括的な文書として機能している。そして2017年には『図書館の権利宣言』の解説文『公平、多様性、包摂』が方針として採択された。

　●**文化的包摂**　公立図書館における社会的公正は、図書館が教育機関として備える包摂に関わる基本的性格に拠るものである。公立図書館では人種、民族、性別、性的指向などを包み込んで、すべての利用者に平等・公平なサービスを提供することが運営原理に組み込まれ、それを実現することで文化格差の解消が図られてきた。図書館が関わる文化的格差の要因は、文化的マジョリティと文化的マイノリティの間の情報アクセスや図書館サービスの差異に起因する。本質的に図書館サービスを受けにくいマイノリティ・グループや弱い立場にいる人びと（vulnerable groups）を包摂すること、そして集中的にサービスを

提供することは、図書館における社会的公正のための戦略として、積極的に取り組まれてきた方法であった。

●ミッションとしての公平性・多様性・包括性　アメリカ図書館協会は2017年に「アメリカ図書館協会戦略方針」を発表した。その中で「公平性・多様性・包括性」（EDI）を方針の1つとして掲げて、実現のための目標と戦略を具体的に示している。さらに公立図書館協会は「公平性・多様性・包摂・社会的公正委員会」を設置し、社会的公正に関わる問題について専門的な検討を行うようになった。こうした文書の作成や専門委員会設置の背景には、情報アクセスの機会に関する平等性・公平性を標榜する図書館界の基本的使命が関わっている。

1970年代以降、新自由主義と市場原理主義に席巻され、20世紀半ばまでに完成した公立図書館の無料、公開、公費支弁といった原則が不安定なものとなり、公立図書館の公共性は明らかに後退した。新たに導入された経営モデルがすべての住民を包み込む厚い公共サービスを標榜する公立図書館の基本理念とは対立する価値を示す中で、社会的公正理念はそうした潮流への対抗概念として図書館サービスの中心に再配置されるようになった。公立図書館は社会的公正理念を拠り所として図書館の公共的価値を図書館サービスとして具現化することで、新自由主義や市場原理主義へ対抗する機関であろうとしている。そこで中核となるのは、図書館サービスに関わる平等・公平な提供、利用、参加である。アメリカの図書館実践において常に意識されてきた多様性と包括性への視座が社会的公正理念と結びつくことで、すべての住民に情報アクセスを保障する21世紀の公立図書館モデルが示されている。

［参考文献］2015年から2016年にかけて以下の社会的公正を扱う特集が連続して組まれたのは、格差や分断による社会問題の顕在化と公共空間の弱体化を背景にした社会的公正への懸念の現れであろう。Kay Mathiesen, "Informational Justice: A Conceptual Framework for Social Justice in Library and Information Services," *Library Trends*, vol. 64, no. 2, 2015, p. 198-225; Paul T. Jaeger, Katie Shilton, and Jes Koepfler, "The Rise of Social Justice as a Guiding Principle in Library and Information Science Research," *Library Quarterly*, vol. 86, no. 1, January 2016, p. 1-9; Ursula Gorham, Natalie G. Taylor and Paul T. Jaeger et al., eds., "Perspectives on Libraries as Institutions of Human Rights and Social Justice," *Advances in Librarianship*, vol. 41, 2016, entire issue (427p). 解説文『公平、多様性、包摂』の全訳は以下である。アメリカ図書館協会知的自由部編纂『図書館の原則　改訂5版』川崎良孝・福井佑介・川崎佳代子訳, 日本図書館協会, 2022, p. 275-279. 以下も参照。ポール・T. イエーガーほか『図書館・人権・社会的公正：アクセスを可能にし、包摂を促進する』川崎良孝・高鍬裕樹訳, 京都図書館情報学研究会, 2017.　　　　　　　　　　　（吉田右子）

参考文献

T1　国教会牧師の図書館構想：トマス・ブレイの思想と実践（1695-1701年）
・「2.2.1: トマス・ブレイの図書館思想とその発展」川崎良孝『アメリカ公立図書館成立思想史』日本図書館協会, 1991, p. 25-51.

T2　会員制図書館の源：フィラデルフィア図書館会社（1731年）
・「2.2.2: フランクリンとフィラデルフィア図書館会社」川崎良孝『アメリカ公立図書館成立思想史』日本図書館協会, 1991, p. 51-75.

T3　図書館における近代の成立：フィラデルフィア図書館会社（1731年）
・「2.2.3: 図書館における近代の成立」川崎良孝『アメリカ公立図書館成立思想史』日本図書館協会, 1991, p. 75-87.

T4　豊かな人びとの図書館：富裕者型ソーシャル・ライブラリー
・「3・4: ソーシャル・ライブラリー」ジェシー・H.シェラ『パブリック・ライブラリーの成立』川崎良孝訳, 日本図書館協会, 1988, p. 61-138;「1.2: 用語と構成」川崎良孝『アメリカ公立図書館成立思想史』日本図書館協会, 1991, p. 12-23; Richard Wendorf, *America's Membership Libraries*, New Castle, DE, 2007, 354p.
・レッドウッド図書館については以下を参照した。Marcus A. McCorison, ed., *The 1764 Catalogue of the Redwood Library Company at Newport, Rhode Island*, Yale University Press, 1965, 109p; George C. Mason, *Annals of the Redwood Library and Athenaeum*, Newport, RI, Redwood Library 1891, 528p.
・セーレムについては以下を用いた。Harriet Silvester Tapley, *Salem Imprints, 1768-1825: A History of the First Fifty Years of Printing in Salem, Massachusetts*, Salem, MA, Essex Institute, 1927, 512p.
・ボストン・アセニアムは以下を参考にした。Josiah Quincy, *The History of the Boston Athenaeum, with Biographical Notices of its Deceased Founders*, Cambridge, MA, Metcalf and Co., 1851, 263p., 104p.

T5 「閲覧室」（reading room）：現在とは異なる意味

・David Kaser, "Coffee House to Stock Exchange," Harold Goldstein, *Milestones to the Present*, Syracuse, NY, Gaylord Professional Publications, 1978, p. 238-253; W.C. Todd, "Free Reading Rooms," U.S. Bureau of Education, *Public Libraries in the United States of America: Their History, Condition and Management*, Special Report, Washington D.C., Government Printing Office, 1876, p. 460-464.

・ウースターとボストン・アセニアムについては以下を参照した。"Report of the Directors of the Free Public Library," *Sixth Annual Report of the Directors of the Free Public Library, Worcester, Mass., January, 1866*, p. 21; Josiah Quincy, *The History of the Boston Athenaeum, with Biographical Notices of its Deceased Founders*, Cambridge, MA, Metcalf and Co., 1851, 263p., 104p.

T6 「図書館」に入らない「ライブラリー」：貸本屋の興隆と衰退

・David Kaser, *A Book for a Sixpence: The Circulating Library in America*, Pittsburgh, PA, Beta Phi Mu, 1980, 194p;「5: 貸本屋」ジェシー・H.シェラ『パブリック・ライブラリーの成立』川崎良孝訳, 日本図書館協会, 1988, p. 139-170; Charles K. Bolton, "Circulating Libraries in Boston, 1765-1865," *Publication of the Colonial Society of Massachusetts*, 11, February 1907, p. 196-207.

T7 ソーシャル・ライブラリー：ニューイングランドでの発展と衰退

・「3・4: ソーシャル・ライブラリー」ジェシー・H.シェラ『パブリック・ライブラリーの成立』川崎良孝訳, 日本図書館協会, 1988, p. 61-138;「3.1: ソーシャル・ライブラリーの興隆と特徴」川崎良孝『アメリカ公立図書館成立思想史』日本図書館協会, 1991, p. 89-119.

・1876年以前の図書館については以下を参照した。Haynes McMullen, *American Libraries before 1876*, Westport, CT, Greenwood Press, 2000, 179p.

・1850年の状況は以下による。Charles C. Jewett, *Notices of Public Libraries in the United States of America*, Washington, D.C., Smithsonian Institution, 1851, 207p.

T8 公立学校と学校区図書館の思想：ホーレス・マン（1837年）

・川崎良孝解説・訳『公教育と図書館の結びつき：ホーレス・マンと学校区図書館』京都大学図書館情報学研究会, 223p;「3.2: 学校区図書館の興隆と特徴」川崎良孝『アメリカ公立図書館成立思想史』日本図書館協会, 1991, p. 119-151;「1.1: 学校区図書館」ウェイン・A.ウィーガンド『アメリカ公立学校図書館史』川崎良孝・川崎佳代子訳, 京都図書館情報学研究会, 2022, p. 26-37.

・1850年の状況は以下による。Charles C. Jewett, *Notices of Public Libraries in the United States of America*, Washington, D.C., Smithsonian Institution, 1851, 207p.

・1839年の『コモン・スクール・ジャーナル』に掲載されたマンの論文の全訳は以下を参照。「18: 論文『学校区図書館』」『公教育と図書館の結びつき』*op.cit*., p. 147-154. 1839年のソーシャル・ライブラリーに関する州全域調査の全訳は以下を参照。「7: 州教育長第3年報」*ibid*., p. 49-109. 1837年および1842年の学校区図書館法の全訳は以下を参照。「2: マサチューセッツ州学校区図書館法（1837年, 1842年）」*ibid*., p. 11.

T9　公立の図書館である学校区図書館の隆盛と衰退：全般的な推移

・川崎良孝解説・訳『公教育と図書館の結びつき：ホーレス・マンと学校区図書館』京都大学図書館情報学研究会, 223p;「3.2: 学校区図書館の興隆と特徴」川崎良孝『アメリカ公立図書館成立思想史』日本図書館協会, 1991, p. 119-151;「1.1: 学校区図書館」ウェイン・A.ウィーガンド『アメリカ公立学校図書館史』川崎良孝・川崎佳代子訳, 京都図書館情報学研究会, 2022, p. 26-37.

・1850年の状況は以下による。Charles C. Jewett, *Notices of Public Libraries in the United States of America*, Washington, D.C., Smithsonian Institution, 1851, 207p.

T10　第1世代の図書館史研究：客観的事実史

・「1: 第1世代の図書館史記述」川崎良孝・吉田右子『新たな図書館・図書館史研究』京都図書館情報学研究会, 2011, p. 5-25.

T11　図書館を結ぶ試み：図書館統計（1851年）、図書館員大会（1853年）

・ジューエットについては以下を参照。Joseph A. Borome, *Charles Coffin Jewett*, Chicago, American Library Association, 1951, 188p; Michael H. Harris, ed. *The Age of Jewett: Charles Coffin Jewett and American Librarianship, 1841-1868*, Littleton, CO, Libraries Unlimited , 1975, 166 p.

・図書館統計は以下を参照。Charles C. Jewett, *Notices of Public Libraries in the United States of America*, Washington, D.C., Smithsonian Institution, 1851, 207p; William J. Rhees, *Manual of Public Libraries, Institutions, and Societies, in the United States, and British Provinces of North America*, Philadelphia, PA, J.B. Lippincott & Co., 1859, 687p.

・1853年図書館員大会については以下による。"Librarians' Convention Proceedings," *Norton's Literary and Educational Register, for 1854*, New York, Charles B. Norton, 1854, p. 49-109; John Frost, "The Library Conference of 1853," *Journal of Library History*, vol. 2, no. 2, April 1967, p. 154-160.

T12　公立図書館の基本思想の設定：ボストン公立図書館理事会報告（1852年）

・「4: 公立図書館の成立」川崎良孝『アメリカ公立図書館成立思想史』日本図書館協会, 1991, p. 153-208; 川崎良孝「ボストン公立図書館の利用規則と年齢制限が示す意味：1853-1875年」『図書館界』vol. 70, no. 5, January 2019, p. 586-601; 川崎良孝「1876

年以前のアメリカ公立図書館の全般的状況と図書館利用規則」『同志社図書館情報学』29, 2019, p. 1-31; ウォルター・ホワイトヒル『ボストン市立図書館100年史：栄光、挫折、再生』川崎良孝訳, 日本図書館協会, 1999.
・ボストン公立図書館1852年理事会報告の全訳は以下を参照。「付録V: ボストン・パブリック・ライブラリー理事会報告、1852年」ジェシー・H.シェラ『パブリック・ライブラリーの成立』川崎良孝訳, 1988, p. 293-310. 1853年の「市立図書館に関する規則」の全訳は以下を参照。「3.2: 市立図書館に関する規則 (1853年11月8日)」川崎良孝解説・訳『ボストン市立図書館は、いかにして生まれたか：原典で読む公立図書館成立期の思想と実践』京都大学図書館情報学研究会, 1999, p. 92-102.

T13　図書館利用の年齢制限：ボストン公立図書館の影響力
・川崎良孝「ボストン公立図書館の利用規則と年齢制限が示す意味：1853-1875年」『図書館界』vol. 70, no. 5, January 2019, p. 586-601; 川崎良孝「1876年以前のアメリカ公立図書館の全般的状況と図書館利用規則」『同志社図書館情報学』29, 2019, p. 1-31; 川崎良孝「公立図書館における子どもへの図書館サービスと利用規則：1876-1899年」相関図書館学方法論研究会 (吉田右子・川崎良孝) 編『社会的媒体としての図書・図書館』松籟社, 2023, p. 3-44.

T14　ホール式の図書館：ボストン公立図書館ボイルストン街図書館 (1858年)
・川崎良孝「ボストン公立図書館ボイルストン街図書館の建物：完璧なモデルから最悪のモデルへの転換」相関図書館学方法論研究会 (川崎良孝・吉田右子) 編『トポスとしての図書館・読書空間を考える』松籟社, 2018, p. 211-255; 川崎良孝「図書館建築をめぐる路線論争とその帰趨：ウィリアム・F.プールを中心として」相関図書館学方法論研究会 (川崎良孝・吉田右子) 編『図書館と読書をめぐる理念と現実』松籟社, 2019, p. 193-247.

T15　南北戦争での資料提供サービス：合衆国クリスチャン委員会の活動
・David Kaser, *Books and Libraries in Camp and Battle: The Civil War Experience*, Westport, CT, Greenwood Press, 1984, 141p. 南軍の試みについて以下の文献があるが、組織的な読書提供サービスは示されていない。Willard E. Wight, "A Regimental Library in the Confederate Army," *Journal of Library History*, vol. 4, no. 4, October 1969, p. 347-352.
・以下の2つの文献は合衆国クリスチャン委員会の活動を客観的にまとめたもので、大部分はキリスト教関係の活動だが、読書提供サービスについてもまとまった説明がある。Edward P. Smith, *Incidents of the United States Christian Commission*, Philadelphia, PA, J.B. Lippincott & Co., 1869, 512p; "Chapter XII: Publications, Loan Libraries," Lemuel Moss, *Annals of the United States Christian Commission*, Philadelphia, PA, J.B. Lippincott & Co., 1868, p. 685-724. 原資料として以下も適宜参照した。United

States Christian Commission, *United States Christian Commission, for the Army and Navy, Work and Incidents, Annual Report, for the year 1862-1865*, Philadelphia, PA, The Commission.
・図書館をまとめる組織がないものの、個別的に南北戦争を意識したサービスを行った館は存在する。例えばフィラデルフィア商事図書館は市民に図書の寄贈を募り、市内の8つの陸軍病院の負傷兵に計6,500冊の図書などを配布した。以下を参照。*Fortieth Annual Report of the Mercantile Library Company of Philadelphia, January 1863*, p. 13. またセントルイス商事図書館は反奴隷制度、リンカーン支持の拠点になった。同館のホールで、ミズーリ州が連邦から脱退しないとの決定がされたし、奴隷解放宣言の承認が行われた。そしてホールは陸軍の訓練に使用された。以下を参照。John N. Hoover, "The St. Louis Mercantile Library Association," Richard Wendorf, ed., *America's Membership Libraries*, New Castle, DE, Oak Knoll Press, 2007, p. 249.

T16　1876年以前の公立図書館の状況：ウィンザー調査（1868年）
・川崎良孝「1876年以前のアメリカ公立図書館の全般的状況と図書館利用規則」『同志社図書館情報学』29, 2019, p. 1-31; 「2: 公立図書館と新聞」「4: 文献にみる公立図書館と日刊新聞」川崎良孝『アメリカ大都市公立図書館と「棄てられた」空間：日刊新聞・階級・1850-1930年』京都図書館情報学研究会, 2016, p. 27-72, 101-140.

T17　会員制図書館のトップランナー：ニューヨーク商事図書館（1870年代）
・「2: 公立図書館と新聞」川崎良孝『アメリカ大都市公立図書館と「棄てられた」空間：日刊新聞・階級・1850-1930年』京都図書館情報学研究会, 2016, p. 27-72.
・1850年当時の状況は以下による。Charles C. Jewett, *Notices of Public Libraries in the United States of America*, Washington, D.C., Smithsonian Institution, 1851, p. 84-86.
・1850年代の状況は以下を参照。William Rhees, *Manual of Public Libraries, Institutions, and Societies, in the United States, and British Provinces of North America*, Philadelphia, PA, J.B. Lippincott, 1859, p. 277-287.
・1871年の『スクリブナー』の記事は以下である。"New York Mercantile Library," *Scribner's Magazine*, vol. 1, no. 4, September 1871, p. 353-367.
・19世紀末からの状況は以下を参照。Bureau of Education, "Chapter XVII: Public, Society and School Libraries," *Education Report, 1899-1900*, p. 1084-1091; Bureau of Education, *Statistics of Public, Society, and School Libraries Having 5,000 Volumes and Over 1908*, p. 104-107.
・全体を通してニューヨーク商事図書館の年報と以下の論文も参照。Thomas Augst, "The Business of Reading in Nineteenth-Century America: the New York Mercantile Library," *American Quarterly*, vol. 50, no. 2, 1998, p. 267-305.

T18　図書館システムのモデルの先導：ボストン公立図書館（1870年代）

・川崎良孝「3: ジャスティン・ウィンザー館長と分館の設置」川崎良孝解説・訳『ボストン市立図書館とJ.ウィンザーの時代：原典で読むボストン市立図書館発展期の思想と実践』京都図書館情報学研究会, 2012, p. 175-247. 1876年当時の図書館状況は以下を参照。「資料<5.2> 1877年図書館長報告：『ボストン市立図書館理事会第25年報』」*ibid.*, p. 342-382. ウォルター・ホワイトヒル『ボストン市立図書館100年史：栄光、挫折、再生』川崎良孝訳, 日本図書館協会, 1999, p. 93-98.

T19　図書館界の成立：1876年

・川崎良孝編著・訳『アメリカ公立図書館運動開始期の思想と実践』京都図書館情報学研究会, 2020;「1: あっぱれな発端：1876年フィラデルフィア図書館大会」ウェイン・A.ウィーガンド『司書職の出現と政治：アメリカ図書館協会1876-1917』川崎良孝・吉田右子・村上加代子訳, 京都大学図書館情報学研究会, 2007, p. 3-17.

T20　1876年が課した図書館サービスの課題：特別報告と大会での発表から

・川崎良孝編著・訳『アメリカ公立図書館運動開始期の思想と実践』京都図書館情報学研究会, 2020. 各発表者の論考の全訳を以下に示しておく。チャールズ・F.アダムズ・ジュニア「公立図書館と公立学校」*ibid.*, p. 193-205; ウィリアム・I.フレッチャー「公立図書館と若者」福井佑介訳, *ibid.*, p. 176-184; ウィリアム・F.プール「公立図書館への一般的反論」*ibid.*, p. 68-78; サミュエル・S.グリーン「図書館員と読者との個人的関係」山﨑沙織訳, *ibid.*, p. 155-167; ジャスティン・ウィンザー「図書館の建物」*ibid.*, p. 133-146; ウィリアム・F.プール「公立図書館の設立と経営管理」*ibid.*, p. 87-123; メルヴィル・デューイ「プロフェッション」*ibid.*, p. 40-42.

T21　「パブリック・ライブラリー」が示す図書館：厳格な解釈への変遷

・川崎良孝・吉田右子「Public Libraryに関する認識の歴史的変遷：アメリカを例にして」相関図書館学方法論研究会（川崎良孝・吉田右子）編『トポスとしての図書館・読書空間を考える』松籟社, 2018, p. 3-33.

・国際図書館連盟の2010年版はパブリック・ライブラリーを以下のように定めており、原文を示しておく。"A public library is an organisation established, supported and funded by the community, either through local, regional or national government or through some other form of community organisation."

・この定義は2022年には以下のようになり、公立機関であることへの揺り戻しが生じている。"The public library is the responsibility of local and national authorities. It must be supported by specific and updated legislation aligned to international treaties and agreements. It must be financed by national and local governments."

T22　子ども（生徒）への図書館サービス：学校に向けてのサービスの先行

・「2:『サービスで証明する』：学校図書館専門職の確立、1900-1930年」ウェイン・A.ウィーガンド『アメリカ公立学校図書館史』川崎良孝・川崎佳代子訳, 京都図書館情報学研究会, 2022, p. 57-98; 川崎良孝「公立図書館における子どもへの図書館サービスと利用規則：1876-1889年」相関図書館学方法論研究会（吉田右子・川崎良孝）編『社会的媒体としての図書・図書館』松籟社, 2023, p. 3-44.

・子どもの捉え方については以下を参考にした。ハワード・P.チュダコフ『年齢意識の社会学』工藤政司・藤田永祐訳, 法政大学出版局, 2015.

・アダムズについては以下を参照。チャールズ・F.アダムズ・ジュニア「公立図書館と公立学校」川崎良孝編著・訳『アメリカ公立図書館運動開始期の思想と実践』京都図書館情報学研究会, 2020, p. 193-205.

・ヒューインズを起点とする子どもの読書についての調査は以下である。Caroline M. Hewins, "Yearly Report on Boys' and Girls' Reading," *Library Journal*, vol. 7, no. 7/8, July/August, 1882, p. 182-190; Mary A. Bean, "Report on the Reading of the Young," *Library Journal*, vol. 8, no. 9/10, September/October, 1883, p. 217-227; Mary Sargent, "Reading for the Young," *Library Journal*, vol. 14, no. 5/6, May/June 1889, p. 226-236.

・1899年の全米教育協会の報告書は以下を参照。National Educational Association, *Report of Committee on the Relations of Public Libraries to Public Schools*, National Educational Association, 1899, 80p.

T23　使命と効率：メルビル・デューイの終生の関心

・ウェイン・A.ウィーガンド『司書職の出現と政治：アメリカ図書館協会 1876-1917』川崎良孝・吉田右子・村上加代子訳, 京都大学図書館情報学研究会, 2007; ウェイン・A.ウィーガンド『手に負えない改革者：メルヴィル・デューイの生涯』川崎良孝・村上加代子訳, 京都大学図書館情報学研究会, 2004; 「II: メルビル・デュイの図書館思想とその形成」小倉親雄『アメリカ図書館思想の研究』日本図書館協会, 1977, p. 27-66.

・デューイの「プロフェッション」(1876) と「教育者としての図書館」(1886) の全訳は以下を参照。川崎良孝編著・訳『アメリカ公立図書館運動開始期の思想と実践』京都図書館情報学研究会, 2020, p. 40-42, 43-58.

・デューイの1886年論文は以下である。Melvil Dewey, "Libraries as Related to the Educational Work of the State," *Library Notes*, vol. 3, no. 9, June 1888, p. 333-348.

・デューイの「信条」(1931) は以下を参照。Melvil Dewey, "Credo," Grosvenor Dawe, *Melvil Dewey: Seer, Inspirer, Doer, 1851-1931*, FL, Lake Placid Club, 1932, p. 144-146.

T24　製造業の町の女性館長の実践と発言への反応：ポータケット公立図書館

・「2: 開架制前史.」川崎良孝『開かれた図書館とは：アメリカ公立図書館と開架制』

京都図書館情報学研究会, 2018, p. 21-44; 川崎良孝「公立図書館における子どもへの図書館サービスと利用規則：1876-1889年」相関図書館学方法論研究会（吉田右子・川崎良孝）編『社会的媒体としての図書・図書館』松籟社, 2023, p. 3-44.

T25　進化論の時代に規定された慈善思想：カーネギーの図書館思想
・川崎良孝「アンドリュー・カーネギーの図書館思想」『図書館界』vol. 32, no. 2, July 1980, p. 33-50; アンドリュー・カーネギー『カーネギー自伝』坂西志保訳, 中央公論新社, 2002.

T26　図書館への大規模な慈善：カーネギーから現代へ
・カーネギーの慈善については以下を参考にした。「7: 実現しなかった図書館」ジョージ・S.ボビンスキー『カーネギー図書館：歴史と影響』川崎良孝・川崎智子訳, 京都図書館情報学研究会, 2014, p. 113-133; Robert S. Martin, ed., *Carnegie Denied: Community Rejecting Carnegie Library Construction Grants 1898-1925*, Westport, CT, Greenwood Press, 1993, 185p.
・ローゼンウォルド基金については以下を参照。Aisha M. Johnson-Jones, *The African American Struggle for Library Equality: The Untold Story of the Julius Rosenwald Fund Library Program*, Lanham, MD, Rowman and Littlefield, 2019, 106p.
・ローラ・ブッシュ財団については以下を参考にした。ローラ・ブッシュ『ローラ・ブッシュ自伝：脚光の舞台裏』村井理子訳, 中央公論新社, 2015; Lillian N. Gerhardt, "Editorial: The Big Idea Redux," *School Library Journal* 47 (October 2001): 11; ウェイン・A.ウィーガンド『アメリカ公立学校図書館史』川崎良孝・川崎佳代子訳, 京都図書館情報学研究会, 2022, p. 339; "Laura Bush 21st Century Librarian Program," https://www.bushcenter.org/topics/education/laura-bush-foundation-for-americas-libraries.
・ゲイツ財団の活動の問題点については以下を参照した。ジョン・E.ブッシュマン『民主的な公共圏としての図書館：新公共哲学の時代に司書職を位置づけ持続させる』川崎良孝訳, 京都大学図書館情報学研究会発行, 2007, p. 87-88.

T27　開架制の導入：図書配置の柔軟性が持つ意味
・「2: 開架制前史」「3.1: クリーブランド公立図書館の活動と開架制の実際」「4.1: バッファロー公立図書館の開架制」川崎良孝『開かれた図書館とは：アメリカ公立図書館と開架制』京都図書館情報学研究会, 2018, p. 21-44, 45-65, 126-141.

T28　子どもへのサービスの開始：積極的／消極的な意味
・Fannette H. Thomas, "The Genesis of Children's Services in the American Public Library, 1875-1906," Ph.D. dissertation, University of Wisconsin-Madison, 1982, 357p; Kathleen McDowell, "The Cultural Origins of Youth Services Librarianship, 1876-1900," Ph.D.

dissertation, University of Illinois, 2007, 280p.
- ・ブルックライン公立図書館の全体的な歴史的説明として以下を参考にした。Cynthia Battis, Anne Reed, and Anne Clark, *Public Library of Brookline: A History, Celebrating 150 Years of Library Service, 1857-2007*, Brookline, MA, The Library, 2007, 69p. 児童室の詳細は同館の年報による。
- ・クリーブランド公立図書館の子どもへのサービスは以下を参考にした。Cleveland Public Library, *The Work of the Cleveland Public Library with the Children and the Means Used to Reach Them, Published for the Information of the Citizens of Cleveland and the Members of the National Educational Association*, Cleveland, OH, The Library, 1908, 48p. 児童室の詳細は同館の年報による。

T29　州全域サービスを求めて：州図書館委員会とカウンティ・ライブラリー
- ・「1: 図書館の遍在を求めて」川崎良孝編著『図書館トリニティの時代から揺らぎ・展開の時代へ』京都図書館情報学研究会, 2015, p. 7-35. ニューヨーク州の巡回文庫については以下を参考にした。森耕一「巡回文庫の創始者デューイ」『図書館学会年報』vol. 32, no. 1, March 1986, p. 30.

T30　州図書館委員会の活動：ウィスコンシン州図書館委員会
- ・ウェイン・A.ウィーガンド「州公立図書館委員会の思想：ラインランダー公立図書館（ウィスコンシン州ラインランダー）」川崎良孝・川崎佳代子・福井佑介訳『メインストリートの公立図書館』京都図書館情報学研究会, 2012, p. 113-157; 中山愛理「ウィスコンシン州の公立図書館における児童サービスとその空間」相関図書館学方法論研究会（三浦太郎・川崎良孝）編『公立図書館の思想・実践・歴史』松籟社, 2022, p. 195-242.
- ・Library Commissions of Minnesota, Iowa and Wisconsin, *Hand Book of Library Organization*, Minneapolis, MN, Minneapolis, Minnesota State Library Commission, 1902, 79p; Wisconsin Free Library Commission, *Free Traveling Libraries in Wisconsin*, Madison, WI, The Commission, 1897, 39p. なお前者『図書館組織ハンドブック』の「組織」とは、公立図書館設置の働きかけから、建物、図書、管理運営、図書館拡張、図書館の職員・文献・関係団体、さらに備品まで、広範な意味を有する。後者はウィスコンシン州の巡回文庫を概説したのち、巡回文庫と女性クラブ、鉄道巡回文庫（Railroad Traveling Libraries）など5つの各論を設け、9葉の写真を入れて、わかりやすく説明している。

T31　女性クラブと図書館：全国女性クラブ総連盟を中心に
- ・女性クラブ全般については以下を参考にした。Anne F. Scott, *Natural Allies: Women's Associations in American History*, University of Illinois Press, 1993, 242p; エリザベス・

ロング『ブッククラブ：アメリカ女性と読書』田口瑛子訳, 京都大学図書館情報学研究会, 2006.
- ハッチンズの発表は以下である。F.A. Hutchins, "Report on Travelling Libraries," *Library Journal*, vol. 23, no. 8, August 1898, p. 56-58.
- 女性クラブ総連盟の図書館活動は以下を用いた。Paula D. Watson, "Founding Mothers: The Contribution of Women's Organizations to Public Library Development in the United States," *Library Quarterly*, vol. 64, no. 3, July 1994, p. 233-269; Paula D. Watson, "Carnegie Ladies, Lady Carnegies: Women and the Building of Libraries," *Libraries and Culture*, vol. 31, no. 1, Winter 1996, p. 159-196; Paula D. Watson, "Valleys Without Sunsets: Women's Clubs and Traveling Libraries," Robert S. Freeman and David M. Hovde, *Libraries to the People: History of Outreach*, Jefferson, NC, McFarland & Company, 2003, p. 73-95; Joanne E. Passet, "Reaching the Rural Reader: Traveling Libraries in America, 1892-1920," *Libraries and Culture*, vol. 26, no. 1, Winter 1991, p. 100-118.
- キリスト教女性禁酒同盟の図書館活動については、カリフォルニア州を取り上げた以下の博士論文を参照。Victoria K. Musmann, "Women and the Founding of Social Libraries in California, 1859-1910," PhD dissertation, University of Southern California, 1982, 235p.

T32　1890年代の子どもへの特徴あるサービス：ホーム・ライブラリー
- 家庭訪問登録サービスはピッツバーグ公立図書館の年報に依拠している。
- 図書館リーグについてはクリーブランド公立図書館の年報に依拠し、以下も用いた。ハリエット・ロング『アメリカを生きた子どもたち』古賀節子監訳, 日本図書館協会, 1983, p. 147-150. 図書館リーグの広がりは以下による。"Libraries with Library Leagues," *Library Journal*, vol. 23, no. 4, April 1898, p. 144.
- ホーム・ライブラリーについてはピッツバーグ公立図書館の年報を参照した。ホーム・ライブラリーの広がりは以下を用いた。Gertrude Sackett, "Home Libraries and Reading Clubs," *Library Journal*, vol. 27, no. 7, July 1902, C72-C75.

T33　サービスの進展が可能にしたこと：監視・統制・分離
- 川崎良孝『アメリカ大都市公立図書館と「棄てられた」空間：日刊新聞・階級・1850-1930年』京都図書館情報学研究会, 2016, 267p; 中山愛理「ピッツバーグ・カーネギー図書館における児童サービス空間」相関図書館学方法論研究会（川崎良孝・吉田右子）編『トポスとしての図書館・読書空間を考える』松籟社, 2018, p. 181-209.
- 1908年のボストウィックの演説は以下を参照。Arthur E. Bostwick, "Librarian as a Censor," *Library Journal*, vol. 33, no. 7, July 1908, p. 257-264.

T34　子どもの読書資料の統制：児童文学知識人の君臨

・"Children's Literature Clerisy" を「児童文学知識人」と訳したが、この語はウィーガンドの造語である。本テーマは以下に依拠している。ウェイン・A.ウィーガンド『アメリカ公立学校図書館史』川崎良孝・川崎佳代子訳, 京都図書館情報学研究会, 2022, p. 13, 70-80, 98, 106, 116-119, 134-135, 219, 278, 375, 386.

・『児童向け資料の再評価に関する声明』の全訳と論議は以下を参照。「6: 1967年版『図書館の権利宣言』：未成年者への適用」川崎良孝『社会を映し出す『図書館の権利宣言』』京都図書館情報学研究会, 2021, p. 239-282.

T35　第1次世界大戦と図書館界：図書館への認識を広げる機会

・第1次世界大戦時の図書館について、まず指摘されるのがヤングの文献でアメリカ図書館協会の活動を解明している。Arthur P. Young, *Books for Sammies: The American Library Association and World War I*, Pittsburgh, PA, 1981, 147p. ウィーガンドの業績は個々の図書館の活動を解明している点でヤングの業績と対照をなす。Wayne A. Wiegand, "*An Active Instrument for Propaganda*": *The American Public Library During World War I*, Westport, CT, Greenwood Press, 1989, 193p.

・中立期については以下を参照した。Mary E. Ahern, "The Librarians in European Distress," *Public Libraries*, vol. 19, no. 8, October 1914, p. 344-346; "Editorial: The Shock of the European War," *Library Journal*, vol. 39, no. 9, September 1914, p. 656; George F. Bowerman, "How Far Should the Library Aid the Peace Movement and Similar Propaganda," *Library Journal*, vol. 40, no. 7, July 1915, p. 477-481.

・参戦後の主張とクリーブランドやデトロイトの状況は以下を参照した。"Is Your Library a Slacker?," *Wisconsin Library Bulletin*, vol. 14, no. 2, February 1918, p. 38; "The Wisconsin Policy as to the Literature of Disloyalty," *ibid.*, p. 39-40; C.H. Cramer, *Open Shelves and Open Minds: A History of the Cleveland Public Library*, The Press of Case Western Reserve University, 1972, p. 95-103; Frank B. Woodford, *Parnassus on Main Street,* Wayne State University Press, 1965, p. 344-351.

・キャンプ図書館での女性差別については以下を用いた。Suzanne M. Stauffer, "Let Us Forget This Cherishing of Women in Library Work: Women in the American Library War Service, 1918-1920," *Libraries: Culture, History, and Society*, vol. 3, no. 2, 2019, p. 155-174.

T36　カーネギー図書館の診断と新たな方向の提示：ジョンソン報告（1916年）

・川崎良孝「ジョンソン報告（1916年）とカーネギー財団による図書館への慈善の行方」『同志社図書館情報学』30, 2020, p. 30-58; 平野英俊「Johnson Report（1916年）、その意義と内容：アメリカ図書館員養成教育の発達過程に関する考察」『研究紀要』日本大学人文科学研究所, 37, 1989, p. 169-186; ジョージ・S.ボビンスキー「8: アル

ヴィン・ジョンソン報告とカーネギーによる図書館慈善の終結」『カーネギー図書館：歴史と影響』川崎良孝・川崎智子訳, 京都図書館情報学研究会, 2014, p. 135-149.
・ジョンソン報告の解説と全訳は以下を参照。アルヴィン・ジョンソン「公立図書館にたいする寄付方針についてのニューヨーク・カーネギー財団への報告書」『同志社図書館情報学』32, 2022, p. 126-135, 136-175.

T37　男性指導者に抵抗する女性図書館員：キャンプ図書館（1918年）を中心に

・「ヒューインズ調査」に関して以下を参考にした。Kate McDowell, "Surveying the Field: Research Model of Women in Librarianship, 1882-1898," *Library Quarterly*, vol. 79, no. 3, July 2009, p. 279-300. また1882年に端を発する子どもの読書に関する調査を1889年まで示すと以下のようになる。Caroline M. Hewins, "Yearly Report on Boys' and Girls' Reading," *Library Journal*, vol. 7, no. 7/8, July/August, 1882, p. 182-190; Mary A. Bean, "Report on the Reading of the Young," *Library Journal*, vol. 8, no. 9/10, September/October, 1883, p. 217-227; Mary Sargent, "Reading for the Young," *Library Journal*, vol. 14, no. 5/6, May/June 1889, p. 226-236. ポータケットについては以下を参照。「2: 開架制前史.」川崎良孝『開かれた図書館とは：アメリカ公立図書館と開架制』京都図書館情報学研究会, 2018, p. 21-44; 川崎良孝「公立図書館における子どもへの図書館サービスと利用規則：1876-1889年」相関図書館学方法論研究会（吉田右子・川崎良孝）編『社会的媒体としての図書・図書館』松籟社, 2023, p. 3-44. クリーブランドについては以下を参照。「3.1: クリーブランド公立図書館の活動と開架制の実際」川崎良孝『開かれた図書館とは：アメリカ公立図書館と開架制』京都図書館情報学研究会, 2018, p. 45-65.
・「デューイの失墜」に関して以下を参考にした。「12: 『ユダヤ人の攻撃』：1905年」「13: 己の罪がゆえに侮辱され追放される：転落するデューイ 1905-1906年」ウェイン・A.ウィーガンド『手に負えない改革者：メルヴィル・デューイの生涯』川崎良孝・村上加代子訳, 京都大学図書館情報学研究会, 2004, p. 301-330.
・「キャンプ図書館」については以下に依拠している。Suzanne M. Stauffer, "Let Us Forget this Cherishing of Women in Library Work: Women in the American Library War Service, 1918-1920," *Libraries: Culture, History, and Society*, vol. 3, no. 2, 2019, p 155-174; "Special General Session," *American Library Association Bulletin*, vol. 12, no. 2, September 1918, p. 283-284.
・ニューヨーク図書館職員組合による決議については以下を用いた。"Sixth General Session," *American Library Association Bulletin*, vol. 13, no. 3, July 1919, p. 359; クレア・ベック「アデレード・ハッセ：図書館員としての新しい女性」スザンヌ・ヒルデンブランド『アメリカ図書館史に女性を書きこむ』田口瑛子訳, 京都大学図書館情報学研究会, 2002, p. 117-144. なおベックには以下の単行本がある。Clare Beck, *The New Woman as Librarian: The Career of Adelaide Hasse*, Lanham, MD, Scarecrow Press, 2006,

348p.

T38　大成功から大失敗へ：第1次世界大戦の終結と拡大プログラム（1918年）
- ・拡大プログラム全体は以下を参考にした。Arthur P. Young, "Aftermath of a Crusade: World War I and the Enlarged Program of the American Library Association," *Library Quarterly*, vol. 50, no. 2, April 1980, p. 191-207.
- ・本テーマには下記の文献を用いている。"Executive Board," *American Library Association Bulletin* (*ALAB*), vol. 13, no. 3, July 1919, p. 359; "Preliminary Report of Committee on Enlarged Program for American Library Service," *Library Journal*, vol. 44, no. 10, October 1919, p. 645-662; "The Enlarged Program: Proceedings January 1-3, 1920," *ALAB*, vol. 14, no. 1, January 1920, p. 2-7; "Circular Letter on the Enlarged Program," *Library Journal*, vol. 45, no. 6, April 15, 1920, p. 363-364; Carl H. Milam, "Adult Self-Education," *Public Libraries*, vol. 25, no. 4, April 1920, p. 182-184; *A Restatement of the A.L.A. Enlarged Program and Budget*, Chicago, American Library Association, May 17th, 1920, 22p; "The A.L.A.: 1921," *ALAB*, vol. 15, no. 1, January 1921, p. 18; "The Executive Board Meeting: Cleveland, Ohio, December 18, 1920," *ALAB*, vol. 15, no. 1, January 1921, p. 8-9.
- ・コンプトンの回想は以下を用いた。"The A.L.A. Enlarged Program," Charles H. Compton, *Memories of a Librarian*, St. Louis, MO, St. Louis Public Library, 1954, p. 73-84.

T39　人種隔離は地方（section）の問題：アメリカ図書館協会の基本的立場
- ・川崎良孝『アメリカ公立図書館・人種隔離・アメリカ図書館協会』京都大学図書館情報学研究会, 2006, 397p.

T40　検閲官としての図書館員を乗り越える：1920年代の動き
- ・1890年代は以下を用いている。"Improper Books: Methods Employed to Discover and Exclude Them," *Library Journal*, vol. 20, no. 12, December 1895, p. 32-37; W. Learned, "The Line of Exclusion," *Library Journal*, vol. 21, no. 7, July 1896, p. 320-323; A.L. Peck, "What May a Librarian Do to Influence the Reading of a Community," *Library Journal*, vol. 22, no. 2, February 1897, p. 77-80; Lindsay Swift, "Paternalism in Public Libraries," *Library Journal*, vol. 24, no. 11, November 1899, p. 609-618.
- ・ボストウィックと『ライブラリー・ジャーナル』の特集は以下を参照した。Arthur Bostwick, "Librarian as a Censor," *Library Journal*, vol. 33, no. 7, July 1908, p. 249-264; "What shall Libraries Do about Bad Books," *Library Journal*, vol. 33, no. 9, September 1908, p. 349-354.
- ・1922年の調査は以下に依拠している。Louis N. Feipel, "Questionable Books in Public

Libraries," *Library Journal*, vol. 47, no. 18, October 15, 1922, p. 857-861; Louis N. Feipel, "Questionable Books in Public Libraries: II," *Library Journal*, vol. 47, no. 19, November 1, 1922, p. 907-911.

・ロスロックとヘインズの主張は以下である。Mary U. Rothrock, "Censorship of Fiction in the Public Library," *Library Journal*, vol. 48, no. 10, May 15, 1923, p. 454-456; Helen E. Haines, "Modern Fiction and the Public Library," *Library Journal*, vol. 49, no. 10, May 15, 1924, p. 457-461.

T41　1920年代後半からの図書館の方向の設定：ラーネッド報告（1924年）

・「4: ウィリアム・S.ラーネッドのコミュニティ情報センター構想」吉田右子『メディアとしての図書館：アメリカ公共図書館論の展開』日本図書館協会, 2004, p. 107-128;「ジョンソン報告（1916年）からラーネッド報告（1924）へ：カーネギー財団の変容と方向の設定」相関図書館学方法論研究会（川崎良孝）編『図書館の社会的機能と役割』松籟社, 2021, p. 3-42.

・アメリカ図書館協会の収入源の変化については以下に依拠している。"Report of the Second Activities Committee," *American Library Association Bulletin*, vol. 28, no. 12, December 1934, p. 859-872.

T42　成人教育プログラムの開始：報告書『図書館と成人教育』（1926年）

・Margaret E. Monroe, *Library Adult Education: The Biography of an Idea*, New York, The Scarecrow Press, 1963, 550p;「4: 個人へのサービス：1920-1940年」ロバート・E.リー『アメリカ公立図書館と成人継続教育：1833-1964年』川崎良孝・鑓純香・久野和子訳, 京都図書館情報学研究会, 2014, p. 61-94

・マイラムとジェニングズについては以下を参照。Carl H. Milam, "Adult Self-Education," *Public Libraries*, vol. 25, no. 4, April 1920, p. 182-184; "A.L.A. Reading Courses," *American Library Association Bulletin*, vol. 16, no. 3, May 1922, p. 67; Judson T. Jennings, "Sticking to Our Last," *American Library Association Bulletin*, vol. 18, no. 4-A, August 1924, p. 150-156.

・「図書館と成人教育に関する委員会」報告は以下である。The Commission on the Library and Adult Education, ALA, *Libraries and Adult Education*, New York, Macmillan, 1926, 284p. さらに成人教育委員会が発行した以下の機関誌も参考にした。*Adult Education and the Library*, vol. 1, no. 1, November 1924 – vol. 5, no. 4, October 1930（最終号）.

・リンデマン、ソーンダイクは以下を参照。エデュワード・リンデマン『成人教育の意味』堀薫夫訳, 学文社, 1996; Edward L. Thorndike et al., *Adult Learning*, New York, Macmillan, 1928, 335p.

T43　成人教育プログラムの実践：読書案内サービス

- The Commission on the Library and Adult Education, ALA, *Libraries and Adult Education*, New York, Macmillan, 1926, 284p.
- ボストウィック執筆の読書コースは以下である。Arthur E. Bostwick, *Pivotal Figures of Science*, Chicago, American Library Association, 1928, 31p.
- セントルイス、ミルウォーキーでの読書案内サービスは以下を参考にした。Margery Doud, *The Readers' Advisory Service of the St. Louis Public Library*, The Library, 1929, 23p; "Those Who Follow Reading Courses," *Adult Education and the Library*, vol. 3, no. 2, April 1928, p. 35-43.
- なお読書案内サービスで有名なのはニューヨーク・パブリック・ライブラリーのフレクスナーで、以下の2つの報告がある。 Jennie M. Flexner and Sigrid A. Edge, *A Readers' Advisory Service*, New York, American Association for Adult Education, 1934, 59p; Jennie M. Flexner and Byron C. Hopkins, *Readers' Advisers at Work: A Survey of Development in the New York Public Library*, New York, American Association for Adult Education, 1941, 77p.

T44　カーネギーからカーネギー財団の時代へ：方針の変化と図書館界への影響

- カーネギー財団の援助によって刊行された図書を例示したが、その書誌事項を掲げておく。American Library Association, *A Survey of Libraries in the United States*, 4 vols. Chicago, American Library Association, 1926-1927, 316p., 370p., 326p., 267p; Committee on Library Extension of the American Library Association, *Library Extension: A Study of Public Library Conditions and Needs*, Chicago, American Library Association, 1926, 163p; Carleton B. Joeckel, *The Government of the American Public Library*, Chicago, University of Chicago Press, 1939, 393 p; Louis R. Wilson, *The Geography of Reading: A Study of the Distribution and Status of Libraries in the United States*, University of Chicago Press, 1938, 481p; Robert D. Leigh, *The Public Library in the United States: The General Report of the Public Library Inquiry*, Columbia University Press, 1950, 272p; The Commission on the Library and Adult Education, ALA, *Libraries and Adult Education*, New York, Macmillan, 1926, 284p; William S. Gray and Ruth Munroe, *The Reading Interests and Habits of Adult: A Preliminary Report*, New York, Macmillan, 1929, 305p; William C. Haygood, *Who Uses the Public Library: A Survey of the Patrons of the Circulation and Reference Departments of the New York Public Library*, University of Chicago Press, 1938, 137p: Wilhelm Munthe, *American Librarianship from a European Angle: An Attempt at an Evaluation of Policies and Activities*, Chicago, American Library Association, 1939, 191 p.
- アメリカ図書館協会の収入源の変化とデイナの主張については以下に依拠している。"Report of the Second Activities Committee," *American Library Association Bulletin*, vol. 28, no. 12, December 1934, p. 859-872; "Midwinter Meetings: Communication from

Mr. Dana," *American Library Association Bulletin*, vol. 22, no. 1, January 1928, p. 9-12.

T45　集会室利用の歴史：アメリカ図書館協会の調査（1926年）を中心にして
・集会室の歴史的変遷を扱った研究書は存在しない。
・ピッツバーグの各分館やボストンの配置図などは以下を参照。中山愛理「ピッツ
　バーグ・カーネギー図書館における児童サービス空間」相関図書館学方法論研究
　会（川崎良孝・吉田右子）編『トポスとしての図書館・読書空間を考える』松籟社，
　2018, p. 181-209;「訳者付録」ウォルター・ホワイトヒル『ボストン市立図書館100
　年史：栄光、挫折、再生』川崎良孝訳, 日本図書館協会, 1999, p. 350-365.
・カーネギーの6つのモデル図書館の館内配置図は以下を参照。ジョージ・S.ボビン
　スキー『カーネギー図書館』川崎良孝・川崎智子訳, 京都図書館情報学研究会, 2014,
　p. 59-61.
・1927年の集会室に関する調査結果は以下を用いた。"Assembly Rooms and Lecture
　Halls," American Library Association, *A Survey of Libraries in the United States*, vol. 3,
　Chicago, American Library Association, 1927, p. 208-212. セントルイスでの1911年
　と1917年の集会室利用状況は以下を参考にした。Oscar Leonard, "Branch Libraries
　as Social Centers," *The Survey*, vol. 25, March 18, 1911, p. 1038-1039; Margery Quigley,
　*Where Neighbors Meet: An Account of the Use of Assembly and Club Rooms in the St. Louis
　Public Library*, The Library, 1917, 59p.
・ホイーラーや公立図書館基準については以下を参考にした。"Chapter 22: Lecture
　Rooms, Museums; Libraries in Community Buildings," Joseph L. Wheeler and Alfred M.
　Githens, *The American Public Library Building: Its Planning and Design with Special
　Reference to its Administration and Service*, Chicago, American Library Association, 1941,
　p. 207-215; The Committee on Post-War Planning, ALA, *Post-War Standards for Public
　Libraries*, Chicago, American Library Association, 1943, p. 63-64; 公立図書館基準改訂
　調整委員会「公共図書館の奉仕：最低基準による評価の手引」三田美代子訳, *JLA
　Information Service*, vol. 3, no. 1, January 1962, p. 38.
・1981年版『展示空間と集会室』の採択に際して、知的自由委員長の説明は以下を参
　照した。"IFC Recommends, ALA Council Adopts Policy on "Exhibit Spaces and Meeting
　Rooms"," *Newsletter on Intellectual Freedom*, vol. 30, no. 1, March 1981, p. 34. 1939年版
　『図書館の権利宣言』および1981年版『展示空間と集会室』の全訳は以下にある。ア
　メリカ図書館協会知的自由部編纂『図書館の原則：図書館における知的自由マニュ
　アル（第3版）』川崎良孝・川崎佳代子訳, 日本図書館協会, 1991, p. 35-36, 101-102.

T46　大恐慌と図書館：利用の大幅増大と図書館費の大幅削減
・大恐慌と図書館について大恐慌当時にまとめられた文献として以下があり、デトロ
　イトやシカゴなど10館の事例を報告している。R.L. Duffus, *Our Starving Libraries:*

Studies in Ten American Communities during the Depression Years, Boston, MA, Houghton Mifflin Company, 1933, 148p. 以下は1973年のミシガン大学の博士論文を2010年に図書として刊行したもので、大規模公立図書館47館についての分析である。Robert S. Kramp, *The Great Depression: Its Impact on Forty-Six Large American Public Libraries*, Duluth, MN, Library Juice Press, 2010, 156 p.

・クリーブランドとデトロイトの事例は以下に依拠している。C.H. Cramer, *Open Shelves and Open Minds: A History of the Cleveland Public Library*, The Press of Case Western Reserve University, 1972, p. 165-171; Frank B. Woodford, *Parnassus on Main Street*, Detroit, MI, Wayne State University Press, 1965, p. 359-370.

・本文に示した表は下記の博士論文の各所から抽出した。Margaret M. Herdman, "The Public Library in Depression," PhD dissertation, University of Chicago, 1941, 116p.

T47　ニューディールと図書館：都市部での雇用促進局の図書館活動

・大都市での事業については以下のリングの文献に依拠している。リングはボルティモア、クリーブランド、シカゴ、ニューヨーク、ミルウォーキー、ミネアポリス、サンフランシスコの事例を各章ごとに扱っている。Daniel F. Ring, *Studies in Creative Partnership: Federal Aid to Public Libraries during New Deal*, Metuchen, NJ, Scarecrow Press, 1980, 145p.

・村落部へのWPA事業は以下に依拠している。ウェイン・A.ウィーガンド『生活の中の図書館：民衆のアメリカ公立図書館史』川崎良孝訳, 京都図書館情報学研究会, 2017, p. 166-170.

T48　資料増大、サービス深化、主題別部門：ボルティモア中央館（1933年）

・デトロイト、ロサンゼルス、セントルイスの館内配置図は以下を参照。川崎良孝『アメリカ大都市公立図書館と『棄てられた』空間』京都図書館情報学研究会, 2016, p. 161-166, 166-170, 178-184.

・アメリカ図書館協会による1926年の調査結果は以下による。American Library Association, *A Survey of Libraries in the United States*, vol. 2, Chicago, American Library Association, 1926, p. 85-87.

・ボルティモアの中央館（イノック・プラット・フリー・ライブラリー）については以下を参照。Alfred M. Githens, "The Complete Development of the Open Plan in the Enoch Pratt Library at Baltimore," *Library Journal*, vol. 58, no. 9, May 1, 1933, p. 381-385; Pauline M. CcCauley and Joseph L. Wheeler, "Baltimore's New Public Library Building," *ibid.*, p. 386-393.

T49　「民衆の大学」としての図書館：ジョンソン報告（1938年）

・「5: アルヴィン S.ジョンソンの図書館成人教育論」吉田右子『メディアとしての図

書館：アメリカ公共図書館論の展開』日本図書館協会, 2004, p. 129-145.

・ベレルソンとリーの著作は以下である。Bernard Berelson, *The Library's Public: A Report of the Public Library Inquiry*, Columbia University Press, 1949, 174p; Robert D. Leigh, *The Public Library in the United States: The General Report of the Public Library Inquiry*, Columbia University Press, 1950, 272p.

T50 苦悩する倫理綱領：初版『倫理綱領』（1938年）からの系譜

・川崎良孝『アメリカ図書館協会『倫理綱領』の歴史的展開過程：無視、無関心、苦悩、妥協』京都図書館情報学研究会, 2015, 247p.

・1939年版および1981年版『倫理綱領』の全訳は以下を参照。アメリカ図書館協会知的自由部編纂『アメリカ図書館協会の知的自由に関する方針の歴史：『知的自由マニュアル』第10版への補遺』川崎良孝訳, 京都図書館情報学研究会, 2022, p. 46-50, 52-54. 1995年版『倫理綱領』の全訳は以下を参照。アメリカ図書館協会知的自由部編纂『図書館の原則（改訂2版）：図書館における知的自由マニュアル（第7版）』川崎良孝・川崎佳代子・村上加代子訳, 日本図書館協会, 2007, p. 228-229. 2008年版『倫理綱領』の全訳は以下を参照。アメリカ図書館協会知的自由部編纂『図書館の原則（改訂3版）：図書館における知的自由マニュアル（第8版）』川崎良孝・川崎佳代子・久野和子訳, 日本図書館協会, 2010, p. 330-331. 2021年版は以下を参照。https://www.ala.org/tools/ethics

T51 図書選択の原理の設定：初版『図書館の権利宣言』（1939年）

・「1: 1939年版『図書館の権利宣言』の採択」「2: 1939年版『図書館の権利宣言』成立への背景」「3: 知的自由委員会の成立と1944年版『図書館の権利宣言』」川崎良孝『社会を映し出す『図書館の権利宣言』』京都図書館情報学研究会, 2021, p. 33-51, 53-115, 117-134.

・デモイン公立図書館の『図書館の権利宣言』の全訳は以下を参照。川崎良孝『社会を映し出す『図書館の権利宣言』』*ibid.*, p. 285-286. 1944年版『図書館の権利宣言』の全訳は以下を参照。*ibid.*, p. 288. なお1944年に追加された文言「さらに、事実に照らして正確と信じられる図書は、単に一部分の人が賛成しないとの理由で、図書館から禁止されたり、取り除かれることがあってはならない」は、上記の訳では前文の末尾に記されているが、これは第1条の末尾に加えるのが正しい。

T52 『倫理綱領』と『図書館の権利宣言』：採択への経緯の相違

・「1: アメリカ図書館協会1938年版『倫理綱領』の成立と性格」川崎良孝『アメリカ図書館協会『倫理綱領』の歴史的展開過程：無視、無関心、苦悩、妥協』京都図書館情報学研究会, 2015, p. 3-52;「1: 1939年版『図書館の権利宣言』の採択」「2: 1939年版『図書館の権利宣言』成立への背景」「3: 知的自由委員会の成立と1944年版『図書館

の権利宣言』」川崎良孝『社会を映し出す『図書館の権利宣言』』京都図書館情報学研究会, 2021, p. 33-51, 53-115, 117-134.

T53　人種ステレオタイプへの批判と温存：『ちびくろ・さんぼ』
- ウェイン・A.ウィーガンド著, 川崎良孝・川崎佳代子訳『アメリカ公立学校図書館史』京都図書館情報学研究会, 2022, p. 133-136, 220-222.
- 『児童向け資料の再評価に関する声明』の全訳は以下を参照。川崎良孝『社会を映し出す『図書館の権利宣言』』京都図書館情報学研究会, 2021, p. 256-257. 1973年版『図書館資料における性差別主義、人種差別主義、その他の主義』の全訳は以下を参照。アメリカ図書館協会知的自由部編纂『アメリカ図書館協会の知的自由に関する方針の歴史：『図書館における知的自由マニュアル』第10版への補遺』川崎良孝訳, 京都図書館情報学研究会, 2022, p. 145-148.

T54　反体制派の組織的取り組み：進歩的図書館員会議から進歩的図書館員同盟へ
- 進歩的図書館員会議（PLC）については以下を参考にした。"5. The Progressive Librarians' Council," Rosalee McReynolds and Louise S. Robbins, *The Librarian Spies: Philip and Mary Jane Keeney and Cold War Espionage*, Westport, CT, Praeger Security International, 2009, p. 53-64; "Statement of Purpose," "Constitution and By-Laws of the Progressive Librarians Council," *P.L.C. Bulletin*, vol. 2, no. 1, August 1940, p. 6, 7-9; "Archibald MacLeish," "Statement of Purpose," *P.L.C. Bulletin*, vol. 1, no. 1, September 1939, p. 1, 3.
- キーニー事件については以下を用いた。三浦太郎「占領期初代図書館担当官キーニーの来日・帰国の経緯および彼の事績について」『日本図書館情報学会誌』vol. 45, no. 4, January 2000, p. 141-154; 「1.2　キーニー事件」川崎良孝『社会を映し出す『図書館の権利宣言』』京都図書館学研究会, 2021, p. 61-71.
- 進歩的図書館員同盟（PLG）については以下を用いた。"7. United States *The Progressive Librarians Guild (PLG),*" Alfred Kagan, *Progressive Library Organizations: A Worldwide History*, McFarland & Co., 2015, p. 241-282.
- PLGの書き手の内、ブッシュマン、マックックについては以下の翻訳書がある。ジョン・E.ブッシュマン『民主的な公共圏としての図書館：新公共哲学の時代に司書職を位置づけ持続させる』川崎良孝訳, 京都大学図書館情報学研究会, 2007; ジョン・E.ブッシュマン, グロリア・J.レッキー編著『場としての図書館：歴史、コミュニティ、文化』川崎良孝・久野和子・村上加代子訳, 京都大学図書館情報学研究会, 2008; キャスリーン・デ・ラ・ペーニャ・マックック『アメリカ公立図書館職入門』田口瑛子・川崎良孝・村上加代子訳, 京都大学図書館情報学研究会, 2008; Sanford Berman, *Prejudices and Antipathies: A Tract on the LC Subject Heads Concerning People*, Jefferson, NC, McFarland & Co., 1993, 211p; Alfred Kagan, *op.cit.*; John Buschman &

Mark Rosenzweig, "Intellectual Freedom within the Library Workplace: An Exploratory Study in the US," *Journal of Information Ethics*, vol. 8, no. 2, Fall 1999, p. 36-45; マーク・ローゼンズワイグ「1: 図書館における政治と反政治」アリソン・ルイス編,『図書館と中立性』川崎良孝・久野和子・福井佑介・川崎智子訳, 京都図書館情報学研究会, 2013, p. 3-6.

T55　第2次世界大戦と図書館サービス：板挟みのアメリカ図書館協会

・第2次世界大戦時の図書館サービスについては、ほとんど研究業績がない。単行本になったのは下記の著作で、本テーマは同書に依拠している。なおベッカーの著作はキャンプ内での図書館活動にほとんど触れていない。Patti C. Becker, *Books and Libraries in American Society during World War II: Weapons in the War of Ideas*, New York, Routledge, 2005, 294p.

・本文では取り上げなかったが、戦時での軍による図書館サービスについては以下の文献がある。John Jamieson, *Books for the Army: The Army Library Service in the Second World War*, Columbia University Press, 1950, 335p. 著者は1945年当時、陸軍省特別サービス局の図書館課に属していた。第2次世界大戦中の軍の図書館サービスをまとめるに際して、系統だった資料や文書はほとんどなく、入手できる文書とともに、250名へのインタビューが最も主要な資料になっているとした。要するにワシントン・D.C.の陸軍省本部、9つの軍管区、各キャンプや前線で、独自の動きをしたということである。なお、第1次世界大戦時の図書館サービスを引き継いだり処理したりするために、1919年に陸軍省に担当が置かれ、1921年には陸軍図書館サービス（Army Library Service）が設けられた。1930年代に同サービスの活動は予算も削減され低調であったが、第2次世界大戦の勃発とともに軍での図書館サービスを担当することになった。アメリカ図書館協会は軍の承認と予算を獲得しようとしたが、正式に軍での図書館サービスに関わることはなかった。もっとも、アメリカ図書館協会事務局長カール・H.マイラム（Carl H. Milam）は認知と予算を得ようと尽力し、図書館サービスについて軍から招かれるというよりも、軍に自発的に働きかけて助言を提供したりした。本書でアメリカ図書館協会の言及は非常に少なく、以下のページで言及されているにすぎない。*ibid.*, p. 15, 21, 47, 61, 274-275, 303.

T56　第2次世界大戦下の日系アメリカ人：強制収容所における日系人の図書館

・アンドリュー・ウェルトハイマー『アメリカ強制収容所における日系人の図書館：1942-1946年』川崎良孝・久野和子訳, 京都図書館情報学研究会, 2015; アンドリュー・ウェルトハイマー「アメリカの強制収容所内での文化空間の創造：浅野七之助とトパーズ日本語図書館, 1943-1945」『日本図書館情報学会誌』vol. 54, no. 1, March 2008, p. 1-14; ジョアンヌ・オッペンハイム『親愛なるブリードさま：強制収容された日系二世とアメリカ人図書館司書の物語』今村亮訳, 柏書房, 2008.

- 「ノー・ノー」日系人については以下を参照。アンドリュー・ウェルトハイマー『アメリカ強制収容所における日系人の図書館』*op.cit.*, p. 67-69.
- Maggie Tokuda-Hall, *Love in the Library*, Somerville, MA, Candlewick, 2022, 40p; Alexandra Alter, Elizabeth A. Harris, "Asked to Delete References to Racism from Her Book, an Author Refused," *New York Times*, 6 May 2023. Online.

T57 公立図書館の基準：個別図書館から図書館システムの基準へ
- 福井佑介・川崎良孝「アメリカ図書館協会『戦後図書館基準』(1943年)の成立過程：量的基準を中心に」『図書館界』vol. 69, no. 6, March 2018, p. 326-339; 福井佑介・川崎良孝「アメリカ図書館協会の公立図書館基準における量的基準と小規模公立図書館：『公立図書館サービス』(1956年)を中心に」『図書館界』vol. 71, no. 5, January 2020, p. 274-287.

T58 検閲への拒否：『図書館の権利宣言』(1948年)
- 「4: 1948年版『図書館の権利宣言』」川崎良孝『社会を映し出す『図書館の権利宣言』』京都図書館情報学研究会, 2021, p. 135-189.

T59 戦後冷戦期からマッカーシズムの時期：忠誠宣誓を例に (1948年)
- 川崎良孝「雇用のための要件か思想の自由への侵害か：忠誠審査に関する決議 (1948, 1949, 1950年)」『図書館界』vol. 72, no. 1, May 2020, p. 2-15;「4: 1948年版『図書館の権利宣言』」川崎良孝『社会を映し出す『図書館の権利宣言』』京都図書館情報学研究会, 2021, p. 135-189.

T60 社会科学者による「公立図書館調査」：ベレルソンの提言 (1949年)
- 「7: バーナード・ベレルソンの公共図書館利用者論」「8: ロバート・D.リーの公共図書館論」吉田右子『メディアとしての図書館：アメリカ公共図書館論の展開』日本図書館協会, 2004, p. 167-186, 187-211.
- リーをはじめとする著作の書誌事項を示しておく。Robert D. Leigh, *The Public Library in the United States: The General Report of the Public Library Inquiry*, Columbia University Press, 1950, 272p; Alice I. Bryan, *The Public Librarian*, Columbia University Press, 1952, 474p; Oliver Garceau, *The Public Library in the Political Process*, Columbia University Press, 1949, 254p; Bernard Berelson, *The Library's Public: A Report of the Public Library Inquiry*, Columbia University Press, 1949, 174p.

T61 第2世代の図書館史研究：民主的解釈
- 川崎良孝「2: 第2世代の図書館史記述」川崎良孝・吉田右子『新たな図書館・図書館史研究』京都図書館情報学研究会, 2011, p. 27-76.

T62　成人への大規模で組織的な読書運動：アメリカ遺産プロジェクトとOBOC運動

・アメリカ遺産プロジェクトについては以下を参考にした。Barbara A. Alvarez, "The American Heritage Project: A Legacy of Public Libraries and Community Discussions," *Libraries: Culture, History and Society*, vol. 5, no. 1, 2021, p. 76-101; 常盤繁「アメリカ公共図書館における教育的サービスの発達」『Library and Information Science』15, 1977, p. 107-119. ジョンソンとコマジャーの本は以下である。Gerald W. Johnson, *This American People*, New York, Harper, 1951, 205p; Henry S. Commager, *Living Ideas in America*, New York, 1951, 766p.

・OBOCについては以下を参考にした。Danielle Fuller and DeNel Rehberg Sedo, *Reading Beyond the Book: The Social Practices of Contemporary Literary Culture*, New York, Routledge, 2013, 349p; 田中敏「米国の読書推進活動：Big Readが図書館にもたらすもの」『カレントアウェアネス』303, 2010, p. 10-11; National Endowment for the Arts, "About the National Endowment for the Arts Big Read," https://www.arts.gov/initiatives/nea-big-read/about-big-read; American Library Association, "One Book One Community: Planning Your Community-Wide Read, 2023," https://www.ala.org/tools/sites/ala.org.tools/files/content/onebook/files/onebookguide.pdf.

T63　図書館の遍在を求めて：図書館サービス法の成立（1956年）

・「1.4: 連邦の関与と図書館サービス法」川崎良孝編著『図書館トリニティの時代から揺らぎ・展開の時代へ』京都図書館情報学研究会, 2015, p. 18-26;「公立図書館と国家」「アメリカ図書館振興法の成立」森耕一『公立図書館の歴史と現在』日本図書館協会, 1986, p. 121-140, 141-155; 山本順一「アメリカ連邦図書館立法に関する一考察」『図書館学会年報』vol. 32, no. 1, 1986, p. 1-10;「2: 図書館サービス法の成立」橋本麿美『アメリカ連邦図書館立法の歴史：1956年図書館サービス法の成立から2010年図書館サービス技術法への変遷』創成社, 2020, p. 35-68.

・採択への過程については以下も参照した。"Council," *American Library Association Bulletin* (*ALAB*), vol. 15, no. 4, July 1921, p. 164; "Looking Toward National Planning," *ALAB*, vol. 28, no. 8, August 1934, p. 453-460; "Council," *ALAB*, vol. 28, no. 9, September, 1934, p. 523-526; "Will Seek $50,000,000-$100,000,000 Federal Support," *ALAB*, vol. 29, no. 1, January 1935, p. 40; "Council: Federal Aid for Libraries," *ALAB*, vol. 29, no. 9, September 1935, p. 552-560.

T64　新たな検閲源の表面化：フィスク調査（1959年）

・Marjorie Fiske, *Book Selection and Censorship: A Study of School and Public Libraries in California*, University of California Press, 1959, 145p.

T65　「地方」の問題は人種隔離だけなのか：エミリー・リード事件（1959年）

・「10: 知的自由の問題への広がり：アラバマ州公立図書館サービス部長エミリー・リードをめぐる問題」川崎良孝『アメリカ公立図書館・人種隔離・アメリカ図書館協会：理念と現実との確執』京都大学図書館情報学研究会, 2006, p. 225-242; Rice Estes, "Segregated Libraries," *Library Journal*, vol. 85, no. 22, December 15, 1960, p. 4418-4421.

T66　利用での人種統合の定め：『図書館の権利宣言』（1961年）

・「5: 1961年版『図書館の権利宣言』」「6: 1967年版『図書館の権利宣言』」川崎良孝『社会を映し出す『図書館の権利宣言』』京都図書館情報学研究会, 2021, p. 191-238, 239-282.

T67　大都市公立図書館での人種差別：『公立図書館へのアクセス』（1963年）

・「13: 同等の図書館サービスとは：『公立図書館へのアクセス』をめぐる論議（1963年）」川崎良孝『アメリカ公立図書館・人種隔離・アメリカ図書館協会：理念と現実との確執』京都大学図書館情報学研究会, 2006, p. 287-314.

T68　「すべての人」に向けての認識の変化：図書館サービス建設法（1964年）

・図書館サービス建設法については以下に依拠している。「図書館立法の歴史と現代的課題」森耕一『公立図書館の歴史と現在』日本図書館協会, 1986, p. 9-24;「3: 図書館サービス建設法前期」橋本麿美『アメリカ連邦図書館立法の歴史：1956年図書館サービス法の成立から2010年図書館サービス技術法への変遷』創成社, 2020, p. 69-100; James W. Fry, "LSA and LSCA, 1956-1973: A Legislative History," *Library Trends*, vol. 29, no. 1, July 1975, p. 7-25.

T69　ベトナム戦争と図書館サービス：軍図書館システム、アメリカ図書館協会

・1960年以降のベトナムにおけるアメリカ軍の図書館サービスについては、主にハーリッヒを参照した。Katherine J. Harig, *Libraries, the Military, & Civilian Life*, Hamden, CT, The Shoe String Press, 1989, p. 38-44. あわせて『ライブラリー・ジャーナル』の以下の記事を参照した。"News: Tan Son Nhut Library Planning Renovation," *Library Journal*, vol. 95, no. 9, May 1, 1970, p. 1685.

・ルース・ラパポートのベトナムでの活躍に関しては、ストゥワートによるラパポートの伝記と、米国陸軍遺産教育センター財団のウェブサイトを参考にした。ラパポートは、1923年にドイツのライプツィヒのユダヤ人家庭に生まれ、1939年にアメリカに移住した。ベトナムから帰国後は1993年まで、アメリカ議会図書館で目録係として勤務した。Kate Stewart. *A Well-Read Women: The Life, Loves, and Legacy of Ruth Rappaport*, New York, NY, Little A, p. 206-252; Army Heritage Center Foundation, "Ruth Rappaport: The Soldier's Librarian," https://www.armyheritage.org/soldier-stories/

ruth-rappaport-the-soldiers-librarian/.
・社会的責任ラウンドテーブルとアメリカ図書館協会の動きは以下を参考にした。「6:
中立性と唱導性をめぐる激論：ヴェトナム反戦決議（1969-1971年）」川崎良孝『社
会的、政治的な問題と図書館の立場表明：アメリカの事例と実践』京都図書館情報
学研究会, 2020, p. 181-242.

T70　抵抗のための図書館：フリーダム図書館（1964年）、人民図書館（2011年）
・フリーダム図書館は以下に依拠している。Mike Selby, *Freedom Libraries: The Untold
Story of Libraries for African Americans in the South*, Rowman & Littlefield, Lanham, MD,
2019, 193p；「9: ミシシッピ州の革命：1964年」ベンジャミン・ミューズ『アメリカ
の黒人革命』弥生書房, 1970, p. 141-158.
・「ウォール街を占拠せよ」の図書館については以下を参照。"3: Behavior in Space," "4:
Visual Spectacle," Sherrin Frances, *Libraries Amid Protest: Books, Organizing, and Global
Activism*, University of Massachusetts Press, 2020, p. 40-53, 54-64.

T71　体制内での批判グループの結成：社会的責任ラウンドテーブル（1969年）
・「2: 社会の変化とアメリカ図書館協会」川崎良孝編著『図書館と知的自由：管轄領
域、方針、事件、歴史』京都図書館情報学研究会, 2013, p. 15-79；中山愛理「6: 拡張
サービスからアウトリーチへ」川崎良孝編著『図書館トリニティの時代から揺らぎ・
展開の時代へ』京都図書館情報学研究会, 2015, p. 177-198.

T72　社会的責任の意味：ACONDA報告（1969-70年）
・川崎良孝「6: 図書館における社会的責任：ACONDA報告をめぐるアメリカ図書館
協会での議論と帰趨」相関図書館学方法論研究会編『マイノリティ、知的自由、図
書館：思想・実践・歴史』京都図書館情報学研究会, 2016, p. 113-148.

T73　苦境に陥った図書館員への援助：救済プログラムの作成（1971年）と消滅
・川崎良孝「3: 知的自由違反の図書館への制度的な制裁」川崎良孝・安里のり子・高
鍬裕樹『図書館と知的自由：管轄領域、方針、事件、歴史』京都図書館情報学研究
会, 2011, p. 49-84.

T74　知的自由の歴史的構図：教育主義、知的自由、社会的責任の関係
・「4.4: 公立図書館における知的自由の歴史的展開」川崎良孝『図書館の歴史：アメリ
カ編』増訂第2版, 日本図書館協会, 2003, p. 189-221.

T75　体系としての『図書館の権利宣言』：解説文の採択（1971年）
・『図書館の権利宣言』および解説文は以下を参照。アメリカ図書館協会知的自由部

編纂『図書館の原則　改訂5版：図書館における知的自由マニュアル（第10版）』川崎良孝・福井佑介・川崎佳代子訳, 日本図書館協会, 2022; アメリカ図書館協会知的自由部編纂『アメリカ図書館協会の知的自由に関する方針の歴史：『図書館における知的自由マニュアル』第10版への補遺』川崎良孝訳, 京都図書館情報学研究会, 2022.
- 『アメリカの図書館における宗教に関する問答集』（2010）は以下に付録として添付されているものを参照した。"Supplementary Document: Religion in American Libraries, a Q&A by American Library Association," J. Douglas Archer, "Religion, the First Amendment and America's Public Libraries," *Indiana Library*, vol. 32, no. 1, 2013, p. 56-60.

T76　図書館における知的自由とは：知的自由の管轄領域
- クラグの図書館における知的自由の領域設定については以下に依拠している。ジュディス・F.クラグ、ジェイムズ・A.ハーヴェイ「序章：アメリカ図書館協会と知的自由：歴史的概観」アメリカ図書館協会知的自由部編纂『図書館の原則：図書館における知的自由マニュアル（第3版）』川崎良孝・川崎佳代子訳, 日本図書館協会, 1991, p. 5-31. および後続する版の同じ標題の章。
- 2019年にアメリカ図書館協会評議会が採択したコアバリューは以下を参照。https://www.ala.org/advocacy/intfreedom/corevalues.
- 「持続する包括的概念」は以下による。キャンディス・D.モーガン「1.1: 知的自由：持続する包括的概念」アメリカ図書館協会知的自由部編纂『図書館の原則（改訂2版）：図書館における知的自由マニュアル（第7版）』川崎良孝・川崎佳代子・村上加代子訳, 日本図書館協会, 2007, p. 2-11.

T77　図書館記録の秘密性を守る：公権力からの貸出記録要請への対処
- 「6: 図書館記録の秘密性とプライヴァシー」川崎良孝・高鍬裕樹『図書館利用者と知的自由：管轄領域、方針、事件、歴史』京都図書館情報学研究会, 2011, p. 151-192; 山本順一「6: アメリカ法にみるプライヴァシーの保護と図書館の自由」塩見昇・川崎良孝編著『知る自由の保障と図書館』京都図書館情報学研究会, 2006, p. 325-387.

T78　大都市の人口構成の変化と図書館：アウトリーチ・サービス
- クリーブランドについては以下に依拠している。C.H. Cramer, *Open Shelves and Open Minds: A History of the Cleveland Public Library*, The Press of Case Western Reserve University, 1972, p. 217-220; Patricia B. Hanna, *People Make It Happen: The Possibilities of Outreach in Every Phase of Public Library Service*, Metuchen, NJ, Scarecrow Press, 1978, p. 95-99.
- 全国的な人口構成の変化や貸出の推移については以下を参考にした。"3: The

Library's Environment I: An Aggregate Statistical Picture," Lawrence J. White, *The Public Library in the 1980s: The Problems of Choice*, Lexington, MA, Lexington Books, 1983, p. 15-28.

T79　公立図書館の枠外にいる属性グループ：ネイティブ・アメリカン
- ネイティブ・アメリカンと先住民への図書館サービスについては以下に依拠している。吉田右子「先住民共同体と公共図書館」相関図書館学方法論研究会編『マイノリティ、知的自由、図書館：思想・実践・歴史』京都図書館情報学研究会, 2016, p. 149-175; 吉田右子「先住民共同体と図書館情報サービス」川崎良孝・吉田右子編『現代の図書館・図書館思想の形成と展開』京都図書館情報学研究会, 2017, p. 63-92.
- 部族図書館の実態については以下を参照。Elizabeth Petersen, *Tribal Libraries in the United States: A Directory of American Indian and Alaska Native Facilities*, Jefferson, NC, McFarland, 2007, 136p.
- 先住民への図書館サービスの動向については以下を参照。Kathleen Burns, Ann Doyle, Gene Joseph and Allison Krebs, "Indigenous Librarianship," *Encyclopedia of Library and Information Sciences*, 3rd ed., New York, Taylor and Francis, 2009, p. 2330-2346.

T80　第3世代の図書館史研究：社会統制論、女性化理論
- 川崎良孝「3: 第3世代の図書館史記述」川崎良孝・吉田右子『新たな図書館・図書館史研究』京都図書館情報学研究会, 2011, p. 77-116.

T81　児童書の再評価と知的自由：『図書館の権利宣言』への収束（1976年）
- 「6: 1967年版『図書館の権利宣言』」川崎良孝『社会を映し出す『図書館の権利宣言』』京都図書館情報学研究会, 2021, p. 239-282.『児童向け資料の再評価に関する声明』と『児童蔵書向け図書館資料の再評価に関する声明』の全訳は以下を参照。*ibid.*, p. 256-257, 264.

T82　有料制の主張とその論拠：1970年代後半
- 1970年代後半に生じた有料制主張の背景は以下に依拠している。川崎良孝「図書館サービスと有料制：有料制論議台頭の背景 (1)(2)(3)」『図書館界』vol. 35, no. 5, January 1984, p. 236-247, vol. 35, no. 6, March 1984, p. 290-304, vol. 36, no. 2, July 1985, p. 60-71.
- ティーボートやバンフィールドの主張は以下を参照。Charles M. Tiebout and Robert J. Willis, "The Public Nature of Libraries," Ralph W. Conant, ed., *The Public Library and the City*, M.I.T. Press, 1965, p. 94-101; Edward C. Banfield, "Needed: A Public Purpose," *ibid.*, p. 102-113.

- カリフォルニア州の提案13号については以下を参照。Charles I. Guarria, *Proposition 13: America's Second Great Tax Revolt: A Forty Year Struggle for Library Survival*, Bingley, UK, Emerald Publishing, 2019, 118 p.
- 有料制および無料原則の主張のまとめは以下に依拠している。川崎良孝「英米における無料原則の由来と動向」森耕一編『図書館法を読む』日本図書館協会, 1990, p. 230-251.

T83　男女平等をめぐる論議：図書館界における平等保護修正案への関わり

- 平等保護修正案とアメリカ図書館協会の動向については以下に依拠している。吉田右子・川崎良孝「アメリカ図書館協会における平等保護修正案支持運動：図書館専門職の社会的責任」『中部図書館情報学会誌』vol. 53, March 2013, p. 1-15; Kay Ann Cassell, "ALA and the ERA Looking Back on the Association's Political and Fiscal Involvement," *American Libraries*, vol. 13, no. 11, 1982, p. 690-692, 694, 696.
- アメリカ図書館協会と社会問題については以下を参照。メアリー・リー・バンディ, フレデリック・J. スティロー『アメリカ図書館界と積極的活動主義：1962-1973年』川崎良孝・森田千幸・村上加代子訳, 京都大学図書館情報学研究会, 2005, p. 34-35.

T84　社会の変化と図書館基準：全国基準からコミュニティの基準へ

- 川崎良孝・福井佑介「アメリカの公立図書館基準の歴史的変遷：概観」川崎良孝・吉田右子編著『現代の図書館・図書館思想の形成と展開』京都図書館情報学研究会, 2017, p. 127-170; 川崎良孝「アメリカ公立図書館の『基準革命』の時代」『同志社図書館情報学』30, 2020, p. 1-29.

T85　「情報や思想のひろば」としての図書館：『図書館の権利宣言』（1980年）

- 1980年版『図書館の権利宣言』と諸解説文、および背景については以下を参照。「1980年代のアメリカの図書館と知的自由（1）（2）（3）」『図書館界』vol. 42, no. 6, March 1991, p. 336-343; vol. 43, no. 1, May 1991, p. 2-12; vol. 43, no. 2, July 1991, p. 104-116.
- 1993年版『図書館の資源やサービスへのアクセスは性や性的指向で左右されない』の全訳は以下にある。アメリカ図書館協会知的自由部編纂『図書館の原則（新版）：図書館における知的自由マニュアル（第5版）』川崎良孝・川崎佳代子訳, 日本図書館協会, 1997, p. 65-67.

T86　図書館蔵書の均衡と多様性：トマス『禁書』の主張（1983年）

- 「宗教右翼の台頭」は以下に依拠している。川崎良孝「1980年代のアメリカの図書館と知的自由（3）」『図書館界』vol. 43, no. 2, July 1991, p. 104-116.
- 「トマス『禁書』」は以下に依拠している。Cal Thomas, *Book Burning*, Westchester, IL,

Crossway Books, 1983, 158p.
・『図書館の権利宣言』解説文『蔵書構成の多様性』(1983) の全訳とその採択経緯については以下を参照。アメリカ図書館協会知的自由部編纂『図書館の原則：図書館における知的自由マニュアル (第3版)』川崎良孝・川崎佳代子訳, 日本図書館協会, 1991, p. 82-83, 75-81.

T87　宗教グループの集会室利用：裁判の系譜
・川崎良孝「集会室のあり方と図書館の原則：オックスフォード公立図書館事件 (1989年)」『図書館界』vol. 50, no. 3, September 1998, p. 126-139; 川崎良孝「公立図書館というスペースの思想的総合性：集会室や展示空間へのアクセス：歴史的概観」『現代の図書館』vol. 48, no. 3, September 2010, p. 147-162.
・上記の論文はコントラコスタ公立図書館事件の最終判決を取り上げていない。最終判決は以下である。*Faith Center Church Evangelistic Ministries* v. *Federal D. Glover*, 2009 U.S. Dist. LEXIS 52071.
・2010年に知的自由委員会が採択した『アメリカの図書館における宗教に関する問答集』は以下を用いた。"Supplementary Document: Religion in American Libraries, a Q&A by American Library Association," J. Douglas Archer, "Religion, the First Amendment and America's Public Libraries," *Indiana Library*, vol. 32, no. 1, 2013, p. 56-60.

T88　パブリック・フォーラム理論の適用：図書館裁判の系譜
・「3: ホームレスの図書館利用をめぐって：モリスタウン公立図書館事件 (1992年)」「4: 利用者用インターネット端末をめぐって：ラウドン公立図書館事件 (1998年)」川崎良孝『図書館裁判を考える：アメリカ公立図書館の基本的性格』京都大学図書館情報学研究会, 2002, p. 67-93, 95-126; 山本順一「公共図書館の利用をめぐって：クライマー事件を素材として」石井敦先生古稀記念論集刊行会『転換期における図書館の歴史と課題』緑蔭書房, 1995, p. 99-111; 前田稔「5: パブリック・フォーラムと公立図書館」川崎良孝編著『図書館・図書館研究を考える：知的自由・歴史・アメリカ』京都大学図書館情報学研究会, 2001, p, 189-266. 同論文は付録としてパブリック・フォーラムに関する多くの判決を要約している。*ibid.*, p. 225-266.

T89　読書と読者：読書や作品の捉え方の変化と読者への注目の高まり
・ピーター・バリー『文学理論講義』高橋和久訳, ミネルヴァ書房, 2014; 岡本靖正・川口喬一・外山滋比古編『現代の批評理論：物語と受容の理論』研究社出版, 1988; キャサリン・シェルドリック・ロス「頂点に立つ読者：公共図書館, 楽しみのための読書, そして読書モデル」山﨑沙織訳, 相関図書館学方法論研究会 (川崎良孝・吉田右子) 編『図書館と読書をめぐる理念と現実』松籟社, 2019, p. 41-94.
・読者論については以下を参照した。H.R.ヤウス『文学理論講義』轡田收訳, 岩波書

店, 1976; W. イーザー『行為としての読書：美的作用の理論』轡田收訳, 岩波書店, 1982; スタンリー・フィッシュ『このクラスにテクストはありますか』小林昌夫訳, みすず書房, 1992; 栗原裕「アフェクティヴ・クリティシズム：スタンレー・フィッシュ」岡本靖正・川口喬一・外山滋比古編『現代の批評理論：物語と受容の理論』研究社出版, 1988; p. 100-124; ロジェ・シャルチェ『読書と読者：アンシャン・レジーム期フランスにおける』長谷川輝夫・宮下志朗訳, みすず書房, 1994; ベネディクト・アンダーソン『定本 想像の共同体：ナショナリズムの起源と流行』白石隆・白石さや訳, 書籍工房早山, 2007; ミシェル・ド・セルトー『日常的実践のポイエティーク』山田登世子訳, 国文社, 1987.
- 新たな図書館学研究については以下を参考にした。ジャニス・A.ラドウェイ「アンダーグラウンドから書架を超えて：少女ミニコミ誌、ミニコミ誌図書館員、およびプリント・カルチャーを通しての旅程の重要性」川崎良孝訳, クリスティン・ポーリー、ルイーズ・S.ロビンズ編『20世紀アメリカの図書館と読者層』川崎良孝・嶋崎さや香・福井祐介訳, 京都図書館情報学研究会, 2014, p. 283-310; ウェイン・A.ウィーガンド『生活の中の図書館：民衆のアメリカ公立図書館史』川崎良孝訳, 京都図書館情報学研究会, 2017, xix.

T90 フィクションの捉え方の変化と図書館サービス：新たな読書案内サービス

- キャサリン・シェルドリック・ロス「頂点に立つ読者：公共図書館、楽しみのための読書、そして読書モデル」山﨑沙織訳, 相関図書館学方法論研究会（川崎良孝・吉田右子）編『図書館と読書をめぐる理念と現実』松籟社, 2019, p. 41-94; キャサリン・シェルドリック・ロス「4.6: 読書案内」キャサリン・シェルドリック・ロス、リン（E.F.）マッケクニー、ポーレット・M.ロスバウワー『続・読書と読者』山﨑沙織・川崎佳代子・川崎良孝訳, 京都図書館情報学研究会, 2019, p. 285-308; "Only the Best," Catherine Sheldrick Ross, *The Pleasures of Reading: A Booklover's Alphabet*, Santa Barbara, CA, Libraries Unlimited, 2014, p. 133-141.
- ロマンス小説の読者については以下を参考にした。Janice A. Radway, *Reading the Romance: Women, Patriarchy and Popular Literature*, Chapel Hill, NC, University of North Carolina Press, 1984, 306p;「6.2: 主観性を形成する」エリザベス・ロング『ブッククラブ：アメリカ女性と読書』田口瑛子訳, 京都大学図書館情報学研究会, 2006, p. 204-245.
- 子どものジャンル・フィクションの読書については以下を参考にした。Liz Waterland, *Read with Me: An Apprenticeship Approach to Reading*, Stroud, Gloucestershire, Thimble Press, 1985, 48p; Margaret Mackey, " 'The Baby-Sitters Club,' the Series Book, and the Learning Reader," *Language Arts*, vol. 67, no. 5, September 1990, p. 484-489; Carol D. Wickstrom et al., "Ashley and Junie B. Jones: A Struggling Reader Makes a Connection to Literacy," *Language Arts*, vol. 83, no. 1, September 2005, p. 16-21.

- 第2次読書案内サービスについては以下を参考にした。Betty Rosenberg, *Genreflecting: A Guide to Reading Interests in Genre Fiction*, Littleton, CO, Libraries Unlimited, 1982, 254p; Joyce G. Saricks and Nancy Brown, *Readers' Advisory Service in the Public Library*, Chicago, American Library Association, 1989, 84p; Stephanie H. Anderson, "Trends and Directions in RA Education," *Reference & User Services Quarterly*, vol. 55, no. 3, Spring 2016, p. 203-209; Karen Pundsack, "Moving Readers' Advisory Online," *Public Libraries Online*, 2014, http://publiclibrariesonline.org/2014/09/moving-readers-advisory-online.
- ソーンダイクの原著は以下である。 Edward L. Thorndike et al., *Adult Learning*, New York, Macmillan, 1928, 335p.

T91　同性愛をめぐる論議：アメリカ図書館協会の大会開催地を舞台に
- 同性愛差別法とアメリカ図書館協会の動向については以下に依拠している。吉田右子・川崎良孝「アメリカ図書館協会における同性愛差別法反対運動：図書館専門職の社会的責任」『図書館界』vol. 64, no. 5, January 2013, p. 328-341; James V. Carmichael, Jr., ed., *Daring to Find Our Names: The Search for Lesbigay Library History*, Westport, CT, Greenwood Press, 1998, 272p.
- 1993年版『図書館の資源やサービスへのアクセスは性や性的指向で左右されない』の全訳は以下にある。アメリカ図書館協会知的自由部編纂『図書館の原則（新版）：図書館における知的自由マニュアル（第5版）』川崎良孝・川崎佳代子訳, 日本図書館協会, 1997, p. 65-67. この解説文の歴史は以下を参照。『図書館の資源やサービスへのアクセスは性、ジェンダー・アイデンティティ、ジェンダー・エクスプレション、性的指向で左右されない』アメリカ図書館協会知的自由部編纂『アメリカ図書館協会の知的自由に関する方針の歴史：『図書館における知的自由マニュアル』第10版への補遺』川崎良孝訳, 京都図書館情報学研究会, 2022, p. 113-119.
- 『図書館の権利宣言』の理念については以下を参照。川崎良孝「アメリカ図書館協会『図書館の権利宣言』（Library Bill of Rights）と利用者のアクセス」『知る自由の保障と図書館』塩見昇・川崎良孝編著, 京都大学図書館情報学研究会, 2006, p. 243-323.

T92　第4世代の図書館史研究：文化調整論、スペース研究
- 「4: 第4世代の図書館史記述」「5: ウェイン・A.ウィーガンドと図書館史研究：第4世代の牽引者」「6: クリスティン・ポーリーと図書館史研究：プリント・カルチャー史の研究」「7: アビゲイル・ヴァンスリックと図書館史研究：場の批判的考察」川崎良孝・吉田右子『新たな図書館・図書館史研究』京都図書館情報学研究会, 2011, p. 117-154, 157-195, 197-232, 233-258; 川崎良孝「図書館の歴史研究の現状と展望：アメリカ公立図書館史研究を例に」『日本図書館情報学会誌』vol. 65, no. 1, March 2019, p. 44-51; 川崎良孝「図書館史研究を考える：アメリカ公立図書館研究を梃

子にして」相関図書館学方法論研究会（福井佑介・吉田右子・川崎良孝）編『図書館研究の回顧と展望』松籟社, 2020, p. 221-271.
- ホンマの論文は以下である。トッド・ホンマ「図書館情報学での人種の不可視性：皮膚の色による差別につまずく」川崎良孝・福井佑介訳『同志社図書館情報学』28, 2018, p. 1-29.
- ウェイン・A.ウィーガンド『アメリカ公立学校図書館史』川崎良孝・川崎佳代子訳, 京都図書館情報学研究会, 2022.

T93　女性図書館史研究：ディー・ギャリソン『文化の使徒』以後の動向
- 女性図書館専門職研究の発展については以下に依拠している。吉田右子「アメリカ公共図書館史研究におけるジェンダー」『Library and Information Science』vol. 64, 2010, p. 1-31; スザンヌ・ヒルデンブランド「図書館史における女性：図書館史の政治学から図書館政治学の歴史へ」『アメリカ図書館史に女性を書きこむ』田口瑛子訳, 京都大学図書館情報学研究会, 2002, p. 3-30.
- 以下は女性図書館史研究の代表作である。ディー・ギャリソン『文化の使徒：公共図書館・女性・アメリカ社会1876-1920年』田口瑛子訳, 日本図書館研究会, 1996, 433p; ジョアン・E.パセット『アメリカ西部の女性図書館員：文化の十字軍，1900-1917年』宮崎真紀子・田口瑛子訳, 京都大学図書館情報学研究会, 2004, 233p; アビゲイル・ヴァンスリック『すべての人に無料の図書館：カーネギー図書館とアメリカ文化1890-1920年』川崎良孝・吉田右子・佐橋恭子訳, 京都大学図書館情報学研究会, 2005, 274p; Christine Pawley, *Reading on the Middle Border: The Culture of Print in Late-Nineteenth-Century Osage*, Iowa, University of Massachusetts Press, 2001, 265p.

T94　図書館の危機の言説と住民の図書館利用：利用実態の概観
- 情報社会全般については以下を参照。マーシャル・マクルーハン『グーテンベルクの銀河系：活字人間の形成』森常治訳, みすず書房, 1986; マーシャル・マクルーハン『人間拡張の原理：メディアの理解』後藤和彦・高儀進訳, 竹内書店, 1967; ダニエル・ベル『脱工業社会の到来：社会予測の一つの試み』内田忠夫ほか訳, ダイヤモンド社, 1975; A.トフラー『未来の衝撃：激変する社会にどう対応するか』徳山二郎訳, 実業之日本社, 1970; アルビン・トフラー『第三の波』鈴木健次ほか訳, 日本放送出版協会, 1980.
- 「図書館の危機の言説」は以下に依拠している。F.ウィルフリッド・ランカスター『紙なし情報システム』植村俊亮訳, 共立出版社, 1984. 雑誌の記事は以下による。Bruce Park, "Libraries Without Walls; Or, Librarians Without a Profession," *American Libraries*, vol. 23, no. 9, October 1992, p. 746-747; Jerry Campbell, "Choosing to Have a Future," *American Libraries*, vol. 24, no. 6, June 1993, p. 560, 562, 564, 566; K. Wayne

Smith, "The OCLC Connection," interview with Ron Chepesiuk, *American Libraries*, vol. 29, no. 7, August 1998, p. 64-65.
・「利用実態」は以下の統計の当該年から抽出した。National Center for Education Statistics, *Public Libraries in the United States*, Office of Educational Research and Improvement, Department of Education; The Institute of Museum and Library Services, *Public Libraries in the United States Survey*, Washington DC, The Institute.

T95　超ベストセラーが検閲対象になる理由：ハリー・ポッターの場合
・川崎佳代子・川崎良孝「ハリー・ポッター・シリーズへの検閲とその理由」『生涯教育学・図書館情報学研究』(京都大学) no. 9, 2010, p. 89-107.
・ハリー・ポッター、ファンタジーについては以下を参考にした。Brian Meadors, *Harry Potter and Cedarville Censors: Inside the Precedent-Setting Defeat of an Arkansas Book Ban*, Jefferson, NC, McFarland & Company, 2019, 207p; Rebecca Stephens, "Harry and Hierarchy: Book Banning as a Reaction to Subversion of Authority," Giselle L. Anatol, ed., *Reading Harry Potter: Critical Essay*, Westport, CT, Preager, 2003, p. 51-65; J.R.R. トーキン『ファンタジーの世界：妖精物語について』猪熊葉子訳, 福音館書店, 1973.

T96　図書館 (史) 研究の学際的な広がり：場としての図書館の研究
・「1: 新しい批判的図書館研究としての『場としての図書館』("Library as Place") 研究：研究の枠組みと方法」久野和子『『第三の場』としての学校図書館：多様な『学び』『文化』『つながり』の共創』松籟社, 2020, p. 21-65; 久野和子「『場としての図書館』研究史序説」相関図書館学方法論研究会 (福井佑介・吉田右子・川崎良孝) 編著『図書館研究の回顧と展望』松籟社, 2020, p. 191-219.
・「研究の意義」は以下を参照。ウェイン・A.ウィーガンド「20世紀の図書館・図書館学を振り返る：狭い視野と盲点」川崎良孝編著『図書館・図書館研究を考える：知的自由・歴史・アメリカ』京都大学図書館情報学研究会, 2001, p. 3-44. ウィーガンドの論文についての評価はリンダ・モストによる。Linda R. Most, "The Rural Public Library as Place in North Florida: A Case Study," PhD dissertation, Florida State University, 2009, p. 28.
・「2000年代の進展」は以下を参考にした。Gloria J. Leckie and Jeffrey Hopkins, "The Public Place of Central Libraries: Findings from Toronto and Vancouver," *Library Quarterly*, vol. 72, no. 3, July 2002, p. 326-372; Robert D. Putnam and Lewis M. Feldstein, *Better Together: Restoring the American Community*, New York, Simon & Schuster, 2003, 318 p; ジョン・E.ブッシュマン『民主的な公共圏としての図書館：新公共哲学の時代に司書職を位置づけ持続させる』川崎良孝訳, 京都大学図書館情報学研究会, 2007; フランク・ウェブスター『『情報社会』を読む』田畑暁生訳, 青土社, 2001; エド・デーンジェロ『公立図書館の玄関に怪獣がいる：ポストモダンの消費資本主

義は、どのようにして民主主義、市民教育、公益を脅かしているのか』川崎良孝・久野和子・藤野寛之訳, 京都大学図書館情報学研究会, 2009; グロリア・レッキー, ジョン・E.ブッシュマン編『場としての図書館：歴史、コミュニティ、文化』川崎良孝・久野和子・村上加代子訳, 京都大学図書館情報学研究会, 2008; Jaeger, P.T. and Fleischmann, K.R., "Public Libraries, Values, Trust, and E-government," *Information Technology and Libraries*, vol. 26, no. 4, 2007, p. 34-43; Jaeger, P.T., Gorham, U., Bertot, J.C. and Sarin, L.C. (2013), "Democracy, Neutrality, and Value Demonstration in the Age of Austerity," *Library Quarterly*, vol. 83, no. 4, October 2013, p. 368-382.

- 「2010年代の到達点」は以下を用いている。ウェイン・A.ウィーガンド『生活の中の図書館：民衆のアメリカ公立図書館史』川崎良孝訳, 京都図書館情報学研究会, 2016; エリック・クリネンバーグ『集まる場所が必要だ：孤立を防ぎ、暮らしを守る「開かれた場」の社会学』藤原朝子訳, 英治出版, 2021.

T97 場としての図書館：理論と図書館現場との結びつけ

- 「1: 新しい批判的図書館研究としての『場としての図書館』("Library as Place") 研究：研究の枠組みと方法」久野和子『『第三の場』としての学校図書館：多様な『学び』『文化』『つながり』の共創』松籟社, 2020, p. 21-65; 久野和子「『場としての図書館』研究史序説」相関図書館学方法論研究会（福井佑介・吉田右子・川崎良孝）編著『図書館研究の回顧と展望』松籟社, 2020, p. 191-219.
- 「公共圏としての図書館」は以下を参考にした。ウェイン・A. ウィーガンド『生活の中の図書館：民衆のアメリカ公立図書館史』川崎良孝訳, 京都図書館情報学研究会, 2016; バージニア・リー・バートン『ちいさいケーブルカーのメーベル』かつらゆうこ・いしいももこ訳, ペンギン社, 1980.
- 「第三の場としての図書館」は以下を参照。レイ・オルデンバーグ『サードプレイス：コミュニティの核になる「とびきり居心地よい場所」』忠平美幸訳, みすず書房, 2013.
- 「社会関係資本と図書館」は以下を参照。Robert D. Putnam and Lewis M. Feldstein, *Better Together: Restoring the American Community*, New York, Simon & Schuster, 2003, 318p.

T98 図書館トリニティの揺らぎと挑戦：21世紀の図書館

- 川崎良孝編著『図書館トリニティの時代から揺らぎ・展開の時代へ』京都図書館情報学研究会, 2015, 497p.

T99 図書館とプライバシー：21世紀初頭からの状況

- 合衆国愛国者法については以下を参考にした。川崎良孝・高鍬裕樹「4.5: 合衆国愛国者法」川崎良孝編著『秘密性とプライヴァシー：アメリカ図書館協会の方針』京

都図書館情報学研究会, 2012, p. 59-96; ジーン・L.プリアー『図書館倫理：サービス・アクセス・関心の対立・秘密性』川崎良孝・久野和子・桑原千幸・福井佑介訳, 2011, p. 267-273. なおプリアーは「図書館の中核価値への最も重大な挑戦と思われるのは、Library2.0の環境におけるプライヴァシー保護の解釈である」と述べている (*ibid.*, p. 285)。

・『セルフサービス取り置きの実践における、図書館利用者の秘密性を保護するための決議』の全訳は以下を参照。アメリカ図書館協会知的自由部編纂『図書館の原則（改訂5版）：図書館における知的自由マニュアル（第10版）』川崎良孝・福井佑介・川崎佳代子訳, 日本図書館協会, 2022, p. 222-224.

T100　公立図書館でのフィルターソフト使用：アメリカ図書館協会事件（2003年）

・「通信の品位に関する法律」および「子どもをインターネットから保護する法律」の連邦地裁の判決までは以下を参考にした。「6:『子どもをインターネットから保護する法律』をめぐって：アメリカ図書館協会事件（2002年）」川崎良孝『図書館裁判を考える：アメリカ公立図書館の基本的性格』京都大学図書館情報学研究会, 2002, p. 163-199.

・「子どもをインターネットから保護する法律」の最高裁判決は以下を参照した。高鍬裕樹「『子どもをインターネットから保護する法律』合憲判決と『子どもをオンラインから保護する法律』差し戻し判決の検討」塩見昇・川崎良孝編著『知る自由の保障と図書館』京都大学図書館情報学研究会, 2006, p. 389-416.

・アメリカ図書館協会の方針や決議にみられるフィルターへの考えは以下を参考にした。「3.3:　インターネット関係」川崎良孝「『図書館の権利宣言』および解説文の歴史と現在：全面的検討の時代：2015-2020年」『同志社図書館情報学』 no. 31, 2021, p 115-120. なお2015年に新解説文『インターネット：フィルタリング』が採択された。その全訳は以下を参照のこと。アメリカ図書館協会知的自由部編纂『図書館の原則（改訂5版）：図書館における知的自由マニュアル（第10版）』川崎良孝・福井佑介・川崎佳代子訳, 日本図書館協会, 2022, p. 98-102.

T101　フィルターソフトをめぐる方針の変遷：拒否から妥協へ

・2000年頃までのフィルターソフトをめぐる状況やALAの対応は以下を参照。川崎良孝「フィルターソフトとアメリカ図書館協会」『図書館界』vol. 51, no. 3, June 1999, p. 126-139; 川崎良孝「フィルターソフトとアメリカ公立図書館」『図書館界』vol. 51, no. 5, January 2000, p. 352-366; 川崎良孝・高鍬裕樹『図書館・インターネット・知的自由』京都大学図書館情報学研究会, 2000, 207p; 川崎良孝「《座標》フィルターソフトの是非をめぐる住民投票」『図書館界』vol. 52, no. 4, November 2000, p. 189; 川崎良孝「《コラム》インターネットをめぐる館長と職員の対立」『図書館界』vol. 52, no. 6, March 2001, p. 312; 川崎良孝「アメリカ公立図書館の基本的性格を考え

る」『図書館界』vol. 53, no. 2, May 2001, p. 2-16.
・21世紀の状況とALAの対応は以下を参照。川崎良孝「『図書館の権利宣言』および解説文の歴史と現在：全面的検討の時代：2015-2020年」『同志社図書館情報学』no. 31, 2021, p. 96-142（特にフィルターソフトについては以下である。p. 115-118）.

T102　図書館の利用と利用者の属性：未登録移民と子どもへの性的犯罪者

・川崎良孝「公立図書館の利用と利用者の属性：歴史的な展開と現状」『中部図書館情報学会誌』no. 52, 2012, p. 17-34.
・2004年版『読書の自由』の全訳は以下を参照。アメリカ図書館協会知的自由部編纂『図書館の原則（改訂5版）：図書館における知的自由マニュアル』（第10版）』川崎良孝・福井佑介・川崎佳代子訳, 日本図書館協会, 2022, p. 25-31. 2007年の『移民の権利を支持する決議』は以下を参照。"Resolution in Support of Immigrant Rights," (2006-2007 ALA CD#20.2) adopted by the Council of the American Library Association, January 24, 2007.
・性的犯罪者の提訴にたいする判決は以下を参照。In the United States District Court for the District of New Mexico, *John Doe v. City of Albuquerque*, Case 1: 08-cv-01041-MCA-LFG Document 62, Filed 03/31/2010.

T103　ヘイトスピーチと図書館：3つのアプローチ

・川崎良孝「ヘイトスピーチと公立図書館：3つの異なる見解とアメリカ図書館協会」相関図書館学方法論研究会（三浦太郎・川崎良孝）編『公立図書館の思想・実践・歴史』松籟社, 2022, p. 57-98.
・2018年版『集会室』は以下を参照。*Meeting Rooms: An Interpretation of the Library Bill of Rights*, 2017-2018 ALA CD#19.6_62617_act (2018 ALA Annual Conference), p. 22-23. 2019年版『集会室』の全訳は以下を参照。アメリカ図書館協会知的自由部編纂『図書館の原則（改訂5版）：図書館における知的自由マニュアル（第10版）』川崎良孝・福井佑介・川崎佳代子訳, 日本図書館協会, 2021, p. 200-202.

索　引

1. 索引はページを示すのではなく、「テーマ」番号を示している。
2. 「コラム」は索引に取っていない。
3. 用語対照という性格を持たせている。
4. 著者などがカタカナになっている文献には訳書があり、原綴は示していない。
5. 市名は市自体を示している場合と、公立図書館を示している場合がある。
6. 略記は次のとおり。アメリカ図書館協会 → ALA　American → Amer.　Association → Asso.　Committee → Comm.　Education → Edu.　Library → Lib.　School → Sch. など
.

編集後記

　相関図書館学方法論研究会は多年にわたって活動を続け、2018年4月から松籟社の協力を得て、研究成果を〈シリーズ〉「図書館・文化・社会」として世に問うことになった。今年は4月発行の第7号に加えて、本第8号を9月に刊行できたことを喜んでいる。

　本号は企画段階から3年以上を経て刊行にいたった。もともとは川崎が個人的に抱いていた構想だったが、研究会の企画として取り組むことにした。各テーマはいずれも各執筆者の1次資料にもとづく既存の研究、あるいは新しい研究を土台にまとめるとともに、それらをアメリカ図書館史の中に位置づけるいうスタイルを取っており、単なる2次文献の要約や抄訳ではないと自負している。

　編集を川崎と吉田が担当した。これまでのシリーズも吉田、三浦太郎、福井佑介などが編集を担当した。それらは論文集なので、全体の形式や表記の仕方など最低限の共通事項を定めはしたが、あとは各論文単位で語句や表記の揺れを修正していた。今回は全体について、それらを統一する必要、また索引を丁寧に作成する必要があった。内容や表記の検討などに多大な時間と労力を費やし、万全を期した。それでも松籟社の編集部から多くの訂正や修正が指摘されたのは事実である。

　本事典は多くの研究課題を示唆している。また各テーマで示された解釈には異論もあると思われる。そうしたことも含めて、本事典がアメリカ公立図書館の理解に貢献し、活用されるなら幸いである。

（川崎良孝・吉田右子）

相関図書館学方法論研究会会員（2023年9月30日現在）

安里のり子（ハワイ大学）	A.ウェルトハイマー（ハワイ大学）
川崎良孝（京都大学名誉教授）	北村由美（京都大学）
久野和子（立命館大学）	杉山悦子（四国大学）
中山愛理（大妻女子短期大学）	福井佑介（京都大学）
三浦太郎（明治大学）	山﨑沙織（東京大学）
吉田右子（筑波大学）	和気尚美（三重大学）

シリーズ〈図書館・文化・社会〉8

テーマで読むアメリカ公立図書館事典

図書館思想の展開と実践の歴史

2023 年 9 月 30 日　初版発行　　　　定価はカバーに表示しています

編著者　　相関図書館学方法論研究会
　　　　　　　（川崎良孝・吉田右子）

発行者　　相坂　　一

発行所　　松籟社（しょうらいしゃ）
〒 612-0801　京都市伏見区深草正覚町 1-34
電話　075-531-2878　　振替　01040-3-13030
url　http://www.shoraisha.com/

印刷・製本　　亜細亜印刷株式会社
Printed in Japan　　カバーデザイン　　安藤紫野（こゆるぎデザイン）